初版由陕西师范大学出版基金资助
修订版由陕西出版资金资助

儒道哲学阐释

（修订版）

刘学智　著

西北大学出版社

序

中国哲学与思想文化史，由先秦百家之学奠定了基础，儒、墨、道、法、名、阴阳，各有所长，在相互争鸣中，相互吸收，又相形见绌，到战国末期则出现思想交会融合的趋势。在秦汉大一统的新的社会历史条件下，由于种种复杂的原因，墨学"中绝"，法儒合流，名家被肢解，阴阳家被儒、道吸收，后来凸显出来的是儒、道两家。汉代，儒家虽被定为一尊，但道家始终与其并存互补。汉魏时期经由西域传入并得以初步传播的印度佛教，在此后的进一步发展中，又与儒、道并存纷争，形成三教交融的思想新格局，这一思想格局基本上持续到隋唐五代之后，三教合一，理学产生。魏晋玄学可视为儒、释、道三者相融的第一次重要尝试。而其深度的融合是在唐代，并最终导致了宋明理学这一儒学新体系的产生。所以，研究中国哲学史、思想史、文化史，不能脱离这一思想发展的主线，尤其应关注儒、道两家。

刘学智同志多年致力于中国哲学史的教学与研究，对儒、道、释三教皆有所涉猎，更着力于儒、道哲学。这本书是他在多年研究和发表论文的基础上整理而成的。通览全书，一个突出的印象是作者对哲学研究方法论的思考。这样的思考集中体现在三个方面：一是如何解决在中国哲学的研究中，既要以西方哲学为参照系，又要保持中国哲学自身特点的问题。作者认为，以西方哲学为参照系研究和建构中国哲学体系，是当代中国哲学研究不能回避的问题。有了新的参照系，我们才可以高屋建瓴地把握中国哲学。但是必须注意不能生硬地照搬西方哲学范畴来套解中国哲学的观念和体系，不能以西方哲学的既定模式剪裁中国哲学，不能脱离中国哲学特有的思维方式、特点和规律建构体系。他特别强调不能以西方的逻辑思维方式和概念系统来诠释中国的悟性思维方式和那些既具体又抽象的概念系统。在这一方法论基点上，他提出的"中国哲学没有不可知论传统"的观点、儒家"天人合一"不能简单诠释为"天人和谐"等观点就值得重视。二是对如何以恩格斯所说的"哲学基本问题"来研究中国哲学的问题。他认为，以"唯物"与"唯心"的对立思维研究中国哲学，要依据不同情况具体对待。此方法对于中国哲学史上那些以"求真"为特征的自然哲学体系也许是适合的，但对于占主导地位的以道德心性为依归、以价值论哲学为特征的哲学体系，则不完全适用。这对于长期以来在中国哲学研究中争论不休的一个方法论问题，即"哲学基本问题能否指导中国哲学研究"的问题，提出了颇有价值的看法。出于这种考虑，他对学界曾流行的以唯物和唯心对立的思维模式，对哲学史人物简单地采取画线站队的做法提出了不同看法，并具体地应用于老子、王充、张载、二程等人的思想研究中。三是如何正确把握中国哲学的价值形上学特征，如何坚守哲学的人文阵地问题。他认为，西方哲学的形上学是实体的或认知的形上学，中国哲学的形上学主要表现为价值的或境界的形上学；西方哲学是以逻辑思维方式为主，遵循的是"本体—现象"的运思范式，中国哲学是以直觉思维方式为主，遵循的是"本体—工夫"的运思范式，即主要解决道德的或精神的形上学与精神修养之间的矛盾。该书在具体地研究每一人物或体系时，都体现着他对中国哲学这些特征的理解，将其贯穿在多项专题研究中。该书虽然是在论文的基础上整理而成的，但由于作者多年形成了明确的指导思想，所以在研究儒、道哲学时，都尽可能采取中国哲学的话语方式，运用中国哲学自身的概念系统，关注中国人的问题意识，尤其注意体现中国哲学"体用一源""天人合一"等思维范式。这样的研究，应该说路子是对的，所涉及的也大都是一些较为深层的问题。

虽然该书研究的重心是儒与道，但作者绝非孤立地去进行研究，而是注意将其放在中国文化史和世界文化与哲学发展的大背景下来进行。在古代，儒、道哲学与外来哲学文化发生的第一次大碰撞来自与佛教的交会。所以，作者对儒与佛、道与佛之间的相互冲突与交融给予了充分的关注。《心性论："三教合一"的义理趋向》一文，揭示出三教之间的融合与会通在义理上趋向心性论的基本走向，这为宋明理学之所以不断向内在的心性开拓，做出了富于历史渊源性的解释。在近现代，中国哲学又面临着西方哲学与文化的冲击，这是中外文化的第二次大的交会。传统的儒、道哲学在总体上虽已解体，但其作为传统不仅仍是学术研究的重要对象，在社会生活中也仍然有着潜在的影响。所以中、西的问题又凸显出来了。《中西融通：世纪之交中国哲学的主调》一文，提出了中国传统哲学与西方哲学的交融会通，将是中国哲学在世纪之交的基本走向的观点，文中特别涉及马克思主义哲学的中国化的诸多方法论问题。可以看出，作者的研究有着广阔的文化视野。

学智同志有着相当严肃的治学态度，这从该书的整理可以看出来。书中大多是作者近十多年来发表的论文，许多观点在当时都产生过一定影响，是经得起时间考验的。但由于时间的推移，一方面，随着学术重心和问题意识的不断变化，新出土的文献也愈益丰富，有些观点需要重新认识；另一方面，作者的研究也在深化，有些观点也可能会发生一些变化，这是合理的、无可非议的。从书中可以看出，作者对有些自认为观点无误的研究做了一些必要的修改、充实，对一些需要深化的观点，为了尊重历史，作者除做了一些细微修改外，一般只在注释中做必要的说明和交代。例如，作者曾发表了数篇有关《老子》研究的文章，随着近年郭店楚简的出土，作者对先前的文章重又加以审视，并在注释中分别做以交代。这些都体现出其严肃和负责的学术态度。

任何研究成果都不可能做到十分周全。由于该书是在多年研究论文的基础上整理而成的，所以内在的联系往往不能明显表现出来，其中也不可避免地会有缺环，如对汉代儒学，书中就反映得很不够，相信学智同志会在今后的研究中加以弥补。

张岂之

2002年1月于清华大学

自　序[①]

尽管人们对中国哲学中何者为"主干"的问题有着不同的说法，但没有人会怀疑儒家与道家是中国古代哲学史上最主要的两个并存互补的体系。极言之，整个中国哲学史几乎可视为原始儒、道思想的诠释史。历史上对原始儒学的诠释，形成汉儒、玄儒、宋明儒几个有特色的阶段。对原始道家的传统诠释，也形成庄子、黄老、玄学等几个阶段，同时也不应忽略道教系统的宗教化阐释。但真正对其思想进行科学、客观的研究和诠释，则开始于现当代，特别是中国人有了包括马克思主义在内的西来哲学的参照系之后。只是，在以马克思主义为指导来研究儒、道哲学的过程中，由于受"左"的思想干扰，也曾走过一段弯路，付出过代价。所以真正理性的、科学的儒、道哲学研究，始于1978年以后的近二十余年，而我恰是在经过"文革"十年动乱之后的1978年年初才步入大学，真正认真地学习和了解中国哲学则是在大学毕业之后。加之自己早年的成长学习，又是在"要与传统实行最彻底的决裂"的文化环境中度过的，国学的训练本有一种先天的不足。好在"文革"之后，有了能静下心来读书和思考的社会环境，虽然未能"笨鸟先飞"，但可以尽力去"笨鸟疾飞"，把一切可能利用的时间都用于读书和研究，二十多年来，以一种既紧迫而又平静的心态，就这么走过来。

克尼雅日宁说过，"读书有三种方法：一种是读而不懂，另一种是既读也懂，还有一种是读而又懂得书上所没有的东西"。这实际是说读书的三个

[①] 因本次修订在内容结构上做了一些必要的调整、修改和补充，所以本《自序》中的有关内容也在原基础上相应地做了变动。

层次。洛克也说过,学习的"诀窍","就是一下子不要学很多东西"。要急起直追,只能是选定目标,找准方向,有所为,有所不为。于是,我就从精读《论语》和《老子》及其历代不同系统的注疏开始,并尽量去努力领悟"书上所没有的东西"。所谓读懂"书上所没有的东西",据我粗浅的理解,一是读懂"内蕴",即明白其深层的东西;二是读懂作者的"弦外之音";三是读懂作者想说而未说,或想说但还说不出,或读出作者应该进一步说却未说的东西。这第一种,也许就是如冯友兰所说的"照着讲",而第二、三种,则是如其所说的"接着讲"。我以为,读书似应该在第三层即读懂"书上所没有的东西"上下功夫,这样才有可能在"照着讲"的同时"接着讲"。有价值的论文应该主要是"接着讲",即有所创造。今天,对儒、道二家的研究而言,就是要在深入挖掘中国古代哲学文献内蕴的同时,尽可能与当今的现实生活结合起来,特别是要与我们的现代化建设的实际结合起来,解决好传统与现代的关系。解决好这一关系,我觉得就要处理好如张岂之先生所说的"三个结合",即"思想史与学术史的结合""思想史与社会史研究的结合""思想史研究与多学科的结合"①。这个"与多学科"研究的结合,也许还包括文化史的研究等。近年的研究我已开始注意到这个问题,但先前应该说处理得并不好。

拙作主要是在多年思考和论文写作的基础上整理而成的,所以没有建立起形式上的体系。而且依据自己的学术研究状况,我主张还是如胡适所说"多研究些问题"为好,但他的后一句话可改成"少建构些体系",况且自己目前尚无能力建构起某种新体系(虽然我曾在《中国哲学的历程》一书中,"建构"了一个"体系",但自认为并不成功)。不过为了叙述的方便,本书还是将多年思考的内容做了相应的安排,将其分为五个章节:第一章为中国哲学的方法论思考,其中包括从哲学的本性看中国哲学、中西哲学融通以及中国古代哲学的特点等问题;第二章,主谈心性学说在儒家学说中的地位、影响及现代价值,同时也把与此相关的魏晋"才性"问题的讨论置入此章,虽然这一问题并不一定属于儒学的范围,有的还体现着道家的精神,但这可从一个侧面说明心性问题在此一时期也有一定影响;

---

① 张岂之:《五十年中国古代思想史研究》,载《中国史研究》,1999年第4期,第15—16页。

第三章，主论《老子》"道"论及道家的文化价值，对如何认识《老子》的现代价值也提出了一些看法，对郭店楚简《老子》也做了一点分析和评论；第四章，对魏晋隋唐学术思想的变迁、儒学的历史作用做了必要的叙述和分析，对儒、释、道三教的交融会通做了简要的分析；第五章，立足于关学，集中对在中国哲学史上有重大影响的理学重要一支即张载及其创立的关学一派的思想特征、关学宗风及与之相关的一些理论问题进行了研究和分析。

我在前面讲到自己走过的学术研究之路，不是要让读者宽容或谅解自己书中可能出现的错误，恰恰相反，而是希望大家发现和指出拙作的错误和不足，这无论对我本人还是对作为"天下之公器"的崇高的学术，都是非常有益的，况且我毕竟还有一段学术之路要走。

刘学智

2001 年 12 月

目 录

序 …………………………………………………………… (1)
自序 ………………………………………………………… (1)

第一章　中国哲学的方法论思考

从哲学的本性看中国哲学 ………………………………… (2)
中西融通：世纪之交中国哲学的主调 …………………… (16)
中国古代哲学没有不可知论传统 ………………………… (24)
应在多维文化视野下治周秦汉唐史 ……………………… (38)

第二章　儒学的道德心性论

儒家的"天人合一"：旨趣是道德心性论 ……………… (42)
从《礼记·儒行》看儒者的人格和精神境界 …………… (54)
孟、荀人性学说及其同异 ………………………………… (60)
名理学与魏晋"四本才性"之辩 ………………………… (72)
心性论与当代伦理实践 …………………………………… (81)
张南轩"儒佛之辨"刍议 ………………………………… (92)

第三章　《老子》的"道"论及其文化价值阐释

《老子》的"道""德"范畴系列 ………………………… (104)

《老子》"道"论的逻辑矛盾辨析 …………………………… (113)
郭店楚简《老子》杂议 …………………………………………… (123)
老子及道家学说的双重文化价值 ……………………………… (129)
老子哲学体系的二重性及其历史影响 ………………………… (141)
如何认识老子哲学的现代价值？ ……………………………… (148)
儒、道哲学生态观之比较 ………………………………………… (156)

第四章　儒学与释、道的交融会通

玄学"天人"新义与人生哲学 ………………………………… (168)
魏晋南北朝时期儒学的历史作用 ……………………………… (173)
两晋南北朝时期统治者振兴儒学的努力 ……………………… (184)
魏晋南北朝时期学术思想说要 ………………………………… (193)
隋唐儒家学术思想之变迁 ……………………………………… (219)
心性论："三教合一"的义理趋向 …………………………… (226)
儒道释交融与理学的形成及特点 ……………………………… (235)
南传佛教概说 …………………………………………………… (242)
佛教空宗概说 …………………………………………………… (262)

第五章　张载及关学的思想特征与宗风

张载及其关学研究的方法论与研究走向探析 ………………… (278)
从张载及关学思想中汲取营养，努力提升大众人文素质 ……… (287)
关于张载哲学研究的几点思考 ………………………………… (296)
横渠易说与张载的天人合一思想 ……………………………… (301)
张载与二程之关系略议 ………………………………………… (310)
关学"洛学化"辨析 …………………………………………… (315)
朱熹"中和新说"与关学关系探微 …………………………… (332)
吕柟的经学思想及其关学精神 ………………………………… (343)
敦本尚实，学贵自得——冯从吾的关学学风 ………………… (351)
李二曲的思想特征：心学义趣，关学学风 …………………… (363)

从关中"三李"看关学宗风 …………………………………… (370)
明清实学的思想渊源和基本特征 ………………………… (376)
张载及关学的历史地位、精神境界和人格节操 ………… (386)
张骥《关学宗传》的学术史意义 ………………………… (400)
关学思想史要略 …………………………………………… (406)
关学思想史·小识 ………………………………………… (414)

附录 只因劳动成了他的习惯——悼二弟 ………………… (416)
后记 ………………………………………………………… (421)
修订版后记 ………………………………………………… (423)

第一章

中国哲学的方法论思考

从哲学的本性看中国哲学[①]

任何一个民族性哲学,都具有哲学的本性,这是不成问题的。但是,由于人们在理解、诠释本民族的哲学体系时,又往往以别的民族哲学作为参照系。一般地说,参照系本来只具有相对的意义,但思想的参照系则不同,它常常成为内在参与性和相互渗透性的东西,这就有可能使哲学的民族特征模糊起来,以至有人会怀疑本民族哲学的哲学性。中国哲学在与西方哲学的交流与碰撞中,似乎就有这种情况。[②] 其实,如果从哲学的本质属性上探究,就会发现中国哲学是更合乎哲学本性的民族性哲学。

一、哲学的人文本性和功能:寻求意义、确立价值、提升境界、启迪智慧、锻炼思维

哲学的本性是什么?从古希腊以来,人们就把哲学规定为"爱智",它由"爱"(Philos)和"智慧"(Sophos)组成,即它不以某种知识性追求、传授为目的,而以启迪人生智慧为目的。"哲",也作"悊""喆","哲,智也。"(《经籍纂诂》卷九八引《尔雅·释言》)中国古代文献中将"哲"释为"智""知""明"是非常普遍的,含有"智慧""聪明""贤明"等义,其对"哲"的追求,也蕴含着寻求人生意义、确立终极价值或追求心灵体验、提升精神境界的含义。后来所谓哲学,依其形上学的本性,其旨趣不在于"求真"性的认知,而在于内向化地建构人的价值世界和意义世界,在于净化和充实人的心灵和构筑人的精神家园,按现在流行的说法,即解决人的"终极关怀"问题,这显然与科学认知有很大的不同。当然,哲学特别是哲学史也有锻炼思维的功能,如恩格斯所说,为了"发展和锻

[①] 原文载《陕西师范大学继续教育学报》,2004年3月第1期。
[②] 一个时期学界关于"中国哲学合法性"的讨论即与此有关。

炼"人的理论思维能力,"除了学习以往的哲学,直到现在还没别的手段"。①

如果上述说法成立,可以说哲学的旨趣不在于"认知"而在于"精神反思"。冯友兰就认为哲学是"人类精神的反思"②。这虽然不能看作是他为哲学所下的定义,但至少道出了哲学的一个重要特点。哲学的思考与一般认知性的、反映论的思考是不同的,它至少有两个特点:一是它是总体性的思考,不是具体的、个别的思考,即要使思维突破个别、有限而达于普遍、无限;二是认知性反映是对客体本质及主体自身能力的思考,力求达到主客体的统一,而反思性的思考,它要以强烈的问题意识,对前提进行不断的、终极性的或者批判性的追问。我们通常所说"上升到哲学层面",就有这个意思。当然这种反思,也是从现实出发的,根源于现实生活的。哲学不同于科学,一切科学作为对对象本质的揭示,都是反映论的,而非反思性的。哲学不再是以描述的方式去客观地再现对象的规定,而是或以逻辑的方式(如西方)或以直觉的方式(如中国)呈现存在者何以存在、存在的根据是什么等更为深层的问题。有学者把人们生活在其中的世界分为三个:自然世界、文化世界和意义世界,也就是说,人不仅生活在自然的物质世界里,同时也生活在文化世界里,文化又为人类预设了一个意义的世界,而意义正是在人的文化创造活动的过程中产生的。如果这种说法是合理的,那么,哲学就主要是属于意义世界的东西。哲学视域中的个体存在,不仅是物质的存在,更重要的是文化的和意义的存在。反之也可以说,价值仅存在于人这一主体性生命形式自身。可见,哲学是根源于现实生活的,为人类提供意义需要和解决终极关怀问题的理论体系。如果把哲学与科学等同或混淆,就有可能把哲学的反思降低到形而下的科学反映的层次。③

人们对哲学本性的认识经历了一个长期、曲折的过程。我们知道,古

---

① [德]马克思、恩格斯:《马克思恩格斯选集》第3卷,人民出版社1975年版,第465页。

② 冯友兰:《中国哲学史新编》第1册,人民出版社1980年修订本,第9页。

③ 通行的马克思主义哲学教科书,常把马克思主义哲学界定为"关于自然、社会、思维最一般规律的科学",如果我们不否认马克思主义哲学也是哲学,那么,这一提法就值得进一步商榷。

希腊和中国春秋战国时期，人们对一切问题的探究几乎都包括在哲学之中。例如，宇宙论问题就曾是由哲学家来回答的。中世纪之后，各门具体科学逐渐从哲学中分化出去了（思维科学大概是最后分化出去的学科）。在这种情况下，有人慨叹哲学已到了失却自身研究对象的境地。其实，哲学一步步将科学剥离出去，不是哲学失却了自己的研究对象，而是真正找准了自己的对象，或者说回归到本来意义上的对象，哲学的面目不是模糊了，而是更清楚了。当代西方一些学者，也已注意到现代西方哲学由科学世界向人文世界、从自然—知识世界向文化—价值世界转变的动向，也说明了哲学向人文和价值回归是一种趋势。

　　古往今来，人类在探求意义世界的过程中，也不断地提升和完善着自己，人们也正是在这个过程中，不断建构着自己的精神世界，这个精神世界发展的历史就是哲学史。在哲学史上，对人的意义和价值的哲学反思，总是从对人类在自然界中的位置、地位的思考开始的，所以这种反思又总是与存在问题的思考联系在一起。对存在的反思，在哲学史上形成了"本体论"问题。关于如何把握本体的问题，形成了哲学认识论问题。哲学认识论不是限于研究反映论本身，而是包括对反映论这种认识的再认识，"对于认识的认识，就是认识反过来以自己为对象而认识之，这就是认识的反思"。① 因为它探讨的不是如何认识具体事物，而是要超越经验世界、经验性存在，使人的视野从个别、有限进入普遍、无限。对普遍、无限的追问，必然要超越经验和实证的视野，这就成为哲学的追问。哲学所追问的存在，是终极性存在，而这种对终极性存在的追问，又总是与人生意义的探究联系在一起的。人们所追问的终极性存在，是一种预设，它是经验无法把握的、实证无法达到的。于是哲学认识就可能陷入两种悖论：一是本体不能用语言来把握，又不能不把握；"无限"不可描述，"不可言说"，又不能"不言说"，遂产生本体与语言的矛盾；二是理性在对存在的追问中，必然涉及人的认识能力和知识的问题，对认识能力和知识的追问就可能会导向科学，而科学主义要达到对人的价值和意义的解决，又是难以实现的，于是就产生了知识与价值的矛盾。在解决这两个悖论的方式上，中、西方哲学发生了分野。就前一个悖论而言，西方哲学多以概念设定和逻辑推定的

---

① 冯友兰：《中国哲学史新编》第 1 册，人民出版社 1980 年修订本，第 9 页。

方式，来说明本体存在或本体存在的可能性，于是有了柏拉图的"理念"，有了中世纪神学家对"上帝"的种种证明（如"本体论证明"），有了黑格尔的"绝对精神"，等等，并尽可能地对其做出某种规定，尽力去"言说"，从而使其哲学有了确定的概念系统和严密的思维逻辑。但是这种方法难以沟通本体与价值，难以在自然、知识世界和人的价值与意义世界之间找到支撑点和连接点，所以有的最后走向了"道德神学"，这就为哲学矛盾的进一步展开埋下了契机（康德也许难以打通那个"不可捉摸"的"物自体"与价值，而走向了"不可知论"）①。在中国哲学中，老子首先指出了语言把握本体时存在的悖论，说"道可道，非常道；名可名，非常名"（《老子》一章）。《周易》、《庄子》、玄学等，为解开这一悖论，最终选择了意象性语言，于是出现所谓"立象以尽意""得意忘言"以及佛教禅宗的"不立文字"等表达方式，即要通过"不可言说"、即具体即抽象的"意象语言"和直觉方法，来表达一种虽可形容但又不可名指的本体或境界形态。就第二个悖论而言，在西方哲学中，由于科学或理性难以解释意义和价值，难以解决从认识能力到意义和价值的过渡，于是有的干脆将其归结为信仰或神学，有的放弃了价值与意义的探求，而走向了科学主义，等等。而中国哲学从孔、孟之后，就没有注重从认知能力和知识论方面去发展，而是借助于意象思维和直觉，把被西方哲人分隔开来或对立起来的知识与价值、"求真"与"求善"等贯通起来，通过建立在道德心性论基础上的"天人合一""知行合一""心物合一"等来解决这一悖论。这样就形成了中、西方哲学的不同理路：西方的哲学形上学是实体的或认知的形上学；中国的哲学形上学主要表现为价值的或境界的形上学②。西方哲学是以

---

① 牟宗三："康德只就其宗教的传统而建立'道德的神学'，却未能四无傍依地就其所形式地透显的实践理性而充分展现一具体的'道德形上学'。这个问题的关键是在：他所分解并且批判表现的实践理性只是形式地建立，一方未能本着一种宇宙的情怀而透至其形而上的、宇宙论的意义；一方亦未能从工夫上着重其'如何体现'这种真正实践的意义。"见牟宗三《心体与性体》（上），上海古籍出版社1999年版，第120页。

② 黄克剑："中国是价值形而上学的真正家园，这里的形而上学话题从一开始就是非认知的。"见黄克剑《价值形上学引论》，载《论衡》（第1辑），福建教育出版社1998年版，第11页。

逻辑思维方式为主,常常遵循着"本体—现象"的运思范式;中国哲学则以直觉思维方式为主,大多(特别是儒家)遵循着"本体—工夫"的运思范式,即主要解决道德的或精神的形上学与道德何以实现即精神修养之间的矛盾。显然,中西哲学的分野是从无限与有限、普遍与特殊的不同关系范式和解决本体与价值、意义的矛盾的不同方法开始的。哲学就是这样古怪,它给自己设定了一个难以言说又不可不说的价值本体,又以种种方法去追问它,自己为自己设置了对立面,自己又去设法解决它,这似乎在"自找麻烦",然而这恰好是哲学本性的需要,是人生意义寻觅过程的需要。

哲学对人的存在状态、自身价值的反思与人的"境界"问题相联系。人生的终极意义和价值,我们可称为"最高境界",它所追问的不是人自身当下的存在状态,而是终极性状态,这就是通常所说的"终极关怀"。"关怀"有关注、关心、关切等含义。虽然物质性关怀也是人们首先需要的一种关怀,如对人温饱冷暖的关怀等,但它不是终极性的。马克思说:"吃、喝、生殖等等,固然也是真正的人的机能。但是,如果加以抽象,使这些机能脱离人的其他活动领域并成为最后的和唯一的终极目的,那它们就是动物的机能。"①如果将物质关怀视为"终极目的",那就有可能将人混同于动物。我们所说的作为终极性关怀的哲学,它追问的是人生的最高意义和终极价值,它向往的是一种崇高的精神境界,因而具有超越性的意义。这种精神性关怀,按中国人的说法,就是解决人的安身立命问题,给人寻找精神的家园。由于它带有最高的、超越性的价值特性,故其追求的境界就带有形上性、彼岸性。所以哲学就是一种以寻求意义、确立价值、提升人的精神境界为特征的形上学,这就是哲学的本性。而境界的提升往往要通过哲学的教化功能来实现。由于"境界"只能"向往",不能达到,"意义"要不断寻求,总也到不了终极,所以哲学就只能随着不同时代问题意识的变化而改变着自身的形态,并将与人的生活世界一起走向永远。

需要说明的是,宗教也是以其特有的方式解决人的终极关怀问题的,但宗教与哲学又很不同。可以说,宗教和哲学都在寻找自我的超越性价值,都与信仰问题相关联,两者有共通之处,正如冯友兰所说:"每种大宗教的

---

① [德]马克思、恩格斯:《马克思恩格斯选集》第1卷,人民出版社1975年版,第44页。

核心都有一种哲学。"① 正是在这个意义上，宗教也成为哲学史研究的一个重要方面，但二者寻找和表达自我超越的方式或者说建立信仰的方式是不同的。哲学是人文意义上的理论，而宗教则通过信仰意义上的教义来集中加以体现。

不过中国哲学的境界说，具有自身的一些特点。境界既与哲学的本体论相关联，也与修养的功夫相联系。从这个意义上说，"中国哲学所说的境界，就是功夫境界"。特别是儒与佛，"不仅提倡'体即是用，用即是体'的'体用一源'说，而且提倡'本体即功夫，功夫即本体'的修养论，这标志着境界与功夫、目的与方法的最终统一"②。这一点最能体现中国哲学的本性。

二、"本体—工夫"：更合乎哲学本性的思维范式

如果说，西方哲学由于其本体论与价值论的一定程度的隔膜，阻滞了对人生意义和价值的寻求（在后来的发展中，事实上已出现由科学世界向人文世界、从自然—知识世界向文化—价值世界转向的趋向），而中国哲学则一开始就是把对人的存在状态的反思、对自身价值的反思与对宇宙本体的建构、与人自身的修养工夫联系在一起的。

首先，儒家的"天人合一"理路，是通过"本体—工夫"的运思范式，实现了本体与价值的统一。在儒家那里，"宇宙本根，乃人伦道德之根源；人伦道德，乃宇宙之流行发现"③。这就是儒家的"天人合一"，即"天"作为人性的超越性根据和赋予者而与人合一，天道不过是人伦之本、价值之源，并通过"性"这一中介，推展出伦理、规范和内在超越之路，这是一个使生命个体在精神上与无限的"天道""天理""天命"合一的过程。"天人合一"总是从道德理性或精神境界（本体）和道德修养与精神超越（工夫）的意义上，在中国哲学史特别是儒学史上发挥着作用，其实

---

① 冯友兰：《中国哲学简史》，北京大学出版社1985年版，第5页。

② 蒙培元：《儒、佛、道的境界说及其异同》，载《世界宗教研究》，1996年第2期。

③ 张岱年：《中国哲学大纲》，中国社会科学出版社1982年版，第173页。

质是一种道德性命之学。① 孔子、思孟学派、《易传》、玄学、宋明理学都不仅未脱此范式，而且不断地将其加以强化和深化。孔子的"知天命"和"为仁由己"，孟子的"知性知天"和"求放心"，《孟子》的"诚者，天之道也；思诚者，人之道也"，《易传》所谓人"与天地合其德，与日月合其明，与四时合其序，与鬼神合其吉凶"，以及将所立"仁与义"的"人之道"与所立"阴与阳"的"天之道"相对应，并提出"穷理尽性至于命"等，都是以道德性命为基点、为依归，以"本体—工夫"为运思范式的。儒家的最高境界就是"仁"与"诚"，二者既是超越的本体，也是修养的工夫，所以"仁"与"诚"就是"天人合一"的境界②，也体现了"本体—工夫"的统一。汉代新儒家虽仍以"天"为其超越性根据，但其建立的"天人感应"论，其目的仍在追求道德价值。所谓"夫仁、义、礼、智、信，五常之道，……受天之佑"（《举贤良对策一》）。"三纲五常"在汉儒的价值体系中，处于中心地位，而"天"则是其最后的价值根据。魏晋玄学无论是主"贵无"的王弼，还是主"崇有"的郭象，都在努力调和"名教与自然"的矛盾，即将"名教"建立在"自然"之本的基础上，并致力于"自然"之"体"与"名教"之"用"的统一。王弼的"圣人体无""崇本举末"，郭象的"内外相冥""无心以顺有"，其深层的意义仍不外本体与价值的问题。此一时期，工夫与本体的关系虽然尚不突出，但关于这一问题的讨论事实上已在进行。到宋明，这一问题则十分凸显。宋明理学所讲的"道""理""心"等概念，都是在为伦理准则和道德理性等价值问题确立本体论的根据。理学家论证其体系时常使用的一种方法，就是即体即用，体用一如，亦即将本体（理体、心体）与工夫（"践仁""主敬立诚""致良知"等）看成是统一的，宇宙本根乃道德修养的最高准则和最高境界，并以此为轴心，建立起价值形上学的严整体系。如果说在张载、朱熹那里，还有点知识论的影响（如张载的"见闻之知"，朱熹的"为学在致知""即物穷理"），到了象山、阳明，则在主讲心性本体，强调

---

① 参阅刘学智《"天人合一"即"天人和谐"？——解读儒家"天人合一"观念的一个误区》，载《陕西师范大学学报》，2000 年 6 月第 2 期。
② 蒙培元说："儒家的最高境界是'仁'与'诚'的境界"，"'仁'就是'天人合一'境界"。见《儒、佛、道的境界说及其异同》，载《世界宗教研究》，1996 年第 2 期。

"心外无物""天地万物与人原是一体,其发窍之最精处,是人心一点灵明"(《传习录》下),以"良知"为"本体","致良知"为工夫,即表现为内心的"省身克己之功"(同上),此"良知"就和人的价值与意义难解相分了。阳明之后,关于工夫与本体之争,几成明代诸儒讨论的主要问题。王门弟子中主先天正心学的王龙溪,强调本体即工夫,而主后天诚意说的钱德洪,对龙溪重本体而略工夫的倾向提出了批评。以邹守益为代表的江右一系,多重后天诚意工夫。以顾宪成、高攀龙为代表的东林学派,针对王学先天良知派重本体略工夫之弊,强调工夫与本体并重。明末及明清之际思想家如冯从吾、刘宗周、王夫之、黄宗羲、李二曲等,都在不断争论"本体与工夫"的关系。争论各方侧重点虽不尽相同,或言"本体即工夫"(如刘宗周),或言"工夫即本体"(如黄宗羲),或言"无本体无工夫,无工夫无本体"(冯从吾),或言"明体适用"(如李二曲),都在致力于本体与工夫的统一,说明后儒真正抓住了儒家哲学的根本精神。这种"本体—工夫"统一的范式,显然不是以认识世界客观规律为依归,而是以"认识"彰明"道德",借"知行"以达道德之"践履"。无论是朱熹的"知先行后""知行并重",还是王阳明的"知行合一",抑或李二曲的"明体适用""悔过自新",都是要解决如何在实践中落实道德以及实现道德价值、达到理想境界的问题。在这里,认识的最后完成,就是道德的最高境界,"求真"即"求善","求善"即达"求真"。知识与道德融通,本体与价值合一,乃至宇宙法则与社会治道相通,就是中国哲学的基本特征。在这里,人生的意义、价值的确立、人格的完善,都是与本体贯通的。可以看出,儒家哲学以其特有的人文关切和价值取向,解决了本体与价值的矛盾,因而更合乎哲学的本性。

其次,道家也未脱离价值形上学的基本理路。在中国哲学史上,处于与儒家互补地位,且以标榜自然、天道为本的道家,也是在借天道以喻人道,"道"既是宇宙的本根,也是人行为(不同于儒家人伦的)的根本法则和人生境界。因此,与其说"道"是宇宙的形上实体,不如说是人格本体或价值根据。① 由"道"所述的形上学并非实体的形上学,而是价值的形上学,其运思路径也未脱离中国哲学"本体—工夫"的基本范式。只是

---

① 参阅李泽厚《中国古代思想史论》,生活·读书·新知三联书店2008年版。

在"工夫"与"本体"合一的方式上与儒家不同。道家的精神境界和修养目标,即要使生命个体通过对利欲、智巧、诈伪等"损之又损",最终达到精神超越,即复归到"朴"(老子称"复归"于"无名之朴",庄子称"得道"或"同于大道""人与天一""与道玄同")。"朴"不仅可视为宇宙的初始状态、现存事物的最佳存在状态,更是人最本真的状态。这种境界既高远,又切近。以"朴"为核心的价值观在人生命中所呈现的,是"复归婴儿""无知无欲"的生命本始态和"万物作而不辞,生而不有,为而不恃,功成不居"(《老子》第二章)的自然无为态,这显然是价值主体与宇宙本体合一的理想境界(可视为另一种"天人合一"),即一种本性上的自由境界。可以看出,老子从一开始就倾心于生命本始的追问,关注对人生底蕴的了悟。"人"在道家体系中,仍处于核心的地位。

此外,佛教本来就是解决精神超越问题的,它是通过"实相"(佛性)和"行、果"(即宗教实践)的结合来得以实现的。中国佛教更多阐发的是"佛性"的问题。"佛性"被视为诸法的形上本体,但在最具中国特色的佛教华严宗和禅宗那里,它又总是与人的心性联系在一起,对"佛性"的觉解,也就是向"自心"的内向体证,这叫"明心见性"或"见性成佛"。其"行""果"的宗教实践即"见性"的过程,既是生命个体在精神上达到最高境界的过程,也是获得人生意义的过程。禅宗所谓"即心即佛""自性是佛""佛法在世间,不离世间觉",以及近人太虚所谓"仰止唯佛陀,完成在人格"等,都不仅未脱离中国传统"体用不二"的思维路径,还沟通了佛性本体与人性、与人的价值诉求,在世俗生活中建立起人精神的家园。禅宗还以宗教特有的方式,给最平凡的生活赋予了意义:"运水搬柴,无非妙道。"显然其遵循的仍是"本体—工夫"的基本范式。可见中国哲学的发展历程,始终未脱离对人生意义的寻觅和道德价值的追求,这是与哲学的本性相契合的。

再次,将本体与工夫、知识与价值相统一,还需要有能够将其统一起来的范畴系统的支持。如前所述,哲学形上学所指涉的应当是人生的意义和价值,要解决的是性命的终极关怀问题,对此如果要用确定的、明晰的概念语言来分析和界说,就会出现如王弼所说的"言之者失其常,名之者离其真"(《老子指略》)的情况。西方哲学总是试图以明晰的概念来说明价值与意义,但反而偏离意义和价值的指涉,而走向外向的对象化认知。

西方固然也有人文主义，但主要是相对于中世纪的神学而言的，强调人应该肯定自己，不应诉诸上帝，所以在此观念主导之下，西方发展出科学，强调认识自然和控制自然，走向形而下的理路。但是，生命主体的终极关怀问题，是难以通过科学加以解决的。而中国哲学所使用的语言、概念，因其突出的意象性所具有的即具体即抽象、即形上即形下、即天道即人道、即理性即经验、即理想即现实的特征，它既可指涉宇宙本体，又明白地表征着道德和价值。这些概念与其说是对具体经验的超越，不如说是一种"超切"更合适些。① 儒家的天、仁、诚、理、气、阴阳、性等，道家的道、德、无、柔、静等，都是联结着本体与价值并作为二者的纽结被使用的。例如，"天"，既被指称为自然外貌形式的客体，又被理解为人的价值之源；"仁"，既有着主体的道德性内涵，又被作为宇宙之"心"来使用；"诚"，既指"天"的客观意义上的"真实无妄"，又指人的道德意义上的诚实无欺；"道"，既指宇宙的本根或根本法则，又指人的行为准则和理想境界；"理"，既是宇宙万物的本体、规律，又是道德之源和人伦之则；"气"，既是宇宙万物的物质性本原，又是某种人性的根据（如张载的"气质之性"，二程所说"论性不论气，不备"）；"无"，既是宇宙最初的无形无象的本始状态或无规定性的宇宙本体，又指人的自然无为境界或无知无欲的生命本初态；"静"，既是宇宙的根本存在状态，又指人性的本然状态或主体虚静的心理状态；"性"，既是万物的本性，又是人自身的根本特性，即"天"的特性在现实的生命个体身上的体现；"良知"，既是"造化之精灵"，又是人"心之本体"即"至善"的本性；等等。甚至佛教所使用的"佛性"，也既是"实相"，又是现实的人性，人性即真如（《坛经》有云"人性本净，为妄念故，盖覆真如，离妄念，本性净"）。诸如此类概念在运用和展现的过程中，又通过"主敬""涵养""存养""思诚""求放心""立乎大体""致良知""穷理尽性""慎独""戒惧""悔过自新"等概念或命题，架起本体与工夫、知识与价值之间相通的桥梁，使"体用一源"（儒）、"人与天一"（道）、"识心见性"（佛）的价值论哲学体系得以建

---

① 唐力权先生较早地使用了"超切"这一概念，以表达天道与人道、形上与形下相即不离而又不同的特征。参见唐力权《周易与怀特海之间》，辽宁大学出版社1992年版，第162页。

立，从而使哲学确立人的价值和意义的功能得以实现。

三、方法论检讨

中国哲学在近半个世纪以来，走了一个"之"字形的路。如上所述，传统的中国哲学是以人为依归、以人文和价值关切见长的。但一个时期（如"文革"前）以来，我们基本上是以日丹诺夫关于哲学史是"唯物主义与唯心主义的斗争史"为基本的哲学观来指导我们的研究的。这种方法和观点在当时也曾在一定意义上廓清了我们在思想上的一些迷雾，有一定的积极意义，特别是确立了如荀子、王充、柳宗元、刘禹锡、张载、王夫之等具有唯物主义倾向的哲学家应有的历史地位，并给予了充分的关注。它使人们了解到，在中国哲学史上，除了以道德价值追求为旨趣的哲学之外，也有关注外部世界的真实性、关注自然价值取向的哲学一系。但人们很快发现这一方法在具体运用中易出现简单化倾向，如有学者常以此为固定的模式套解中国哲学，将其运用于具有不同特点的所有哲学家身上，甚至以此种思维方法去说明那些讨论价值问题的哲学家或哲学体系，或者以为哲学史的研究似乎就是分清唯物主义和唯心主义完事。这样就必然出现简单化的倾向或做法，如以为孟子与荀子、王充与董仲舒、韩愈与柳宗元、张载与二程等，都是以"两军对垒"的面貌出现在哲学史上的。这种偏执的做法不仅意义不大，还会影响对其思想真实、理论价值的正确认识和准确评价。其实，如荀子，他确实在"明于天人之分"的思维模式下，提出了具有朴素唯物主义倾向的思想体系，但其所谓"唯圣人为不求知天"，主张心到了"大清明"就可以无所不知，则又有唯心的倾向；王充讲自然元气论，虽然有与董仲舒的天人感应论以及谶纬神学相对立而反对神学目的论的一面，但是，王充又讲命定论和宿命论，又有鲜明的唯心倾向；董仲舒从根本上说，是讲天人感应神学目的论那一套，但他也讲元气、阴阳五行，又有唯物论的合理因素。宋代张载与二程或主气本，或主理本，但在理学的基本点上则又是一致的，将二者视为唯物与唯心的对立，也是有问题的。可以看出，中国哲学史上的情况相当复杂，需要具体分析。简单地用唯物与唯心"两军对垒"去看待，往往会脱离思想的真实。况且，在中国哲学家中，那些具有唯物主义精神的思想家，也大都未从根本上脱离以人的道德价值为本、以人生意义为依归的哲学旨趣，没有脱离传统的道德理性的思维方式。日丹诺夫的哲学史观,对西方近代以来那种主客二分的思维模式,以及中国哲学家中以"求真"为主要特征的哲学家,或许是有意义的。但从总体上说,对以主、客未分,以"天人合一"为特征,以价值论为主导的中国哲学中的许多思想家来说,就不可简单地去套用,而要对其做具体的分析。①

当人们发现这一方法在运用中出现的弊端时,有见地的一些学者又将恩格斯用否定之否定的辩证规律说明西方哲学发展史,以及列宁用圆圈式形象地说明西方哲学史的方法②,运用于中国哲学史研究,建立了所谓螺旋式的结构体系。如冯契先生的《中国古代哲学的逻辑发展》一书,把哲学史定义为"根源于人类社会实践主要围绕着思维与存在关系问题而展开的认识的辩证运动"(见该书《绪论》),并以此为指导,对中国先秦哲学与欧洲哲学做了比较,认为中国哲学史也表现为否定之否定的前进发展的过程,它可以比喻为一些螺旋式发展的圆圈。他说:"我们可以把先秦哲学的发展过程看作一个圆圈,经过曲折的发展,经过唯物主义与唯心主义的反复斗争,到荀子那里达到了朴素唯物主义与朴素辩证法的统一。而这个圆圈又包括两个小的圆圈:前一个是从原始的阴阳说起,经孔子、墨子到《老子》,后一个是《管子》经孟子、庄子到荀子。"这一方法对于揭示中国古代唯物主义哲学家的思想发展进程有一定的意义,但笔者以为,以此方法说明先秦一些以自然哲学为倾向的思想体系或许是可以的,而用以说明以价值论为主要取向的思想体系,则有一定的困难。如果将其普遍化,将其贯穿于整个中国哲学史,仍未免有以西方知识论模式套解中国以价值论为特征的哲学之嫌。人类认识是有一个深化的过程的,而对于人文的和价值的探讨,则是一个后继于前、境界不断提升的过程。既然中国哲学是

---

① 周桂钿说:"经过研究,我认为哲学主要分为三大类:求真哲学、求善哲学、求美哲学。西方以求真哲学为主流,中国以求善哲学为主流。在求真哲学中,有唯物主义与唯心主义的区别;在求善哲学中,有善与恶、进步与反动的分别,却没有唯物主义与唯心主义的区别。因此,给求善哲学扣上唯心主义的帽子,显然是不合适的。"见《秦汉思想史·前言》,河北人民出版社2001年版,第2页。

② [德]恩格斯:《反杜林论》,见《马克思恩格斯选集》第3卷,人民出版社1975年版,第178页。[苏]列宁:《谈谈辩证法问题》,见《哲学笔记》,人民出版社1956年版,第411页。

以追求意义和价值为特征的哲学，就应该回到中国哲学的话语方式，运用中国哲学自身的概念系统，关注中国人自己不断发展着的问题意识，注意中国民族哲学自身的特点，并遵循"体用一源""天人合一"的思维方式来研究。事实上，中国哲学以"本体—工夫"为范式的哲学展现的进路，不是螺旋式前行的，而是遵循着从外在逐渐向内在、从天道向人的心性不断深化和境界不断升华的内在超越之路。近年人们已注意到向中国哲学自身的话语方式和思维特点回归的问题，这与人们对以什么样的哲学观来研究中国哲学问题的日渐觉醒有关。但遇到的困惑也是有的，其中最大的困惑，就是既要保持中国哲学的相对独立，又不能不以西方哲学为参照系。这需要在方法上进行深层的检讨。①

有人曾以西方的话语方式为标准，说中国只有政治和伦理，没有哲学。哲学既然是人对自身生活的反思，其功能在于寻求意义、确立价值、启迪智慧、锻炼思维，从哲学的这一本性和功能出发来审视，就会发现中国哲学是更合乎哲学自身本性的一种民族性哲学。只是由于我们后来在以西方哲学为参照系建构中国哲学的体系时，受到西方哲学的极大影响，走了一段弯路。这样说，不是要否定其他哲学的哲学特征，只是说中国哲学走了一条独特的不同于西方的路。

要说明的是，我们说要注意中国哲学的价值形上学特性，并不是要回到空谈终极关怀的方向去。我们要立足于当今的现实生活进行反思，思考在今天的条件下，我们应该将人生的意义定格在哪里？如何在未来满足自身的意义需要？现在突出的时代问题很多，如和平与发展是当今世界的两大主题，与此相关的全球化问题、环境生态问题、食品安全问题、人的精神生活领域出现的问题，等等。科技发展、经济发展可以靠相关的具体科学。科学的发展和应用可以极大地改变人的生活世界，但是如果片面地发展它而不顾及人的精神生活和价值趋向，其带来的负面影响将会是无法挽回的。现代人的物质生活水平提高了，闲暇的时间增多了，生活更方便了，但一些人的精神反而空虚了。为什么？精神失去了家园，用哲学的语言来

---

① 关于中国哲学既要保持相对独立，又要以西方哲学为参照系的问题的思考，可参阅洪修平、白欲晓《关于中国哲学学科建设的几点思考》一文，载《哲学研究》，2002年第1期。

说，就是没有解决好终极关怀问题。可见，人不仅要有物质生活需要，更重要的还要有精神生活和精神的目标，人的身心要有所安顿。解决人的精神生活的问题，中国哲学更能胜任。例如儒学所具有的协调人际关系、消解心灵创伤、提高精神境界的功能，道家具有的缓解社会矛盾、化解内心烦躁、增强适应社会和应对复杂局面、改善生存状态的功能，学者早有论及，并已受到世界性关注或认可。儒家的道德境界和价值追求，可以使人活得心安理得，即在为社会、为他人的奉献中获得意义和价值，确立人生的基点；道家的自然境界，可以使人活得心旷神怡，活得自然、自由、洒脱和本真，从而体味人生的真谛；即使佛教，其对清净"涅槃"境界的追求，也是在实现精神的一种内在超越，起着调节身心的作用，使人懂得心平气和地面对生活。人类的精神生活是丰富多彩和复杂的，单一的崇高说教是于事无补的。立足于现实生活，在对中国哲学的诠释中，充分发挥其价值哲学的特性，赋予其时代性意义，既是中国哲学的出路，也是人们在新的条件下确立正确的价值目标、获得人生意义的需要。

中西融通：世纪之交中国哲学的主调[①]

哲学发展史上有一个不同于自然科学的现象，即不论其地域的、民族的渊源多么复杂，多么差异迥然，都会在其发展演化的历史过程中相互融通、吸收，并都会在这种相互融通中得到发展，从而既超越自身，也超越对方，这似乎是哲学与文化自身发展的一条规律。注意到这一历史文化现象，对于展望世纪之交中国哲学和文化的发展前景与未来趋向，或许有一定的方法论意义。

在中国古代哲学史上，先秦至两汉时期，中国哲学是独立发展的，哲学的融合主要发生在华夏民族共同体内部不同地域、不同流派哲学与文化的系统之间。两汉之际，源于印度的佛教传入中土，经魏晋南北朝和隋唐的发展，开始了中国哲学第一次与异域文化接触、撞击与交融，并在相互交融中发展的历史进程，宋明理学则是中国本土儒学与佛教哲学、道家和道教哲学交融合一的结果；明末以后，西学东渐，西方的哲学与文化开始对中国哲学文化发生影响。鸦片战争后的一百多年的历史，是中国人向西方学习的历史，因而中西哲学与文化交融是二十世纪哲学与文化发展的主调。

由佛教传入所引起的中外哲学与文化的交融所造成的直接后果，是佛教的中国化和中国哲学的深化。然而，中国哲学在理论上虽然有重大超越，但从其基本点上说它并未超出传统经学的樊篱。自明代西方传教士利玛窦来到中国并带来西方的科学、哲学和宗教以来，中国哲学和文化面临着自佛教传入后的又一次挑战，同时也在一定程度上开始了中外哲学的又一次交融。自1840年西方用洋枪洋炮打开中国大门后，西学大量涌入，此时人们才惊异地发现中国落伍了。从林则徐、魏源、王韬、薛福成等人开始睁眼看世界之时起，中西之学的融通才有所推进，但此时尚未形成真正融通中西的哲学思想体系。到严复、康有为、梁启超、胡适等人，情况才有较

[①] 原文载《陕西师范大学学报》，1995年9月第3期。

大改观。可以说，整个中国近代哲学史，是以中西哲学的撞击和交融为基调的。相对于佛、儒的冲突与交融来说，这次文化冲突与交融无论就范围还是内容都较前次深广得多。它不仅限于思想观念的层面，还涉及物质文化、社会制度、生产和生活方式等几乎社会生活的各个层面，关系到中国社会"向何处去"这一重大的问题，因而中西之学的交融所遇到的阻力较之前次要大得多。

中西之学交融之初遇到的阻力，首先来自十九世纪七十年代洋务派所谓"中学为体，西学为用"的主张。洋务派把西学的引入只限定在如船坚炮利等物质技艺的方面，而拒绝触动封建社会的根基。真正能冲击并试图突破这一防线的，是戊戌维新时期涌现出的康有为、谭嗣同、严复等人，他们开始大量译介西方的哲学与文化典籍，并试图建立融通中西的哲学思想体系。康有为是较早融通中西的人，他以中国传统儒学为基础，并借助儒学来宣传西学，采用"托古改制"的方法来为维新变法制造舆论。他认为西学本与中学相通，西方主张的君主立宪、民主政治是中国古代孔孟儒家"预言之大义"（《论语注》卷一）。在哲学上，康有为把西方自然科学中的"以太""电""磁"等概念与中国传统的"仁""不忍人之心"等相比附。这种中、西哲学的机械杂糅，在谭嗣同的思想体系里也有明显的表现。谭氏提出的"仁—通"理论亦将"仁"与"心力""以太""电"相比附，说明当时中西哲学的融通还处在外在的层面。相对地说，严复在中西哲学融通的深度上有较大进展。严复比较系统地译介了西方的哲学理论，特别是赫胥黎的进化论和英国的经验论哲学。严复把英国的经验哲学和归纳法等逻辑思维方法介绍进来，强调"即物实测"的经验观察和"内籀"的归纳思维方法，从而使一直与传统心性论和道德修养论难解难分的认识论向以经验实测为基础的认识论过渡，从传统的直觉、悟性思维向逻辑思维过渡，这是西学输入和中西哲学融合的重大成果。进化论和经验论的输入，是近代西学输入的两大主流，但从总体上说，这一时期还属于西学的译介阶段。

"五四"新文化运动把中西文化的冲突推到了社会的前台，也使中西哲学的融合会通向纵深发展。这一时期发生的中西文化论战、科学与玄学论战把中国哲学的讨论放到了国际哲学思潮的大背景下，使之与当时关注的科学与哲学、理性与非理性等讨论联通起来。东西文化论战中的所谓"西化"自觉地介绍西方文化,并用"西学"排斥"中学",这种态度固然偏颇,但其追求中国现代化的努力方向还是应该肯定的,这种努力在客观上也促进了中西文化与哲学的融合。而当时的"东方文化派",虽然极力维护中华民族文化的价值和弘扬民族文化的精神,但也不能不正视世界的发展和时代的变化。"东方文化派"主将梁漱溟等人虽固执于中国文化本位论,却仍能在对中国近代西化道路反省的基础上努力会通中西文化。现代新儒家正是承继着这一理路而创立了各自的思想体系。

中西文化的融通到二十世纪三十至四十年代终于在哲学上有所超越,一些与传统哲学迥然有异的新的哲学体系出现了。较有代表性的是一批关心中国传统文化命运和前途的学者如梁漱溟、熊十力、冯友兰、钱穆、金岳霖、贺麟等,他们大都通过中西文化的会通来解释传统哲学特别是儒学,从而对西方文化的挑战做出创造性的回应。梁漱溟在认真比较了中西文化的优劣之后主张引导人类走中国的路、行孔子之道,但他在创建体系时还是吸收了西方哲学的某些思想,其中主要是伯格森的生命哲学,并将其与儒家哲学相印证。"处心探中印两方之学"的熊十力建立的"新唯识论"哲学体系,是在新的条件下对中国文化中佛教唯识宗、禅宗与儒家陆王心学的熔铸改造,尤其代表了二三十年代儒佛合流的思潮,但也受到西方哲学如伯格森的直觉主义、新康德主义的影响。他所建立的"即心显体""即用即体""反求自识"以体用关系为架构的哲学体系,着实集中国传统哲学心性论之精义并有所超越。这显然与他博采众学而不为一家之言所囿的极富包容性的态度与方法有关。相对地说,冯友兰在融合中西建构其"新理学"体系方面更突出些。他自谓其体系是"接着"魏晋玄学和宋明理学讲的,实际上是把西方哲学中罗素的新实在论与程朱理学相融通。贺麟在融通中西文化方面表现得更为自觉和清醒,他指出:"西洋文化的输入,好像是代替儒家,推翻儒家,使之趋于没落消沉的运动。"其实,"一如印度文化的输入,在历史上曾展开一个新儒家运动一样,西洋文化的输入,无疑亦将大大促进儒家思想的新开展";"假如儒家思想能够把握、吸收、融会、转化西洋文化,以充实自身、发展自身,儒家思想则生存、复活而有新的发展"。① 贺麟建立的"新心学"体系,正是把传统的陆王心学

---

① 贺麟:《儒家思想的新开展》,载《思想与时代》,1941年8月第1期。

与西方的新黑格尔主义融通的产物，其体系虽并不一定正确，甚至很偏颇，却已明显使心学具有了新的时代气息。金岳霖建立"知识论"体系，开始引入了西方尤其是罗素的逻辑分析方法，并系统地研究了西方古典哲学的一些重要学派、学说，如柏拉图的理念论、亚里士多德的形而上学、笛卡尔的哲学、英国的经验主义以及康德的认识论等，将其与中国传统哲学中道家和理学的某些思想相融通。中西哲学的交融是他建立"知识论"体系的重要前提。

二十世纪前期出现的兼综古今、融汇中西而开创的这些哲学体系曾经丰富过中国哲学的内容，促进了中国哲学的现代化进程，对中国哲学冲破经学樊篱、铸成新的哲学品格起过重要作用。他们所建立的体系虽然并不成功，但毕竟是一次可贵的尝试。二十世纪中后期，马克思主义哲学传入中国，这是影响此后中国哲学发展的重大事件。马克思主义哲学也是西方文化的产物，它传入中国后迅即与中国传统文化相结合，并成为中国哲学与文化的主导方面。但也毋庸讳言，马克思主义哲学是通过苏俄的消化并以此为中介传入我国大陆的，这就使中国人在对其进行理解时受到更为复杂的因素的影响。总之，二十世纪中西哲学交融的深化，意味着中国哲学一个新时期的到来。

如果说自十九世纪中叶西方哲学大量传入以来，处理中西哲学的关系是一代代中国人关注的重要问题，人们自觉或不自觉地不断做着融合中西之学的工作，并做出了具有超越性的贡献，那么，今天时代的需要将促使中国哲学沿着这个方向继续深化，而绝不会改弦更张。今天的世界更是一个开放的世界，经济、政治、文化的相互依赖和密切交往，已掀起了世界全球化的浪潮。在这种情况下，民族的片面性、局限性发展日益成为不可能，一个民族文化体系想封闭起来走自己的路、说自己的话的时代可以说已经结束。哲学的发展也不能脱离这一大背景，因此需要扩大视野，以中国哲学与世界文化的发展作为背景，来确定中国哲学在跨世纪之后的总趋势。这样，如果试图以某种哲学作为既定模式，事实上也已不可能，未来哲学的趋向将是中外双向交流、多元互补的。就中西哲学的关系说，尽管二者的交融已持续了一个很长的时期，但由于中西文化传统毕竟差异颇大，价值观念的冲突依然严峻，加之以儒家文化为根基的东亚文化圈的形成，要在短时期内实现中西文化的合一是不现实的。但是深层的融合不仅是可能的，而且是历史的趋势。其根本原因在于社会实践的需要。当然今后的中西融通既不同于初期阶段的比附，也不是如同佛教传入时中国人所进行的"格义"，而是有目的的选择和深层次的内在融通。这种融通也非如以前主要为西学输入中学，而将在双向轨道上和广阔的领域内发生，不仅西学要融入中学，中学也要走向世界。就中国哲学的未来趋向说，面对中国的现代化实际，广泛吸收、接纳西方哲学中有益于现代化的合理成分，使之"嫁接"在中国传统哲学与文化的"砧木"之上，从而形成既富于时代气息又不失中国本色，并具有较强实践功能和持久活力的哲学将是可能的。正如刘述先所说："我们面对的真正问题既不是抱残守缺，也不是全盘西化，而是如何去去芜存菁东西文化的传统，针对时代的问题，加以创造性的综合。"[①] 从当代社会面临的实际问题出发，中西相兼、融合创新，将是中国哲学未来的基本走向。

现在要勾画出未来哲学的模样还相当困难或者说为时尚早。这里只能就中国哲学在世纪之交将如何于中西融合中得到发展做一点儿预测。

首先，在中西哲学融通中促进思维方式的变革将是中国哲学现代化的重要契机，而中西哲学的互补将是实现这种转化的重要一环。吸收现代西方哲学中可资弥补中国哲学之所缺的合理思想和思维方式当是首要的、不可或缺的，尤其是将西方现代哲学中较有影响的分析哲学、解释学、现象学以及批判学理论的合理成分与中国哲学相融通，是更应该引起注意的方面。中国传统哲学重整体、重直觉的特点虽有其合理性，但不尚分析、疏忽逻辑的弱点也是不可回避的，当然这与传统哲学的本体论有关。中国人一向将天人、主客、道性看成是合一的，把形式与内容、本质与现象看成是统一而不可分的，故不尚分析和不重逻辑而强调整体性的直接把握是中国人"自觉选择的结果"[②]。这种思维虽经近代的冲击已有很大变化，但仍不能适应时代。吸收欧美的分析哲学并使之与中国传统思想互补融通，形成既有严密逻辑分析又不失整体性、直觉性思维优势的新的思维方式是很

---

① 刘述先：《哲学与时代》，见《港台及海外学者论中国文化》，上海人民出版社1988年版，第298页。

② 刘述先：《哲学与时代》，见《港台及海外学者论中国文化》，上海人民出版社1988年版，第299页。

有希望的。然而这绝不意味着摈弃传统的整体性直觉思维。现代科学的发展，特别是科学研究对象从实体研究向场的研究的转变、从线性研究向非线性研究的转变，人们又重新发现了中国传统哲学思维的意义。相对于西方的哲学思潮来说，这种哲学思维方式更能为从事复杂性、非线性混沌研究的科学探索者所重视。故交融与多元互补是未来哲学的一个趋向。同样，有选择地吸收、融通当代西方的现象学、解释学、批判理论等都将会在改善中国哲学思维方式方面起积极作用。例如：解释学的融入，也许会使中国人对历史、传统、经典的价值的认识发生根本性的变化，并使传统在未来哲学解释者的创造性活动中重新获得再生的能力，从而使传统以新的意义进入现代。

其次，在现代化实践基础上，中西哲学的融合将使中国哲学向更具时代性的实践功能的方向迈进。中西哲学的融合不能总是停留在文献的整理和诠释上，虽然这是重要的基础工作，但更应立足于现代化的实践。实践将是联结古今、中外，从而进行综合创新的中介和桥梁。重要的还在于，哲学需要站在人类未来的高度，为解决当今时代的突出问题做出自己的贡献。现代化对正处于发展中的中国来说，至少在跨世纪以后相当长的时期内只能是我们努力的目标，而当今西方国家面临的所谓"后现代"社会问题的困扰，却并不会限定在他们的国界之内，它对中国的影响是不可避免的。生态失衡、环境污染、道德失范、意义失落、人际关系冷漠、精神生活空虚等，已经成为当代困扰人们、使人们纠结的突出社会问题。就人与自然的关系来说，在西方"勘天"思想激励下，科技的进步使人类征服自然的能力大大增强，自然界人类没有触及的领域愈来愈少。但是当人类在欢呼对自然界的每一个重大胜利的时候，自然界总要报复人类：经济的发展与资源的枯竭同步，物质条件的改善与生态环境的失调共生。这些毋庸置疑的事实，促使全世界有识之士把目光转向了中国的传统哲学。中国古代哲学关于阴阳互补、天人和谐等朴素的宇宙系统论思想，是自《周易》以来即为哲人们重视的传统，这一传统所表现出的智慧的超前性令世人瞩目。只是由于中国人有过分强调主、客同一而忽视人与自然抗争的一面，这一点在近代也受到了西方勘天役物思想的冲击。在西方"后现代主义"弊端暴露出来后，人们不能不对中国传统的天人哲学加以关注。看来，中西哲学的交融互补将是未来建立人与自然新型关系的出路所在。既积极主动地与自然抗争，同时又遵循自然固有的规律，在天人的同一中把握对立和在天人的对立中顾及同一，于是自然界就不仅仅是被当作征服的对象，重要的是被当作人类关切的对象，从而使天人之间达到新的协调。

在人与人的关系问题上，中国人在二十世纪的社会变革中挣脱了传统伦理对人的个性、尊严、价值的压抑和亵渎，而获得了个性独立和人格尊严，取得了巨大的社会进步。但是，在现代化的过程中，传统与现代化的关系像幽灵一样纠缠着人们。二十世纪八十年代兴起的"文化热"仍然在探讨着这一争论已久的问题。在这些争论中，传统承受着来自"批判"和"继承"两个不同方向的作用力。一方面，传统中一些在今天还有影响的宗法观念、家庭本位、人治传统、重农抑商、重义轻利以及"不患寡而患不均"等思想观念与文化的现代性相抵牾，甚至是现代化的阻力，所以常常为时代所排斥；另一方面，面对商品化社会所可能出现的或已见端倪的"道德失范""意义失落"以及科技进步带来的非人性化倾向，人们又不能不把目光转向中国的儒家传统，重新审视儒家的道德理性、心性修养、重义重教等传统的价值，这就使我们在解决儒学与现代化的关系时常处于两难的境地。看来，采取分析的态度去芜存菁，并使之与时代精神相结合，当是我们对待传统的正确态度。在如何维护儒家传统的文化价值，弘扬民族文化精神方面，当代新儒家的努力是值得我们重视的。以牟宗三、唐君毅、徐复观以及杜维明、刘述先等为代表的当代新儒家，一直在进行着弘扬中华民族传统文化，并通过融合中西哲学与文化来探索传统与现代关系以谋求中国现代化道路的努力。他们既对中国哲学和文化有很深的造诣，又有对西方社会的深刻体验和对西方文化的深入了解，因而能会通中西并在理论上有所超越。当代新儒家给我们的启示在于：在我们谋求建立新型的人与人的关系时，重视儒家心性修养的"内圣"之学的功能和道德理性的价值，使之与现代精神融合，从而服务于精神文明的建设，以提高人的道德境界，是中国哲学应关注的重要方面。当然，强调提高道德水平，并不是要压抑个性，而是主张把中国传统的群体价值观和西方注重个性解放与人格独立的个体价值观结合起来，把权利和义务统一起来，从而形成积极向上、协调健康的新型人际关系。这样，个人的自由发展将与群体的充分发展相辅相成。

"和实生物，同则不继"（《国语·郑语》）是哲学与文化发展的规律。

取"和"去"同"是未来哲学的方向,"和"才有新东西的生成,才有发展。融合是中国哲学存在和发展的重要条件和途径,也是世纪之交哲学发展的趋向,而中西哲学与文化的融通仍将是这一趋向中的主调。在中西哲学的关系上,"求同"并不是主要的,明异而求通才是我们努力的方向。

中国古代哲学没有不可知论传统[①]

在诸多中国哲学史论著中,中国古代某些哲学家例如老子、庄子、郭象、僧肇等,常常被看作"不可知论者"。中国古代哲学是否有过如同西方近代的不可知论思想?中国古代哲学史中是否具有不可知论传统?这些都是需要认真辨明的问题。事实上,"不可知论"是主要流行于西方近代、由古代怀疑论发展而来的、有着确定内涵和科学价值的特定哲学概念。如果在中国哲学研究中把它简单地加以泛用,可能会造成某些混乱。正如恩格斯所说的:"每一时代的理论思维,从而我们时代的理论思维,都是一种历史的产物,在不同的时代具有非常不同的形式,并因而具有非常不同的内容。"[②] 受中国文化传统的价值追求,特别是与西方迥异的思维方式的影响和制约,中国古代没有出现过不可知论的认识理论,中国古代哲学也没有不可知论的传统,这也许是人类认识史上一个特殊的现象,却是历史的事实。因此,在中国哲学研究中泛用不可知论这一概念,是不恰当、不科学的。

然而,不可知论之所以在某些中国哲学史论著中被泛用,一个重要原因,就在于不可知论的确切内涵没有被准确把握。

不可知论(Agnosticism)最早是由英国自然科学家赫胥黎于1869年针对宗教徒的可知论提出并首先使用的一个概念。在宗教问题上,以宗教徒为代表的有神论者用神灵来解释世界的起源及世界上的一切现象,特别是一些奇异的现象;无神论者则认为世界上本无神灵,自然科学、常识与历史知识即可解释一切现象。而在赫胥黎看来,神灵的存在与否,我们并没有确定的知识,因为二者都没有证据。在赫胥黎那里,不可知论意味着对超验本体特别是上帝的存在及其本质的无知。正因如此,他指出,不可知

[①] 原文载《陕西师范大学学报》。本次收录有改动。

[②] [德]马克思、恩格斯:《马克思恩格斯选集》第4卷,人民出版社1995年版,第284页。

论者（Agnostic）一词"带有和教会史上'诺斯替教徒'相对的意味"，因为诺斯替教徒"宣称知道许多我一无所知的事情"。由此可见，赫胥黎创造的不可知论一词含有明确的反传统宗教的内涵。不过，不可知论的主张在赫胥黎之前已经存在，其典型代表是十八世纪的休谟和康德。众所周知，在休谟看来，人类的观念都来自感觉，是感觉的摹本，而不是客观世界自身的摹本，因此，客观世界自身的真实存在是什么，不是人类的观念所能把握的。正因如此，他说："我们确乎必须承认，自然使我们与它所有的秘密保持着一个很大的距离，它只让我们认识事物的少数表面性质，至于那些为事物的影响完全依靠的力量和原则，它是掩藏起来不让我们看见的。……无论感官或理性都是不能告诉我们的。"由此可见，休谟不可知论的核心内涵在于，感觉之外的客观世界是否存在，感觉能否反映客观世界的问题是不能回答的。康德的不可知论稍异于休谟。康德明确承认客观世界的存在，但在他看来，人类只能认识客观世界的现象：对康德而言，人类先天地具有认识客观世界的时空形式，这种时空形式在客观世界的刺激下形成现象，而这些现象通过人类先天具有的知性范畴的整理形成知识。由此可见，人类的知识只是关于客观世界现象的知识，由于这种现象是人类的先天时空形式在客观世界的刺激下共同构造的结果，因此，人类的知识并不能认识客观世界自身。正因如此，康德说："这种知识只适用于现象，相反，自在的事物本身虽然就其自身来说是实在的，但对我们却处于不可知的状态。"[①] 由此可见，虽然康德承认客观世界的存在，但他认为人类只能认识事物的现象，"自在之物"是不可以认识的，从而否认了人类彻底认识世界的可能性。

通过以上的论述，不难发现：第一，不可知论在本质上属于逻辑思维的认知系统，换言之，不可知论是认识论的一种特殊形态。认识论虽然不是西方哲学的专有之物，但相对于中国哲学而言，认识论在西方哲学中具有特别突出的地位。撇开古希腊时期不论，中世纪以宗教信仰为中心的西方文化中，对上帝存在的证明作为认知上帝的一种特殊形式，实质上是一种认识论。而由于上帝的存在与否关联着宗教信仰这一文化价值的正当性，也导致认识论在中世纪哲学中占据着举足轻重的地位。而如前所述，赫胥

---

① ［德］康德：《纯粹理性批判》，商务印书馆1960年版。

黎的不可知论，作为对传统宗教信仰的一种悬置，实质上正是一种特殊形态的认识论。正因如此，赫胥黎强调他的不可知论不是一种教条，而是一种方法——认识论正是以认知方法为核心内容的。而在休谟和康德那里，不可知论作为一种认识论的形态更是为人们所公认。这从恩格斯和列宁对休谟和康德的不可知论的评论中即可以更为明确地看出。恩格斯曾经在谈到思维与存在之间的同一性问题时指出，虽然"绝大多数哲学家对这个问题都做了肯定的回答"，但是"还有其他一些哲学家否认认识世界的可能性，或者至少是否认彻底认识世界的可能性"。① 恩格斯这里所说的"其他一些哲学家"即是以休谟和康德为代表的。正如列宁所说的："恩格斯把休谟和康德的信奉者们放在这两者（指唯物主义和唯心主义——引者）之间称他们为不可知论者，因为他们否认认识世界的可能性，或者至少是否认彻底认识世界的可能性。"② 在恩格斯和列宁看来，不可知论的主要特征是"否认认识世界的可能性，或者至少是否认彻底认识世界的可能性"，可见，恩格斯和列宁都是在认识论的意义上理解不可知论的。而认识论的发达实质上是由西方文化自身的价值追求导致的。如果说，赫胥黎的不可知论是反思西方中世纪以宗教信仰为中心的价值追求的产物，那么休谟和康德的不可知论则与西方近代以来随着自然科学的发展而兴起的对科学真理的价值追求密不可分。第二，不可知论既然是认识论的一种特定形态，因此它也必然分享了西方认识论中主客对立的二元论的思维模式。众所周知，西方文化比较强调主观与客观、本体与现象、物质与意识的差异与对立。如前所论，赫胥黎与休谟、康德的不可知论虽然有所不同——在赫胥黎那里，其不可知论所悬置的认识对象是上帝存在，而休谟与康德所悬置的是客观世界本身——但就其区分主观认识与客观存在而言，他们的不可知论都是以西方文化中的二元论的思维模式为背景的。另一方面，相应于这种二元论的思维模式，在西方的认识论传统中，主体的理性思维得到突出的重视。主体认识客观存在的过程实际上是主体运用理性思维能力的过程，因此在

---

① ［德］马克思、恩格斯：《马克思恩格斯选集》第4卷，人民出版社1995年版，第225页。

② ［苏］列宁：《唯物主义和经验批判主义》，见《列宁全集》第14卷，人民出版社1957年版，第20—21页。

西方哲学中认知理性发达是一个突出的现象。虽然不可知论认为主体的认知理性无法获得对认识对象（上帝存在或客观世界）的确定知识，但就其对认知理性的重视而言，则是与西方的认识论传统相一致的。由此可见，不可知论的产生是以其特定的文化价值追求和思维模式为背景的。忽略这一背景，而简单地把它引入中国古代哲学的研究中，是不恰当的。

在中国古代哲学中泛用不可知论之所以是不恰当的，首先就在于，它忽略了中、西文化在价值追求上所具有的根本性差异。如前所论，虽然赫胥黎的不可知论是反思西方中世纪以宗教信仰为中心的价值追求的产物，而休谟和康德的不可知论则与西方近代以来对科学真理的价值追求密不可分。虽然这两种价值追求就其具体内容而言有所不同，但就其离开人生和社会伦理谈论世界本体、探索世界的本质而言，则是一致的。而中国古代哲学就其价值追求而言，则是以道德理性为本位的，中国古代哲人关注的是社会和人生，追求的是人与自然、人与社会的适应和和谐，从而认识论往往被融入伦理道德修养论之中，而没有形成西方哲学系统中那种发达的认识论传统，因此，也自然不会形成作为认识论特殊形态的不可知论传统。在中国古代哲人看来，道德修养的极高境界，也就是认识的最后完成和真理的圆满呈现。融真于善，以求善为求真，这样就大大滞化了认知理性的发展。历史上儒、道、释诸家皆然，尤以儒家为著。儒家自孔子倡仁智统一，遂成后儒之滥觞。孟子以为每个人只要通过"养心""反求诸己"的道德修养工夫，即可成为"至诚"的圣人；有了圣人之德，即能与"天道"融为一体，达到"万物皆备于我"的真善美统一的境界。董仲舒用儒家精神改造并利用了阴阳家的宇宙论，把儒家传统道德与阴阳五行相配合，把道德论纳入以"天意"为中心的神学目的论体系中，认为只有通过一定修养达到可"深察名号"的圣人，即可"察身以知天"。由此他特别强调人应该具有"必仁且智""仁智双全"的仁智统一人格，从而把道德与认识融为一体。魏晋玄学虽然讲天地万物"以无为本"，但其主要兴趣并不在于探索宇宙的客观法则，而在于"无欲""无为"的理想人格的培养。认为道德修养达到"无欲""无为"的圣人，就可"体无"，进入一种超验的可得大全之理的至妙境界，这样的人才能统治万方。此种传统，至宋明理学尤被推向极致。理学家通过各自体系的展开，将传统社会的伦理纲常本体化为与宇宙自然之理"显微无间"的道德境界。张载主张"圣人尽性，不以见闻梏其心""性与天道合一存乎诚",要达到关于宇宙总体知识的"德性所知",须经过"因明致诚""因诚致明"的认识和修养的反复过程才能实现。二程主张"穷理尽性以至于命,三事一时并了,元无次序,更不可外求"。朱熹也主张经过长期积习、修养的所谓"格物",则可"豁然贯通",达到"众物之表里精粗无不到,而吾心之全体大用无不明",都认为只要道德修养达到一定境界,就可唤醒心中已有之理,从而认识宇宙大全之理。王守仁力主"合心与理而为一",提出系统的心学体系,通过"心外无物""致良知""知行合一"的体系建构,更把道德理性与认知理性融为一体。即便非常注重认识论的王夫之,也深受传统道德本位的影响。如他在论述"诚"范畴时,既以其为认识的真实无妄谓,又以之为"通动静、合内外之全德"的道德境界谓,以"诚"为纽带,导向了道德论与认识论的合一。总之,认知理性与道德理性的合一,在中国古代哲人那里是一种普遍现象。而这一现象的产生,其核心就在于,中国古代哲人的价值追求更多的是关于人生的智慧,而不是关于自然、社会和人生的知识。在这一价值追求的范导下,中国古代哲学中没有形成发达的认识论传统,更没有形成作为认识论特殊形态的不可知论传统。

在中国古代哲学中泛用不可知论之所以是不恰当的,亦在于,它忽略了中国古代哲学思维的基本特征。中国哲学史上之所以没有出现不可知论的认识理论,与中国哲学重整体、重和谐统一以及以直觉体悟为主导的传统思维方式有密切关系。换句话说,中国古代传统思维方式难以形成不可知论传统。在中国古代哲学中,本体论上的二元同一观念,使思维超越了对世界本体的理性探索,而代之以直觉体悟式的整体把握。中国古人所理解的世界本体,或曰天,或曰道,或曰无,或曰理等,大多是与人的主体意识如心、性、神等直接合一的,而非二元对立的。中国古代哲学所谓"天人合一""道心合一""心物合一""形神合一""心外无物""心外无理""内外相冥"等,都表达了二元同一的思想倾向。较早地明确表达二元同一思想的是孟子。孟子以"天"为最高概念,认为心、性与天是相通的,只要"尽心""知性"即可"知天",如果人们都能充分扩充自己的"本心",就可达到"知天"即与天为一的境界。此后的荀子认为人如果达到"虚壹而静"的"大清明"境界,亦可达到对天道的认识和把握。汉代思想家董仲舒主张的天人感应神学目的论,其理论基点仍是以天、人、道、心相通，谓"以类合之，天人一也"，故"道莫明省身之天"，认为人们只要认识本心，即可"知天"。魏晋时玄学家更以"体用如一"的方法，系统论证了"天人合一""道心合一""有无统一"，主张"玄同万物""与道同体""圣人体无"，十分强调主体（心）对客体（无）的直观把握。宋儒盛讲性命之学，各家或言"气本"，或言"理本"，或言"心本"，但其致思趋向仍不外"天人一体""道心不二""理心合一"。理学始祖周敦颐著《太极图说》，"以究天人合一之源"为要（王夫之语）。张载一方面主张虚、气一元论，另一方面极力破"理气""天人"二本，立"性与天道合一"说，主张"大其心，则能体天下之物"，"天下无一物非我"。二程甚至不赞成张载"天人合一"的说法，认为"天人本无二，不必言合"，力主"在天为命，在人为性，主于身为心，其实一也"，"仁者浑然与物同体"，在理本论基础上建立了一个融自然、社会、人生为一体的"体用一源，显微无间"的理学体系，认识被看成"吾之所固有"的先验的东西，认为只要自省内求，即可达到无所不知的境界。朱熹也以心、性、理为一，主张"心统性情"，"万理具于一心"。虽然他强调"格物"工夫，但其"致知"则仍是致"吾心"之"知"，他说："格物是物物上穷其至理，致知是吾心无所不知。"明儒王守仁在陆九渊"宇宙内事是己分内事，己分内事是宇宙内事""心即理"的心学基础上，提出"心外无物""心外无理""良知即是天理"，认为欲穷"天理"，须"致良知"，在心本论基础上对天人、道心一体思想表达得再明白不过。而集中国古代哲学之大成的王夫之也认为"天人之蕴，一气而已"，"言心、言性、言理、言天，俱必在气上说"，天、人"惟其一本，故能合"，把宇宙看成一气之流行，人在其中应求其与天地气化流行成一和谐整体。因而在认识论上，他虽然对感性、理性、知行等环节做了较深入的考察，但由于受孟子"尽心、知性、知天"说的影响，在思维方式上也同样是直觉主义的，例如他说："尽性者，极吾心虚灵不昧之良能，举而与天地万物所从出之理合而知其大始。"不难看出，这种"天人合一""体用一源"的运思模式，遂把物质与精神、主观与客观包融在一个有机统一的整体之中，因而在中国古代哲人看来，宇宙是一个以人为中心的自我协调的有机整体。从而在思维方式上，中国古代哲学展现出与西方哲学传统迥异的一元化特点。与此相应，由于破除了主体与客体、思维与存在之间的绝对对立，主体对客体对象的把握也呈现为整体化的直觉体悟的方式。这种思维方式的特点就在于疏于清醒的实证方法和态度，略于理性的逻辑探究和论证，因而往往排除或忽视人的认知理性，而更加注重直接的证悟、实际的心性体验和知行合一的道德践履，把思维引导到内向的精神追求方面。如果说中国古代哲学也讲理性，其旨趣则在于实用，即以直接满足日常生活和政治需要为目的的"实用理性"，而疏于认知理性的推理系统。这与西方认识论传统，以及作为其特殊形态的不可知论传统中所展现出来的强调二元对立以及重视认知理性的思维特征大异其趣。换句话说，中国古代哲学家那种整体性的一元论以及直觉主义的思维特征，是难以通向不可知论的。

以上所论的中西文化的不同的价值追求以及哲学思维方式的差异，业已表明在中国古代哲学中没有产生不可知论的思想基础。然而，在一些哲学史论著中，中国古代的某些哲学家如老子、庄子、郭象、僧肇等，却常常被冠之以"不可知论者"的称号。但如果我们不否认前文所论的得以产生不可知论的西方文化独特的价值取向以及中国古代哲学自身所具有的迥异于西方的思维特点，那么，老、庄、郭、肇是不可知论者的说法就值得讨论。

首先说老子。论者认为老子是不可知论者的理由常常有三点：一是老子认为"道无名"，即"道"不能用语言来形容，也不能以名相来比拟，为了表达它，只能"强为之名"。既然老子认为道只能"强为之名"，说明"道"是不可知的；二是老子认为道体超言绝象，不可捉摸，它"视之不见""听之不闻""搏之不得"，故不可知；三是老子在本体论上模棱两可，动摇于唯物主义和唯心主义之间，依据列宁关于恩格斯把休谟和康德的信奉者们放在唯物主义和唯心主义之间，称他们为不可知论的说法，反推出老子是一个不可知论者。后一点能否成立，本文将在后文予以讨论。前边两点，如果联系老子哲学的总体特征和中国古代传统思维方式的特点来看，就会发现这些理由是不能成立的。

老子哲学的最高范畴是"道"。众所周知，"道"在老子哲学中具有宇宙本原和天地万物总规律的意义。诚然，《老子》关于"道"无形、无象等说法俯拾即是，老子也确实明确表示道"绳绳不可名"，只能"强为之名"，但是，能否由此得出老子认为"道"是不可知的呢？回答是否定的。在老子那里，"道无名"，只是要说明道这个混沌体是不能用人们恒常习惯的语言、概念来把握，不能用逻辑方法来分析，此外没有更多的意义。在老子看来，"道"是"视之不见""听之不闻""搏之不得"的"夷""希""微"，因而超越感性经验的东西；它具有"混而为一"的整体样态，因而是不能用理性认知的方式来把握。"道，可道，非常道；名，可名，非常名"，"知者不言，言者不知"的说法就表达了这种思想。如果硬要用恒常的语言来描述说明，用逻辑的方法去分析论证，那么不仅不能把握道，反而会离开道之"大全"而失于一偏。正如王弼所说："言之者失其常，名之者离其真。"老子的这种思想与休谟和康德那样的不可知论是不能相提并论的。首先，老子并没有否认对宇宙本体的认识和把握。《老子》五十二章云："天下有始，以为天下母。既得其母，以知其子；既知其子，复守其母，没身不殆。"十四章云："执古之道，以御今之有，能知古始，是谓道纪。"十六章又云："知常曰明。"这几段话大意是说，道是天下万物的本原，知道这个本原，就能认识万物，如果认识了万物，就反能持守本原之道。能以道驾驭现在的事物，也就明白了宇宙原始的"道"。认识了道，就是"明"。那如何认识道？老子认为，"道"不可感知，不能言说，它超言绝象，因而只能靠一种整体、直觉的方法来把握，这种方法老子称为"静观""玄览"。所谓"静观"，就是保持心之虚静而直接体认的认识方法。"致虚极，守静笃，万物并作，吾以观复。"他认为虚则能受，静则沉潜，只要致虚至乎其极，守静至于甚笃，就能把握道。所谓"玄览"，"览"，帛书乙本作"监"，通"鉴"，也就是镜子，"玄览"就是"玄鉴"，高亨谓"玄鉴者，内心之光明，为形而上之镜，能照察事物"。"玄览"显然是指一种超越一般认识方法的直觉。其次，老子认识论的特点之一，是他既排斥人们的感性认识，也排除人们的理性认知。他说，"不出户，知天下；不窥牖，见天道。其出弥远，其知弥少。是以圣人不行而知，不见而明"，"为学日益，为道日损"。即这个天道是不能通过通常的感性与理性的方法达到的。再次，老子也把道德修养与体道合为一体，认为人们只有保持无知无欲状态，才是体道者应有的境界。老子主张"涤除玄览"，其主要方法就是"塞其兑、闭其门"，即关闭嗜欲的孔窍和门径，认为这样就可达到"和光""同尘""挫锐""解纷"而与道"玄同"的境界。到了这种境界，才能览知万物，把握大道。如果老子认为道是"不可知"的，为什么要用那么大功夫探讨把握大道的方法呢？

其次说庄子。如果说老子更多地关注于直观，那么庄子则更多地关注于体验①，而体验则与不可知论更不搭界。关于这一点，刘笑敢在其力作《庄子哲学及其演变》一书中，对此做过仔细深入且十分正确的辨析。为说明问题，这里不妨摘其要点于后，刘在书中对不可知主义的基本特征做了明晰的说明后，指出庄子哲学认识论属于怀疑主义而非不可知主义。

他写道：

不可知主义者是以确信现实为基础的，休谟相信感觉经验，认为个人的感觉是认识的来源；康德相信感性直观和知性范畴，相信人们可以认识现象世界。庄子却是以怀疑现实事物而著称于世的。他不相信感性经验，主张放弃一切感官，"忘其肝胆，遗其耳目"；他不相信理性思维，主张无思无虑，"其寝不梦，其觉无忧"。庄子对现实的一切都是怀疑的，对于一切以感知为基础的认识和知识都是否定的，这与以确信个人意识为基础的不可知主义是明显不同的。

他进一步写道：

（康德和休谟）共同的特点是把人的认识能力局限在直接经验的范围以内，不怀疑人的感觉经验，只怀疑超越于感官经验的自在客体或自在客体的可知性。庄子则与此相反，庄子所怀疑的恰恰是人的感觉经验以内的事，他不怀疑"彼岸"的道的存在，不怀疑得道的可能性，而且宣扬得道的必要性。庄子认为至人可以通过精神修养和直觉经验去把握道，而耳目感官则不能认识道。……只要我们不否认休谟、康德是不可知主义的主要代表，我们就应该承认庄子的认识论不同于不可知主义，庄子不是不可知论者，……与庄子认识论比较相似的……是古希腊以皮浪为代表的怀疑主义。

---

① 参见蒙培元《儒、佛、道的境界说及其异同》，载《世界宗教研究》，1996年第2期。

这段精当的评论，可说是抓住了庄子哲学认识论的本质特征。庄子确实曾怀疑逻辑思维能否把握宇宙本体的问题，但受其人生哲学追求"人与天一""万物与我为一"的影响，没有通过怀疑论走向不可知论。把庄子说成不可知主义者，显然是一种误解。

再次说郭象。在中国哲学史的诸多论著中，西晋玄学家郭象被说成"不可知论"者中比较典型的一位。一般认为郭象为不可知论者的主要史料依据，是郭象在《庄子注》中的如下论述：

> 物各自然，不知所以然而然。
>
> 凡此上事，皆不知其所以然而然，故曰芒也。今未知者皆不知所以知而自知矣，生者皆不知所以生而自生矣。万物虽异，至于生不由知，则未有不同者也。故天下莫不芒也。
>
> （万物）皆在自尔中来，故不可知也。

持郭象为不可知论者，看到了郭象所宣扬的"独化"说排除了一切外在的原因和作用，过分强调自然，而否定具体事物存在和运作的原因，主张其"皆不知所以然而然"的宿命论是对的，但由此得出他是不可知论者则未免草率。笔者以为，判断郭象是否是"不可知论者"，关键在于：第一，郭象是否提出并讨论了本体世界或"物自体"能否认识的问题？第二，郭象是否因怀疑主体的认识能力而说"不知所以然而然"？第三，郭象所说"不知""不可知"等，其含义究竟是什么？如果人们不是望文生义而是注意到郭象思想体系的整体特征，上述问题是不难做出明晰回答的。

如同其他中国古代哲人一样，"天人合一""体用不二""内外相冥"也是郭象哲学的基本特征。他的全部理论的宗旨，在于论证自然与名教的统一，说明人们可以在现实生活中实现符合"天道"的理想社会，从而不脱离现实世界达到精神的逍遥自得。其论证的哲学认识论基础，就是他的所谓"玄同万物而与化同体"的"玄同论"。所以，在本体论方面，郭象认为万物都是独立自足、自生自化、自性满足的，亦即"物各自造而无所待"，任何事物都是独立存在、无所凭依、自身同一的，既不受任何外部力量的支配，事物之间也没有任何因果联系和相互作用，所以事物的真正原因是没有必要追究的，因为追到最后，只能是它自身原来的样子，即"无故而自尔"。在郭象看来，万物"独化于玄冥之境"，"死者已自死，生者已自生，圆者已自圆，方者已自方，未有其根者，故莫知"，也就是说，万物皆以自己为本原和原因，所以没有必要在自己存在之外寻找自身的原因和本质。由此，郭象完全走向足于自然、安于性分的宿命论，主张"无心以顺有"，他说："夫物事之近，或知其故，然寻其原以至乎极，则无故而自尔也，自尔则无所稍问其故也，但当顺之。""无心以顺有"的思想，可以说是其所谓"不知所以然而然"的绝妙注脚。

郭象哲学的出发点是政治和伦理，其所追求的是自足其性、逍遥自得的境界，而非关于自然本质的经验或理性的把握和知识。这样，在认识论上，郭象就不可能走向追求以外在事物本质为内容的逻辑认知方向，反而走向取消认识，追求"体与物冥"的神秘体验和直觉主义。离开对本体的认知取向，剩下的就只有追求"捐聪明、弃智慧"，"遗身忘知"，达到"神全角具而体与物冥"，即泯灭主观与客观、物与心差别的"玄同"境界以及直觉主义和人生修养论了。郭象不仅没有从认知系统提出本体是否可知的问题，而且也没有因怀疑主体能力提出"不知所以然而然"的说法，其所谓"不知""不可知"等说法，实际上是完全服从于他的"独化说"和"玄同论"的。他说："为知者不能知，而知自知耳。自知耳，不知也，不知也则知出于不知矣；……知出于不知，故以不知为宗。是故其人遗知而知，不为而为，自然而生，坐忘而得，故知称绝而为名去也。"显然，在郭象看来，"不知"就是因为"自知"，而"自知"就是以"遗知"为"知"。这种所谓"不可知"，与近代西方的不可知论相去甚远。当然，郭象在某些说法上可能也有不一致之处，但是，如果我们不是断章取义，而是努力把握郭象哲学思想的总体特征，那么就可以看出持郭象为"不可知论者"的诸论据，显得十分无力了。（以上引郭象语均见《庄子注》）

此外，在某些中国哲学史论著中，东晋佛学家僧肇也因著有《般若无知论》一文而被说成不可知论者。这实际上也是一种误解。在《般若无知论》中，僧肇并非在探讨本体可知与否的问题，而是在竭力论证佛性本体不能通过恒常的感性和理性的认知方式来达到，要了悟佛性，把握真如本体，只能靠"般若"这种最高智慧。他的所谓"般若无知"，是说要获得"般若"智慧，必须破除世俗的认识方法和知识。他说："夫智以知为知，取相故名知。真谛自无相，真智何由知？"他把源于物相的具体认识叫"知"，而在他看来，佛性本体或真如是"自无相"，当然不能用一般的认识方法达到，只能靠"无知"的"般若"来体会，即用超越任何感性和理性的直觉主义方式来达到。他认为达到这个境界的人就是"圣人"，而"圣人以无知之般若，照彼无相之真谛"，所以"圣心无知，故无所不知。不知之知，乃曰一切知"，即"圣人"虽破除世俗之"知"，但由于把握了"般若"的最高智慧，故无所不知。可见，僧肇的"般若无知论"与不可知论没有多少共同之处，相反，作为东晋时期推进佛教中国化的著名学者，其思维方式与中国古代哲学主导性的思维方式颇具一致性。其实，非唯僧肇如此，佛教学者多认为佛性就在心中，只要经过"定""慧"的修炼，就可了悟佛性，达到彼岸涅槃。如果他们认为本体"不可知"，成佛是不可能的，那么一切修行都将是多余的了。

值得注意的是，持中国古代有"不可知论"者，常常引用列宁的"在唯物主义者看来，自然界是第一性的，精神是第二性的；在唯心主义者看来则相反。恩格斯把休谟和康德的信奉者们放在这两者之间称他们为不可知论者。因为他们否认认识世界的可能性，或者至少是否认彻底认识世界的可能性"这段话，并事实上做了这样的逻辑推论：如果一个哲学家在哲学立场上摇摆于唯物主义和唯心主义之间，那么他在认识论上就是一个不可知论者。然而，这一推论本身能否成立是值得怀疑的。第一，就一般情况而言，这一推论本身犯了逻辑错误。列宁的话无疑反映了这样的情况：不可知论的哲学立场介乎唯物主义和唯心主义之间。但是，如果以此为前提进行换位推理，并不能必然得出：在哲学立场上介乎唯物主义和唯心主义两者之间的哲学家，都是不可知论者。因此，依据列宁的话反推出某些哲学家（例如老子、郭象）是不可知论者，是不正确的。其实，列宁在说明了不可知论的哲学立场是介乎唯物主义和唯心主义之间后，着重强调的是，称他们（指休谟和康德的信奉者们）为不可知论者，是"因为他们否认认识世界的可能性，或者至少是否认彻底认识世界的可能性"，也就是说，不可知论的产生固然与本体论问题有密切关系，但导致不可知论错误的主要原因应从认识论方面去寻找。事实上，列宁也曾认为亚里士多德动摇于唯物主义和唯心主义之间，但列宁并没有说亚里士多德是一个不可知论者。亚氏事实上也不是一个不可知论者。第二，况且，具体到老子、郭象，上述推论的前提本身即他们"动摇于唯物主义和唯心主义之间"是否真实，也是值得商榷的。这个问题比较复杂，须做专文讨论。不过杜维明先生在讲到中国哲学特点时有一段话倒是发人深思的，他说：

> "中国哲学的思路常以既属物又属心、既属主又属客、既属人又属天的'存有连续'的形式标出"，由于"忽视纯物质和纯精神两大价值领域"，所以"不曾出现西方哲学摇摆于唯物与唯心、主观与客观、凡俗与神圣之间的现象"。

杜先生这段话是否完全符合中国哲学史的实际，且不做评论，但它至少道出了中国传统哲学"天人合一""体用一源"的基本特征，值得我们在讨论这一问题时参考。

此外，这里也有个方法论问题。马克思主义哲学认为，哲学基本问题是一切哲学家都不能回避的问题，坚持这一原则，才能使我们从纷繁复杂的哲学思想中找到一条基本线索，但是，在具体运用这一原理时，应该注意把它作为研究哲学史上无比丰富复杂的思想现象的指南，而不应用它去代替对各种哲学问题的具体分析。例如，列宁在分析康德哲学基本特征时说："当康德承认在我们之外有某种东西、某种自在之物同我们表象相符合的时候，他是唯物主义者；当康德宣称这个自在之物是不可认识的、超验的、彼岸的时候，他是唯心主义者。"同样，把不可知论放在唯物主义和唯心主义之间，正是恩格斯、列宁既坚持哲学党性原则，又注意分析和正确处理哲学史上一些复杂情况的范例。并且，他们特别反对给唯物主义和唯心义附加任何别的成分。例如，恩格斯在对唯物主义和唯心主义做了严密界说之后，指出："除此之外，唯心主义和唯物主义这两个用语本来没有任何别的意思，它们在这里也不能在别的意义上被使用。"因此，把不可知论附加给唯物主义或唯心主义，与恩格斯、列宁的思想也是相悖的。

总之，不可知论的产生与西方文化传统中根源于追求宗教真理或科学真理的价值诉求而产生的认识论传统，以及在认识传统中所表现出来的二元对立和强调认知理性的思维模式是密不可分的。而中国古代哲学在价值追求上注重道德伦理的修养和践履而弱于认知外在客体，同时在思维模式上具有注重整体主义的一元论、注重直觉体悟而忽略理性认知的特点，因此，不仅没有形成发达的认识论系统，更没有产生不可知论的传统。而诸多中国哲学史著作中将老子、庄子、郭象、僧肇等中国古代哲学家看作是不可知论者，既没有弄清不可知论的核心内涵、产生背景与思维特点，也是对上述这些哲学家自身哲学体系的误解。

应在多维文化视野下治周秦汉唐史①

周秦汉唐是华夏民族奠基的重要而辉煌的发展时期。中华民族广阔的疆域、共同的文化（即"汉文化"）以及使中国具有广泛国际性影响的文明古国的地位，正是在这一时期逐步形成的。具有巨大历史魅力的周秦汉唐文化是以古长安为中心的，对于身处其地的文史工作者来说，深化周秦汉唐史研究是历史赋予的任务。

如何深化周秦汉唐史研究？愚以为应该突破以往政治史、事件史、农民革命史等固有模式而转向重视文化史，并且力求把历史与文化的研究统一起来，从文化视野来透视历史，在历史的具体过程中来展现文化。也就是说我们必须拓宽视野、更新方法以深化研究。在这方面，西方在十九世纪末二十世纪初崛起的文化历史主义方法是应该予以重视和借鉴的。文化历史主义代表人物之一的瑞士文化史家布克哈特曾说："在通常的情况下，文化史即是从总体上考察的世界史。"② 换句话说，历史研究与文化研究是统一而不可分的，史学要真实地展现丰富多彩的历史风貌，必须将视野扩展到"大文化"的各个层面如政治经济、文学艺术、伦理道德、科学技术、民族民俗、社会心理，等等，并需要做历史学、考古学、哲学、古文字学、文学、文化人类学等方面的多维性综合研究，这是一项基于文化整体形态上的系统工程。事实上，文化历史主义方法已为中国当代史学界一些老前辈所重视并曾成功地加以运用，如钱穆、吕思勉、陈寅恪等。尤其是陈寅恪先生，他在建立和运用这一方法上为我们做出了典范。③ 先生治中古史就非常重视文化史，并特别注意研究那些重大历史变迁中所体现的文化因素，同时善于从各种复杂的文化因素中探寻某些政治变迁的更为潜在的原因。

---

① 原文载《陕西师范大学学报》，1995年第3期。

② 转引自高卫红《关于西方文化史及其研究的几点思考》，载《国外理论动态》，2009年第7期。

③ 参看尚定《陈寅恪文化历史主义通观》，载《历史研究》，1992年第4期。

例如，他对安史之乱原因的探寻，就跳出了一般作为政治事件、宫廷纠葛之囿，而从文化入手加以考察，他说，"唐代安史之乱之世局，凡河朔及其他藩镇与中央政府之问题，其核心实属种族文化之关系也"，并指出，种族和文化问题"实李唐一代史事关键之所在，治唐史者不可忽视者也"。① 其他诸如唐高宗废王立武、牛李党争、古文运动等事件，先生均能从文化与历史结合上探其渊源，因而其结论每每一语中的。由他倡导的"诗文皆史""以诗文证史"的方法正是文化历史主义方法的具体体现，并为史学界所重视。此外，吕思勉先生亦强调史学研究应"就文化的各个方面加以探讨，以说明其变迁之故，而推求现状之所由来"②。总之，把历史与文化统一起来，是我们治周秦汉唐史应借鉴的一种方法。

其次，文化研究也是周秦汉唐史研究的应有之意。周秦汉唐文化在中国历史乃至世界文明史上有着突出的地位，被称为"封建"的一套古代典章制度、礼仪规范、伦理原则形成并成熟于这一时期；儒家定于一尊以及此后儒、道、佛三教并存纷争交融发展的思想格局形成于这一时期，华夏各民族文化的大交融也发生于这一时期；中国与周边国家及波斯、中东、南亚各国的交往也起始于这一时期。如果忽视如此绚丽多彩的文化史现象，周秦汉唐史将显得干瘪而失去光彩，许多具体的历史问题也说不清楚。

事实上，有关周秦汉唐史的诸多问题，正有待于文化史研究的深化而得以解决。例如对先周社会的历史渊源、发展过程的研究除依靠考古学资料外，也有待于文化人类学研究的深化。此外，唐统治者对待儒、道、释三教的态度以及与此相关的唐历代统治者指导思想的确立等问题，也有待于对三教关系这一文化问题研究的深入而得以正确地说明。而作为与文化密切相关的民族问题也是汉唐时期突出的问题之一，正是汉唐时期民族间相互交融的加强，才奠定了中华民族的根基。若从文化问题入手，也许更能推证民族冲突之历史原委。例如，关于汉民族与匈奴的关系，钱穆正是从文化角度加以认识的，认为二者的冲突乃是"耕稼与游牧两种文化对峙的局势"，中原既"一时无法叫匈奴耕稼化，便一时无法用中国的理想来强

---

① 陈寅恪：《唐代政治史述论稿》，见《陈寅恪史学论文选集》，上海古籍出版社1992年版，第1页。

② 吕思勉：《吕著中国通史·自序》，华东师范大学出版社1992年版，第5页。

匈奴以从同",①此即抓住了问题的关键。西域和中原的文化交流与民族融合也是两汉史的重要内容之一，正是这种民族间的大融合才铸成了汉文化的浑朴品格，对西域史特别是西域与中原文化交流史的研究是汉代史和宗教史不可忽视的领域。唐代是开放进取的。这种时代精神亦可以从文化渊源上得以说明："李唐一族之所以崛兴，盖取塞外野蛮精悍之血，注入中原文化颓废之躯，旧染既除，新机重启，扩大恢张，遂能别创空前之世局。"②

总之，多维文化视野下的周秦汉唐史研究将会是别开生面的，它不仅会将丰富多姿的周秦汉唐史画面展现在人们面前，同时也可以促使研究者自身从"史实"而进入"史识"，达到历史哲学的层面。当然这绝非一蹴而就，须做长期艰苦而扎实的工作，但沿着这一路子前进应该成为我们的共识。

---

① 钱穆：《中国文化史导论》，商务印书馆1994年版，第93页。
② 陈寅恪：《李唐氏族之推测后记》，见《金明馆丛稿二编》，上海古籍出版社1980年版，第303页。

第二章

儒学的道德心性论

儒家的"天人合一"：旨趣是道德心性论①

对中国传统的"天人合一"观念的关注，是近年来在弘扬中国传统文化特别是儒家文化中的热门话题。在洞察了工业化发展所带来的生态环境的恶化、人口危机、核威胁等全球问题的严峻性之后，许多有识之士把目光转向中国传统哲学中的"天人合一"观，认为这是解决当代人与自然紧张关系的良方。这本来无可非议。确实，在中国哲学中明显有不同于西方"天人分立"的"天人和谐"（本节下简称"和谐"论）的观念。《老子》中的"人法地，地法天，天法道，道法自然"，《庄子》的"人与天一"，《礼记·月令》中关于人应该春月行春令、秋月行秋令等观念，都包含着天人和谐的思想。问题在于，"天人合一"其含义是多重的，既有形而下的宇宙论意义上的"天人同构""天人同类""天人和谐"观念，也有形而上的本体论意义上的"天人一体""天人合德"等观念，而就儒家哲学而言，就其主流精神来说，则是指建立在道德心性论基础上的"天人一体"（以下简称"一体"论），其旨趣则在于为人的生命存在和道德观念确立一个形而上的根据。"一体"论与"和谐"论有着明显的区别，然而许多论著常将二者混同起来，或直接将儒家"天人一体"解释为"天人和谐"，如陈国谦先生曾有此种看法②。

对此，罗卜先生曾予以反驳③。高晨阳先生亦曾就此发表了很好的见解④，但似仍有意犹未尽之感。时至1997年，笔者又亲闻季羡林先生说：人类和大自然应该和谐，不应该矛盾，这就是"天人合一"。⑤连当代中国

---

① 原文载《陕西师范大学学报》，2000年第2期。题目有改动。
② 陈国谦：《关于环境问题的哲学思考》，载《哲学研究》，1994年第5期。
③ 罗卜：《国粹·复古·文化》，载《哲学研究》，1994年第6期。
④ 高晨阳：《论"天人合一"的基本意蕴用价值》，载《哲学研究》，1995年第6期。
⑤ 1997年10月，季羡林先生在山东大学"季羡林学术思想研讨会"期间所做的演讲中明确表达了这一观点。

文化研究的著名学者也持这一看法,看来这种理解仍有相当的影响。笔者以为,把"天人合一"诠释为"天人和谐"或将二者混同,是对中国古代特别是儒家"天人合一"观念的一种误读,它关系到对中国哲学的大思路和总体特征的正确理解和把握,故有必要加以澄清。

一、传统儒家"天人合一"观的主流精神是"天人一体"

有一种相当流行的说法,即"中国哲学主天人合一,西方哲学主天人对立",并以此来标识中西哲学和文化的差异,认为中国古人能注意保持人与自然的和谐,而西方人则强调人对自然的抗争。这一说法之偏失有二:一是忽略了中国古代哲学也有"天人相分"一派;二是把古代的"天人合一"做了狭义的乃至扭曲的意义阐释。中国古代哲学从早期的子产到战国后期的荀子以及此后汉唐诸儒如柳宗元、刘禹锡等,都是主张天人相分的。子产说"天道远,人道迩,非所及也"(《左传·昭公十八年》),荀子讲"明于天人之分"和"制天命而用之"(《天论》),汉儒畏"天人相与之际"(董仲舒)或要"究天人之际"(司马迁),柳宗元讲天、人"二之而已,其事各行不相预"(《答刘禹锡天论书》),刘禹锡讲"天与人实相异"(《天论》),都说明至少在中国古代有一段时期,天人相分的观念相当盛行,甚至可以说它几乎是从战国末到中唐时期普遍流行的哲学理念。

就儒学来说,这一时期恰是被儒家正统视为"内圣"的心性之学中断的时期,即如韩愈所说"柯之死,不得其传焉"(《原道》)的时期。这种天人相分观念中所包含的主客二分、以认识和掌握自然规律为终的的价值取向,对中国文化、中国科学无疑发生过影响。所以,忽视中国哲学的天人相分观念,低估它的价值,是应该纠正的一种倾向。

相对于西方哲学与文化来说,应该说"天人合一"确是中国哲学与文化的重要的乃至基本的特征之一。问题在于人们是否对"天人合一"做出正确的意义阐释。通常所谓"中国文化主天人和谐,西方文化主天人对立"的说法其含混之处在于,它把有着丰富意蕴的儒家"天人合一"观狭义地乃至扭曲地解读为"天人和谐"。事实上,中国传统哲学的"天人合一"观念在不同的时期、不同哲学家使用时有着很不相同的含义。张岱年先生曾将其分为"天人相通"和"天人相类",说"天人相通的观念,发端于孟子，大成于宋代道学。天人相类，则是汉代董仲舒的思想"①。这种说法原则上是正确的，但须做具体分析。

其"天人相通"，实则指从孟子到宋儒建立在道德心性论和心性本体论基础上的"天人一体"说，也包括《易传》的"天人合德"说。孟子所谓"尽心""知性""知天"以及"万物皆备于我，反身而诚，乐莫大焉"（《孟子·尽心上》）的说法，即以"天"为人的道德价值之源，人也因此而上升为与天一体的存在，天与人以道德理性为纽带而合为一体。《中庸》说："天命之谓性，率性之谓道，修道之谓教"，"诚者天之道也；诚之者，人之道也"，"唯天下至诚，为能尽其性；能尽其性，则能尽人之性；能尽人之性，则能尽物之性；能尽物之性，则可以赞天地之化育；可以赞天地之化育，则可以与天地参矣"。其所表达的"天人合一"观念，是一个由自身向外部世界不断开出并以"诚"为中介所展现的一种物我无对、天人一体的境界。

此后，《易传》有所谓"天人合德"之说，其意蕴亦为"天人一体"。而"天人相类"则是指建立在宇宙论基础上的"天人同构""天人同类"。这种观念，又可分为旨在揭示自然宇宙与人之间秩然有序的有机宇宙体系和建立在天意神学基础上的"天人感应""灾异遣告"，等等。前者以《管子》之《幼官》《五行》篇以及《吕氏春秋·十二纪》《礼记·月令》等所表达的以阴阳五行为框架的天人宇宙图式为代表，后者则以董仲舒的神学目的论为代表。《管子·幼官》《管子·五行》及《礼记·月令》等，已把自然和人事活动编织成一个无所不包的严整的宇宙图式，将政令、农事、祭祀等都纳入一年十二月的时空架构中，同时又将自然的天象、物候、四时、方位与社会人事的五教、五常、五祀等对应起来，并用阴阳消息来解释其变化的原因。这种观念虽然也有诸多神秘的色彩，然确实包含着"有机宇宙"的观念。我们通常所说的"天人和谐"实则包含在这些思想之中。而董仲舒虽然也接过了阴阳家的五行结构图式，却以"天意"为中心，将其充分地神学化，试图为新兴的封建社会的政治伦理确立宇宙论的根据，以之作为衡量政治的合法性和解释历史变迁合理性的根本标准。"天人相

---

① 张岱年：《中国哲学大纲·人生论》，中国社会科学出版社1982年版，第173页。

类"的这两种观念,随着魏晋玄学的风行和晋唐佛教的倡兴,都没有得到充分的发展,继之而起的佛教心性本体论又与《孟子》《中庸》的心性论相融合,不仅使历史上曾有过的"天人相分"观念被淹没,也使董仲舒的"天人相类""天人感应"观念受到极大的冲击,从而使《孟》《庸》建立在道德心性论基础上的"天人一体"观念得以强化,为其进一步发展铺平了道路。

宋初周敦颐的《太极图说》"以究天人合一之源"(王夫之语)为要,一改秦汉以降诸儒不大讲"性与天道"的传统,而"合老庄于儒",把道与儒,宇宙论(天道)与伦理学(人道),太极之道(天理)与儒家的心性论、道德修养论有机地结合起来,通过太极(无极)、理、性、命、诚等范畴的逻辑展开,奠定了后儒以本体论、心性论、道德论为一体的"天人一体"观的基本路向。而最早明确提出"天人合一"命题的是张载。张载针对秦汉以来儒学"知人而不知天,求为贤人而不求为圣人"的"天人二本"之弊,提出"性与天道合一"的命题,这后来几成为理学家的思想主题。为了从根本上解决天人、道性合一的问题,张载采取了地道的原儒方式,即"以《易》为宗,以《中庸》为体,以孔孟为法"(《宋史·张载传》),他所说的"天人一物""一天人""天人合一",都表达了天人、道性合一的思想。特别是他的《西铭》更能"包三才之广大""体天人为一源"(沈自彰《张子二铭题辞》)。张载"天人合一"观念的主要来源在于:一是《易传》的"天人合德"的观念。《易传·文言》:"夫大人者,与天地合其德,与日月合其明,与四时合其序,与鬼神合其吉凶。"故张载说:"穷神知化,与天为一,岂有我所能勉哉?乃德盛而自致尔。"(《正蒙·神化》)强调圣人与天地之性相通,人的德性来自天,天是人性亦即道德仁性之源;二是《中庸》的"性命、诚明"观念:"天命之谓性,率性之谓道,修道之谓教","诚者,天之道也;诚之者,人之道也",倡性与天道、本体与修养工夫合一,故张载亦谓"性与天道合一存乎诚"(《正蒙·诚明》)。三是孟子的"尽心、知性、知天"的观念。所不同的是,张载又把自秦汉以来的气论思想融入其体系之中,在形而下的意义上讨论过天人关系问题,如说"天与人,有交胜之理"(《正蒙·太和》),特别是"世衰则天人交胜"。他认为,这种天人观人是可以认识的,这叫"识造化"即懂得气化规律。不过张载由此而迅即转向孟子的"尽心""知性""知天",

强调从"穷理尽性""穷神知化"达到"天人一体"的境界，说"儒者则因明致诚，因诚致明，故天人合一，致学而可以成圣，得天而未始遗人"（《易说·系辞下》）。显然，"心性"成为合一"天、人"的基础，而"诚"则是合一天、人的中介，说明张载是宋儒中首先越过汉唐诸儒而直接承继先秦儒学传统而又有所创新的学者。与其说张载在中国哲学史上首次提出了"天人合一"的命题，毋宁说张载首先是在反对汉唐诸儒及佛教"天人二本"时，明确揭示了传统儒家"天人合一"的实质含义是"天人一体"。"一体"观念是张载反复强调了的，如说："天良能本吾良能，顾为有我所丧尔。"注："明天人之本无二。"（《正蒙·诚明》）他认为圣人与天道相通（"圣人体天地之德"），故天道与人事应"一滚论之"，说："天人不须强分，《易》言天道，则与人事一滚论之，若分别则只是薄乎云尔。自然人谋合，盖一体也，人谋之所经画，亦莫非天理。"（《易说·系辞下》）这种通过诚明互动而实现的"一体"化境界，正是性道合一、本体与价值合一的天人、物我一体的境界。这种"一体"境界在他所著的"与孟子性善养气之论同功"（程颐语）的《西铭》中得到了充分的体现，其所谓"天地之塞，吾其体；天地之帅，吾其性。民吾同胞，物吾与也"的说法，更是把天、人，物、我视为一体，这一点，深深地影响了此后宋明诸儒。

程朱不大讲"天"，而旨在讲"理"，实则是儒家传统天命论以本体化方式的承继。

万物皆是一"理"，"理"上升为宇宙最高的本体，也是人伦道德的最后根据。"理"亦即"道"："问'天道如何？'曰：'只是理，理便是天道也。'"（《遗书》卷二二）道一开始就无天、人之分，只是具体地讲则有分殊而已："道未始有天人之别，但在天则为天道，在地则为地道，在人则为人道。"（二程《语录》二上）"安有知人道而不知天道者乎？道一也，岂人道自是一道，天道自是一道？"（《遗书》卷一八）程颢更明确讲"仁者浑然与物同体"（《遗书》卷二），他反对以天、人为二本，说"天人无间""天人一也，更不分别"（同上）。他甚至不主张天、人"合"一的提法，说"天人本无二，不必言合"（《遗书》卷六）。并在此基础上提出"性即理"，认为人之心与宇宙之德相通，人性即天性，人伦道德及其修养功夫则不过是天理之本然，在这里"体即是用，用即是体"，这就是所谓"体用一源，显微无间"（《易传序》）。朱熹在二程的思想基础上对"一体"的观念更做了精致的论证，他进一步将佛教华严宗的"理事无碍"与张载的"民胞物与"说相结合，论证"理一分殊"，不仅大讲"宇宙万物，一理而已"，而且直接说"理便是仁义理智"。"理一"本不可分，"万殊"之理不过是"理一"的完整显现，"天人一体"即"万物一理"。在后儒看来，朱熹虽然将天与人、物与理视为一体，但却未将"心"与"理"合一。对朱熹这种"析心与理为二"的批评正是陆王心学的逻辑起点。陆九渊说："盖心，一心也；理，一理也。至当归一，精义无二，此心此理，实不容有二。"（《陆九渊集·与曾宅之》）由此提出了"心即理"的命题，认为万物之理皆与"我"之"心"相即不离："宇宙便是吾心，吾心即是宇宙"（同上书，《杂说》）。如果说在朱熹的体系中，天、人，物、我还未完全"黏合"，陆九渊则完全将其融为一体："万物森然于方寸之间"（同上书，《语录》）。与其说他是将主、客体合一，毋宁说他根本就未做这种区分，他追求的仍是"天人物我一体"的境界。王阳明又在陆氏"心即理"基础上提出"致良知"说，谓"良知者，心之本体"（《王阳明集·答陆原静书》），"天地万物俱在我良知的发用流行中"，作为"造化之精灵"的"良知"，皆"与物无对"（同上书，《传习录》下）。"无对"，即无二分之对待，亦即一体化，这样，"天地万物与人原为一体"（同上）就成为必然的结论。在王阳明看来，"良知"是最高本体，天地万物都不过是"良知"的显现，即体即用，体用一源，心、性、理与万物皆为一体，从而在心性本体论基础上达至"天地万物本吾一体"（同上书，《答聂文蔚》）的境界，天人关系在这里实则为心理、心物合一之"体用不二"的关系，由此也达到了境界与功夫、目的与方法的最终统一。如果说在道家及阴阳家的体系中，还有过"天人和谐"的观念和对这种"天人和谐"境界的追求，而儒学从总体上说，自《孟》《庸》《易》之后，除了汉儒的"天人同构""天人相类"透露出一些宇宙有序论的思想之外，到宋明诸儒，"天人合一"基本上是循着"天人一体"的思路展开并不断得以强化的。可见"天人和谐"的观念不仅不是儒家"天人合一"的基本含义，而且在整个中国哲学史上也不占主导地位。相反，占主导的则是"天人一体"观念，这是中国哲学史上一个不容忽视的事实。

二、"一体"与"和谐"有着质的区别和哲学理路上的分野

所以要以大量笔墨来说明在中国哲学史上是"天人一体"而不是"天人和谐"观念占主导地位，这绝不是小题大做，而是二者不仅有着质的区别，其分野乃标示着对中国哲学的基本特征和其表征的哲学理路的正确把握。

第一，"一体"论是以主客未分、二元同一为前提的，而"和谐"论则蕴涵着主客二分或二元分立的逻辑前提。"天人一体"的观念萌发很早，在原始的天命神学中，就曾有过神、人为一的观念，商代的"帝"的观念即体现了上帝与君王的合一。自《中庸》提出"天命之谓性"和孟子提出"尽心、知性、知天"的命题，天道性命合一观念得以确立，并成为此后儒家所力加发挥的观念。至宋明诸儒出，更以理、心、性、命、诚等范畴对之大加发挥，以道德心性为核心的"天人一体"的庞大体系得以建立。在这里，天道虽然具有形而上的性质，但其实现却在人性之中，所谓"诚者非自成己而已也，所以成物也。成己，仁也；成物，知也。性之德也，合外内之道也"（《中庸》）。"成己"与"成物"的统一呈现了内外合一、天人未分的境界。孟子说："万物皆备于我矣，反身而诚，乐莫大焉。"（《孟子·尽心上》）通过"诚"这个中介，"合内外""一天人"，天道被道德化，而人性中也内含了天道，天道即人道，人道即天道。张载谓"性者万物之一源"，二程讲"天人本无二"，王阳明讲"天地万物本吾一体""心外无物"，都明确表征着人与己、物与我之间不再呈现出相互对峙的状态，也进一步明确表达了天、人之间二元同一，主、客之间未见分隔，存在与境界二者在本质上统一的"一体"化特征。在"一体"化思维模式中，人并非是与自然对立的主体，也不是自然的主宰者，其与天之间是一种在心性论基础上的"体用不二"的关系。

相对地说，"和谐"论则是以二元分立、主客二分为前提的。如果说"一体"论旨在体用关系的阐释，而"和谐"论则立足于天人之间存在状态的说明。当我们在强调某某之间保持一种和谐关系的时候，总是以承认两者的独立自在的状态为前提、为条件。在古代，"和"与"同"相对，"同"是指自身同一、性质相同，而"和"则是指不同乃至相反性质的东西的结合、配合，有和谐、调合等意义。"和，谐也"（《经籍籑诂》），故

古人常有"和五味""和六律"等说法，此所谓"以他平他谓之和"（《国语·郑语》）。"去和取同"曾是古人所反对的。所以讲天人和谐是以承认天人分立为前提的。天、人和谐的观念在中国古代虽然不占主导地位，但在一些思想家那里是有过的，如《老子》谓"人法地，地法天，天法道，道法自然"，庄子追求所谓"山林与！皋壤与！使我欣欣然而乐与"（《庄子·知北游》）的天人和谐状态，并主张"有人，天也；有天，亦天也。人之不能有天，性也"——即表达了"人与天一"（《庄子·山木》）的思想，其中蕴涵着对"天人和谐"的理想状态之追求。不过，老庄是以"天"（自然）为本的，他反对的是以"人"变"天"。

《礼记·月令》《吕氏春秋·十二纪》等所表达的是人的行为要合自然之序的观念，其明确承认在"我"与外物不同且相对应、分立的情况下，经过人的主观努力可以达到一种最佳的配合，显然这是一种在主、客之分基础上形成的"天人合一"，与西方"后现代哲学"所理解的"天人和谐"观念相通，而与正统儒家的"天人一体"观念俨然有别。显然，"一体"观念与通过认识自然规律而实现与自然和谐的观念有质的分野。

第二，"一体"论是以"人"为本，其立足点与归宿都是道德本原论和人生价值论；而"和谐"论则以"自然"为本，它力求建立的是一种人与自然之间的对立统一关系，这种思路易导向知识论和真理论。在以"天道性命"为本的"一体"论体系中，"天"是一个形而上的本体概念，而且主要是作为人的形上本体被运用的，因此可以说它是伦理化、道德化的本体，同时，人也被提升为与宇宙合一的本体存在。"宇宙本根，乃人伦道德之根源；人伦道德，乃宇宙之流行发现。"① 在这里"天"被内化为人性的内在根据，成为人的道德之本、价值之源，于是"天人合一"就主要表现为一种道德性命之学。要达到这种"天人一体"境界，无须向外探求，只需通过"反身而诚""求放心"的道德修养，通过"存养""主敬"的修养工夫，就可达到心物相融、天人一体。从宋儒以"诚明所知"以达"天德良知"、从"穷理尽性"以达"穷神知化"（张载）和通过"格物致知"以达"诚意正心"（朱熹）的道德实践，到明儒通过"致良知""直

---

① 张岱年：《中国哲学大纲·人生论》，中国社会科学出版社1982年版，第173页。

指本心"以达"合心与理而为一"（王阳明）的内圣工夫，都表现出了一种以道德理性为旨趣的致思取向。在这里，工夫所在即是本体，"本体原无内外"（《传习录下》），道德的最高境界也就是认识的最后完成，求善亦即求真，从而表现出知情意和真善美的统一。这种与对"性与天道"的终极追问中所关联的人生境界追求，决定了儒家哲学主要是一种非求知论的价值哲学，它不可能走向对象化的理性认知，而只能导致内向化的价值关切。它关心的是人的存在、本质问题，凝聚着人对自身生存价值的确认，亦即关注着人生命意义的问题，而不是关于自然界的知识以及如何认识自然界的问题。而"和谐"论则表征着主、客的分析和二元的分立，作为终极目的，它要建立的是天、人之间的和谐状态，强调人的行为要合于自然的秩序，与自然保持协调，于是人作为主体就要在征服自然与改造自然中首先去努力认识和掌握客观规律。其致思取向易导向对知识的追求、真理的探索。那种纯粹求自然之知、"求器不求道"的思维路向从来不为正统的儒家所推崇。总之，"一体"论以追求人生的道德境界为依归，而"和谐"论则以追求人与自然之间的理想状态为终的。

第三，"一体"论在思维方式上易导向直觉思维，而"和谐"论则有可能走向理性的逻辑思维。儒家的"一体"论由于它有很强的本体意识，天人被视为整体存在而没有主体与客体的区分，世界被视为与人合一的存在，故不可分析，由此决定其关注的不是被人们视为认识对象的自然界和社会的具体事物，而是终极的、绝对的形上本体。要把握这一本体，既不能单靠感性的经验，也不能靠理性的逻辑，而只能通过内省的反观体验即通过自我反思、自我证悟、自我体验的直觉来整体地把握，其最终目的是达到"天人一体"的境界，亦即人终极的意义世界。故孟子试图通过"反身而诚"而达到"万物皆备于我"，《中庸》通过"唯天下至诚，为能尽其性"，以"赞天地之化育"，从而达到"与天地参"的境界；张载强调通过"穷神知化"而"与天为一"（《正蒙·神化》），朱熹从"天地万物本吾一体"出发，欲学者"反求诸身而自得之"，从而"明道之本原出于天而不可易，其实体备于己而不可离"（《中庸》），其中所贯穿的正是直觉思维和整体了悟，所表现的都是一种内向型切己自反的思维方式，而不是对象性的理性认知，如成中英所说："中国缺少科学，缺少逻辑，这主要在于中国很早就进入了一种很高的本体意识之中。"① 要说明的是,非唯儒家如此,道家虽有过和谐观念,其实更有强烈的本体意识,所以直觉思维也是其重要的思维特征,因此处旨在论述儒家,故不赘述。

而如果将"合一"理解为"和谐",必然有一个面对主体与客体、"我"与"物"的关系模式,且只能通过主体对客体的认识、把握,通过外在化的理性的"统一"方式,如西方近代的主体性哲学那样,通过主体对客体对象的征服,在本来彼此外在的关系之间搭起一座桥梁,形成或达到一种天人、物我之间融洽、协调、兼容的理想状态。这种思维范式及其结果就与传统儒家那种整体、直觉的方式很不同,它有可能走向理性的逻辑思维。

第四,"一体"论强调"本体"意识,因此它没有方法上的突破和革新,而"和谐"论则有着方法论的张力,注重方法上的突破。在儒家哲学中,其立足点和出发点无非是"天人一体""心理合一",没有逻辑认识的客观过程,有的只是直接切入和整体了悟。在儒家那里,"工夫即是本体"(《明儒学案》卷二九),吾心所至,即回到本体,达到"宇宙便是吾心,吾心即是宇宙"(陆九渊)那样一种状态。有了对本体的把握,就达到了至高的境界,就可获得一种平和的人生和安乐的价值。本体与工夫、本体与价值、理想人格与最高存在是合为一体的,不关心对象化的理性认知,关注的只是人生的意义和价值,所以不易导向方法的意识,不易发生本体与方法之间的"紧张",因而也不表现出方法论的革新和突破。正如成中英所说:"中国强调本体意识,而方法和本体又是结合在一起的,所以它基本上不倾向于方法。"② 相对地,如果从"和谐"的意义上说,它要求在主客体关系中建构天人合一的模式,将不断会发生主体与客体的相互冲突和矛盾,并最终导致方法的冲突和革命,西方近代哲学的发展历程即证明了这一点。

总起来说,"天人一体"观念主讲道德本体论,它潜藏着儒家的终极关

---

① 刘学智:《成中英谈本体诠释学与方法》,载《西安联合大学学报》,1999年1月第1期。

② 刘学智:《成中英谈本体诠释学与方法》,载《西安联合大学学报》,1999年1月第1期。

怀，其所回答的是人的道德、价值的本源和道德修养的根据。把道德原则视为自然界的普遍法则是它的基本特征。而"天人和谐"的观念是一种经验层面的宇宙有序的观念，它旨在回答人类在自然界中的位置、追求人与自然的理想关系或状态。可见，把传统儒家的"天人合一"解读为"天人和谐"，在很大程度上是一种误读。这种误读，会不可避免地把两种不同的哲学思路混淆起来，从而导致对中国哲学特征把握方法上的误区。

三、传统转化中的方法论启示

今天人们很关注"天人合一"的意义和价值，这是不错的，但问题是应该在理清其基本意蕴的前提下进行意义的阐释，否则就会使其失去根基。所以，首先应关注的是其道德境界论意义上的"天人一体"观念，其次才是其引申出的"天人和谐"意义。前者对应的是人生的意义和价值等人生"终极关怀"的问题，后者则对应的是人与自然的经验层面的关系或状态的问题。在面对商品大潮的冲击和现代工业社会所带来的人际关系的冷漠、人的价值迷失、意义世界失落的情况下，促使建立在道德心性论基础上的"天人一体"观念的转化，帮助人们确立起有终极意义的价值系统，也许更具有超前性和现实性。在这方面，现代新儒家的某些努力还是值得借鉴的。

相对于形上学的"天人一体"来说，"天人和谐"观念可视为"天人合一"的"形而下"的意义。这一点，对于今天由于人的主体性的无限扩张所导致的人对自然的疯狂掠夺以及由此而产生的环境污染等自然对人的"报复"来说，无疑有着重要的启示。不过，即便如此，人相对于自然而言的"天人和谐"论，也不同于西方近代主体性哲学的"人类中心主义"，它尚未体现出真正的主体性原则。因为西方的"天人和谐"实则是经过主体与客体关系洗礼之后形成的观念，应属于"后主体性"的"天人合一"，唯其如此，张世英先生将中国古代"和谐"论意义上的"天人合一"称为"前主体性的"，即"没有经过'主体—客体'关系洗礼的天人合一"[①]。所以，转化中国传统的"天人合一"，使之与西方的"后主体性"的"和谐"观念"接轨"，须做三个方面的工作：一是对其主流的"天人一体"观念进行理性的批判、反思、分解，将其还原为人与自然的关系，并在当代新

---

① 张世英：《哲学的问题与方法探讨》，载《哲学动态》，1999年第7期。

的实践中建立起主、客体的关系,从而在特定关系中确立起人在自然界中的主导地位,并在主体性原则下建立起新的"天人统一"模式;二是剔除"天"的含义中的道德化因素和端正将"人"主要视为伦理主体的偏向,使天人关系从价值论取向走向建立在主客关系基础上的知识论、真理论取向。三是从面对传统的经学态度转向面对当代现实的新的"实学",以充分体现对人的当代命运与未来发展的深切关注。实际上这一工作早已有人做了,鸦片战争后的近代一批思想家如康有为、梁启超、谭嗣同、严复以及孙中山等人已受到西方近代思想的影响,开始不自觉地在主客二分的前提下沿着知识论的路向进行着这种转化的工作,如康有为已区分了"我与非我",严复提出"尚力为天行,尚德为人治,争且乱则天胜,安且治则人胜"[①],把宋儒的"一体"观念与柳宗元、刘禹锡的天人分立的区别视为"教"与"学"的区别,说"言学者期于征实","言教者期于维世",他以西方主体性的天人观理解柳宗元、刘禹锡的学说,强调通过学习来认识自然、征服自然。梁启超在谈到史学方法论时已区别了主体与客体,说"史学之客体,则过去现在之事实是也;其主体,则作史者、读史者心识中所怀之哲理是也"[②],要求史学家从心与物、己与群的两重分析中了解历史的进化。此后,体现"科学""民主"的"五四"精神在一定程度上可以说是对传统"天人一体"观念反思的结果,"民主"体现了人在社会关系中的主体性,"科学"则体现出人与自然关系中的主体性。在今天,面对世界的持续性发展的问题,我们既要重视中国传统的"天人合一"的价值,又要运用正确的方法对其进行富于时代性的诠释,从而形成新的可与当代西方"后主体性的天人合一"相衔接的"天人合一"观念。

[①] 严复著,王栻主编:《严复集·天演论·群治》按语,中华书局1986年版,第1395页。

[②] 梁启超:《新史学》,见《饮冰室合集·文集之九》,中华书局1989年版,第10页。

从《礼记·儒行》看儒者的人格和精神境界

《礼记》第四十一篇为《儒行》，《五经正义》引郑玄《三礼目录》曰："名曰'儒行'者，以其记有道德者所行也。"指出该篇的内容是专论儒者之德行的，故名"儒行"。郑玄同时认为，《儒行》篇是孔子所作，其时间为"孔子自卫初反鲁时也。孔子归至其舍，哀公就而礼馆之，问儒服而遂问儒行，乃始觉焉"（《十三经注疏》该篇题记引），是说孔子自卫回到鲁国后，鲁哀公至其馆舍，见孔子服饰之异，疑其为儒服。哀公的真实目的不是要问其所服，而是借此讥讽儒者。孔子大概明白了他的用意，就说我所服乃是入乡随乡而已，我不知道什么是儒服。由此，孔子借机重点谈了什么是"儒行"。据沈文倬先生考证，孔子自卫返鲁是在鲁哀公十一年（前484），此所说"哀公馆之"并问答，亦当在此时。孔子所以与鲁哀公谈及"儒行"，可能与当时社会上已经出现有损儒者形象的情形有关，这可从孔子对子夏所说"女为君子儒，无为小人儒"看出来。所谓"君子儒"，是孔子理想的"大儒"，荀子对"大儒"的描述就是"其言有类，其行有礼，其举事无悔，其持险应变曲当"，"通则一天下，穷则独立贵名，天不能死，地不能埋，桀跖之世不能污"等如"仲尼、子弓"者。而"小人儒"可能就是如荀子所说的"俗人"，荀子对"俗人"的描述就是"不学问，无正义，以富利为隆，是俗人者也"（《荀子·儒效》）。在《儒行》中，孔子给鲁哀公谈了儒者（即大儒）应该具有的十七种品行，涉及学习、修身以自立，容貌、备豫、近人、忧思、宽裕以处事以及有关举贤援能、任举等为仕的原则和方法等。宋吕大临著有《礼记解》，认为《儒行解》篇所言"儒者之行，一出于义理，皆吾性分之所当为"，似乎认为这些德行是作为一个儒者应基本具备的品性，并不需要特别加以强调，甚至认为这些所谓的"儒行"，似"有矜大胜人之气，少雍容深厚之风"，不过他仍认为"学者果践其言，亦不愧于为儒矣"（《礼记解》）。其实，吕大临没有注意到，孔子虽然大部分内容所谈是儒者"性分之所当为"的品性，但也鲜明地内蕴着自己所理想的儒者应该具有的崇高人格境界和应坚持的道德操守,这些恰恰少有"矜大胜人之气",而更有"雍容深厚之风"。这篇短文所传递的信息是:孔子关于儒者应该保持的人格操守和精神境界,以及它对于儒家理想人格的培养所具有的重要意义。研究孔子《儒行》中所阐发的儒家的理想人格和精神境界,对于今天彰明青年人应坚持的人生理想、应提升的精神境界和应完善的理想人格,也许有着重要的指导意义。

"儒行"中所内蕴和畅发的人格理想和精神境界,主要有以下几方面:

"自立。"在《儒行》中,有两次孔子关于谈"自立"的话语。一是说"儒有席上之珍以待聘,夙夜强学以待问,怀忠信以待举,力行以待取,其自立有如此者"。郑玄注曰:"席,犹铺陈也。铺陈往古尧、舜之善道,以待见问也。""大问曰聘"(《十三经注疏·礼记正义》),此谓儒者"强学力行而自修立",即通过努力学习掌握了尧舜之道,又身怀忠信、力行之德,故可为有国者待问、举用、善取之。显然,儒者是以努力学习和修身具备相应的品格以"自立而有待"的。然当"及其进也,不由其道不仕也"(吕大临《礼记解》),是说儒者出仕有着自己坚守的原则,决不背离大道而求仕进。在他们身上,没有奴颜媚骨,没有阿谀逢迎,仅以其德厚、学博、忠信、力行而"自修立",以"待"问、举、取而已。吕大临认为,孔子坚守的是"有待而不与求"的态度,以此保持其独立的人格。孔子所赞者,也正是这种自立的品格、独立的人格和持守"不由其道不仕"的原则精神。二是说"儒有忠信以为甲胄,礼义以为干橹,戴仁而行,抱义而处,虽有暴政,不更其所,其自立有如此者"。郑玄注:此谓儒者"以忠、信、礼、义,则人不敢侵侮也"。就是说,儒者用忠信作为盔甲,用礼仪作为盾牌;无论行走或居处,都时刻谨守着仁义之德,即使受到强权暴政的迫害,也依然不改变自己的操守。与前一个"自立"侧重于"论所信所守""以待天下之用"不同,后一个"自立"则强调的是,即使在入仕之后,也要"戴仁而行,抱义而处",且"更天下之变而不易"(吕大临《礼记解》),颇有自立于世的气概和志操,不为强权所威慑,不为暴政所屈服。孔子这里所说的"自立",是一个儒者应有的处世态度和精神境界。一个人只有在"自立"的情况下,才谈得上人格的独立和个性的尊严,才谈得上精神的自由。但是,在孔子看来,要"自立"首先需要通过学习修养而自强、自信,自强、自信是自立的前提条件;其次"自立"要有仁义之德和坚定的意志与毅力。而这两者都是要从青年时期就要力加培养方可具备的。

"身可危也，而志不可夺也。"《儒行》说："适弗逢世，上弗援，下弗推。谗谄之民，有比党而危之者，身可危也，而志不可夺也。虽危，起居竟信其志，犹将不忘百姓之病也。"孔颖达疏："既不逢明世，又不为君上之所引取也。""既不为君上所引，又不为民所荐，唯在'谗谄之民'，其群党连比共危亡己者也。"意即当一个人未逢明世，君上又不推荐引取，下民又不举荐，更有朋党加危于己之时，儒者应该如何处置？孔子认为，此时儒者就要坚守"身可危也，而志不可夺也"和"虽危，起居竟信其志"的信念。孔疏："虽比党之民共危己，而行事举动犹能终伸我己之志操，不变易也。"就是说，儒者在此危难之时应该坚守一种态度和原则，这就是"竟信其志"（《礼记·儒行》），"守死善道"（《论语·泰伯》），而不易节操。这与孔子强调的"三军可夺帅也，匹夫不可夺志也"（《论语·子罕》）所说的精神是一致的。孔子所说的不可"夺"之"志"，一是指"志道"之"志"，就是坚守对道的信念而不移易。孔子把对道义的坚守视为一个人最重要的品质，要求儒者在任何情况下都不能背离道义，不能背离人生大道。他甚至说："朝闻道，夕死可矣。"（《论语·里仁》）即把对道义的坚守视为高于对生命价值的珍重，所以孔子主张"生则不可夺志"（《礼记·缁衣》），强调活着的时候要志向坚定，不可移夺。《儒行》所说"身可危也，而志不可夺也"，正是对孔子上述精神的进一步发挥。二是要有"志气"，即主张人在任何情况下都要守志不移，不可轻易易其初衷，要不忘初心，以坚毅之志去坚守一种信念。故《儒行》强调儒者要有"刚毅"即刚强严毅之性，说："儒有可亲而不可劫也，可近而不可迫也，可杀而不可辱也。"就是说，儒者所以刚毅而不被夺其性，因其坚守道义。既以义交，故可以亲近而不可以劫持，可以接近而不可以强迫，可以夺其生命但不可以侮辱。此与《论语》所说"志士仁人，无求生以害仁，有杀身以成仁"（《论语·卫灵公》）的意思是相通的，都是把"立志""持义""守死善道"视为高于生命的价值，而这正是建立在"志不可夺"的品性基础上的。总之，坚守道义，不移其志，是孔子强调的儒者应该具有的品质，也是一个儒者力求达到的精神境界。

明朝时吕坤在《呻吟语》中说："贫不足羞，可羞是贫而无志；贱不足恶，可恶是贱而无能；老不足叹，可叹是老而虚生；死不足悲，可悲是死而无闻。"（《呻吟语·修身》）意思是说，贫穷并不应感到羞耻，感到羞耻的是贫穷而缺乏志向。卑贱也不应感到羞耻,令人羞耻的是卑贱而不去提高能力。人老了也不必感叹,应感叹的是自己虚度了年华。人死也不必过于悲哀,可悲的是一生无所作为而不被人知晓。这里所说,也是强调立志、守志的重要。一个人如果贫穷,他有两种可能的趋向和结局,一是因自卑而沉沦,因沉沦而愈穷;一是穷则思变,立志改变现有的状态。这叫愈穷志愈坚,愈贱能愈强,愈挫志愈勇。所以,贫而无志是一个青年可能走向沉沦的思想根源之一。从《儒行》可看出,在孔子看来,守道不移,志向坚定,是一个有志青年在成长过程中必须力加培养的品性和应该提升的境界。

"见利不亏其义","见死不更其守"。《儒行》说:"儒有委之以货财,淹之以乐好,见利不亏其义;劫之以众,沮之以兵,见死不更其守。"意谓儒者即使把钱财货物交付给他,用玩乐嗜好去沉溺他,他也决不会见利而害义;甚至有人以众人去胁迫他,用兵器去恐吓他,他也不会面对死亡而改变操守。吕大临《礼记解》谓:"'见利不亏其义','见死不更其守',所谓富贵不能淫,贫贱不能移,威武不能屈,此大人所以立于世也。"这里,孔子所高扬的正是一种守志不移的大丈夫气概和宁死不屈的伟岸精神境界。在孔子看来,一个人有了这种境界,才能够真正立于世、成于事。这里贯穿着两个重要的原则:一是"义以为上"的原则,即当义与利发生冲突时,要毫不含糊地舍利而取义,正如孔子所说:"不义而富且贵,于我如浮云。"(《论语·述而》)二是在当人身受到死亡威胁时,应该把生死置之度外,毫不犹豫地坚守道义原则。这两个原则精神体现着同一种境界,就是以维护道义、正义为最高境界。孔子所倡导的卫道和守志的精神,在历史上一直是激励人们坚守人间正道、推动社会前行的"正能量"。即使在现代生活中,也确实有不少志士仁人坚守着这一原则,保持着浩然正气,从而使中国社会总体上处于健康向上、积极进取的状态。但是,也必须看到,在当今时代,孔子提倡的这种精神在一定程度上、一定范围内已经丧失,由此而导致的见利忘义、见利害义、唯利是图以至坑蒙拐骗、敲诈勒索、贪污受贿等现象,也使我们的社会肌体受到相当程度的腐蚀损害,特别是使年轻一代的心灵受到极大的伤害。所以,树立正确的义利观,坚守"见利不亏其义""见死不更其守"的境界情操,对于当代青年的成长颇为重要。

"不陨获于贫贱,不充诎于富贵。"《儒行》说:"儒有不陨获于贫贱,不充诎于富贵,不慁君王,不累长上,不闵有司,故曰儒。"这可能是孔子自谓。"不陨获于贫贱",郑玄注:"陨获,困迫失志之貌也。充诎,喜失节之貌。"孔疏:"言己虽遇贫贱,不陨获失志也","言虽得富贵,不欢喜失节"。就是说,儒者不因贫贱而困迫失志,也不因富贵而骄奢失节。重要的还在于,儒者更应该"不慁君王,不累长上,不闵有司",即不因国君的侮辱、卿大夫的掣肘、群吏的刁难困迫而改变操守。在贫贱之时仍要独善其身,在富贵之时仍须兼善天下。这里,孔子强调守志、循道对于一个儒者保持独立人格的重要性。

"不臣不仕。"《儒行》说:"儒有上不臣天子,下不事诸侯;慎静而尚宽,强毅以与人;博学以知服,近文章,砥厉廉隅;虽分国,如锱铢,不臣不仕。其规为有如此者。"大意是说,有一种儒者,以上不臣天子,下不事诸侯为其基本的生活态度;他们平时谨慎沉静而崇尚宽和,刚强坚毅以善与人交,同时注意广博地学习并能服膺那些贤于己者;通过多读圣贤之书以磨砺自己,即使把国家分封给他,他也会视如草芥而不动心,所以他一般不会轻易出来为官称臣,儒者正是以此来规范自己的行为。这在表面上看起来似乎与孔子中年时期积极入世求仕的态度不甚相合。其实,对于孔子为政入仕之事,要做具体的分析。孔子确实曾想求仕,但其求仕的动机完全是出于实现"礼乐"秩序和道德教化的政治理想,是为了"济世""安人"的需要。反过来说,如果能实现自己的政治理想,也不一定非入仕为官不可。当有人问及"子奚不为政"的问题时,孔子回答说:"《书》云:'孝乎惟孝,友于兄弟,施于有政。'是亦为政,奚其为为政?"(《论语·为政》)意思是说,把孝、悌这种道德风尚影响到政治中去,这就是参与政治呀,为什么一定要做官才算为政呢?孔子又认为,即使为政当官,也是要有原则的,他说过:"天下有道则见,无道则隐。邦有道,贫且贱焉,耻也;邦无道,富且贵焉,耻也。"(《论语·泰伯》)可见,孔子并非绝不愿称臣不愿为官,只是要待明君有道时。他特别指出,于邦无道时称臣为官而"富且贵"是一种耻辱。联系《儒行》所说"上不臣天子,下不事诸侯;慎静而尚宽,强毅以与人"以及"虽分国,如锱铢"的话,可以看出孔子"不臣不仕",并不是绝对不做官称臣,而是主张儒者要成为那种对强权不从属、不附庸从而保持独立人格和节操的人,做一个有个人意志、尊严和独立品格的人。

正是在儒家这种精神境界的熏陶和感召之下，在中国古代史上的各个时期，才诞生了力求摆脱封建君王精神统治的知识群体，才出现了能说出"民为贵，社稷次之，君为轻"如孟子者，说出"不为五斗米折腰"如陶渊明者，说出"苟利国家生死以，岂因祸福避趋之"如林则徐者等有独立之精神、超然之气度的知识精英。即使在皇权泛滥、奴性毕露的明代，也涌现了不少有独立人格和铮铮铁骨的志士仁人，如关学大儒马理，为坚守儒家礼制，面对皇帝廷杖的淫威而不屈；又如关中大儒冯从吾，针对明神宗惰于朝政，致使"朝政废弛至此极"的景况，当面严厉批评皇帝"困于曲糵之御而欢饮长夜""倦于窈窕之娱而晏眠终日"，纵然招致皇帝的廷杖而毫无惧色。他终因不愿与无道者为伍，力辞官职，此后虽数次征召而不赴，表现出一个真正的儒者应有的操守和气节。联想到时下一些所谓的知识分子，或为个人之名，或为一己之利，或为一家之私权，置人民与国家的利益于不顾，竟毫无顾忌地匍匐在某些被扭曲了的权力胯下，不惜贪赃枉法，大搞权钱交易、权色交易，践踏法律，蔑视道德律，儒家的真精神在那里实已丧失殆尽！甚至有的人已沦为所谓的"小人儒"！

总之，《礼记·儒行》所传递的孔子关于儒者应该保持的人格操守和精神境界的思想，在历史上对儒家理想人格培养曾起过重要的作用，产生过历史性的影响。研究、诠释和张扬《儒行》中孔子所阐发的理想人格和精神境界，对于当代青年培养德性、提升境界、完善人格、抵制不良风气侵袭，仍有着极为重要的时代价值和现实指导意义。

孟、荀人性学说及其同异①

先秦的人性学说，如果从善恶评判来说，主要可分为三派：告子主性无善恶论，孟子主性善论，荀子主性恶论。② 三派的争论表现出感性情欲与道德理性的关系以及在道德起源上的深层对立。告子以人的自然本能为性，主感觉论；孟子以人的道德本有为性，主理性论；荀子既以自然本能为性，又强调理性对情欲的制约和对"本始材朴"之性的加工改造，带有综合感性与理性的特征。从伦理倾向上说，孟子表现出绝对的伦理主义，而荀子则表现出相对的伦理主义。不过，由于对"性"范畴在含义理解上的差异，人性善、恶之论又有着许多相通之处。探讨孟、荀人性学说的同中之异和异中之同，对于准确把握先秦人性学说，也许是有一定的意义的。

一、性：作为人的本质的"性"与作为人的自然属性的"性"

在中国哲学史上，最早提到人性问题的是孔子。他说："性相近也，习相远也。"（《论语·阳货》）意思说，人的本性生来是相近的，道德品质的差别是后天的习行所造成的。孔子对此虽语焉不详，但已接触到两个问题：一是已开始把人从自然中分离出来加以思考；二是注意到人作为类的共性和现实中人性的差异。关于"性"孔子没有明确做善恶判定，但他认为"为仁由己"（《论语·颜渊》），"我欲仁，斯仁至矣"（《论语·述而》），似认为人皆可以为仁。可以看出，孔子是倾向于性善论的。较早对"性"做出界定的是告子。告子说："生之谓性。"又说："食色，性也。"（《孟

---

① 原文载《喀什师院学报》，1993年第2期。本次收录有改动。
② 告子大约是与孟子同时的一位思想家，至今未发现他的传世著作，我们主要通过《孟子》中记述的他与孟子的论辩来窥测其思想。先秦人性论的观点，除此三种观点外，还有世硕及宓子贱、漆雕开等人的性有善有恶论。王充《论衡·本性》："周人世硕，以为人性有善有恶，举人之善性，养而致之则善长；恶性养而致之则恶长。……故世子作《养性》一篇。宓子贱、漆雕开、公孙尼子之徒，亦论情性，与世子相出入，皆言性有善有恶。"

子·告子上》)"生",从孟子对告子的反驳来看,指的是如同动物一样的生理本能,如饮食、男女等情欲。"生之谓性",就是以人的生理本能为性。告子说法的合理之处,在于看到了人有自然本能、自然属性,并否认人生来具有先验的善的道德。但是告子抹杀了人性与动物性的本质区别,忽视了理性对其感性情欲的制约,容易走向纵欲主义。

对告子人性无善恶的观点,孟子进行了驳斥:

> 孟子曰:"生之谓性也,犹白之谓白与?"曰:"然。""白羽之白也,犹白雪之白;白雪之白犹白玉之白与?"曰:"然。""然则犬之性犹牛之性,牛之性犹人之性与?"(《孟子·告子上》)

孟子认为"白"是无差别的共相,而"性"也是人与动物所共有的。以"生"为"性",就如同以白为白那样以性为性,把动物与"人之性"共有的"性"看成人之"性",从而把它与"牛之性""犬之性"等同起来,抹杀了人性与动物性的区别。孟子看到人与动物有本质的区别,这是正确的。他认为这种区别首先在于人的类本质:"故凡同类者,举相似也。"(《孟子·告子上》)而人类相似的"类性"既有感性的情欲,"口之于味也,有同耆焉;耳之于声也,有同听焉;目之于色也,有同美焉"(同上),承认"形色,天性也"(《孟子·尽心上》);又有"心之所同然者"的"理义",即肯定人有理性,有伦理道德的自觉。但是,人类最本质的特性只有道德理性,孟子认为对理性、伦理道德的自觉,正是"人之所以异于禽兽"(《孟子·离娄下》)的内在本性。然而,孟子在更多的地方则排除了人"性"中的感性情欲,他认为:"口之于味也,目之于色也,耳之于声也,鼻之于臭也,四肢之于安佚也,性也,有命焉,君子不谓性也。"(《孟子·尽心下》)即认为感性欲望的满足是依赖于一定的客观条件的(命),所以不能说成是"性"。在他看来,"天下之言性也,则故而已矣"(《孟子·离娄上》),称得上人性的,必须是生来就有的,感性情欲依赖于外界条件,当然不为人性所固有。而仁义礼智则是人性中固有的,"仁义礼智,非由外铄我也,我固有之也",所以它是"命也,有性焉,君子不谓命也"(《孟子·尽心下》),即道德理性虽然也受客观条件的制约,由于它是主观自生的,故属于"性"。总之,告子只看到人的感性情欲的方面,把人仅仅看成一个感觉体，情欲的满足通过感官的感受来实现；而孟子则又强调以人的道德的自觉性、理性为人性，从人类所特有的、先天固有的善的道德性方面理解人性。可以说，告子属于感觉论的思维类型，而孟子属于理性主义的思维类型。①

荀子对"性"也进行了界定，并在很大程度上受了告子和道家自然主义的影响。他说：

> 生之所以然者谓之性；性之和所生，精和感应，不事而自然谓之性。（《荀子·正名》）

> 凡性者，天之就也，不可学，不可事。……不可学，不可事而在人（梁启雄："'人'终疑作'天'"）者，谓之性。（《荀子·性恶》）

荀子以"生之所以然"即人生命中本来如此的、"无待而然""不事而自然"的东西为性，它本身是由阴阳二气相合而生的。荀子承认人生来具有感性情欲，他说："饥而欲食，寒而欲暖，劳而欲休，好利而恶害""目好色，耳好声，口好味，心好利，骨体肤理好愉佚"（《荀子·性恶》），以感性情欲为性，同于告子；把人性看成"不事而自然"，又同于道家。问题在于，荀子是否把这种"性"视为人的本质？荀子认为人的本质并非生来本然具有的自然之"性"，而是"人之所以为人者"，即人"有辨"，有人伦关系和礼法规范：

> 人之所以为人者，非特以其二足而无毛也，以其有辨也。夫禽兽有父子而无父子之亲，有牝牡而无男女之别，故人道莫不有辨。辨莫大于分，分莫大于礼，礼莫大于圣王。（《荀子·非相》）

荀子认为"人之所以为人者"在于"有辨"，即人的本质，在于人有理性，在于人有人伦关系，在于人可以以社会礼法对感性情欲加以节制，

---

① 参阅朱伯崑《先秦伦理学概论》，北京大学出版社1984年版。

这恰恰是动物所没有的。而这些并不是生来就有的,它是通过人的后天努力形成的,是"可学而能,可事而成之在人者"(《荀子·性恶》)。可见,荀子所说的人的本质,还是社会人伦和道德理性,这就和孟子承认"人之所以异于禽兽者"的道德理性相差无几了。区别只在于孟子认为理性是先天本具,而荀子认为理性是后天而成。所以,把荀子的"性"简单地等同于孟子的"性"是不符合其本意的。也就是说,孟子的"性"指人的本质,而荀子的"性"仅仅指人生而具有的感性情欲。人的本质则取决于后天的"伪",这就是所谓"性伪之分"。孟子所说的"性",恰是荀子所说的"伪"。显然,孟子"性善"之"性"与荀子"性恶"之"性",其含义并不相同,换句话说,人性善、恶二说在根本点上说也是不冲突的。

孟、荀把人的理性看成是人区别于动物的本质属性的观点是合理的。马克思说,"人的美特性恰恰就是自由的自觉的活动","有意识的生命活动把人同动物的生命活动直接区别开来"。(马克思《1844年经济学哲学手稿》)中国古人在两千多年前已接触到这一思想是难能可贵的,不过,马克思所说的人是指具体的实践着的人,人性或人的本质是"具体的共相",而孟、荀的人性基本上是普遍的、抽象的。

二、性善论:非真的事实判断与合理的价值取向

"孟子道性善,言必称尧舜。"(《孟子·滕文公上》)孟子认为对人的行为有本源意义的作用的东西,就是人所固有的"善"的本性。性善论看起来是孟子针对告子的性无善恶论提出的,实际上它是孟子全部思想的基础。孟子的政治思想——"仁政"说是以此为根据的;其人格修养学说是从此出发、以此为归宿的;其"天人合一"的哲学体系是以此为中介的。性善论是把握孟子哲学的关键。

告子主张先天之性无善无恶,后天之性可善可恶。告子说:"性犹湍水也,决诸东方则东流,决诸西方则西流。人性无分于善不善也,犹水之无分于东西也。"(《孟子·告子上》)又说:"性犹杞柳也,义犹桮棬也。以人性为仁义,犹以杞柳为桮棬。"(《孟子·告子上》)告子认为人性本来无所谓善恶,仁义等道德观念不是人本性固有的,但后天的习行却可使之为善或使之为恶,犹如水可"决诸东方则东流,决诸西方则西流"一样。孟子对此进行了驳斥,他也借水流之喻说:"人性之善也,犹水之就下也。人

无有不善，水无有不下。"（《孟子·告子上》）他以水向下流的必然性来类推人性善的必然性，提出"性善"说。

其论点之一，是认为"善"即道德理性是天所赋予人、人类所特有的"类"本质。孟子性善说的出发点，是用一种可能的事实（"孺子将入于井"）中所表现的心理现象和人心皆同的"类"的逻辑，推证出人皆有"不忍人之心"这一心理情感，以此推证"四心"是仁义礼智四种道德的萌芽。他说："恻隐之心，仁之端也；羞恶之心，义之端也；辞让之心，礼之端也；是非之心，智之端也。人之有四端也，犹其有四体也。"（《孟子·公孙丑上》）这就是所谓"仁义礼智根于心"（《孟子·尽心上》）的思想。说明"仁心"具有不学而能、自然本有的特征，这就是"天之所与我者""人皆有之"的"善"的本性。孟子关于"仁义礼智根于心"的思想，启示了儒家道德实践中一个重要的转变，就是把孔子主要强调礼的实践和制约作用，更多地转向自我的精神反思。这一转变可能受到了曾子"吾日三省吾身"的启示。①

论点之二，是认为"善"是人们行为的价值评价标准。一个人能否真正成为有价值的人，就在于能否做到"仁"。孟子说："仁也者，人也；合而言之，道也。"（《孟子·尽心上》）以"仁"为人之本质，以行仁德为人之正道。又说："仁，人之安宅也；义，人之正路也。旷安宅而弗居，舍正路而不由，哀哉！"（《孟子·离娄上》）这就是所谓"仁为人心，义为人路"的思想，仁义道德成为人基本的行为准则。孟子要求人应该自觉地"由仁义行"，而不是被动地"行仁义"（《孟子·离娄下》）。

论点之三，即"善"是人格完善的标志。孟子认为仁义的道德虽然每个人都生来本具，但不是所有的人都能成为圣人，有些人是不能保持善的本性的，也不能成就为理想的人格，但这并不是其性不善，而是后天原因造成的，"若夫为不善，非才之罪也"（《孟子·告子上》），即不善的原因在"人"而不在"性"。人能否具有完善的人格，关键在人能否保持善性不失。孟子批评梁惠王所以不能行仁政，是"不为也，非不能也"（《孟子·梁惠王上》）。所以孟子提倡"存心养性"说，他说："君子所以异于人者，以其存心也。君子以仁存心，以礼存心。"（《孟子·离娄下》）"存

---

① 参阅崔大华《儒学引论》，人民出版社 2001 年版，第 50—56 页。

心"亦即"求放心",即把被放遗掉了的本心找回来:"放其心而不知求,哀哉!"(《孟子·告子上》)因此培养理想人格,其修养的工夫就是"求放心"。那么,如何"求放心"亦即"存心"?孟子认为,最根本的在于扩充人本有的道德理性,以理性来排除诱惑,控制感性情欲的发展。他说:"耳目之官不思,而蔽于物。物交物,则引之而已。心之官则思,思则得之,不思则不得也。此天之所与我者。先立乎其大者,则其小者不能夺也。"(《孟子·告子上》)孟子把人的道德本心称为"大体",把感性情欲称为"小体",认为人只要"先立乎其大者",即充分发挥"心"能"思"的作用以扩充人的理性,感性情欲就不至于把"善"的本性夺走了。"求放心"是一个自我的精神反思过程;"从其大体",是通过精神反思达到人格完善的根本途径。可以看出,孟子虽然以人性本善为出发点,但落脚点则在主体自觉的道德完善的修养工夫上。

需要说明的是,孟子的"性善论",是强调人"性本善",而不是如有的学者所说的"向善"或仅有"善端"而后发展为善。①

孟子的"性善论",从理论上说既有成就又有不足。

第一,孟子肯定了人与动物的本质区别,因而人有高于动物的内在价值。告子的性无善恶论虽然否定了天赋道德论,却抹杀了人与动物的区别,没有抓住人的本质特征。人确实有其自然生理的欲求,但是,自从人类从自然界走出来后,人已不是以动物的方式而是以人的方式来满足自身的生理欲求了。就现实的人来说,人的自然欲求总是与人的自觉意识紧密联系并受其制约的。孟子看到了这一点,因而强调不能把人性归结为动物性,这是很有价值的思想,但孟子又没有达到对人的社会性本质理解的高度,他说的理性是先验的。

第二,孟子把善确定为人的本性和最高的价值追求,反映了他对理想人性的向往和完美人格的追求,体现了他的社会责任感和道德责任感,是一种进步的观点。黑格尔曾认为苏格拉底对"善的发现"是"文化上的一个阶段",肯定这是苏格拉底"在文化中、在人的意识中的发现"的"积

---

① 参看刘学智《善心、本心、善性的本体同一与直觉体悟——兼谈宋明诸儒解读孟子"性善论"的方法论启示》,载《哲学研究》,2011年第5期。

极的东西"①，这一评价也适合于孟子。孟子强调人都有自觉追求善的主观要求，人可以发现自己，并在现实中完善自己，这是积极的有益的。孟子"仁政"说所提倡的"民为贵""与民同乐"的人本思想，是与性善说紧密相连的。马克思在评价西方近代哲学史上人道主义和人本主义思想家肯定人性本善的观点时，认为他们"关于人性本善和人们智力平等，关于经验、习惯、教育的万能……，同共产主义和社会主义之间有着必然的联系"②。可见性善论的社会意义是十分明显的。但是，性善论本质上是一种先验的和抽象的人性论，这则是应该看到的。

第三，性善论把孔子主要于社会伦理关系中确立的"仁"，在"天人合一"的体系建构中进一步内在化和形上化。孔子的仁学直接导源于原始氏族的血缘关系，然后把它推广到现实的人际关系中，而对仁的本源性未做更多思考。孟子在"天人合一"的思维路径中，把"善"（仁）确定为人的内在本质，人的善性来源于天，人通过"尽心"而"知性""知天"，天作为人性的赋予者或来源而与人性相通、合一，"性"（仁）成为联结天——人的中介。孟子实际上承认有超越万物与"天"相通的本体之仁，它落实到人就是"善"，其表现就是"恻隐之心""羞恶之心""辞让之心""是非之心"，此"四心"说显然是以"本心"即主体意识来说明人性，而仁义礼智（"四德"）则是"本心"的进一步扩充。这样，其理想性的道德规范就被内化为人心中固有的道德自律原则，这是一种典型的道德理想主义。

三、性恶论：一种伟大而片面的人性学说

荀子在反对孟子性善论中提出性恶论。由于他们对"性"的界定不同，即"性善"是就人的本质言，"性恶"是就人的自然属性言，所以，孟、荀关于人性善恶的争论就成了说东道西式的争论。其归宿几乎是一致的：孟子以先验的善的道德理性为"性"，为人区别于动物的类本质，恶是善的本性放遗丧失的结果；荀子认为人与生俱生的"本始材朴"的自然属性是恶的，而"人之所以为人者"即人的本质仍然是"善""有辨"，只是他认

---

① ［德］黑格尔：《哲学史讲演录》第 2 卷，商务印书馆 1960 年版，第 62 页。
② ［德］马克思、恩格斯：《马克思恩格斯全集》第 2 卷，人民出版社 1957 年版，第 160 页。

为善是人在后天的习行中形成的（"善者伪也"），是通过人的自觉努力塑造出来的。孟、荀的差异主要表现在"善"的根源上，而并不在人的本质是什么。当荀子把"善"的道德观念看成是后天在社会中形成的，他就说出了一个伟大的真理；但荀子又把恶的道德观念与后天习行分割开来，归为生而具有，却又陷入了片面性。下面对此做一具体分析。

荀子对孟子性善论的批评，主要是指出他有三个错误：第一个错误是"不及知人之性，而不察乎人之性伪之分也"（《荀子·性恶》），即认为孟子对性的理解不对，没有把人性中本有的东西与后天人为的东西区别开来。荀子主张"善"是后天"伪"即努力的结果，这叫"性伪之分"。第二个错误，是孟子认为"今人之性善，将皆失丧其性故也"（《荀子·性恶》），即孟子认为人性本善，以为丧失其本性则会导致恶，这是孟子不懂得"人之性恶""其善者伪也"即"化性起伪"的道理。他针对性善论所谓"人之性恶，则礼义恶生"的诘难，指出"凡礼义者，是生于圣人之伪，非故生于人之性也"（《荀子·性恶》），即认为礼义正体现了圣人的作为，其作用在于"化性起伪"。第三个错误在方法论上，荀子批评孟子的性善论"无辨合符验，坐而言之，起而不可设，张而不可施行，岂不过甚矣哉"（《荀子·性恶》）即孟子所说无法验证，在实际生活中也难以贯彻，更有"去圣王，息礼义"的危险。

荀子得出人性恶的思维逻辑是这样的：

首先，性恶论的逻辑起点是"人生而有欲"。他所说的"欲"包括"饥而欲饱，寒而欲暖，劳而欲休"的欲望，"目好色、耳好声、口好味、心好利、骨体肤理好愉佚"等感觉嗜好及"好恶喜怒哀乐"的情欲等。荀子认为，人如果顺着"好利"之欲，就生"争夺"而忘"辞让"之德，顺着嫉妒（疾恶）心理，则生"残贼"而忘"忠信"之义；顺着"耳目""声色"之欲，则生淫乱，而亡"礼义文理"。（见《荀子·性恶》）总之，人生而具有的情欲是一切不道德的行为的根源，故"人性恶"。其思维逻辑就是：情欲→争夺→乱理→故人性恶。可见荀子所说"人性恶"，无非是说人与生俱生的生理情欲是社会生活中一切恶的根源。

其次，荀子又由人都"欲为善"反证人性恶。他说："凡人之欲为善者，为性恶也。夫薄愿厚，恶愿美，狭愿广，贫愿富，贱愿贵，苟无之中者，必求于外。"（《荀子·性恶》）本来，人"欲为善"，可用来说明人性是趋向善的，但荀子认为，既然"欲为善"，说明人之本性原是恶的。这种论证其实是以后天的道德原则去评判先天的自然生理属性，把后天之"伪"与先天之"性"混同起来了。

再次，荀子驳斥了孟子所谓人性本"善"，恶是由于"善"性未能保持而丧失的结果的说法："今人之性，生而离其朴，离其资，必失而丧之。用此观之，然则人之性恶明矣。"而孟子所说性善，则是"不离其朴而美之，不离其资而利之也"（《荀子·性恶》）。荀子认为，如果说生来本性是善的，那么善就不可能离开本始的材质。而今认为善可以离开材质而丧失，足以证明人性本"恶"。

性恶论的第二个论点，就是"人之性恶，其善者伪也"。"伪"即人为，主要指学习和教化。他认为，人生来虽然具有恶的性情，但可以在后天的习行中，通过圣人的教化而加以改变。荀子把人初生之材质称为"朴"，即自然的原质。原质需要加工才能有用，犹如"枸木必将待檃栝烝矫然后直；钝金必将待砻厉然后利"一样，人需要经过圣人制定的礼义法度的矫饰才能善。他说：

> 今人之性恶，必将待师法然后正，得礼义然后治。……古者圣王以人之性恶，以为偏险而不正，悖乱而不治，是以为之起礼义、制法度，以矫饰人之情性而正之，以扰化人之情性而导之也。（《荀子·性恶》）

这就是所谓圣人"化性起伪"的观点。这个观点肯定道德是后天人为的结果，否定了有先验的善的道德，这有唯物反映论的合理因素。

荀子的人性论中有许多深刻的洞见、合理的因素，但也有较强的片面性和明显的缺陷和内在矛盾。

其一，如前所述，荀子在论证人性恶时，曾分析了物质利益与人的欲望之间的矛盾对道德的影响，说明荀子洞察到社会经济关系对人的道德观念的制约作用。荀子看到了社会上由于财富、权力的争夺而出现的种种丑恶，并将这种丑恶与人性联系起来，试图对此做出理论上的说明，这本来可以通向"恶也是后天形成的"这一合理思想的，但是，荀子仅仅把善的道德观念归于后天的环境影响的结果，而把恶归为"不事而自然"的

"性"。问题在于，当他把"人生而有欲"的"欲"做了恶的价值判断的时候，其逻辑的推论是这样的：人生而有欲，如有"好利""疾恶""耳目之欲"等，如果人们"顺是"即任由这种欲望去发展，必将出现"争夺生而辞让忘""残贼生而忠信亡""淫乱生而礼义文理亡"的恶果，恶由是而产生。（《荀子·性恶》）但是，事实上"顺是"乃是人后天的行为，荀子显然把后天人顺着欲望的发展所导致的"恶"说成了先天的"性"了，陷入了一种不能自拔的矛盾之中。

其二，荀子关于"人之性恶，其善者伪也"的命题，把善看成是主体在自身活动的社会关系中逐步形成的，比孟子的性善论正确和深刻了些。如果说孟子唯心地发展了人的能动方面，那么荀子则把"善"与"伪"联系起来，在一定程度上可以说"'善'被理解为人的实践"①。并且由此出发，荀子还在人类生活中、在人性中寻找社会历史现象（礼义法度等）的根据，有朴素的唯物史观的萌芽。不过，荀子又把礼义法度的制定、道德的教化作用归为圣人，这则使其在理论上陷入矛盾的境地：一方面，荀子断定"凡人之性者，尧舜之与桀跖，其性一也；君子之与小人，其性一也"（《荀子·性恶》），"材性知能，君子、小人一也"（《荀子·荣辱》），即认为圣人与凡人有着相同的材性智慧，受到同样的环境影响，有着均等的"注错习俗"的机会，圣人和凡人其性皆恶。另一方面，"善"又是在后天习行中，由于"师法之化""化性起伪"的结果，而"化性起伪"，又靠的是圣人，靠圣人确立的礼义法度，说："礼义法度者，是生于圣人之伪，非故生于人之性也。"而圣人所以能"生礼义而起法度"，是由"圣人积思虑、习伪故"，"能化性，能起伪，伪起而生礼义"。这叫"礼义积伪"，荀子认为只有圣人可以如此。（参见《荀子·性恶》）这就陷入了如同十八世纪法国唯物主义那样的悖论。马克思在评论十八世纪法国唯物主义的学说时说：这种学说认为"人是环境和教育的产物，因而认为改变了的人是另一种环境和改变了的教育的产物——这种学说忘记了：环境正是由人来改变的，而教育者本人一定是受教育的"②。荀子和十八世纪的法国唯物主义

---

① ［苏］列宁：《哲学笔记》，人民出版社1956年版，第229页。
② ［德］马克思：《关于费尔巴哈的提纲》，见《马克思恩格斯选集》第1卷，人民出版社1957年版，第17页。

者一样，只看到人是教育和环境的产物，而看不到环境也是由人来改造的；只看到人需要圣人来教育才能为善，看不到圣人也需要先受教育。不过，荀子似乎也意识到这一矛盾，所以他说"圣人积思虑、习伪故"，但讲圣人"礼义积伪"，仍无法圆融其思想的矛盾。之所以陷入这样的矛盾，根本在于他把人性看成是先验的和抽象的，这种抽象人性只能是他头脑中的虚构，与孟子殊途同归。

四、人性善、恶论的简略比较

孟、荀的人性论，从思想渊源上说都与孔子的仁学体系有一定关系，但又从不同的侧面发展了孔子的学说。如果说孟子发展了孔子"性相近"的一面，那么荀子则发展了孔子"习相远"的一面。所以二者既有许多共同点，又有诸多差异。

第一，都接触到情欲与理性的关系问题，但都把情欲和理性对立起来。孟、荀都认为情欲是恶的，但孟子主张恶是先验的"善"性丧失的结果，要克服恶，必须向内用功，反身内求以保持、存养天赋的善性；荀子则认为"恶"是人的自然属性，与生俱来，必须靠后天的礼义法度对其加以控制和克服方可达到善。也可以说，孟子是"有诸内而资于外"，而荀子则是"无其内而制于外"。他们都反对纵欲，都强调后天教育，只是在"善"的根源上发生了分野。正如李泽厚所说："'性善''性恶'之争，来源于对社会秩序规范的根源的不同理解；孟子归于心理的先验，荀子归结为现实的历史；从而前者着重于主观意识的内省修养，后者着重客观现实的人为改造。"①

第二，孟、荀都从不同侧面看到道德与后天习行和环境影响有关。不过，孟子认为恶的道德观念是后天习行中形成的；而荀子则认为善的道德观念是后天习行中形成的。实际上人性本无善恶的问题，善恶的道德皆是在社会生活中形成的。他们各执一偏，都说出了一部分真理，也都陷入了各自的片面性。如果说孟子把内在的心性与外在的物欲相对立，荀子则是把先天的自然之性与后天礼义法度的教化相对立。但相对于孟子的由"本

---

① 李泽厚：《荀易庸记要》，见《中国古代思想史论》，人民出版社1986年版，第113页。

善"到完善"善"来说，荀子要通过同具有恶性的圣人的教化作用来"化性"，在理路上似乎更难以贯通。①

第三，孟、荀都认为人人可以成为圣人，孟子说"人皆可为尧舜"，荀子讲"涂之人可以为禹"。但是，孟子所说的理想人格的培养要经过"存心养性""求放心"的内省工夫；而荀子则以为人生来的材质（"本始材朴"）需要后天"加工"而重新塑造。也就是说，孟子是要人发现自己、保持自己，扩充自己本有的"善性"；荀子则是要人们在生活中重新塑造自己，改恶为善。孟子主张通过后天的"存心"以复归人性；而荀子则主张以后天的教化而获得人性（人之所以为人者）。美籍华人学者唐力权先生曾借用 Popper 的哲学术语即"种子培植"和"质料加工"的比喻来说明孟、荀的人性说，认为孟子在理想人格的培养方面类似于"种子培植"；而荀子的"善者伪也"则类似于"质料加工"。②唐先生的借喻对我们理解孟、荀人性论的差异很有启发性。

第四，就社会作用说，孟、荀的人性论都以服从理想的道德为归宿。孟子把心性引入伦理学中，它充分肯定了每一个人身上具有的可以向高尚的人格发展的潜在因素，强调把理想的道德规范内化为人的心性自觉的必要性，其立论的重心放到了主体道德完善的实践中，这非常有利于理想人格的培养和人与人之间和谐关系的形成，其立意是比较高的，所以被历代统治者力加颂扬。但是，其弱点是不利于法制的建设。荀子的性恶论，同样强调伦理规范和礼法制度的重要，其理论实际上为当时统治者的王霸并用、礼法兼施方针提供了理论的依据，这一点在今天的条件下，仍有着一定的价值，即它有利于法制的建设。但在封建社会发展的漫长历程中，性恶论受到了正统儒学者颇多的非议，荀学也未能被尊为"醇儒"。不过，后世儒者仍认为荀子思想是"大醇而小疵"（韩愈《读荀》）的。可以说性善论和性恶论在历史上其实是可以并行不悖、互为补充的。

---

① 参阅宋志明、向世陵、姜日天《中国古代哲学研究》第九章，中国人民大学出版社1998年版。

② 参阅唐力权《〈周易〉与怀德海之间——场有哲学序论》，台湾黎明文化事业股份有限公司1997年第2版。

名理学与魏晋"四本才性"之辩[1]

汉末迄魏初,在官僚士大夫中出现了以品评人物为主要内容的所谓"清议"之风。这种风气与魏晋统治者完善其考察、选拔官吏的用人制度相结合,形成了在我国思想史上持续甚久、影响深远的所谓"才性之辩"。曹魏时名理学家刘劭的《人物志》可以看作这场论辩的契机。此后,才性问题引起一些名士的极大兴趣,成为名理学讨论的重要内容。傅嘏、钟会、李丰、王广等当时名士,都先后表示或论述过自己的看法。钟会所著《四本论》就是对各家讨论情况的概括。《四本论》曾在社会上产生过强烈的反响。《南齐书·王僧虔传》载僧虔《诫子书》云:"'才性四本','声无哀乐',皆言家口实。如客至之有设也,汝皆未经拂耳瞥目,岂有包厨不修,而欲延大宾者哉?"说人们把《四本论》视为同儒家或佛教经典一样的必读之书,可见其影响。由于《四本论》已佚,关于这场讨论的盛况及才性"四本"的内容和基本观点,人们现难以知晓。好在《世说新语·文学》注引《魏志》有一段简短的记载,从中还可窥见一斑:

> 会论才性同异,传于世。四本者,言才性同,才性异,才性合,才性离也。尚书傅嘏论同,中书令李丰论异,侍郎钟会论合,屯骑校尉王广论离。文多不载。

这条珍贵的史料,把当时讨论的基本观点概括为同、异、离、合四家,而其具体内容则无以得知[2]。笔者以为,如果对汉末以后特别是魏晋时期有关才性问题的诸多言论进行综合分析,对这场论辩的始末加以追述,或许能帮助我们对"四本才性"的基本内容有所了解,对这场讨论的本质、意

---

[1] 原文载《喀什师范学院学报》,1989 年第 3 期。
[2] 魏晋一些玄谈者也自愧不解"四本"。《世说新语·文学》说:"殷仲堪精覆玄论,人谓莫不研究。殷乃叹曰:'使我解四本,谈不翅尔!'"

义有所认识。侯外庐、冯友兰等曾对此做过有益的、较深的探讨①，我们可望在前人讨论的基础上，做一点儿深入和系统化的工作。

一、关于"才性同"

《魏志》说"傅嘏言同"。傅嘏一生主要活动时期是曹魏集团同司马氏激烈争权之际，他先效力于曹魏集团，后又积极赞助司马氏，累迁河南尹、尚书等职，可见他在政治上还是有一定地位的。思想上，他主张以儒家礼治德教为主，以法家法制为辅，实行"礼弘致远""权法并用"的原则。傅嘏"以德教为本"的主张，与其"才性同"的才性观有着思想上的联系。《三国志·魏志·傅嘏传》记载有傅嘏对刘劭作考课法的批评意见：

> 昔先王之择才，必本行于州闾，讲道于庠序。行具而谓之贤，道修则谓之能。

作风行为好称为"贤"，道识娴熟称为"能"。可以看出，他所理解的才、性，实际上是才、德的关系，认为一个人的道德修养和其才能是一致的。傅嘏曾批评李丰有"饰伪而多疑，矜小失而昧于权利"的缺点，并得出丰"虽处庸庸者可也，自任机事，遭明者必死"（《三国志》卷二一，裴松之注）的结论，正是从上述观点出发的。《魏志·荀彧传注》记载有荀粲与傅嘏关于才性的论辩。荀粲对傅嘏说："子等（包括夏侯玄）在世涂间，功名必胜我，但识劣我耳！"傅嘏则反驳说："能盛功名者，识也。天下孰有本不足而末有余者邪？"傅嘏注重人的才识，认为它是事功之本，识（才）与功属本、末关系，二者应该是统一的。可见，傅嘏"才性同"是主德、才统一论的，认为有什么样的德，就有什么样的才，而才同时又决定事功之效果。

傅嘏的"才性同"论不是孤立的，它代表了当时相当一部分人的思想，这可以从下面一些材料看出来：

---

① 参阅侯外庐《中国思想通史》第3卷第2章，人民出版社1957年版；冯友兰《中国哲学史新编》第4册第36章，人民出版社1986年版。

> 毓于人及选举，先举性行而后言才。黄门李丰尝以问毓。毓曰："才所以为善也，故大才成大善，小才成小善。今称之有才而不能为善，是才不中器也。"丰等服其言。（《三国志·魏志·卢毓传》）

卢毓是把才、性看成德、才的关系，认为有什么样的"才"，才能成就什么样的"德"，这种观点与傅嘏"才性同"的观点大体吻合。

少时曾与李丰"总角相善"、后来又与李丰"同班友善"的杜恕，是太和中散骑黄门侍郎，《三国志·魏志·杜恕传》载有他关于才能拔擢问题上的上疏谏言：

> 人之能否，实有才性，虽臣亦以为朝臣不尽称职也。明主之用人也，使能者不敢遗其力，而不能者不得处非其任。

杜恕强调因能授官，而人的才能则由人的本性所决定，才性本是同一而不可分的。这也是主"才性同"的观点的，不过杜恕似乎又受到"才性异"的某些影响，认为人的才能固然与人的本性同一，但又不能不受到后天践习的影响而有某些变化。他在《笃论》中说："水性胜火，分之以釜甑，则火强而水弱。人性胜志，分之以利欲，则志强而性弱。""考实性行，莫过于乡间；校才选能，莫过于对策。"主张性、才虽是同一的，但二者并不平衡，还有性胜于才或才胜于性的情况，故应对一个人的性行与才能分别加以考察。

这里需要指出的是，既然在傅嘏看来，才性是统一的，即可因性而量才，那么，他又如何体察一个人的"性"（德）呢？欧阳健在其仅有的一篇短文《言尽意论》中，对此有过评论：

> 世之论者，以为言不尽意，由来尚矣。至乎通才达识，咸以为然。若夫蒋公之论眸子，钟、傅之言才性，莫不引此为谈证。

欧阳健说傅嘏、钟会二人在论述"才性同"和"才性合"时，以"言不尽意"为其"谈证"，即以一种整体直观的方法，通过体会"言外之意"

来观察一个人的思想境界、道德修养。至于钟、傅二人如何引为"谈证",因史料不足,不敢妄说。不过,引文提到钟、傅和"蒋公论眸"使用了同样的方法。据说蒋公曾经著论认为,"观其眸子,足以知人"①,即通过"意会"观察人物的思想境界、道德品质,亦以此判断其才能如何。可知傅嘏的"才性同"与钟会的"才性合"至少在观察人物方法上有相通之处。另外,他们既然主张用"言不尽意"的直觉方法观察人物才性,也就说明他们排斥了外在的客观的实践依据,从而把才、性都看成人先天禀赋的东西了。显而易见,"才性同"在内容上,既把才、性看成是同一的,又把才、性(德)看成是天赋的,与传统儒家的"性善说"的先验、抽象的人性论相通。

二、关于"才性异"

《魏志》说"李丰论异",即李丰主张"才性异"。这种观点的渊源似可追溯到东汉王充的《论衡》。《论衡·命禄》说:"临事智愚,操行清浊,性与才也。"认为一个人"临事"能否冷静而又正确地加以判断,及时而又妥当地加以处置,可以看出其智愚即才识智慧之高下优劣;而一个人操行品德的清浊与否,正好说明其性行的厚薄纯杂。"性"是由气禀所决定的,"才"则为后天习行所决定,把才、性做了严格区分。王充反对孟子的性善说,也不赞成荀子的性恶说,主张人性有善有恶。但是,他强调的是"在化不在性",认为人性可以在后天的环境和习行中加以改变。他说:"论人之性,定有善有恶。其善者,固自善矣;其恶者,故可教告率勉,使之为善。"(《论衡·率性》)王充虽然最终没有摆脱先天性善说的影响,承认"善者固自善",但重要的是认为"恶"的本性可以在后天环境和习行中得以改变。他所说的才、性关系,已不仅是才德关系,还包括德、才与自然本性的关系,德、才不完全由"性"所决定。这就把一个人的才、性看成是没有必然联系的两回事了,包含有知识才能在后天社会实践中形成的唯物论因素。

不过,王充在说明一个人的才能能否被充分发挥出来时,又强调"逢

---

① 见三国时魏人蒋济著《万机论》。《三国志·钟会传》说:"中护军蒋济著论,谓观其眸子足以知人。"

遇",说:"操行有常贤,仕宦无常遇,贤不贤,才也;遇不遇,时也。……或高才洁行,不遇,退在下流;薄能浊操,遇,在众上。……处尊居显未必贤,遇也;位卑在下未必愚,不遇也。"(《论衡·逢遇》)王充把才之作用的发挥主要归之于"逢遇"。"逢遇"(机遇)对于一个人能力的发挥固然重要,但如果脱离必然性,就会陷入宿命论。这种观点,可能对后来才性"异""离"观点的形成有所启示。

魏人徐干在《中论·智行》中,主张才能(智)比道德品质(行)更为重要。他说:"圣人之可及①非徒空行也,智也。""是故圣人贵才智之特能立功立事于世矣。"强调必须有才智然后可以立功,有益于世。否则,所谓"行"只是一句空话。这可以看作"才性异"的一种观点。

主"才性异"的李丰是李义之子,正始中迁侍中尚书仆射,后为中书令。在曹魏集团与司马氏集团的激烈斗争中,李丰依违于二者之间,表现出骑墙态度,后被司马氏所杀。李丰曾对卢毓"才性同"的观点表示质疑,卢毓对他的质疑进行了辩解,说:"才所以为善也,故大才成大善,小才成小善。今称之有才而不能为善,是才不中器也。"听后李丰"服其言"。(《三国志》卷二二)从卢毓的话来推测,李丰的"才性异"显然主张人之德行和事功与个人才质并不一定一致,"善"者或事功卓著者不一定说明其有才,有"德行"之人不能"为善"也并非"才不中器"。至于为什么会如此,或许是如同王充所说的"逢遇"所致,或是其他原因,但无论如何,不能把一个人的德行与才质看成一回事。

"才性异"论涉及两方面的关系:一是人的自然质性与才能的关系,认为自然质性或天性与才能不同,因而天性不能说明才能,一个人的才能主要与后天习行有关;二是人之操行、事功与才能的关系,认为人行为的社会效果与才能有联系,但也有区别。一个人在事功上政绩不著,并不能仅据此说明其才能之不逮。这种观点肯定了才能与天性、事功与才质有联系,有区别。一面承认天赋本性对人的影响,一面又强调后天习行对于道德形成、才能高低的意义,陷入如侯外庐所说的"两面双栖论"②,这正是其政治上的骑墙态度在才性观上的反映。

---

① "可及"当作"不可及"。
② 侯外庐:《中国思想通史》第3卷,人民出版社1957年版,第57页。

三、关于"才性合"

《魏志》称"钟会论合",又说"暇常论才性同异,钟会集而论之",《世说新语·文学》谓"钟会撰《四本论》"。《魏志》所说"集而论之"可能就是指《四本论》,钟会所持"才性合",正是"四本"之一。《魏志》裴注说"暇以明智交会",会、暇二人友善,且政治上皆左袒司马晋,钟会更受宠幸。《世说新语》引《魏氏春秋》说:"会名公子,以才能贵幸,乘肥衣轻,宾从如云。"也就是说会、暇二人在一个时期在政治上是较为显达的。这不仅正是其才性"合""同"观的社会基础,也说明才性"合""同"论有某些相通之处。钟会又与时贤王弼友善,"会论议以校练为家,然每服弼之高致"(《魏志·钟会传》注引何劭《王弼传》)。王弼曾从"体用如一"观点出发,讨论性、情关系,认为性、情是统一而不可分的,说:"圣人茂于人者神明也,同于人者五情也。神明茂,故能体冲和以通无;五情同,故不能无哀乐以应物。"(同上)"情"乃人"自然之性",只不过在表现形式上,"性静而情动",但二者在本质上是合为一体,不可分割的。这种观点可能对钟会产生过影响。"情"作为"性"的外在表现,包含有情感、才能、德操等内容,"性情合"当与"才性合"相通,"才性之辩"很可能是从"性情之辩"发展而来的。如果上述推论是合理的,那就可以知道,"才性合"是把性、才看成是体与用的关系,与"才性同"主要从德才关系来说明有了明显的区别。

"才性合"的思想渊源可追溯到刘劭的《人物志》。刘劭把人的本性依据阴阳二气分为两类,又依五行说,细分为五质,然后再以所谓五常(仁义礼智信)及五德(木火土金水)与之相配。认为凡兼有五质、五常、五德者,即为具有"中和"之质的"兼材";凡偏有一质、一常、一德者,则为具有五常之一的"偏材",等等。这种划分,是以人的内在质性和外在形体(包括才能)的统一为根据的。反之,也就是说,刘劭是把性与才的关系看成本体与作用的关系的。

明确把性与才表述为体用(质用)关系的人是袁准。《全晋文》载有袁关于"才性论"的短文,其中说:

> 贤不肖者,人之性也。贤者为师,不肖者为资,师资之材也。

然则性言其质，才名其用，明矣。(《袁准》，《全晋文》卷五四)

袁准认为人生来就有贤、不肖之性，贤者可做为人师表之类的大事，不肖之徒只可做以资他使之类的小事。这是因为"性言其质，才名其用"，才性合为一体，二者是一个人统一属性的两个方面。这种说法正好表达了钟会"才性合"即以性才为内外相济、体用如一的基本观点。准此，人的才能就被看成天赋的、先验的东西了。

四、关于"才性离"

《魏志》称"屯骑校尉王广论离"，即王广主"才性离"。关于"才性离"的史料实在太少，要探明其旨确有困难。这里只能从侧面旁证，猜测其意。

汉末动乱之际，试图成就大业的当世之雄如刘表、袁绍、曹操等都非常重用"非常之才"。尤其是曹操，出于征战需要，极力改革用人选官制度，反对单以"门第""德行"等作为选官标准的做法，提出"不官无功之臣，不赏不战之士"，从纯事功角度出发，主张"治平尚德行""有意尚功能"。他曾四次发布体现"唯才是举"之旨的求贤令。如建安十九年（214）下令说：

夫有行之士，未必能进取，进取之士，未必能有行也。陈平岂笃行，苏秦岂守信邪？而陈平定汉业，苏秦济弱燕，由此言之，士有偏短，庸可废乎！有司明思此义，则士无遗滞，官无废业矣。(《三国志·武帝纪》)

曹操认为，一个人的德行和才能很难统一，往往有德行者不一定能成事功；有事功成就者未必有德行。故德行、才能往往不能统一于一人之身。由此，他甚至主张使用那些"负污辱之名、见笑之行或不仁不孝而有治国用兵之术"者。这种把德才分离，"唯才是举"的理论和实践，堪称中国历史上用人制度的一次革命。其中贯穿的指导思想，正是"才性离"之旨。这种观点，在曹魏时大多是出于一时一地的功利考虑，这从明帝时中领军桓范推荐徐宣的上疏中可以看出。桓范说："臣闻帝王用人，度世授才，争夺之时，以策略为先，分定之后，以忠义为首。"(《三国志·魏志·徐宣传》)主"才性离"者能立足现实，崇尚事功而不尚空谈，其中蕴涵着才能并非由天赋本性决定，因而二者不一定同时为用的本质思想。

从以上分析亦不难看出，"才性四本"即关于才性同、异、合、离四种观点，在才、性的含义上不尽相同，因而对才性关系的理解也有较大差异，四者内在有着一种交叉对立的关系：

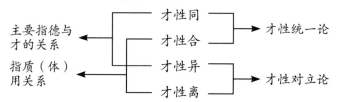

即，从倾向上来说，才性"合、同"论旨在强调才性的统一。"合"论以"性"为人之天赋本性，以才为人之才能，认为二者是体用统一的关系；"同"论所说的"性"主要指道德操行，"才"指人的能力及事功，认为二者是本末统一的关系。"合、同"论的共同点，则是承认才能是先天赋予的，是人本质所固有的，唯心先验论是其共同倾向。才性"异、离"论则是强调才性的区别和对立。才性"异"论虽然也旨在说明德、才的关系，但认为二者不是本、末关系；才性"离"以"性"为人的天赋本性，才为知识才能及事功，才、性不是体用关系，因而不能相济为用。"异、离"论的主张其认识论意义在于：其从不同角度，都承认了人的才能不是先天赋予的，而是在后天社会环境中形成的。

魏晋"才性四本"之辩是有其政治、历史背景的。因为，才性问题在当时来说，其实质是统治阶级按照什么标准和条件选拔任用官吏的问题。因而在统治阶级内部，在朝者与在野者、得势者与失宠者分别从保护自己地位或争取获得政治地位的愿望出发，对才性问题分别提出不同看法，是很自然的事。一般来说，主才性统一论者大多出身世族儒门，地位显贵，权势较重，甚至还参与了统治集团内部的决策；主才性对立论者则多为庶族或新进官僚，有些乃是在政治上屡遭打击、地位极不稳固的人。从魏晋时期的情况看，曹魏集团实施九品中正制初期还注意考虑士人的德才，后来中正官多举本族子弟，取人实际上凭家世官位资历，即"计资定品"，以致出现了"上品无寒门，下品无势族"(《晋书·刘毅传》)的情况，排斥了庶族地主和新官僚，引起了庶族地主的不满，从而背离了曹操当初的用人路线。正如后人指出的"九品中正者，寄雌黄于一人之口"（《文献通考》卷二八），九品中正制事实上成了士族豪强垄断选官的重要手段，这势必造成才不当位的现象。正始年间，这种情况有了进一步发展。"伦辈当行，均斯可官矣。"这种"伦辈"为先、门第至上的选官制度，无疑是对庶族地主、新进官僚的歧视、打击。"才性之辩"正是在这种历史背景下兴起的。这样，不同阶层、不同政治环境中的人对才性问题就做了不同回答。一方面，出身高门贵族，手中握有军机大权，力图保持自己地位的人，恪守儒家道德伦理，从"性善论"出发，认为性、才统一，以所谓道德性实则行以门第等级拔擢官吏为天经地义之实；另一方面，那些出身贱微、政治地位难以保障的士人，或虽有一定地位，但屡受挫折、愤世嫉俗之徒，往往否认才性的统一，或主张才性相分不济，或主张才性离异对立。"才性四本"正是在这种复杂的阶级关系和微妙的政治背景下形成的。

　　就学术思想来说，"四本才性"问题的讨论也有其积极的历史意义。首先，才性对立论（异、离）对人的才能的强调和重视，对魏晋时期把人的理性自觉即对人的自身价值、本质的认识作为社会思潮的中心主题有较大影响。汉代经学迄魏晋已趋于衰落，旧的天人观念受到了批判，"天"的至尊地位大大削弱，人们已不把"天人感应"的神学意识作为观察人生、社会政治问题的信条和思维模式，人的自我价值受到重视。"才性之辩"尽管着重从选贤任能、官职品评立论，但是，它以人自身的本质、才能为中心，就足以说明人对自身外在才能和内在精神的自觉认识和重视。"四本才性"之辩也许正是从旧的天人模式到重视人的自我价值、自觉意识的魏晋精神的转机。其次，才性统一论者从体用（本末）关系探讨才性问题的致思趋向，已经触及有无、体用、本末等哲学本体论问题，和玄理之思辨相通。最后，"四本才性"论从总体上说，使原来汉末"清议"曾有过的"臧否人物"的具体评论发展为对鉴识人物的抽象标准、抽象原则的本体探讨，从而使中国古代人才学朝着哲理化方向迈进了一步。

心性论与当代伦理实践①

一、儒家心性论的历史进程和内在精神

儒学经先秦、汉唐以迄宋明，大体经过了三个有特色的时期。在先秦，孔子面对的是"周文疲弊""礼崩乐坏"的社会局面，他推崇周礼，但他的致思方向则在于建立"仁学"体系，试图通过完善人的道德并将道德转化为人的内在自觉，来达到周"礼"的复兴，所以，"仁"成为孔子独创的理论，在其思想中占有重要地位。不过，在"杨墨之言盈天下"的战国初期，这一思想并未受到重视。新近出土的《郭店楚简》有《性自命出》一篇，给我们提供了一个重要信息，即孔子关于"仁"的思想在此一时期得到了较早的阐发，其重要的突破在于将"仁"与"心""性"联系起来，提出"仁，性之方也"，又说"虽有性，心弗取不出"，此与《中庸》的思想基本一致。此篇再次昭示了中国文化的内在精神与心性论的密切关系。②不过此文早已失传，《汉书·艺文志》亦未著录。而真正彰显孔子仁学内在精神并对后世发生较大影响的是孟子。孟子通过"尽心、知性、知天"和"求放心""立乎大体"以及"性本善"等命题的展开，不仅揭示了仁与心、仁与性的联系，而且为其确立了外在的超越性根据即"天"。可以说，中国哲学的心性论体系在思孟学派那里基本得以确立，从而奠定了儒家"内圣之学"的基础。

由于维护封建大一统的政治格局以及为其政治伦理确立哲学依据的时代需要，两汉时期的儒学更侧重于"礼"学。汉儒越过孔、孟而径直归致于"六经"（实为"五经"），此一学术格局除在魏晋遭到如嵇康、阮籍等人的批判这一小小的冲击外，到唐代前、中期，儒家经学以及重"礼"的"外王之道"一直是主导的儒学学术思潮。但即使在这一时期，心性论在

---

① 原文载《陕西师范大学学报》，2002 年 1 月第 1 期。
② 参阅丁四新《郭店楚墓竹简思想研究》，东方出版社 2000 年版，第 173 页。

"旁支"体系即佛、道中仍得到了承继和发展。佛教天台宗、华严宗受《大乘起信论》等佛教典籍的影响，吸收了儒家的心性论，已将佛性与心性联系起来、统一起来。至禅宗南宗出，"即心即性即佛"的佛性论和"识心见性"的成佛论所贯穿的心、性、佛一体的本体论，已使心、性上升为本体，成为其整个理论大厦的基石，从而也成为"运水搬柴，无非妙道""世间法即出世间法，出世间法即世间法"的佛教世俗化的突破口。道教在唐末五代（如钟、吕一系）也表现出心性化的转向。同时，在中唐及其后，由于韩愈、李翱、皮日休等人的努力，《孟子》重又得以重视，地位开始上升。《中庸》《大学》从《礼记》中独立出来，其地位亦得以提升，其中的心性之论、性情之论、修身之论重又得以倡扬，这一趋势表现出中唐诸儒超拔汉唐以来经学，重向先秦儒学回归的动向，这为此后宋明理学重建道德形上学奠定了基础、开了先河。

宋明诸儒所面对的是佛教泛滥、道教盛兴从而使儒学衰微、"道丧文弊"的景况。在这种情况下，张载力辟佛、老，虽言"归之六经"，实倡《孟》《庸》《易》之心性论，提出"心统性情"命题，以心为性、情之主宰；二程讲"心即性""性即理""在天为命，在人为性，论其所主为心，其实一个道"（《二程遗书》卷一八），将心、性、理（天）统而为一，这是宋儒对佛老心性说的成功回应；朱熹基本承继张、程之说，但其"心具众理"和"即物穷理"说，有将"心"与"理"分隔并使学问陷入"支离"之嫌。陆九渊于是力辟朱氏之说，径提"心即理"，以"此心此理实不容有二"的主张，确立了心与理同一的地位。王阳明在实践朱熹"即物穷理"不致而"悟道"之后，接过陆氏"心即理"命题，以"知行合一""致良知"的思想深化并展了陆氏之说，使心、性、理合一的"心学"体系得以建立。至此，从孔、孟以降，中经佛禅、道教重铸，迄至张、程、朱、陆、王等人综合、提升和重建，形成一脉相承的心性论体系，成为颇能体现儒家文化精神和特征的所谓"内圣之学"。

心性论有着前后相继、逐层提升的内在逻辑。在本体论上，它是逐步从以外在的超越性实体（"天""理"）为根据转向心、性与外在实体的同一，最终形成以心（良知）为最高本体、以"诚"为中介、以"涵养""用敬""致良知"的道德修养论为归宿的心性论体系。孟子主张人都有道德"本心",这是"实现心灵境界的内在根据"①,又说"君子所性,仁义礼智根于心",强调道德本心与人之本性的统一,同时又讲"尽心、知性、知天",主张人只有充分扩充自己的道德本心,才能体验到自己内在的仁义之性,从而达到"知天"进而自觉"事天"的境界,表现出从内在的心性向外在的天命过渡的心路历程。在孟子那里,"天"是预设的本体,虽然心、性为一,但他却尚未明确说明心、性与天为一。显然,在孟子这里,心性尚未上升到本体论的高度。略早于孟子的《性自命出》所谓的"性自命出,命从天降",与孟子思想基本上一致。真正将心、性、天合而为一,讲天道性命通而为一的,大约始于宋儒。这集中表现在二程"心即性""性即理"命题的提出以及"只心便是天,尽之便是性,知性便知天"(《二程遗书》卷二上)的昭示。但此后朱熹对"性即理"做了颇有知识论倾向的理解,提出"心具众理",并通过"即物穷理"而完成"诚意正心"的伦理实践,又出现了"心"与"理"的分离,从而造成了伦理实践上如陆九渊所说的"支离事业"。于是,"心即理"成为陆九渊、王阳明重建心性本体论的逻辑起点。王阳明所谓"心之本体即是性,性即是理"(《传习录上》),通过"性"之中介,已将心、性、理置于价值同一、不可分割的同格地位。然而,他一面将"理"视为"心之条理",一面又说"良知者,心之本体","心"的地位更为突出,于是,"心"便上升为宇宙万物最高本体的地位。也就是说,宋明新儒学体系的建立,标志着儒家的超越性道德形上学之完成。这种道德形上本体实质上就内在于人性和人的道德活动中。由此,伦理道德也就被视为人之本性使然。

心性论追求的不是知识理性,而是道德理性。从孔子讲的"仁"和"为仁由己",到孟子将"仁义"并提以及关于"亲亲,仁也;敬长,义也"(《孟子·尽心上》)和"反身而诚"的命题,到宋儒张载通过"大其心"和"诚明所知"所达之"天德良知"("德性之知")、二程的"主敬""识仁""定性"、朱熹的"理便是仁义理智"(《语录》卷三)、王阳明的"良知便是天理"(《答欧阳崇一》)等,都是要建立道德化的人生理想和价值系统。实现道德理想,确立终极价值,是其基本的价值取向和理论归宿。

---

① 蒙培元:《儒、佛、道的境界说及其异同》,载《世界宗教研究》,1996年第2期。

宋儒最终没有如宗教那样将价值之源实体化、外在化、形式化，即不依赖于某种外在的"神""上帝"的启示，而是将其建立在内在的本性自觉的基础上，认为对道德价值的追求完全是主体自身的事，表明其思维是一种以内在超越或自我实现为路向的道德理性。诚如余英时所说："'仁'是一个道德观念，其根据在心性论，这是内在超越的取向。"① 正是在这一意义上，心性之学可称为"内圣之学"。如牟宗三所说："内圣者，内在于个人自己，则自觉地作圣贤工夫（作道德实践）以发展完成其德性人格之谓也。"② 同时，在宋明诸儒那里，由于价值之源愈来愈表现出非实体化倾向，它与人的心、性完全同一无隔，所以对人的道德理想和超越价值的追求正与对终极价值的反思、形上本体的追求同一。其表现在修养工夫上就是反身内求和心性体验，所谓"思诚""反身而诚""明心见性"等，通过这种修养，达到"此心纯乎天理，而无一毫人欲之私"（王阳明《答陆原静书》）的境界。这些都是建立在价值反思、形上追求之上的道德修养工夫。其立足点是强调一种主体性原则和道德自律原则。其最终目的是要把社会伦理内在化、人性化和本体化，从而不仅为传统伦理确立本体论的根据，也为封建时代的道德实践探寻行之有效的途径。在历史上，摇摇欲坠的封建社会能在元明清诸朝得以延续，与宋明新儒学以心性论的道德自律原则来缓解社会矛盾有着一定的联系。

　　正如前面所指出的，心性论不仅在儒学中得以不断被诠释、被发展、被提升，而且也影响了佛教、道教。值得注意的是，"三教合一"的趋向，从义理上说，其归于"心性"的趋向十分明显。"迄唐以降，佛教由禅宗而革命，道教至全真而转向，儒学由阳明乃大变，其寓于变革转化中的思想意趣不越'心性'二字。"③ 其实，这一点早已被《性命圭旨》的作者看破："要而言之，（三教）无非此性命之道也。儒曰'存心养性'，道曰'修心炼性'，释曰'明心见性'。心性者，本体也。"可以看出，心性论正是唐宋后中国文化内在精神的集中体现。

---

　　① 余英时：《从价值系统看中国文化的现代意义》，见《内在超越之路》，中国广播电视出版社1988年版，第32页。
　　② 牟宗三：《心体与性体》（上），上海古籍出版社1999年版，第4页。
　　③ 刘学智：《心性论：三教合一的义理趋向——兼谈心性论与当代伦理实践》，载《人文杂志》，1996年第2期。

二、明清实学对心性论的批判应该反省

心性论在明清实学思潮中受到前所未有的批评。明清之际涌现出一大批有批判精神和批判眼光的思想家，他们以反省明亡的教训、清除理学空谈性理之积弊为目的，遵从经世致用与经验认识的方法，对于王学末流"空谈心性"而不切社会事务的空疏学风进行了有力的批评。黄宗羲批评理学家空谈性理，"其所读之书，不过经生之章句；其所穷之理，不过字义之从违"（《南雷文定·留别海昌同学序》）；被清人推为"开国儒宗"的顾炎武，批评心学末流尽讲些空泛无用之辞，指出心学"清谈孔孟"，"以明心见性之空言，代修己治人之实学"（《日知录》）；被弗里曼称为十七世纪中国"实用主义者"的颜元，批评宋儒"无事袖手谈心性"，"少下面着实功夫"（见《四存编》）。颜元提倡"实文、实体、实用，卒为天下造实绩"（《习斋年谱》），主张实事实功，经世致用。此外还有王夫之、李颙、陈确、傅山、唐甄等人。他们对王学末流的批判和对宋明理学的反省也有一定的警世作用。但是也应该看到，在明清实学的批判思潮中，如果说李颙（二曲）在批判当时"腐儒"之"空谈性命""作口头圣贤、纸上道学"的积弊时，还正确地指出了其"谈本体而略工夫"（《二曲集》卷四）的理论过失，并以"明体适用"将"识心见性"以明道德之"体"，与"开物成务，康济群生"以明道德之"用"统一起来，纠正了理学重体轻用之偏失，从而超拔时儒而独树一帜外，其他许多人则明显表现出一种非本体化倾向，即主要攻乎其"用"而未深明其"体"，重新回到经验、感性、现实世界中来了，偏离了中国传统的"体用不二"之旨，忽视了道德形上学对于伦理本体化进程的意义，忽略了实心实学对重建道德和价值系统的功能，使原本已缺失的自我超越的道德实践又一次被弱化。这种"惟重实用，不究虚理"（陈寅恪语）的偏失，遂使以心性为本的道德形上学在晚清以后形成了一个不小的缺位，其开启的则是近代经验与实证哲学的进路。

从二十世纪二三十年代起，在大陆和港、台兴起的现代新儒家，则面对西学东渐对传统价值体系的冲击和传统价值观的失落，面对中国文化回应现代化的时代挑战，重新肯定儒家的价值系统，自觉担当起"恢复儒家传统的本位和主导地位，并以此为基础来吸纳、融合、会通西学，以谋求中国文化和中国社会的现实出路"（方克立《现代新儒学辑要丛书·总

序》）的重任。新儒家学者们虽然其学术思想不尽相同，但肯定传统心性论的普遍性价值，力图以此响应西学的冲击，并努力重建当代的道德形上学，则是他们的共同取向。1958 年，牟宗三、徐复观等人在香港发表了《中国文化与世界》的"文化宣言"，明确提出了重视"中国心性之学的意义"的问题，其中特别强调了这一基于"天人合一"基础上的道德形上学正是"中国文化之神髓所在"，"是人之道德实践的基础"，认为不了解传统心性之学确立人的内在精神生活根据和追求超越境界的本体论意义，就是"不了解中国文化"。可以说，现代新儒学对明清实学已做出了时代性超越。虽然他们的学说建立在肯定先验的道德本心基础上，并对心性论做了单方面的强调，表现出一定的片面性，有些理论也难以贯通。① 不过，他们对儒家心性之学的解释学重构，对中国文化特别是儒学内在精神的把握以及重建道德形上学的尝试，还是有时代意义的。

三、全球化背景下的道德建设与心性论认同

我们现在面临的新的时代课题，是中国正在进行的社会主义现代化建设如何应对全球化浪潮的问题。现代化本身就是一个全球化问题，一个国家不可能离开当代的全球化谈论现代化问题。正如许多学者指出的，由于中国是在世界发达国家已步入"后现代"的背景下搞现代化的，所以既有着从农业文明向工业文明的社会转型中出现的问题，也有着如同西方从现代转入"后现代"出现的一些新问题，这些历时态的问题被共时呈现，相互交织，已成为中国在全球化背景下进行现代化建设的棘手问题，其中多是围绕人的精神问题而展现的。在这一时代条件下，传统的心性论是应该消解，还是仍有着时代的意义？或者说，传统的心性论应该如何面对全球化和中国的社会主义现代化？应该说，对传统心性论进行时代性阐释，可以起到化解和应对当前社会转型和全球化进程中出现的种种人的精神问题的有益作用。随着经济全球化趋势的日渐加强，我们不能不注意传统的心

---

① 例如，牟宗三提出的所谓通过道德良知的"自我坎陷"来"下开知性"主体，亦即由"内圣"开出"新外王"的理论就难以自通；以为社会政治的、历史的种种问题都可以化约为心性问题得以解决，显然忽略了社会变革和社会制度层面建设的意义。说明新儒家的理论也有难以自拔的缺陷和保守性的一面。

性论并做出相应的思考。

第一，全球化背景下的中国社会发展不能放弃对传统文化的认同，也包括对传统心性论的认同。诚然，全球化对中国社会带来的文化冲击是巨大的，它带来新观念、新手段、新方式，如果不能很好地应对，它的影响很可能是致命的。然而我们既不能以传统与之对抗，也不能放弃民族文化的认同，在全球化背景下必须保持中华民族文化的个性或民族性。因为，全球化不应当理解为某种价值的普遍化，全球化过程也不是文化的同质化过程，相反，全球化的进程"反而对文化民族性与世界性紧张关系有所激发"，"随着文化帝国主义形成和文化霸权话语的加强，也激起了不同国家对自身文化阵地的坚守和价值观念的强固，民族国家之间的文化冲突开始加剧"。① 也就是说，全球化不仅不会使民族文化消失自我，反而会产生一种对自身文化传统的依恋和执守心态。当然这种执守不是固守文化保守主义立场，而是要在守卫传统的同时，对传统的核心体系根据新的时代做出新的阐释，以便对全球化做出创造性的回应。

在这里，应首先注意对传统心性论的认同。作为最具中华民族特色的哲学心性论，所关注和讨论的正是如人的价值、人的自觉意识和道德修养等精神生活的问题，这对化解当前中国社会转型中出现的种种精神问题并保持文化的民族特性将起到不可替代的作用。认同心性论，就会使我们已基本建立起来的社会主义"主文化"价值系统更能采取民族的形式，亦即将社会主义的道德理想、道德规范、伦理秩序特别是集体主义的价值系统，通过心性论的超越性建构、道德自律原则、自我内省性思维等传统方式和力量，化为每个社会成员的本性自觉，这在全球化的情况下显得尤为必要。刘述先说："人在自己内部找到价值的泉源，决不为外在而转移，这仍是历久常新的真理。"② 但是我们的认同，与现代新儒家的认同还是有区别的，这里有三点值得注意：一是不立足于设置一个先验的心性本体，而是致力于在现实生活中确立道德理想和价值目标。二是不认为可通过心性论"下开知性主体"，亦即从"内圣"开出"新外王"，事实上要从儒家的心性本

---

① 宋士昌、李荣海：《全球化：利益矛盾的展示过程》，载《哲学研究》，2001年第1期。

② 刘述先：《儒家思想与现代化》，中国广播电视出版社1993年版，第193页。

体开出"民主与科学"是一件十分尴尬的事。原因在于,在心性层面建立价值系统与在社会层面建立法制和规则体系是两个既不相同又相互为用的进程,我们需要的是法制建设与道德建设的互动。三是心性论强调的是自觉原则和自律原则,但在今天的时代也应该吸收西方的一个观念,即在注意道德行为的自觉原则的同时,也应注意道德行为的自愿原则,否则一如冯契先生所说的,将会"束缚了人的个性"①。

第二,心性论可以为在全球化时代中国社会道德建设中确立终极价值系统找到文化传统的支撑点。

中国是在世界发达国家的"后现代"氛围中建设现代化的,一面有着完成向工业文明过渡的任务,同时又不得不应对西方"后工业文明"出现的种种文化的、道德的现象的冲击。这种冲击集中的表现就是消费主义的泛起,物欲无限膨胀,文化也愈来愈感性化、俗世化、大众化,人更多地丧失自己的本性而成为"物化"的存在。②人类的价值似乎已全然还原为对现实物质利益的满足和对感性生活的追求,即使有道德生活,也缺乏深层次的价值依归。这是危险的。西方学者丹尼尔·贝尔在《资本主义文化矛盾》一书中面对资本主义社会贪婪的攫取冲动而促使物欲极度膨胀的状况时说,"一旦社会失去了超验纽带的维系,或者说当它不能继续为它的品格构造、工作和文化提供某种'终极意义'时,这个制度就会发生动荡"③。看来,寻求和建立人的终极意义,是任何一个社会保持道德秩序化所必需的。西方解决这一问题注意的是超越性的宗教传统,当然我们不能以"回归宗教"来解决这一问题,我们不能以虚幻的"天国"目标来诱使人们"充满希望"地走过人生之路,但寻求终极价值的支撑,是道德生活得以形成坚实基础的必要前提。正如杜维明所说"儒家心性之学的起点和

---

① 冯契:《智慧说三篇导论》,华东师范大学出版社1996年版,第33页。

② 习近平在《纪念孔子诞辰2565周年国际学术研讨会暨国际儒学联合会第五届会员大会开幕式上的讲话》中已指出,在今天社会生活中,"物欲追求奢华无度,个人主义恶性膨胀,社会诚信不断消减,伦理道德每况愈下,人与自然关系日趋紧张"。见《儒学:世界和平与发展——纪念孔子诞辰2565周年国际学术研讨会论文集》,九州出版社2015年版,第3页。

③ [美]丹尼尔·贝尔:《资本主义文化矛盾》,生活·读书·新知三联书店1989年版,第67页。

终点都必须落实在当前的凡俗世界"①。可以说，传统的儒家心性论在一定意义上为我们提供了一个非彼岸性的实现精神自我超越之路。心性论在道德实践方面的一个重要作用就是"消化生命中一切非理性的成分，不让感性的力量支配我们"②。心性论在其体系建构过程中，通过内在超越的方式，试图把"仁"的道德内化为人的心性，只要想具有人的尊严，追求以人的方式去生活，去活动，就要努力去保持这种"良知"，时刻加以反省。心性论在反省人生时，总是不脱离人际关系和现实生活，不脱离对人生意义和价值的反思，这是一种立足于现实生活的自我超越，即不断扩展、提升从而突破自我的限制，从"利"走向"义"，超越"小体"而"依乎大体"，即最终达到崇高的道德境界。如果说传统心性论也有一个"彼岸"，那就是与自己心性相关、内在于心性的"天理"。通过这种内在的自我超越，就会构筑起个体生活的道德之堤，从而形成维系一个社会良好秩序的最后的精神防线。可见，通过内在超越，也可以建立起适合时代精神的终极价值体系，而且这一价值体系具有不依赖于虚幻的、外在的、形式化的超越性存在（如上帝、神之类）的更为稳定、更为坚实的基础，即所建立的是绝非脱离历史存在、社会制度、意识形态的抽象的价值系统，而是在对社会主义的价值观和道德规范认同基础上并立足于现实社会的价值系统。这个系统将以合理的、理性的道德境界的信仰方式，在社会个体成员身上发生作用。不过，我们今天内在超越的根据仍在现实生活之中，即立足于社会人际关系之中的新的道德境界和理性信仰，与传统的（包括现代新儒家）那种建立在先验的道德本性基础上的内在超越有着很大的区别。

以心性论确立人的终极价值，在全球化时代显得更为重要和迫切。二十一世纪是网络时代，这已成为人们的共识，甚至有人声称网络是"二十一世纪新人类的主流生活"。虽然我们尚未完成工业化进程，但又不得不响应全球信息化的挑战。互联网的飞速发展，正无情地改变着人们的生活方式，从而也冲击着人们的思维方式和价值观念。网络可以使人们获得种种个性化的学习方式、娱乐方式、消费方式，取得种种个性化服务，甚至人

---

① 杜维明：《儒家的心性之学》，见《儒家传统的现代转化》，中国广播电视出版社1993年版，第44页。

② 牟宗三：《心体与性体》（上），上海古籍出版社1999年版，第154页。

们的感情沟通方式也会从一维而趋于多维。这样，种种集约化活动都须化约为个性化行为而得以实现，甚至愈是集约化的活动愈是要通过个性化的方式得以实现，大范围的交往也是通过个性化的行为方式来进行的。这种情况导致的必然后果，就是个体与个体之间关系的疏离、感情的淡化，更重要的则是主流文化和意识形态对个体行为控制、影响的弱化。当前迫切的问题是，有些人利用互联网传播种种不良的信息，甚至进行种种诈骗犯罪，法律、权力对这种个性化行为的约束、控制功能非常薄弱。这样，除了法律对犯罪行为的强制之外，在一般情况下，社会道德的有序化和道德环境的优化，除了社会教育、社区文化等影响之外，在很大程度上要靠个体的信念和价值系统来支撑，通过内在的心性自觉和道德自律来实现。

其次，正如有学者指出的，在经济全球化浪潮冲击下，"文化的消费功能、休闲功能、商业审美功能被强化的同时，社会转型期所需要的文化对整个社会心理的规范教化作用被大大弱化"①。同时，全球化将使中国社会更加开放，随着社会开放程度的进一步提高，社会的"亚文化"将愈益丰富，人们的生活方式将更趋多样化、人性化和个性化，于是不可避免将"失去主文化赖以发展并发挥作用的社会心理的认同"（同上）。失去主文化的认同，就会使社会文化认同出现更为复杂的情况，甚至出现认同的危机。虽然我们不能以对传统文化的认同来解决社会文化认同危机的问题，但中国传统文化中的优秀部分仍将是我们文化认同的重要内容。虽然我们不能以传统的价值系统重塑社会心理、社会价值观，但传统心性论所体现的更能为中国人所接受的内心体验型、自修自律性式的道德实践，以及在现实道德生活中寻求终极价值的致思方向，对坚守出自本心的道德防线，重塑符合社会主义价值观和道德规范的社会道德心理，调整社会道德秩序等，将起到潜移默化的作用。作为体现中国文化核心精神的心性论，也许应该成为民族文化认同的重要内容之一。

但是，要从传统的心性论开出"新外王"，其最大的困惑有二：一是其价值之源是"天"，以天为本体或以天为崇拜、敬畏的对象在今天来说已经是一个十分沉重的话题。二是心性论是以性善论为前提的，而性本善是承认有先验的道德观念的。这两者都与当今唯物论的思想教育相悖。重要的

---

① 扈海鹂：《全球化与文化整合》，载《哲学研究》，2000年第1期。

还在于，性本善是一种好人假定，好人假定是与法制精神相背离的。道德建设从来不是万能的。孤立地传扬心性论，是不利于法治建设的，我们需要的是道德建设与法制建设的互动。在中国历史上，"刑""罚"与"仁""德"总是被视为并行不悖的。孔子讲"道之以政，齐之以刑""道之以德，齐之以礼"（《论语·为政》），强调政与刑、德与礼并用。当弟子闵子骞问政于孔子时，孔子明确回答："以德、以法。"（《执辔》，《孔子家语》卷六）说明儒家主张道德与法制的互动。至汉代遂形成"本以霸、王道杂之"的"汉家制度"。从这一意义上说，现在提出的将"依法治国"与"以德治国"结合起来的提法，是有传统文化的根基的。古人一直将道德教化视为治之"本"，而将礼义法度视为治之"末"，认为道德心性的修养可治之于"未然之前"，而礼义法度则仅治之于"已然之后"，强调了道德心性修养是重在"治本"，而"法"则常常用于"治标"。从重视道德建设的意义上说，这是对的。但在我们为建设法治国家而奋斗的进程中，决不能将道德教育的作用过分夸大。道德是一种高标准的要求，所以"依法治国"应该是我们现阶段努力的目标。建立中国特色的社会主义法治体系，并尽可能使之与国际惯例接轨，是全球化发展趋势所要求的。"以德治国"的提法强调了道德建设在文化建设中的地位和重要性，所以，重视挖掘传统心性论的价值，特别是重视传统心性论对确立人的终极价值系统的作用，在今天的文化建设中仍然有着重要的现实意义。

张南轩"儒佛之辨"刍议[①]

张栻（1133—1180），字敬夫，号南轩，汉州绵竹（今属四川）人，仕至右文殿修撰。丞相张浚（1097—1164）之子，南宋著名的理学家。其学术思想渊源于二程，直接的师承则自于胡宏。曾先后主讲岳麓书院、城南书院，为"湖湘学派"代表人物，与朱熹、吕祖谦并称"东南三贤"。其学又与朱熹"闽学"、吕祖谦"婺学"鼎足而为三。一般地说，理学是在唐宋以来儒释道三教合一的学术背景下形成的，故其思想家大都自觉或不自觉地受到佛、道二教的影响。不过，与佛、道学者坦承和高扬"三教合一"的学术态度不同，理学家虽然大都吸收了佛道的思想，然却往往公开地贬斥佛道二教，甚至以"力辟二氏"为嚆矢，如张载、二程。可能受此学术背景的影响，张栻对佛教亦采取了极力排斥的态度。在张栻的学术思想中，力斥佛教之弊、辨析儒佛之异是其重要的内容之一。本文试就其儒佛之辨略做分析。

一、儒佛立本虚实之辨

张栻虽然也曾为官，却是一位非常正统的儒家学者，无论是言治和为学，都在尽力坚守和维护孔孟以来的道德性命之学，并以此为为学之本，将其他异学皆视为末流（如申韩）或异端（如佛教）。他曾回顾了中国学术发展的历程，认为孔孟之后，其言"仅存于简编"，汉儒之特点在于"穷经学古"，往往"求于训诂章句之间"，其学之大弊，在于"大本之不究，圣贤之心，郁而不章"，认为汉儒有失儒学之"大本"，因而无益于世，此与张载对秦汉以来儒学之蔽的认识基本一致。[②] 另有一些经生文士，则又专注于文辞，追逐功利，更造成儒家的性命之学不能得以倡扬。正是

[①] 原文载《湖南大学学报》，2015年第1期。

[②]《宋史·张载传》："知人而不知天，求为贤人而不求为圣人，此秦汉以来儒者之大蔽也。"

在这种情况下，佛教"异端者，乘间而入，横流于中国"，于是使中国学术到魏晋以降更走向偏离，"儒而言道德性命者，不入于老，则入于释"，遂使儒学"陵夷至此"（《道州重建濂溪周先生祠堂记》）。故秦汉以来，那些孜孜"求道者"总不免"沦于异端空虚之说"（《南康军新立濂溪祠记》）。虽然有一些"希世杰出之贤"如韩愈者，"攘臂排之"，起而反佛老，但是其所起的作用非常有限，其原因在于，他们的学说"未足以尽吾儒之指归，故不足以抑其澜"，如韩愈所提出的道统说，由于没有提出系统的思想体系，尚不能振兴儒家的道德性命之学，故不足以抑佛教泛滥之势，反而因采取了过激的做法，"如是反以激其势"，使佛教的传播更变本加厉。正由于其"言学而莫适其序，言治而不本于学"，遂使儒学"言道德性命而流入于虚诞"（《道州重建濂溪周先生祠堂记》），完全偏离了传统儒学的实学方向。从儒家学术发展的视野看，拯救儒学之危机，高扬儒学之指归，延续孔孟之道统，正是张栻反佛的思想基础。

在张栻看来，儒学是一种实学，而佛教则总是陷于虚诞。他首先指出儒学之实学特征，说："盖圣门实学，循循有序，有始有卒者，其惟圣人乎！"（《答周允升》）就是说，自孔孟以来，儒家所传圣学都是实学，其通过实实在在的君臣父子、兄弟夫妇等日用伦常关系的实行而得以实现，所以他说："学可以至于圣，治不可以不本于学，而道德性命初不外乎日用之实。其于致知力行，具有条理，而彼淫邪遁之说皆无以自隐。"（《道州重建濂溪周先生祠堂记》）意即儒家的道德性命之学，最终要落实到日用伦常的道德实践中。但是佛教"自谓一超径诣，而卒为穷大而无所据"（《答周允升》），尽说些空虚无用、没有根据的话，结果使性命之学成为空言。如果能将儒家道德性命之学"致知力行"，则佛教的"彼淫邪遁"之语将无以藏身。可惜的是，有些"明敏之士"往往受佛教的迷惑，不能分辨儒佛之异，甚至"渺茫臆度"，遂使其学"非为自误，亦且误人"（《答周允升》）。

他又说：

> 左右谓异端之惑人，未必非贤士大夫，信哉斯言也！然而今日异端之害烈于申、韩，盖其说有若高且美，故明敏之士乐从之。惟其近似而非，逐影而迷真，凭虚而舍实，拔本披根，自谓直指

人心，而初未尝识心也。使其果识是心，则君臣、父子、兄弟、夫妇，是乃人道之经，而本心之所存也，其忍断弃之乎！嗟乎，天下之祸莫大于似是而非。似是而非，盖霄壤之隔也。学者有志于学，必也于此一毫勿屑，而后可得其门而入也。然而欲游圣门，以何为先，其惟求仁乎！仁者圣学之枢，而人之所以为道也。有见于言意之表，而后知吾儒真实妙义，配天无疆，非异端空言比也。（《答陈择之》）

他认为，佛教之害所以超过申韩，就在于佛教更有其迷惑性，给人的感觉是"若高且美"，理论高明，境界美好，使一些思想敏锐的人乐意跟从。但是，殊不知佛教那一套理论，实是"逐影而迷真，凭虚而舍实，拔本披根"，即或把虚幻当作真实，或追求空虚而舍弃真实，遂失去了为学之根本。如佛教标榜"直指本心"，然而其根本不识"本心"，因为他们出家本身，就把人与人之间根本的伦常关系抛弃了，故其理论最大的祸患是"似是而非"。在他看来，仁学是"圣学之枢"，要真正做一个游于圣门的儒者，就要把"仁"放在首位，识仁行仁，才是儒学的"真实妙意"，此绝非"异端空言比也"。由此，张栻常对那些受释氏迷惑而失儒学之"大本"的儒者的学术路向表示担忧。如他说："近见季克寄得蕲州李士人周翰一文来，殊无统纪。其人所安本在释氏，闻李伯谏为其所转，可虑可虑！"（《朱文公文集》卷五四）又有一位叫彪德美的友人在给张栻的信中，常引佛书来阐释儒家的"性命"之学，引起张栻的不快，他在回信中指出了其"虽辟释氏，而不知正堕在其中"的实质所在：

来书虽援引之多，愈觉泛滥，大抵是舍实理而驾虚说，忽下学而骤言上达，扫去形而下者，而自以为在形器之表。此病恐不细，正某所谓虽辟释氏，而不知正堕在其中者也。故无复穷理之工，无复持敬之妙，皆由是耳。（《答彪德美》）

在他看来，友人彪德美是"舍实理而驾虚说，忽下学而骤言上达"，即求虚说而扫去了下学的工夫，虽然他也辟佛，却不知自己恰恰堕于释氏的空虚之中，由此导致既不能"穷理"，也做不到"持敬"。在张栻看来，

"工夫须去本源上下沉潜培植之功"（《答萧仲秉》），而这个本源就是识"心"。但是，问题在于"今之异端直自以为识心见性"，于是一些"高明之士往往乐闻而喜趋之，一溺其间，则丧其本心"，即一些儒者往往为释氏的"识心"说所迷惑而沉溺其间，遂丧失其道德本心。他指出，儒者所识之心当是"仁心"，如胡宏所说"仁者，心之道也""惟仁者为能尽性至命"，但那些受释氏迷惑的儒者往往"不得其意而徒诵其言，不知求仁而坐谈性命，则几何其不流于异端之归乎"！张栻指出，只有辨析佛儒所说"识心"之异，明确儒者所说"识心"是"识仁"并能进行"尽性至命"的修养，才不至于陷入"不知求仁"而"坐谈性命"的空虚之域，否则就可能"流于异端之归"。(《胡子知言序》)

张栻在评论周敦颐道学的实学价值时也指出了佛教之虚。他认为，自秦汉以来，那些"求道者"往往"不涉于事"，而"沦于异端空虚之说"，惟周敦颐始能"推本太极，以及乎阴阳五行之流布，人物之所以生化，于是知人之为至灵，而性之为至善，万理有其宗，万物循其则"，遂使"孔孟之意，于是复明"。到二程先生出，又"推而极之"，于是使儒学"本末始终，精析该备"，更使"异端空虚之说，无以申其诬"，所以周氏"有功于圣门而流泽于后世"。(《南康军新立濂溪祠记》) 这里，张栻非常明确地划清了以实为特征的儒学与以虚为弊端的佛教的界限，告诫儒者要守儒学之"大本"，而杜佛教空虚之弊。他甚至直批王安石之学是虚学，说："介甫之学，乃是祖虚无而害实用者。"(《寄周子充尚书》)

确立儒家实学之"大本"，反对佛教的空虚无用，是张栻从理论上需要划清的界限。他所说坚守儒学之"大本"，其实就是要以"理"为根本，说："大本者理之统体。会而统体，理一而已；散而流行，理有万殊。"(《答彭子寿》) 即万殊统于一理，理一与万殊的关系如同二程朱熹所说的"理一分殊"的关系。但是张栻不认为"大本即此理之存，达道即此理之行"，认为这样"恐语意近类释氏"，因为在他看来，如果把儒学之大本说成是理本身的存在，儒学之大本就可能类同于佛性，就可能与佛教划不清界限。他理解的"大本"是"理之统体"，也就是"万殊固具于统体之中"。其实，如果把"大本"理解为"理一"，它与"万殊"的关系就是"理一分殊"的关系，此与佛教所说"月印万川"是一致的，其间的界限是难以划清的。由于张栻的立场是要排斥佛教，所以他认为其语意"类释氏"。显然,他不仅要反佛,进而还要把理学中吸收的佛教要素排除出去。

二、儒佛心性、理欲之辨

"道心""人心"之说,出自伪《古文尚书·大禹谟》所谓"人心惟危,道心惟微;惟精惟一,允执厥中"的所谓"十六字心法"。由二程始,"人心"与"道心"乃成为理学的重要范畴,二程认为二者的对立表现为"人欲"(私欲)与"天理"的对立。这一点在张栻那里也承继下来,并成为他反佛的重要武器。张栻说:

> 夫天命之全体流行无间,贯乎古今,通乎万物者也。……盖公天下之理,非有我之得私。此仁之道所以为大,而命之理所以为微也。若释氏之见,则以为万法皆吾心所造,皆自吾心生者,是昧夫太极本然之全体,而返为自利自私,天命不流通也,故其所谓心者是亦人心而已,而非识道心者也。《知言》所谓自灭天命,固为己私,盖谓是也。(《答胡季立》)

张栻认为,"理"是天下之公理,非为我之得而私也。但是释氏则以为"万法皆吾心所造",这是昧于"太极本然之全体"的,在张栻看来,这就走向了"自利自私",遂使天命不能流通。所以释氏所说的"心"就属于"人心"而非"道心"了。其实这不尽合乎佛教的本意,佛教说"心"虽然众家不尽相同,但大体上都承认清净本心,此心一般与佛性相通,如佛教有所谓"即心即佛"的说法。而佛性恰是要排除引起人自身烦恼的"私欲"(贪欲)的,故此"心"是与"道心"相通的。张栻显然是出于反佛的需要,以为佛教只讲"人心"而不识"道心",其目的在于要彰显儒家的天理。这一点对明代关学大儒冯从吾有极大的影响。冯从吾就明确讲佛教只讲"人心"而不讲"道心",说:"人丢过理说心,便是人心。""吾儒之旨只在'善'之一字,佛氏之旨却在'无善'二字。""盖佛氏之失正在论心论性处与吾儒异。"(参见冯从吾《涂宗浚辨学录序》)

张栻还与朱熹等辨析儒佛"存心"说之异同。朱熹在来信中提及:"为佛学者言,人当常存此心,令日用之间,眼前常见光烁烁地。此与吾学所谓'操则存'者有异同不?"(《张栻全集·答朱元晦》)张栻对朱熹信中所说表示赞同，说："所论释氏存心之说，非特甚中释氏之病，亦甚有益于学者也。"（《答朱元晦秘书》）同时也复信讨论了朱子所提出的儒佛"存心"说的异同问题。张栻说：

> 某详佛学所谓与吾学之云'存'字虽同，其所为存者固有公私之异矣。吾学'操则存'者，收其放而已。收其放则公理存，故于所当思而未尝不思也，于所当为而未尝不为也，莫非心之所存故也。佛学之所谓'存心'者，则欲其无所为而已矣。故于所当有而不之有也，于所当思而不之思也，独凭借其无所为者以为宗，日用间将做作用，目前一切以为幻妄，物则尽废，自私自利，此其不知天故也。（《张栻全集·答朱元晦》）

张栻认为，佛教所说的"存"与儒学所说的"存"其根本的差异在于，一是儒所存者为"公"，而佛所存者为"私"；二是儒所谓"操则存"，是"收其放"，是孟子所说的"求放心"，即把放遗掉的道德本心、公理之心寻找回来，而佛教的"存心"则是"欲其无所为"，使自己无事可做，因而当有者而没有，当思者而不思，甚至以"无所为者以为宗"，将眼前的一切视为幻妄，"物则尽废，自私自利"，其根本原因在于佛教不知天道。这就从一个侧面把儒、佛的心性论严格区别开来了。

在理学家那里，"道心""人心"的讨论总是与"天理""人欲"问题联系在一起的，张栻也是如此。他认为，如果"道心""人心"的关系不明，那么"毫厘之差，则流于诐淫邪遁之域"，甚至"自陷于异端之中而不自知"（《答直夫》）。他结合"天理""人欲"关系对之加以说明：

> 试举天理人欲二端言之。学者皆能言有是二端也，然不知以何为天理而存之，以何为人欲而克之，此未易言也。天理微妙而难明，人欲汹涌而易起，君子亦岂无欲乎？而莫非天命之流行，不可以人欲言也。常人亦岂无一事之善哉？然其所谓善者未必非人欲也。故大学之道，以格物致知为先，格物以致知，则天理可识，而不为人欲所乱。不然，虽如异端谈高说妙，自谓作用自在，知学者视之皆为人欲而已矣。孟子析天理人欲之分，深切著明。

……盖乍见而怵惕恻隐形焉，此盖天理之所存。若内交，若要誉，若恶其声，一萌乎其间，是乃人欲矣。（《答直夫》）

张栻明确指出，天理与人欲有鲜明的分界，人生而有善的道德本心，如能格物致知，则天理可识，善的道德本心得以保持，此则为天理；相反，如果如佛教异端不识天理，而只是空虚"谈高说妙，自谓作用自在"，如所谓"佛向性中作，莫向身外求"，空谈"识心见性"，而丢弃本心天理于不顾，此"皆谓人欲而已矣"。孟子所说的人生皆有"怵惕恻隐"之心，正体现了天理之所存。相反，如果丢弃此道德本心而追求外在的声名利禄，则是人欲。不过，他对儒佛关于"天理"与"人欲"的看法，还不同于有些人所认为的儒主天理，佛主人欲（如关学大儒冯从吾①），而是对儒、佛关于天理与人欲的关系具体的考察和详细的比较。他在《酒诰说》一文中说：

酒之为物，本以奉祭祀、供宾客，此即天之降命也。而人以酒之故，至于失德丧身，即天之降威也。释氏本恶天降威者，乃并与天之降命者去之；吾儒则不然，去其降威者而已，降威者去，而天之降命者自在。为饮食而至于暴殄天物，释氏恶之，而必欲食蔬茹，吾儒则不至于暴殄而已；衣服而至于穷极奢侈，释氏恶之，必欲衣坏色之衣，吾儒则去其奢侈而已；至于恶淫慝而绝夫妇，吾儒则去其淫慝而已。释氏本恶人欲，并与天理之公者而去之，吾儒去人欲，所谓天理者昭然矣；譬如水焉，释氏恶其泥沙之浊，而窒之以土，不知土既窒，则无水可饮矣，吾儒不然，澄其沙泥，而水之澄清者可酌。此儒释之分也。（《酒诰说》）

显然，张栻并不是一般地、笼统地从天理与人欲对立的角度来批评佛教，而是通过揭露释氏关于正常人欲观念上的错误认识，以彰显天理。他

---

① 冯从吾："彼（指佛教）所云一点灵明，指人心人欲说，与吾儒所云一点灵明，所云良知，指道心天理说，全然不同。……虽理不离气，而舍理言气，便是人欲。天理人欲之辨，乃儒佛心性之分。"（《辨学录》）

举例说：酒是用来祭祀、供宾客之用的，不可否认，饮酒过度会使人"失德丧身"，但适度地饮酒是可以的，只是不能过度地酗酒，释氏却要绝对禁止它，这则是不可取的；人在日常生活中总是要穿衣吃饭的，这是正常的人欲，儒家反对的是过度地追求奢侈，佛教却主张以吃素、蔽衣来磨砺自己的身心，这也是不足取的；还有，夫妻之间的性关系是人伦日常正常的关系，儒家也不反对正常的夫妻性关系，只是不主张纵欲和淫乱，但是佛教因为痛恨淫欲而戒色出家，禁绝正常的夫妻生活，这也是不可取的。张栻认为，佛教因讨厌"天降威者"，结果到头来连"天之降命者"也抛掉了。而儒学则不然，仅"去其降威者"，而"天之降命者自在"。意即儒学的目的是要彰显天理，而佛教则走到了极端，连合乎天理的行为也不要了。他认为这是极其错误的，就如同担心泥沙会使水变混浊而"窒之以土"，结果连喝的水也不要了。而儒家是把水中的泥沙加以澄清，使水变澄清而已。张栻认为，合理的人欲中包含着天理的内容，只是这些"人欲"需要以一定的准则和规范加以约束，这就是儒、佛在天理与人欲上的区别。这里也可以看出，理学家并不是要"灭人欲"，而是承认人有正常合理的情欲。

张栻又指出："如饥食渴饮，昼作夜息固是义。然学者要识其真，孟子只去事亲从兄上指示，最的当。释氏只为认扬眉瞬目、运水般（搬）柴为妙义，而不分天理人欲于毫厘之间，此不可不知也。"（《答俞秀才》）意即"饥食渴饮，昼作夜息"这是正常的人欲，是合乎天理的。不过，儒家的关注点不在这上面，而在于"事亲从兄"等体现道德本心的伦常之事上，但佛教却关注的是"扬眉瞬目""运水般（搬）柴"等细微的举动，以为其都具有真谛妙义，但这些并非能彰显天理，甚至还可能包含人欲的成分。他指出，此正说明释氏"不分天理人欲于毫厘之间"。

三、儒佛修养工夫之辨

在修养论上，张栻的主张与二程所主省察持敬的工夫论相通。他对那种"欲速逼迫"以求近功的做法不与苟同，而主张以"弘毅为先，循循为常"。他在《答吕子约》中说："但所谓二病，若曰荒怠因循，则非游泳之趣；若曰蹙迫寡味，则非矫揉之方。此正当深思，于主一上进步也。要是常切省厉，使凝敛清肃时浸多，则当渐有向进，不可求近功也。"这是说，他对那种"荒怠因循""蹙迫寡味"等"以求近功"的做法，是不赞成也不采取的。他主张在"深思""主一上进步",通过"常切省厉""凝敛清肃"的"省察"工夫,"当渐有向进"。在另一《答吕子约》的信中说:

> 所谓近日之病却不在急迫,而惧失于因循,此亦可见省察之功。然此亦只是一病,不失之此则失之彼矣。以至于闺门之间,不过于严毅则过于和易;交游之际,厚者不失于玩则失于过。纷纷扰扰,灭于东而生于西。要须本源上用功,其道固莫如敬。若如敬字有进步,则弊当渐可减矣……惟主敬以立本,而事事必察焉,学之要也。(《答吕子约》)

张栻指出工夫之要在"深思""主一上进步",关键是"要须本源上用功",这个本源就是以心持"敬"。故他说:"其道固莫如敬。若如敬字有进步,则弊当渐可减矣。"由此他主张"惟主敬以立本,而事事必察焉,学之要也。""主敬立本"和"省察"正是修养身心的关键所在。他说:"存养是本,工夫固不越于敬。敬固在主一,此事惟用力者方知其难。"(《答乔德瞻》)又说,修身"要切处乃在持敬,若专一,工夫积累多,自然体察有力,只靠言语上苦思,未是也"(《答潘端叔》)。所以,"学者有志于学,必也于此一毫勿屑,而后可得其门而入也"(《答陈择之》)。意即立志于圣学者当从立本心、敬人伦上入门。也就是说,要游圣学当以"求仁"为先。但是佛教恰恰是在这个根本问题上失足,其脱离人伦道德,无父子之亲、兄弟夫妇之情。他批评说,佛教"自谓直指人心,而初未尝识心也。使其果识是心,则君臣父子,兄弟夫妇,是乃人道之经,而本心之所存也,其忍断弃之乎"(《答陈择之》)。在他看来,"敬"立于"心","识心"须立意于"君臣父子、兄弟夫妇"之"人道之经",此正是人"本心之所存也。"故"异端"则将此根本的东西舍弃了,故其所谓"识心"乃是"空言"也。(《答陈择之》)

上面仅从本体虚实之辨、心性与理欲之辨、修养工夫之辨诸方面略做分析。张栻力辨儒佛,其目的在于使那些受佛教影响而迷真的儒者能从佛教的"迷惑"中清醒过来,致力于儒家正学的倡扬;另一方面,也使长期以来在佛教压抑下失去自我的儒者获得理论的自信,并努力提高自身。不过也要看到,张栻力辨儒佛,并非是就事论事,而是承继张载二程等人的批佛立场且有过之,基本上对其采取了全盘否定、抨击和排斥的态度,几无一字之褒扬,说明他受时儒反佛风气的影响极大,对佛教较少理性地分析,表现出思想方法上的某种片面性;同时也说明他对佛教理论的了解尚不够深入,由此也使其在辨析儒佛时表现出未免简单化的倾向,这可能与他没有如张载、二程那样有出入佛老的经历有关。

第三章

《老子》的"道"论及其文化价值阐释

《老子》的"道""德"范畴系列[1]

"道""德"是《老子》哲学体系的两个基本范畴。除此以外,《老子》还运用了众多的概念、范畴。这些范畴多是从属于"道"和"德"的,并由此形成了两个相互对应、相互联系的范畴系列。

一、"道"及其范畴系列

"道"在《老子》中被确定为中心乃至最高范畴,既是当时天人之辩的需要,也是理性思维发现的产物。在《老子》之前,已有"天之道""人之道"的说法。天道、人道的关系即天人关系的讨论,是中国哲学最初的问题意识的反映。"天道"是春秋时期逐渐剔除神秘主义天命观而形成的带有鲜明无神论色彩的观念。子产、伍子胥、范蠡等人都曾在自然界运行变化的意义上使用过它。"人道"也是在逐渐摆脱传统天命观念的过程中,从西周"以德配天"思想发展出的注重人事的观念的反映。后来,孔子、墨子等对人道原则做了较为充分的发挥。政教法令、仁义礼乐等有为政治和伦理信条,成了这一时期人道观的基本内容。《老子》作为儒墨显学的对立面,出现在战国前期。[2] 出于小生产者的心理,《老子》作者对当时刚刚形成的封建制度持否定的态度,特别是对当时人道政治和有为原则做了激烈的抨击。在这一批判中,发展了天道观中的自然主义因素,提出了"天道自然无为"的观念。《老子》在扬弃天道、人道观念的基础上,提出了似乎更根本的"道"范畴,并形成了系统的道论哲学体系。《老子》并非坐而论道,而是要"执古之道,以御今之有"(《老子》十四章,以下只注章序),显然作者是基于对现实社会的哲学思考来建立其思想体系的。于

---

[1] 原文载《陕西师范大学学报》,1986年第4期。

[2] 老子其人虽较孔子、墨子为年长,但从通行本中包含有批评儒、墨的内容来看,通行诸本《老子》其成书可能要晚一些,具体时间尚难以确定,学界说法较多,笔者以为可能成书于战国前期。

第三章 《老子》的"道"论及其文化价值阐释

是,"道"作为天人关系的纽结而在其哲学体系中被确定为中心地位。从字面上看,《老子》每每以天道与人道相对立,如"天之道,损有余而补不足;人之道则不然,损不足以奉有余"(七十七章)。但是,仔细分析会发现,其批判的主要锋芒,是儒墨有为的"人道",是用"天道自然"与"人道有为"相对应,而不是一般地以天道与人道相对立。在许多地方,恰恰主张人道应以"自然无为"为法则,强调"以辅万物之自然而不敢为"(六十四章)。《老子》在为"人道无为"的合理性寻找理论根据时,把原来天道观中的自然主义因素加以升华,提出"道"范畴,并把它提高到"天地根""万物宗"的地位,赋予其天、地、人都应遵循的法则的意义。传统的天命观,在当时形成了一种思维模式,即为了使人道原则具有至上的权威,必须给它寻找一个远离人间的立法者。老子遵从自然,所以没有找到上帝那儿去。为此,他开始以哲学的形式而不是以神学的形式追问天地万物的老根、始基。《老子》没有回到久远的五行说,而是去探寻更为根本、更能说明世界本原的东西,"道"作为世界万物的本原被提了出来。但当《老子》对"道"进行规定时,却暴露出在今天看来不能不说是逻辑上矛盾的东西:道体既被说成有物,又被说成无物;道既被说成静的,又被说成是动的;道既内在于万物之中,又独立于万物之外。造成这些逻辑上的矛盾,与其在当时的思维水平上没有也不可能辩证地理解和运用概念、范畴,没有正确理解一般与个别、有限与无限等辩证关系有关。[①]

《老子》道论体系的展开,是通过诸多范畴的转化实现的。

《老子》揭示"道"的规定性的一个重要范畴是"无"。在《老子》之前,"无"除了作为行为、状态、属性的否定词使用外,没有发现更特殊的意义。《老子》则给"无"赋予了新的意义。其基本的含义有四:第一,如同当时通例,作为行为、状态或属性的否定性副词使用。如,无知、无欲、无有、无失、无败、无敌、无极、无事、无形、无物、无象、无状等。其中无物、无状、无形、无象,是对道体直接的写状,说明道是无形无象,不好用感官加以把握,也难以用概念加以名指的。在这个意义上,《老子》把道称为"无","无"成为与道相通的范畴,如王弼说:"道者,无之称也。"(《论语》邢疏引)第二,"无为"。在《老子》中,"无为"的"无"

[①] 关于《老子》"道"论的内在矛盾其及原因的分析,参见下节。

虽然仍有否定的意义，但它所否定的则是那种违背自然之道的"妄为"，其已超出了对一般行为进行否定的意义，成为表示"道"之"德"即"道"无意识、无目的、顺自然而不妄为的本性的哲学范畴。第三，作为虚空的规定性和代名词使用。云："三十辐共一毂，当其无，有车之用。埏埴以为器，当其无，有器之用。凿户牖以为室，当其无，有室之用。"（十一章）"有"在这里被当作实体，"无"则指虚空处。无与有的对举，其实是虚与实的对举，《老子》这里的"有无"是作为一对说明状态的词语使用的，虽与道体无多大关系，但也是从另一侧面说明道之"无"较"有"具有更重要的价值和意义。其意如庄子所说"人皆知有用之用，而莫知无用之用也"（《庄子·人间世》），通俗的表述即"无用之用是为大用"。第四，作为"无规定性"的意义来使用。《老子》所说道"无名"，即道无任何具体规定性，故道无所名指，所以《老子》一章开宗明义称："道可道，非常道；名可名，非常名。"道无规定，才能规定一切，它"不是什么"，才能成为所有事物的根据。第一、二、四等三种用法，均与道相通。

其"无形无象"但真实存在的实体意义，发展出宇宙演化论的构想；其"无规定性"的意义，发展出宇宙本体论的观念。就前者而言，"无"是对天地产生之前尚未形成具体形体的无形、无象的物质混沌的称谓。一章云："无，名天地之始；有，名万物之母。"这一句话，前句以"无"作"天地之始"，后句以"有"作"万物之母"，这个区分是极重要的。老子之时，尚无宇宙观念，而以天地为宇宙之限。"天地"即今所谓宇宙也。《老子》说："玄牝之门，是谓天地根。"（六章）"牝"者，物之所由生。在老子看来，"天地"正是由"道"这个混沌之物产生的，万物则是天地产生之后孕育而成的，此与"天下万物生于有，有生于无"一样，都表达了同一宇宙生成式：无—有—万物。"有"在《老子》中有时指天地，有时又泛指天地万物。同时，《老子》认为"夫物芸芸，各复归其根"（十六章），"复归于无物"（十四章），即万物又复归于无。故其宇宙生成式可简略为"无—有—无"。在老子的宇宙生成论中，"无"是规定无形、无象的物质混沌的意义。就后者而言，《老子》又认为"无"产生了万物，同时在万物产生之后又作为万物的根据而与物同一。万物不仅所由而生，而且万物亦所由而成。作为宇宙最初的本源，它具有感性的特征；作为万物的根据，它又否认了事物的现象特征和具体规定，成了没有自身规定的东西。

第三章 《老子》的"道"论及其文化价值阐释

故道"无名",只能"强字之曰道"。在老子看来,"道""独立而不改,周行而不殆"(二十五章),"归根曰静"(十六章),显然,道又有被独立出来而成为自在实体的可能。不过,老子的道(无),终究不同于西方哲学中的终极性形上实体,不同于如同黑格尔所说的本体(绝对精神),它又"有物""有象""有精",它大化流行,周流万有,即象而不滞于象,即具体即抽象;既在万物之中,又具超越意义,这是由中国特色的哲学本体论所决定的。曹魏时玄学家王弼正是沿着后者思路,建立了万物"以无为本"的本体论体系。

《老子》把无规定性的本体世界独立出来的倾向,通过"一"范畴的引入而大大加强了。《老子》十章说:"载营魄抱一,能无离乎?"二十二章说:"是以圣人抱一为天下式。"陈鼓应说:"'抱一'作'抱道'解。"①《老子》十四章说,"道"具有"夷""希""微"的特征,"此三者不可致诘,故混而为一",即它的形象、形体、声音三者是混然一体的,不可分别推问。显然,"一"成为说明"道"独立自在、不可分化的整体形态的哲学范畴。三十九章云:"昔之得一者:天得一以清,地得一以宁,神得一以灵,谷得一以盈,万物得一以生,侯王得一以为天下正。"道成为天、地、神、谷、万物、侯王存在并保持自身本性的内在根据,"一"显然具有宇宙本体的意义。

另一方面,《老子》的道又始终未脱离感性形象的纠缠,特别是"朴"范畴的引入,使这方面的特性更得以加强。《老子》二十八章说:"复归于朴。朴散则为器。"三十二章说:"道常无名,朴。"河上公注:"无名之朴,道也。"可见《老子》是以"朴"喻"道"的。《说文》:"朴,木素也"。魏源《老子本义》:"朴之为物,未雕未琢,其体希微不可见,故无名,然天地之始,万物恃之以生。"朴正是对世界本原之道的真朴混然状态的可感性描写。在这方面,其宇宙生成论的意义得以强化。不过,老子以"朴"喻"道",似更多地表明"道"的自然本真的境界意义。"复归于朴"与"复归婴儿"一样,都表达了老子所追求的自然本真的"道"的境界。

通过对"道"及"无""一""朴"范畴系列的分析,可以看出,老

---

① 陈鼓应:《老子注译及评介》,中华书局1984年版,第97页。

子在寻找世界万物的本原时，思维总是摇摆于一般与个别之间。一方面，"道"及其系列中诸范畴，都含有具体有形的宇宙万物之前的原始、质朴而又难以名状的物质混沌之义，"有生于无""朴散则为器"，都用不同的方式表达了接近朴素唯物主义的宇宙生成论。但又认为道"独立而不改，周行而不殆"（二十五章），道成为脱离了感性世界的没有任何具体规定的东西。万物有生有灭，道则无生无灭，万物的灭亡只不过是向道的复归。这事实上承认形而上的本体世界有独立自在的可能。《老子》旨在形成万物同一的认识，由于没有发现感性物与普遍者的对立与同一，个别与一般的对立与同一，在寻找宇宙本原的思维进程中，从个别存在物出发，又离开了感性经验的物质基础，遂得出了一个以无差异的、独立存在的实体作为世界本原的观念。老子把本来看作宇宙始基的物质本原独立化，使之脱离了个别存在物，终于抽空了它的物质内容，"道"成了一个一般的或抽象的存在物。这样，道产生万物，就成了一般产生个别。《老子》终于从宇宙演化论的基地上超拔出来，转向了本体论。《老子》哲学体系中实际存在的本体论与生成论的矛盾，使以后的老学向着两个方向发展：稷下道家直接把道解释为精气或元气，汉代的《淮南子》、王充等在此基础上形成了较系统的宇宙演化论；而庄子、魏晋玄学贵无派，则发展了它的本体论，提出"以无为本"的思想。这种发展趋向正好表明，《老子》道论中本来存在着两种体系并存的趋向。

在《老子》中，与"道"本质上同一、把道论的思想体系与社会政治的、精神的生活过程联结起来的范畴是"德"。"德"是《老子》将"道"转化为"自然无为"的重要环节。

二、"德"及其范畴系列

"德"作为独立范畴，西周时已广泛使用。《诗经》中就有"文王之德之纯""丕显维德"等说法，不过其主要是作为伦理范畴使用的，并与宗教天命观相结合。"以德配天"的说法正体现了这种结合。到春秋时期，随着"天"的神学观念逐渐被剔除以及向自然天道观的转化，与"天"相配的伦理意义的"德"也具有了天道自然属性的意义。到了战国时期，"德"常被作为与万物本性相通的范畴使用。在《老子》中，除在一些地方如"报怨以德""有德司契"等仍作一般伦理意义使用外，在与"道"相对应时，则把天、地、人有得于"道"而显现于自身的诸属性总括为"德"。"德"作为展开天道自然无为思想体系的重要范畴，在《老子》中得到充分的发挥，并形成了以"德"为中心的范畴系列。

与"道"相对应且与其处于同一层次的"德"，通过"玄德""常德""上德"等用法，从不同的侧面揭示出道的本性。"玄德"属于"道"的本性，与之相对应的范畴是"自然"，自然无为是"玄德"的基本含义；"常德"主要指"道"的本性的外在表现，与之相应的范畴是"柔弱"；"上德"则是指有"道"之人对"道"的本质的认识和把握，具体表现是"无为""守雌""不争"等。这样，"自然""柔弱""无为""守雌"等概念，就成为揭示"道"之"德"基本意义的范畴系列。其范畴系列依次展开，遂把道论的体系推向了现实社会的生活层面，使"深矣，远矣，与物反矣"的"道"的内在本性，一步步外在化。

"玄德"在《老子》中出现四次，其基本含义是在五十一章揭示的。该章把"道"对万物"生而不有，为而不恃，长而不宰"的品性称为"玄德"，而这一品性就是"自然"。"自然"正是对"道"任万物自生、自长、自成而不加人为干预的品性的概括，它正是"道"幽深玄远而不形于外的"玄德"的真实寓意。"玄德"作为"道"的属性，不具有任何神秘的意义，这和老子试图探寻世界万物本原的出发点相联系。庄子正是在这个意义上说："物得以生谓之德。"（《庄子·天地》）"自然"即是道之根本属性，道即自然，自然具有遵从万物本性和自身运动变化规律的意义。二十五章云："人法地，地法天，天法道，道法自然。"这几句话，以往著者多释为人以地为法则，地以天为法则，天以道为法则，道则以自然为法则。笔者认为，这几句是以递进式排列的句法，表达了天、地、人都应遵循"道"，而"道"的本性则纯任自然的意思。作为天、地、人都应遵循的普遍法则，具体内容又是什么？《老子》未明确说明，然韩非子在《解老》中说："道稽万物之理，故不得不化；不得不化，故无常操。"陈奇猷释："物随理而化，故无一定之操持。""无操持"一句，正表明"道"之"玄德"（自然）没有确定的内容。没有确定的内容，所以尽合万物的规律，亦即天、地、人都遵循自身的规律，就是合于"道"的体现。可见，在这里，"自然"（道）只是以哲学的形式表述的规律一般，它表明道不干涉具体事物的运行，放任万物以自己的本性和规律自生、自长、自成。显然，

"自然"既是"道"的根本存在状态,也是对存在者自己本性和运行规律的尊重。这样的"规律"只能是"无常操"。因其"无常操",故又有被抽象化的可能,王弼正是沿着这个思路论证万物"以无为本"的本体论的。他说:"法自然者,在方而法方,在圆而法圆,于自然无所违也。"(《老子注》二十五章)认为道对万物来说,在方而任其方,在圆而任其圆,自身并无确定的内容。《老子》是试图探寻宇宙万物的普遍规律的,但是,它不是从万物的具体规律出发引申出一般规律,而是把那个任万物依其自身规律自生、自长、自成而本身又"无常操"的"规律一般"作为天、地、人必须效法和遵循的普遍法则。这样,"自然"既有遵循万物自身规律的意义,又有以抽掉其客观内容,以毫无规定性的抽象法则为万物根据的本体论倾向。

在《老子》看来,"道"的本性也应该是万物的本性。万物得于"道"而具于身的本性是"常德","常德"的具体体现是"柔弱"。《老子》多次使用德,而"常德"只见于二十八章,这不会是偶然的。《老子》说,"知其雄,守其雌",则"常德不离";"知其白,守其黑",则"常德不忒";"知其荣,守其辱",则"常德乃足"。"常德"与"玄德"是有区别的,如果说"玄德"是"道"幽深玄远而潜藏于内的本性,"常德"则是恒常不离而形之于物的外在表现。知雄而守雌,知白而守黑,知荣而守辱,是得之于道而表现于身的本性。雌、黑、辱等在《老子》哲学中,正是用"柔弱"范畴来概括的。

《老子》提出了一系列对立的范畴:坚与柔、强与弱、有与无、攻与守、白与黑、荣与辱、虚与实、进与退、上与下、贵与贱、诎(屈)与信(伸)、争与不争、牝与牡、躁与静、雄与雌等。《老子》把道的作用和表现,都规定在事物的反面、矛盾的次要方面,如说:"坚强者死之徒,柔弱者生之徒"(七十六章),"贵以贱为本,高以下为基"(三十九章),"大者宜为下""牝常以静胜牡"(六十一章),"圣人之道,为而不争"(八十一章)等。《老子》从直观的经验事实中,引出一条普遍性结论:"弱者道之用"(四十章),认为"柔弱"反而是"道"本性的表现和作用。"柔弱"在这里已突破了与坚强相对立的狭义而成为哲学的范畴。在坚与柔的矛盾对立中,老子发现了柔弱方面的意义,是一个了不起的贡献。但是,《老子》的用意并非仅限于此,而是要把"道"的自然本性通过"柔弱"

第三章 《老子》的"道"论及其文化价值阐释

与人道的"无为"原则联系起来，用"正言若反"的思维方式，确立一系列合于道的政治伦理和人生哲学的指导原则。"无为""不争""守雌""守辱"等就是作为"道"体向价值论过渡的重要范畴，成为"德"的范畴系列。而"水""婴儿""自宾""孤""寡"等，则成为柔弱的价值模态。《庄子·天下》说老子以"濡弱谦下为表"，不仅抓住了《老子》"德"的基本特征，而且也认为"柔弱"是道的外在表现。

《老子》把对"道"的柔弱作用、表现的认识、把握以及守道不离的品性称为"上德"。三十章云："上德不德，是以有德。"王弼注："德者，得也"，"常得而无丧，利而无害，故以德为名焉。何以得德？由乎道也。何以尽德？以无为用"。（《老子注》三十八章）范应元说："原夫上古太朴未散，所谓德者，得之于自然，无形无迹，无象无声，默运之顷，自然与天地同其长久，自然与日月同其长升，斯曰上德不德，是以有德也。"（《老子道德经古本集注》三十八章）这里都是以德为道的本性的体现，即以有得于"道"的属性为"德"，只有修道方可有德。《老子》认为，"上德"之人应遵循"无为""不争""为天下谷"的政治理想和生活原则；应保持"守雌""无欲""守辱""不争"的人生态度；坚持"处无为之事，行不言之教"的治国之道，这样才能"无为而无不为"，"不争"反而"莫能与之争"，"后其身"反而能"身先"。反之，违背了"道"的本性，就只能借助于仁义礼乐、政教法令之类末事，这就是为老子所不齿的"下德"了。"无为"从属于"自然"范畴，如杜道坚释《老子》六十三章："为无为，法自然也。""自然无为"从一定意义上说成了《老子》的中心思想，其核心是主张天道自然无为，人道应顺自然而不妄为。冯契先生曾把"无为"看作"天人关系上的无为"，这个说法很有见地。[①] 按照《老子》中的说法，这叫以人"配天"（六十四章）。

道作为《老子》哲学的最高范畴，在向"无""一""朴"等范畴转化和推演的过程中，范畴内在的同一与差别、一般与个别的矛盾，在《老子》的思维进路中，其体系终于暴露出宇宙生成论和宇宙本体论两种侧向的分立，《老子》总是动摇于这两者之间。其"道"论的体系通过"德"

---

① 冯契：《中国古代哲学的逻辑发展》上册，上海人民出版社1983年版，第121页。

范畴系列的演进,其天道自然无为和人道顺自然而不妄为的思想得以彰显。这样,《老子》哲学终于在社会政治以及精神生活中找到了稳定的立足点。由是《老子》通过"德"范畴系列就把论述重心转向社会政治和人生哲理的经验式说明,原来"道"论中所暴露出来的矛盾,却逐渐被掩盖起来,模糊起来。①

---

① 本文所引《老子》,依据陈鼓应《老子注译及评介》一书,中华书局1984年版。

《老子》"道"论的逻辑矛盾辨析①

关于老子"道"论思想性质的争论由来已久，至今仍仁智互见，莫衷一是。推本所从来，争论总是与文献本身的矛盾有关。然而在研究中人们又往往回避或力图圆融这些矛盾，总试图在相互矛盾的史料中寻找合理、圆满的解释，以服务于自己的论点，其结果也总不如人意，甚至解释愈深，失之愈偏。其实，与其以种种努力圆融《老子》道论中实际上存在的逻辑矛盾，不如客观地承认和揭示这些矛盾，并进一步探寻这些矛盾出现的原因并总结其理论思维的教训，也许更有意义。

一、"道"论的内在矛盾

所谓逻辑矛盾是指作者对同一对象所做出的两个一真一假的判断。《老子》道论中这种逻辑矛盾的存在是显而易见的，概括起来主要有以下几种：

第一，"道"为"无"与"道"统"有无"的矛盾。

以"无"指称"道"在《老子》中不乏其例。四十二章："天下万物生于有，有生于无。"②一章："无，名天地之始；有，名万物之母。"这里所谓"有"是指有形有名的天地，"无"则指"道"。认为具体的宇宙万物由天地（有）产生，而天地产生于无形无名的"道"。无论后来将此"道"解释为"元气"或"精气"或超物质的"绝对"，但以"无"标"道"在《老子》中都是喻义明显的。并且，"有生于无"与另一命题"道生一，一生二，二生三，三生万物"（《老子》四十二章，以下只注章序）中"道生物"的思想也是相吻合的。万物生于"无"，卒"复归于无物"，"无"即"无状之状，无物之象"（十四章）。这些说法都是以"无"称"道"的。

---

① 此文原载《人文杂志》，1992年第3期。其依据的《老子》版本为通行诸本。1993年出土的郭店楚简《老子》，仅有二千余字，虽然人们对它的研究尚在进行之中，但从其内容看，原有的一些矛盾依然存在。

② 楚简本作："天下之物，生于有，生于无。"楚简整理者认为"生于无"前脱"有"字。其实，简本之义亦可通。

这样，无、有关系即为本原之道与具体万物的关系。唐李荣说："无者，道也"，"道者，虚极之理体"。（《道德真经经注》）近人徐绍桢亦说："综八十一章之旨，不离一'无'字，无即道也。"（《道德经述义》）王明在《论老聃》中说得更明白："道体现着'无'，'无'是道的同义语。"① 从一个侧面说，这些说法并不错，是符合《老子》一些话的原意的。

然《老子》一章又说："故常无，欲以观其妙；常有，欲以观其徼。此两者，同出而异名，同谓之玄。玄之又玄，众妙之门。"这里"无"与"有"的关系指的是体用关系，是道体的两个方面，即主张从道体之无形无象处观察道的变化之妙，从道的外在表现处观察道体的造化之功。北宋王安石说："道之本出于无，故常无，所以自现其妙。道之用常归于有，故常有，得以自观其徼。"又说："'两者'，有无之道，而同出于道也。世之学者，常以'无'为精，以'有'为粗，不知二者皆出于道，故云'同谓之玄'。"（《老子注》）王安石显然把无与有看成体用统一的关系，"二者皆出于道"。此外，严灵峰《老子章句新编》、易顺鼎《读老札记》、高亨《老子正诂》、陈鼓应《老子注译及评介》等均主"道"统"有、无"。而《庄子·天下》述老聃学说为"建之以常无有，主之以太一"，"太一"即统摄有无之道，这是以"有无统一"释道的最早范例。可见，以道为"无"和"道统有无"这两种说法在《老子》中确是同时并存的。

与上述逻辑矛盾相联系的另一矛盾是，道体既"无物"而又"有物"。老子讲"道"是"视之不见""听之不闻""搏之不得"，是"无状之状，无物之象"，是"夷""希""微"，是无法感知的"恍惚"等，即认为道是"无物"。然而老子在不同的地方又说："道之为物，惟恍惟惚。惚兮恍兮，其中有象；恍兮惚兮，其中有物。窈兮冥兮，其中有精；其精甚真，其中有信。"（二十一章）"有物混成，先天地生。……吾不知其名，强字之曰道"（二十五章）。在这里，"有物""有象""有精"都是可感的经验性描写。吴澄说："形之可见者，成物；气之可见者，成象。"（《道德真经注》）《列子·黄帝》云："凡有貌象声色者，皆物也。"《庄子·秋水》云："夫精，小之微也。"显然，"道"又是一真实、可感的物质存在。关于"道"既"有物"又"无物"的矛盾，晋人孙盛在《老子疑问反讯》

---

① 王明：《道家和道教思想研究》，中国社会科学出版社1984年版，第15页。

中早已予以揭露，他说："三者不可致诘，混然为一，绳绳不可名，复归于无物，无物之象是谓恍惚。又下章云：道之为物，惟恍与惚。惚兮恍兮，其中有象；恍兮惚兮，其中有物。此二章或言'无物'，或言'有物'，先有所不宜者也。"这一矛盾是造成后人对老子哲学体系的性质做出唯物或唯心的分歧判断的重要原因之一。

第二，"道生一"和"道即一"的矛盾。

在《老子》中，"一"凡十七见，除部分作为基数词或序数词使用（如十一章"三十辐共一毂"、二十五章"域中有四大，而王居其一焉"）外，大多具有哲学的意义，且与道体关系密切，甚至有些就是"道"的同义语。十章云："载营魄抱一，能无离乎？"张舜徽按："一谓道也。"陈鼓应说："抱一：合一"，"抱一作抱'道'解"。二十二章云："是以圣人抱一为天下式。""抱一：守道。"亦为"抱道"，此谓圣人能"守道"并以此为天下事理的范式。[①] 三十九章说得更明确："昔之得一者，天得一以清，地得一以宁，神得一以灵，谷得一以盈，万物得一以生，侯王得一以为天下正。"强调天、地、神、谷、万物、侯王只有守道不离才能保持自己的固有本性。"道""一"相通，故"一"也具有与"道"体相同的特征、属性。十四章云："视之不见名曰夷，听之不闻名曰希，搏之不得名曰微。此三者不可致诘，故混而为一。"一者，"其上不皦，其下不昧"。三十五章亦称："道之出口，淡乎其无味，视之不足见，听之不足闻，用之不足既。"可见，"一"与"道"都具有无形无象、难以感知的特征。总之，在许多场合下，"一"即为"道"。

然而，《老子》四十二章又说："道生一，一生二，二生三，三生万物。"认为"一"和万物皆由"道"所产生，并由此形成了老子的宇宙生成论。"道生一"显然与"道"即"一"相矛盾。如果说"道"即"一"，为何言"生"？如果说"道生道"，于句式为病，于情理不通，显为逻辑上的矛盾。反过来说，若"道"能"生一"，那么"一"肯定不同于"道"或根本不是"道"，这显然与老子又以"一"喻"道"的思想相悖。"道即一"是在《老子》的思想逻辑中蕴涵着的，而"道生一"则是《老子》中明言了的，这是一条很硬的史料。"生"即产生、生息之意，与"生而不

---

① 陈鼓应：《老子注译及评介》，中华书局1984年版，第97、154页。

有""道生之"中的"生"其意相同。古今皆有人把"一"（道）释为混沌的元气，如说："夫道者何所谓焉？道即元气也。"（《云笈七签》卷五六）故"道生一"的说法实际上就承认了在元气之前有一个"道"。所以，当今有些论著认为老子是唯心主义者不是没有根据的。不过，历史上也有人绕过"生"而把"道""一"看成是相同的。如《淮南子·天文训》的作者把"道生一"释为"道始于一"，说：道"始于一，一而不生，故分而为阴阳。阴阳合而万物生"。这和《老子》中蕴含的"道即一"的思想是相通的，并由此形成了汉代较为系统的"道（元气）→阴阳二气→宇宙万物"的宇宙生成论。所以今有人主张老子是唯物主义者，也不是没有根据的。在关于老子哲学性质的问题上，这两种对立的观点长期相持不下，就与史料上的这一逻辑矛盾有极大关系。

第三，"道"既是动的又是静的，既内在于万物之中又独立于万物之外。

首先，一方面，老子认为道是独立的、绝对运动的。二十五章说：道"独立而不改，周行而不殆"。王弼注："无物匹之，故曰'独立'也。返化终始，不失其常，故曰'不改'也。"谓道独一不二、孑然独存。王弼又训"周行"为"无所不至"，"周"作周遍讲，指道是完全运行于宇宙空间的。二十五章说：道"强为之名曰大，大曰逝，逝曰远，远曰反"。四十章云："反者道之动。""反"，注家多训为"返"。林希逸谓："反，复也。"王弼三十章注训"反"为"还反"。高亨谓："反，旋也，循环之义。"这都说明"道"既是独立的整体，同时它又是运动不息的，并且其运动又带有循环往复的特征。①

然而，另一方面，老子又在多处认定"道"是静止、自存的实体。二十五章称"道"为"寂兮寥兮"。河上公注："'寂'者，无声音。'寥'者，空无形。"认为"道"是静寂而无形的。这个静止的实体不仅产生了万物，万物最终又要复归为静止的"道"。十六章说："夫物云云，各复归其根。归根曰静，静曰复命。复命曰常。""归根"即"返本"，谓万物从

---

① 郭店竹简本此句正作："返也者，道（动）也。""反"作"返"，意义更为明确更合情理，还可与老子所说道"大曰逝，逝曰远，远曰返"一句互证。说明老子确主张万物的运动是一种基于道的不断向自身回复的运动。

"道"产生又复归为"道"。正像老子多次强调"守道"一样,他也主张"守静"。十六章说:"致虚极,守静笃,万物并作,吾以观复。"老子是一个冷静的旁观者,他总是静静地观照运动着的万物如何回复到静止的本体,这种思想开启了中国古代"体静而用动"的思维模式。

其次,老子在认为道体是"独立"自在的同时又认定道内在于万物之中。二十五章说:"有物混成,先天地生,寂兮寥兮,独立而不改,周行而不殆,可以为天地母。吾不知其名,强字之曰道,强为之名曰大。""道"在这里被看作无形无象、独立于人和物质世界之外的永恒不变的实体。但在更多场合,老子又认为"道"广泛流行,内在于万物之中而无所不至。三十四章云:"大道汜兮,其可左右,万物恃之以生而不辞,功成而不有,衣养万物而不为主。"认为"大道"广泛流行于万物之中,普遍发生着作用。三十九章所说天、地、神、谷、侯王等,因其"得一""守道"才能保持自己的本性,也有这个意思。二十一章说:道"其中有物,其中有精,其精甚真,其中有信",也认为"道"并不是脱离万物而悬空独存的空洞形式,而是与物同体的东西。

可见,在《老子》中,一方面"道"被看作是脱离万物而独立自在的绝对体,同时又是内在于万物之中周流不息的变体;另一方面"道"又是绝对静止的实体,同时又是永恒运动的实体。这种相互矛盾的说法同时并存于一个体系之中,绝非今天辩证法所理解的绝对运动与相对静止的辩证统一(有些论著就做了这种理解),而是对同一对象做了既绝对运动又绝对静止的相反的性质规定,最终陷入了逻辑矛盾。

第四,"道法自然"与"道即自然"的矛盾。

在《老子》中,"自然"与"道"的关系也有含混和矛盾之处。在一般场合下,"自然"指"道"的内在本性,因而常被作为"道"的同义语来使用。故注家常以"道即自然"释"道法自然",如河上公注:"'道'性自然也,无所法也。"吴澄谓:"'道'之所以大,以其自然,故曰'法自然'。非'道'之外别有自然也。"陈鼓应因而释"道法自然"为"道纯任自然"。以上解释是合于《老子》的总体思想的,即"道"无为无造,合于自然。而在另一些场合,"自然"又被看作是高于"道"的东西,成为"道"所效法的对象。二十三章云:"希言自然。"一般的解释是"少说话是合于道的"。宋徽宗以"希"断句,作"希,言自然",并注:"希者独立于万物之上而不与物对,列子所谓'疑独'者是也。"这是以"希"标"道"而"道"即"自然"的例子。六十四章云:"以辅万物之自然而不敢为。"认为辅助万物自然发展而不加人为干涉就合于"道"。老子也常把"道"的"自然"称为"深矣,远矣,与物反矣"(六十五章)的"玄德"。如五十一章说:"生而不有,为而不恃,长而不宰,是谓玄德。""玄德"正是"自然",故詹剑峰谓"道即自然,自然即道""并非道外有自然,自然之外有道也"①,"道"即"自然"也。

然而,老子又把自然看作是高于道并且是"道"取法的对象。二十五章云:"人法地,地法天,天法道,道法自然。"老子认为"道"如同"人法地""地法天"一样也应该"法自然"。就"道法自然"原话看,"自然"又不同于"道","自然"似乎比道高了一个层次。王弼注就把二者做了一定的区别,说:"法,谓法则也……道不违自然,乃得其性,'法自然'也。"认为"自然"不等同于"道","道"又以"自然"为法则。总之,既以"道"为"自然",又认为"道"不同于"自然"并"法自然",这在逻辑上也是说不通的。

第五,"有神"与"无神""任天命"与"非天命"的矛盾。

老子的哲学体系是以"道"为核心的自然无为体系,自然与人为被看成是对立的,如"莫之命而常自然"(五十一章),"以辅万物之自然而不敢为"(六十四章)。显然,自然范畴的引入,"道"就有排斥目的和意志的特征。从整个体系看,老子否定天命、排斥鬼神、高扬自然主义的思想倾向十分突出。表现在:

其一,强调"道法自然",排斥主宰之天。《老子》反复说"道"是"生而不有,为而不恃,长而不宰"(五十一章)的,道"衣养万物而不为主"(三十四章)。老子认为,"道"顺万物之自然并极力排斥人为地干涉和宰制,从而在一定程度上剔除了天的主宰之义,使它回归为自然的天道。同时,老子也排斥了天的道德性和目的性,说:"天地不仁,以万物为刍狗。"(五章)

其二,强调"道"在"帝"之先,使"道"超越了"天帝"而获得了至高无上、君临一切的地位。四章云:"道冲,而用之或不盈;渊兮似万

---

① 詹剑峰:《老子其人其书及其道论》,湖北人民出版社1982年版,第211页。

物之宗……湛兮，似或存。吾不知谁之子，象帝之先。""象"者，似也，"帝"即"天帝"。老子认为道体虚空，其用不竭，奥妙渊深，为万物之宗主。强调"道"确实存在，我们虽不知它从何处产生，但可以肯定它在天帝之前就已存在。这里，"道"成为比传统的"天帝"更为根本的东西。由于"道"处在超越"天帝"的地位，所以传统的所谓"鬼神"在"道"面前已黯然失色，不起作用了。六十章云："以道莅天下，其鬼不神；非其鬼不神，其神不伤人；非其神不伤人，圣人亦不伤人。"认为以"道"君临天下，人各安其自然之性，鬼神也就失去了干预人事的灵妙作用。可见，老子在许多方面都是排斥鬼神观念，主张纯任自然的。所以，一些论著称老子为无神论者不是没有根据的。

但是，老子在天命鬼神观上的逻辑矛盾也是十分突出的，这主要表现在：

在鬼神观念上，老子一面排斥天命鬼神，但在有些场合又承认鬼神的存在。且不说"象帝之先"一句尚未最终否定天帝的存在，有时连"道"本身也仍带有神学色彩。三十九章云"神得一以灵"，谓神只有守"道"才能保持其灵妙的作用。六章云："谷神不死，是谓玄牝。玄牝之门，是谓天地根。"老子常以"玄牝"喻万物之宗的"道"，在老子看来"玄牝"具有"虚而不屈，动而愈出"的"生"的功能。"谷神"之谷为"穀"，《尔雅·释言》："穀，生也。"故"谷神"即生养之神。高亨《老子正诂》谓："谷神者，道之别名也。"可见，"玄牝—谷神—道"是相通的，"道"本身也打上了神学的印迹。

在天命观念上，老子一面讲自然天道观，但有时又宣扬"天意"决定一切。七十三章云："勇于敢则杀，勇于不敢则活。此两者，或利或害，天之所恶，孰知其故？……天网恢恢，疏而不失。"意即天所讨厌的事，人是无法弄明白的，只能受它的主宰；那些违背法纪的人是逃脱不了"天意"的监视和惩罚的。七十九章谓"天道无亲，常与善人"，七十七章谓"天之道，损有余而补不足"。可见，老子又给天道赋予了最高主宰者的特性，还给其赋予了道德的属性和感情的色彩，这些都有违其倡天道自然之初衷。

总之，《老子》道论中的逻辑矛盾是显而易见的。

二、《老子》"道"论矛盾之成因试析

《老子》道论中的逻辑矛盾之所以造成，这既有外在的原因，也有内在

的原因。

外在原因主要有两条：一是《老子》恐非出于一人之手，亦非一时之作。老子究为何人？《老子》又为何人所著？因史料缺乏尚难以断定，太史公司马迁也因此而发出"世莫知其然否"的感叹，遂在《史记》中将三种说法一并列出。后世史家虽做过许多考辨但仍难成定论。我赞成许多学者的意见，即认为老子其人在孔子之前，而《老子》其书则在孔子之后逐渐形成；老子即春秋末的老聃，《老子》主要记述老聃的思想，是其遗说的发挥，大约成书于战国初，即在儒墨之后、孟庄之前；《老子》非一时之作，亦非出于一人之手。所以，由于不同时期、不同人物的记述、补充、抄录，难免造成前后语句的不连贯乃至矛盾或抵牾，造成概念运用和思想逻辑上的矛盾或不一致。二是由于《老子》流传久远，在流传过程中错简或脱误，衍文也可能会增加。从流行较广的河上公、王弼等注本的情况看，有些语句重复误出，有些语句前后颠倒误置，常常造成上下文意不合。至于一些文字、断句，不同版本差异亦颇大，而通行诸本与马王堆出土帛书甲、乙本其差异更大。虽经史家校释诠订，仍难恢复古貌。近读美籍学者秦维聪先生新著《李耳道德经补正》一书，启发良多。该书以帛书甲种本为基础，并参照乙种本、王弼本等古本，不仅对通行本错简误置、颠倒重复的文句依文意做了补正，而且大胆地按照自己所理解的老子思想内容和逻辑结构把《老子》分为十章共七十八节，重新编次厘定，且校编补正之处相当部分较为合理。这从一个侧面反映了通行诸本与原著本相去有间。不过造成上述逻辑矛盾的有关文句则尚没有足够理由加以补正。显然，造成这些逻辑矛盾还有内在的理论思维方面的原因。

内在的原因主要在于《老子》道论哲学的素朴性。素朴性的表现之一在于老子哲学产生于春秋末战国初的思想大转变时期，因而不可避免地拖着旧传统的尾巴。老子一面试图以理性的态度面对世界，以纯任自然的"道"君临天下，以自然天道对抗传统的天命神学，从而对以往关于世界本原的种种神秘观念进行一次扫荡。然而，由于老子是在长期弥漫着天命鬼神观念的文化氛围刚刚受到冲击的情况下进行这种理性创造的，所以不可避免地要打上时代的烙印，"道"被赋予了神学的特性，"天地"被赋予道德和意志的属性，这是不足怪的。

素朴性的另一重要的表现，则在于概念的模糊性和整个思维体系的矛盾性。所谓概念的模糊性，通常指它所使用的一些基本概念的含混性和内涵、外延上的不确定性，在老子那里，"道"是一个终极的实在，老子正是以这个无限的、绝对的"道"作为宇宙万物始基、本原的。但是在人类的理性思维发展还不很高的阶段上，要把无限的、终极的本原给予描述和规定是十分困难的事。当老子把道作为宇宙万物发生的本源时，它有具体有限物的特征，道可以成为人们感知的对象；当他要以"道"关照人生、包容万物、君临天下时，"道"的感性规定就被大大削弱或否定了，成了超感觉的、不可用名言概念把握的东西。这种实体性与规律性似分似合，自然本质与道体若即若离，概念的内涵和外延极不确定的因素，也许是造成"道"既是"有物"又是"无物""道生一"而又"道即一""道法自然"又"道即自然"的逻辑矛盾的重要原因之一。

从思维上说，由于老子尚不能正确地、辩证地处理思维自身内在的一般与个别、同一与差别的对立同一关系，其思维总是动摇于一般与个别之间，并最终造成其体系的矛盾。《老子》道论体系的内在矛盾，是酿成诸多逻辑矛盾的重要原因之一。按照思维发展的规律，对于无限世界统一性的认识，要以有限的、具体事物的感性经验为基础，同时又要求思维从个别的、有限的感性物中超拔出来，以形成万物同一的认识。如果在思维进程中过分执着具体的感性规定，就难以达到对无限世界的同一认识；而力图超越具体有限的感性物，又有把世界本原变为与具体感性物分离的独立自存的实体的可能。老子的思维就常常处在这对立的两极：一方面，当其以有限的感性物为基础探讨世界本原、始基时，"道"是混沌未分的物质原初，它虽然真实存在，但却无形无象，故可称为"无"，由此形成了"天下万物生于有，有生于无""无，名天地之始；有，名万物之母"的宇宙生成论；但另一方面，老子并不满足于生成论，而要给宇宙万物确立一个普遍的、逻辑的根据，这就要求思维超出具体的有限规定而达到对无限的把握，走向本体论。老子是以否定的思维方式实现本体探讨的，即认为任何有具体特性的东西都不可能成为万物（有）的根据，只有无任何规定的东西才能成为万物的根据，这就是所谓"大音希声""大象无形"。王弼所谓"无形无名者，万物之宗也。不温不凉，不宫不商。……故能为品物之宗主"（《老子指略》），也表达了这一含义。没有规定性就是"无"，就是"无名"。"无"是对"有"的否定，是"有"的本质。"无"与"有"成为"形而上"与"形而下"、体与用的关系，是"道"体的两个方面。所以，从本体论上说，"道"是统摄有无的。由于老子把生成论和本体论混在一起，于是就导致了一会儿说"道"是"无"，一会儿又说"道"统"有""无"；一会儿说"道"是"无物"，一会儿又说"道"是"有物"等的矛盾。现在学术界一些人抓住老子的生成论，说"道"是无形无象之气，万物由气生成，故老子是唯物主义者；而另有人又抓住老子的本体论的说法，认为"道"（无）是绝对的精神性实体，万物（有）以"无"为根据，故老子是唯心主义者。这些都失之片面。《老子》体系的这种二重性，许多老前辈已经看到，如张岱年先生说："老子讲宇宙有个开始，这个开始就是'道'；但是道在生出天地万物之后，并不消灭，它又作为天地万物的基础而存在。前者就是宇宙论，后者就是本体论。"① 冯友兰先生也说："《老子》没有把宇宙发生论的讲法和本体论的讲法区别清楚，往往混而不分，引起混乱。"② 问题在于，《老子》体系的这种内在矛盾是造成其诸多逻辑矛盾的重要原因，而这些逻辑矛盾又影响了我们今天对《老子》哲学性质等诸多理论问题的认识，导致难以形成普遍的共识。《老子》提供给人们的理论思维的教训在于：如果对思维内在的一般与个别、同一与差别的关系不能辩证地去把握，必然外化为体系的矛盾，而体系的矛盾也必然造成思维逻辑的混乱。可见，彻底的辩证思维对哲学家是十分重要的。③

---

① 张岱年：《中国哲学中的本体观念》，见《玄儒评林》，湖南人民出版社1985年版，第2页。

② 冯友兰：《魏晋玄学贵无论关于有无的理论》，载《北京大学学报》，1986年第1期。

③ 本文所引《老子》，依据陈鼓应《老子注译及评介》一书，中华书局1984年版。

第三章　《老子》的"道"论及其文化价值阐释

郭店楚简《老子》杂议

郭店楚简《老子》出土后引起学界广泛的兴趣和热烈的争论,其中郭沂先生的《从郭店楚简〈老子〉看老子其人其书》(载《哲学研究》1998年7期)一文颇具代表性。郭文提出了几个关键性的论点,即"简本是一个完整的传本""简本一定比今本更原始""简本优于今本"等,并认为今本的有些内容(包括帛书本)是后人附加上去的,而附加造作者是战国时的周太史儋。从竹简本到帛书本再到通行本,表现出《老子》一书的演化过程。这些观点有许多独到的见解,发前人之所未发。然其中有些看法亦值得进一步研究、商榷。

一、将竹简本视为较之今本更原始的完整的传本,此说根据不足

首先,《郭店楚墓竹简·前言》明言:"由于墓葬数次被盗,竹简有缺失,简本《老子》亦不例外。故无法精确估计简本原有的数量。"郭文依据竹简本有"完全区别于今本的独特的思想体系",也有独特的语言风格,即断定其是完整的本子,其根据是不充分的。即使撇开被盗这一可能,也不足以说明竹简本是完整的传本。作为一本有影响的著作,《老子》在当时很可能有多种抄本,而传抄者完全有可能按照自己的需要和喜好来进行取舍、选择和整合,于是不同的传抄本就可能形成不同的思想体系,正如有学者指出的"一个传本就是一种诠释",所以,简本《老子》较少谈及宇宙论问题、较少玄虚、无黜儒家之语,以及少有权术之论,而切近社会人事和生活智慧,这并不奇怪,这正反映了其可能是由受到儒家思想影响或同情儒家的人所抄录。马王堆帛书大致与通行本内容相合,而简本仅涉及通行本八十一章中的三十一章内容,不仅六十六章后的内容全无,且许多历来被认同的反映老子基本思想的名言如"道生一,一生二,二生三,三生万物""道可道非常道,名可名非常名""视之不见名曰夷,闻之不见名曰希,搏之不得名曰微"、三十八章"上德不德"一段等皆无。作为传本,

不可能相差如此之远。估计简本《老子》很可能是一种摘抄本或抄录本，而非郭文所说的原始的"完整的传本"。诚如此，既不能给简本赋予绝对的价值，认为它是最靠近《老子》原始面貌的传本，也不能以此而贬抑帛书本和通行本的价值。应该说重视新出土的文献是对的，但不能以新出土的文献否定或排斥通行诸本。例如通行本《老子》，在中国历史上实际上已形成了以此为基础的久远的多维度的诠释史。影响中国文化和哲学两千余年的，是通行本而不是楚简本，所以对通行本的研究仍然应该继续。

二、将《老子》传本视为简本—帛书本—通行本的演进逻辑，尚不一定能成立

其一，这是一种单向度的思维。从多元的思考方向来看问题，作为抄录本，在当时可能会有多种，简本也许只是其中之一。抄录本当以底本为据，底本可能即如帛书本之类的传本。其二，简本与帛书本形成时间的先后尚有待进一步确定。郭文关于函谷关之会者为太史儋与关尹，以及著《道德》上下篇者为周太史儋的说法是值得重视的，但如果是太史儋所为，其所为者当不是"今本"《老子》，而很可能是帛书本。因为帛书言道德"上下篇"而未分八十一章，此正与《史记·老子列传》所谓"著上、下篇，言道德之意"的说法相合。然函谷关之设是在秦献公之世，《史记·秦本纪》记太史儋见秦献公在献公十一年，即公元前374年，也就是说，帛书《老子》形成的年代大约也在这一时期。而简本追随安葬入土之时期，据王葆玹先生考，郭店楚简摘录了《庄子·胠箧》"绝圣弃知""攘弃仁义"等内容，其当在《庄子》之后。而《庄子》大约作于"齐襄王五年至末年之间（前279年至前265年）"，他认为"郭店一号墓下葬于公元前284年以后"，也许还在白起拔郢（前278年）之后。① 如果此说成立，则简本尚在帛书本之后。而《庄子》中曾引用了许多《老子》的话，其中有些话也不见于竹简本，说明帛书本《老子》在《庄子》之前已经流行。故由简本而帛书而今本之演进逻辑尚不一定能成立。

---

① 王葆玹：《试论郭店楚简的抄写时间与〈庄子〉的撰作时代》，载《哲学研究》，1999年4期。

三、简本摘抄取舍时是有其诠释体系的

其一,虽然其内容涉及帛书《道篇》和《德篇》,但对道论特别是"道生万物"的宇宙论则较少涉及,如今本的一章、六章、十四章、二十一章、四十二章等全无。但亦不是未有涉及,而是更具体化于宇宙演化论,而更少本体论意味。其二,少有黜儒家的言辞。表现在:帛书第十九章中"绝仁弃义,民复孝慈"句为"绝伪弃诈,民复孝慈",与老子反伪诈的思想倾向相合,但却无"绝仁弃义"一句。见于今本第十八章的"大道废,有仁义;智慧出,有大伪;六亲不和有孝慈,国家昏乱有忠臣"一句,简本同帛书本有一大致相同的表述:"古(故)大道(废),安有仁义。六新(亲)不和,安有孝(慈)。邦(家)昏,安又(有)正臣。"此处"安"可作二解,一作"哪有",从这一意义上说,简本并不排斥儒家的仁义。又,帛书甲本作"案",乙本作"安",傅奕本作"焉"。许抗生认为"案""安"两字实为"焉"字之误。王念孙谓:"焉,于是也。"如作此解,此句大意则为:大道废除之后,于是有了仁义;有了智慧出,于是诈伪方兴作;六亲不和睦,于是要强调孝、慈;国家昏乱,于是才显出忠臣。即仍认为仁义、孝慈、忠臣等现象是大道废弃之后才出现的。但,帛书中老子有否定仁义的话,如五章"天地不仁,以万物为刍狗。圣人不仁,以百姓为刍狗"、三十八章"失道而后德,失德而后仁,失仁而后义,失义而后礼"以及"礼者,忠信之薄而乱之首"等句,在简本中确实没有,说明此一传本为儒家的同情者所抄录。但简本不排斥"法",仍有"法令滋章,盗贼多有"句。其三,舍弃了老子讲权术的话。如通行本"非以明民,将以愚之""国之利器,不可以示人"等句,简本则无。帛书"是以圣人之欲上民也,必以其言下之;其欲先民也,必以其身后之"句,为"圣人之在民前也,以身后之;其在民上也,以言下之",此说非将"上民""先民"视为权术,而看成是先在条件。郭文已指出这一点。其四,少有玄虚的言辞。如有关道体和"玄德"的语句很少,如今本第十章、五十一章等则全无。问题在于,这是一种诠释性抄录,还是《老子》原本的含义即如此?既然我们认为该简本并非一个完整的传本,且其抄录时间有可能还在帛书之后,那么就很难说这是老子最原始的思想。其中舍弃的内容较多,如"小国寡民"的政治理想、"正言若反"的思维方式、"上善若水"的尚

水价值、"以其上食税之多"的社会批判思想、"柔弱胜刚强"的辩证法等都没有或不明显。

四、简本并不绝对优于今本和帛书本

简本为战国墓葬所出土,帛书为汉墓所出土,应该说简本是我们今天所能看到的最古的(而不一定是最原始的)抄本,所录文句较为原始,在订正帛书及通行诸本方面当有其特殊的价值。但只能以简书之所有证今本(包括帛书)之所无,而不能以简本之所无驳今本之所有。如果将简本与帛书本对照,不难发现竹简本有许多胜过今本处,也有可订正帛书之处,亦有不如今本之处。简本在多处用辞上或可订正帛书,或较帛书更合理,这里试举几例。

第一,帛书四十章"反也者,道之动也;弱也者,道之用也"一句表达了《老子》中一个极重要的观念。以往对"反"有两种解释:一为"相反",二为"返回""回复"。过去总是在两种意义上徘徊不定。简本此句则明谓"返也者,道(动)也。溺(弱)也者,道之(用)也"。"反"作"返",意义更为明确更合情理,还可与老子所说道"大曰逝,逝曰远,远曰返"一句互证。说明老子确主张万物的运动是一种基于道的不断向自身回复的运动。又"返也者""弱也者"中有"也"字,其句法与帛书接近而不同于今通行诸本(如王本)。

第二,王本四十六章"罪莫大于可欲",简本作"罪莫厚乎甚欲","可欲"与"甚欲",意义相差甚远,前者否定了人们正常的欲望,后者则没有,而只是反对过分追求欲望,其意义更为合理。下句王本作"咎莫大于欲得",帛书作"祸莫大于不知足,咎莫憯于欲得"。简本则作"咎莫憯乎欲得,祸莫大乎不知足"。"咎"与"欲得""祸"与"不知足"用"大于"连接较为生硬,而用"大乎"或"憯乎"连接则很通,"憯",甚也,有狠毒之意,此更合理。又下句王本"知足之足,常足矣",帛书作"知足之足,恒足矣",二者大体同,但"知足之足"意不甚明。简本作"知足之为足,此恒足矣",意义甚明。

第三,王本、帛书"夫天下多忌讳,而民弥贫"(五十七章),"多忌讳"与"民弥贫"没有直接的因果关系,以往解释均较牵强。而简本则作"民弥叛",一字之差,因果关系了然。说明此句更为原始。

第四，王本、帛书"是以圣人欲不欲，不贵难得之货。学不学，复众人之所过"（六十四章）中的"学不学"，简本作"教不教"。从字义上看，"欲不欲""学不学"都是指圣人的作为，即圣人以"不欲"为"欲"，以"不学"为"学"。但在传统意义上，圣人主要在"教"而不在"学"，故以"不教"为"教"，方符合老子的无为之旨。且此正与王本"人之所教，我亦教之""吾将以为教父"互证。此处可订正诸本之缺憾。说明"教不教"可能更为原始。

第五，二十五章有关道体的语句之差异颇值得重视。帛书、王本"有物混成，先天地生"，简本则作"又（有）**扣蟲**成，先天埅（地）生"，"扣"，据《郭店楚墓竹简》释文，作"道"。"蟲"（蚰），"蚰即昆蟲之昆的本字，可读作'混'。"先于天地而存在的不应该是"物"，而是比物更根本的"道"，作"有道混成"比"有物混成"意更长，后面所述即谈道体的特征而非谈"物"，正与此相应。又"独立而不改"，简本作"独立而不亥"，"独立"强调道是自存的，不依赖他物。但道又是万物不断向自身回复运动的动力之源，故不能"不改"，可见通行本原文意不明，后人的解释多显牵强。简本作"不亥"，"亥"借为"垓"，即界限。是说道大，虽独立自存，亦与物无界限，正与《庄子》所谓"物物者与物无际"之义相合。简本在二十五章的这段话之后，接着有王本第五章"天地之间，其犹橐籥乎！虚而不屈，动而愈出"一句，意思衔接得天衣无缝。此或为有意抄录，或为原始的面貌，值得研究。

第六，帛书及通行诸本四十章皆有"天下万物生于有，有生于无"句，简本则作："天下之物，生于有，生于亡。"这也可能是抄漏了"有"。假如原文即此，那么意义就大了，这很可能解决了人们长期争论的一个问题，即道是"无"还是道统"有、无"？王本一章有"无，名天地之始；有，名万物之母"句，始、母，皆为根本之义，"此两者同出而异名"，显然道是统摄有无的。而"万物生于有，有生于无"，无比有更根本。简本以天下之物既"生于有"，又"生于无"，也印证了"有无相生"的说法。诚如此，则解决了上述矛盾。——但这尚是一种猜测。

第七，王本十六章"致虚极，守静笃，万物并作，吾以观复。夫物芸芸，各复归其根"。帛书大意同，均是说圣人体道的状态。其"致""守"的主体是与道合一之人，认为当圣人能使心虚至极、守静至笃之时，就可以以合道的心态，观察万物如何由道兴作又复归于道。简本则作："至虚，恒也；守中，笃也。万物方（旁）作，居以须复也。天道员员，各复其堇（根）。"这里则基本是从客体方面来说的，"至虚""守中"的是体道的万物，认为万物在兴起之后各自以其自存的方式复返于道（"居以须复也"）。此"方作"（非整理者所改的"旁作"），正好说的是万物自身的兴作状态。帛书"夫物芸芸"，此作"天道员员"，《说文》："员，物数也。"此意不如"夫物芸芸"更与上文意思相合。

以上仅举几例，以说明简本可在文句上订正帛书及通行本（如王本）中一些不甚明白或难解或讹误的文句，但还难以说明它就是最原始的传本。如果将其视为多元文本中之一，也许有利于以开放的心态来对待它。但在老子最基本的思想上如混沌之道体、自然之道性、道的运动本性等方面，还是与通行本相合的。

第三章 《老子》的"道"论及其文化价值阐释

老子及道家学说的双重文化价值①

在中国文化史上，就其影响的深度和广度来说，除了孔子之外，没有人再超过老子了。而就其思想的深刻性、哲理化方面说，老子是先秦诸子中最值得称颂的。《老子》一书不仅影响了先秦诸子，也深深影响了自先秦以来中国整个封建社会的思想文化格局，浇灌着中国古代社会政治、文化、哲学的各个方面，并且还制约了我们民族的性格心理特质、价值观念和思维方式，表现出独特的历史文化价值。但是，历史也同时告诉我们，老子及道家学说在中国封建社会的历史长河中，其文化价值和社会作用是二重的，即在种种看起来似乎相悖的因素、方面和意向中，表现出自身独特的多重的价值和作用。如果忽略这种情况，过高地估计或过分地贬抑它，似都是不足取的态度。从多角度、全方位来考察它的价值和作用，正是历史主义的基本要求。下面从四个方面加以说明。②

一、老子哲学既创立了中国古代较早的宇宙生成论系统，同时也是中国古代哲学本体论思维的重要渊源

无论人们把中国哲学的起源追溯得多么久远，真正创体系的哲学出现在春秋战国之际则是显而易见的事实。从殷周天命论超拔出来并把目光转向人类社会和人的现实生活，创立了以道德伦理为特征的哲学体系的是孔子，而对宇宙和人生真性第一次做出本体探讨的当推老子。但是，老子的

---

① 原文载台湾《哲学与文化》，1994年第5期。原题为《老子与道家学说文化价值重估》。

② 这里评价《老子》的历史作用，是以通行的版本为基础的。1993年发现的郭店楚简《老子》，虽然有学者认为这可能是《老子》最早的版本，其中的一些思想倾向与通行本亦不合，如简本没有与儒家相对立的话语等，有些语句也与通行诸本意义不同甚至相反。但且不说此种说法是否合于实际（参看本书前文），即使如此，也不能否认，在中国哲学史和文化史上实际发生作用的，仍是通行诸本，故不能否认或低估通行本《老子》在中国哲学和文化史上的实际影响。

哲学体系却表现出二重结构，即它既存在着一个关于宇宙生成的经验系统，也表现出哲学"形而上"的本体论思维运作。这种二重结构在中国哲学此后的发展过程中，也形成了不同的乃至对立的运思模式，表现出不同的文化价值。

老子提出的"道生一，一生二，二生三，三生万物"（《老子》四十二章，以下只注章序）和"天下万物生于有，有生于无"（四十章）的宇宙生成论，把宇宙万物看成是由原始混沌的、单一的但其中"有物""有精""有信"的客观存在物——"道"，逐步分化和产生出来的，并且这一过程不体现任何外在的意志和目的，它是在自然状态下自生自成的。"道"无为无造，"生而不有，为而不恃，长而不宰"（五十一章）。这种"道生万物"的思想，其特点在于它第一次以比较理性的形式来讨论天地万物的本源，主张宇宙有一个由混沌单一到复杂多样的生成演化过程，亦即把宇宙的起源视为自然发生的过程。老子关于宇宙生成的这一经验式说明，在中国哲学此后的发展中产生了深远的影响。战国时期稷下道家（通常以《管子·白心》《管子·内业》《管子·心术上》《管子·心术下》四篇为代表）在具体发挥老子"道生万物"的思想时，就直接把"道"释为"精气"，并由此形成了气生万物的气化哲学。至汉代，以元气为本源，元气→阴阳二气→天地四时→宇宙万物，几乎成为宇宙生成论的基本范式。《淮南子》《论衡》《老子指归》等大都以此或以与此相似的思维模式，建立了其自然哲学的体系。这种宇宙论一直到唐宋还有影响。

然而重要的还在于，老子主要不在于要讲生成论，也非滞于对宇宙的经验式描述，而是要为社会、人生确立终极的价值根据，从而在宇宙论的层次上把握和提升人的存在价值，其旨趣在于阐发人类学本体论。因而，在《老子》中，"道"在更多场合被说成是无形、无名、超言绝象但又可以君莅一切的形而上的实体（十四章："是谓无状之状，无物之象，是谓忽恍。"）在这个意义上，"道"常被称为"无"。"无"是在否定的意义上提出来的，意即无规定性。老子认为，无规定，才能成为最全面、最一般的规定，"无"成为最高的抽象。所谓"大音希声""大象无形"就有这个意思。"道"也被称为"一"，三十九章说："天得一以清，地得一以宁，神得一以灵，谷得一以盈，万物得一以生，侯王得一以为天下正。""一"作为万物存在的根据和普遍特性而内在于万物之中，万物只有"守一""抱一"才能保持自己的本源真性,从而获得其存在的意义。在老子看来,"道"无形而实存,其根本特性是"自然"即自然而然、自己如此、势当如此,天、地、人均应法"道"之"自然"而"无为"("以辅万物之自然而不敢为"),并通过"无为"达到"无不为"的目的("无为而无不为")。这样,老子就实质上把自然无为提升为天地万物必须遵循的根本原则。因此,在"道"的运用上也就主要不是着重于发生论的意义,而是着重于本体论的意义了,而且,"道"不仅是宇宙的本体,也是人格的本体,道论就有价值形上学的特征。显然,在中国哲学史上,本体论思维并非从魏晋玄学开始,而是在《老子》中已经有了。而且事实上玄学的本体论是受老庄的影响、在此基础上发展而来的。后来,玄学的本体论思辨方法又与佛教心性论相结合,形成颇具特色的中国佛教心性本体论。宋明理学最终使古代本体论思维臻于成熟。①

总之,宇宙发生论和宇宙本体论都源于老子,并且在中国哲学发展史上都打上了深深的印迹。

二、老子及道家学说既是历代社会批判思想的理论基础、反传统的直接武器,同时又被当作"君人南面之术"而成为历代当权者调整治国方略的理论依据

老子学说之所以成为历代思想批判家或反传统者的思想武器或理论基础,首先在于老子学说本身是作为儒墨显学的对立面而出现在春秋战国之际的,这种天然的本性就已决定了它在此后儒家占主导地位的中国封建社会的"叛逆"性格和易被"异端"之士利用的特点。如果说孔子及其所代表的儒家是周代礼乐文明的赞颂者,而老子所肯定所憧憬的则是古老的原始氏族社会的自然状态。老子深刻地洞察到文明的进步所酿就的种种新的矛盾,对随之而来的罪恶和堕落持激烈的批判态度。他以一种"自然心",批评了种种"饰伪心""智巧心""机心",例如,老子特别抨击了源于西周而为儒家所极力推崇的伦理道德,认为这恰是人的真原本性丧失的结果:"失道而后德,失德而后仁,失仁而后义,失义而后礼。"(三十八章)指出文明进步,智慧发展,虚伪也就随之产生——"大道废,有仁义;智慧

---

① 关于老子哲学的二重性分析,详见下节。

出,有大伪"(十八章);"礼者,忠信之薄而乱之首"(三十八章);"法令滋彰,盗贼多有"(五十七章)。并揭露新的统治者不仅没有给老百姓带来利益,反而剥削更加重了:"天之道,损有余而补不足。人之道则不然,损不足以奉有余。"(七十七章)可以说,老子是在中国哲学史上发现文化异化现象的第一位思想家。在以儒家伦理为主导的中国古代社会,老子的这些思想就必然成为一些社会批判家可资利用的武器,故《老子》常被"异端之士私相推尊"①。此外,老子"法自然"的哲学体系所蕴含的自然主义思想,对无为而治的原始素朴状态的憧憬和对人真原本性的重视,也体现了老子对宇宙规律的遵从和对现实有为政治的批评,从而会对当时还在强化的封建专制政体产生某种消解作用,并对日渐强化的以仁义、礼乐为核心的伦理意识产生一定的冲击,因而也可以成为后世社会思想批判家构建其思想体系的重要基础。

历史证明,老子的上述思想也确实发挥了这种作用。在先秦,庄子正是以"法自然"的思想为武器,对刚刚形成的封建制度和现实政治进行了激烈的抨击,认为其所标榜的"仁义"是虚伪的、不合自然的:"彼窃钩者诛,窃国者为诸侯;诸侯之门而仁义存焉。"(《庄子·胠箧》)甚至诋毁儒家推崇的圣人和所倡导的智慧:"圣人不死,大盗不止,绝圣弃智,大盗乃止。"(同上)庄子把社会文明看成是对人的真原本性和社会自然常态的破坏,主张人应回到"同与禽兽居,族与万物并",不知"君子"与"小人"之别的"人与天一"的自然状态。这种思想倾向和价值追求,其思想基础就是老子的自然无为。故后世将"老庄"并称,二者同为"异端"之士所推崇。在汉代,王充所进行的思想批判是独树一帜的,其思想批判的基础仍是老子的"法自然"以及其相对价值观。故他自称其学"依道家论之","虽违儒家之说,合黄老之义也"(《论衡·自然》)。在魏晋,老庄"法自然"的思想直接哺育了以嵇康、阮籍为代表的魏晋名士激烈的反传统精神。嵇康认为儒家推崇的"六经"是违背人的自然本性的:"《六经》以抑引为主,人性以从欲为欢。抑引则违其愿,从欲则得自然","仁义"绝"非自然之所出"。(《难自然好学论》)由此他声称要"以《六经》为芜秽,以仁义为臭腐"(同上),主张"越名教而任自然"(《释私论》),表

---

① 黄震:《读诸子》,见《黄氏日钞》卷五五。

现出露骨的异端倾向。《嵇康传》称他"学不师受，博览无不该通，长好老庄"，他自己也说要"游心于寂寞，以无为为贵"（《与山巨源绝交书》），可见他的思想受到老庄极大的影响。阮籍也贬抑名教，蔑视礼法，决不与当权者合作，主张超逸世俗，回归自然。他理想的"无君而庶物定，无臣而万事理"（《大人先生传》）的所谓合于"自然"的社会，在他看来正是体现了"天地万物一体"的"至道之极"（《达庄论》）。也许受嵇、阮"异端"思想的启迪，到两晋之际，出现了激烈批判君主制度、力主"无君论"的鲍敬言。鲍氏亦"好老庄之书"，他憧憬的也是"无君无臣"，人与"万物玄同，相志于道"的自然质朴、安逸恬淡的生活图景。此外，宋元之际的邓牧、晚明的李贽等现实政治的反对派，其思想也可说与老子及道家的自然价值观有着渊源的关系。就连曹雪芹笔下的贾宝玉、林黛玉的叛逆性格的形成，作者也把它与道家思想的熏陶培育联系了起来。

但是，也必须看到，老子及道家学说虽然曾孕育了许多社会思想批判家，曾经是反传统者的思想武器，然而老子学说亦曾被当作"君人南面之术"为历代封建统治者所推崇和利用，这也是不可置疑的历史事实。这似乎是一个难以理解的悖论。这两种相悖的东西之所以在历史上并存，其原因也许是多方面的，但从老子学说本身来看，就在于从其"自然无为"既可以引出冲击现实宗法制度、封建君权、礼法名教的社会批判思想，也可以引出"君人南面之术"的治术和韬略。老子学说的历史文化价值在这种悖谬中似乎得到了更充分更完整的展现。

问题在于，老子及道家学说在其发展中，为什么会从反对绝对君权而走向维护君权，变成"得君行道"的"君人南面之术"？这是一个很值得探明的问题。如果撇开一些外在的原因，从老子自身的品格来看，这主要在于：

其一，老子"法自然"而"无为"的背后却真实地隐藏着"无不为"的意向和目的。老子的思维特征是"正言若反"。他讲了许多顺"自然"和"无为"的话，看似远离治国之道了，但实质上他从反面讲了更合乎规律的治国之道。其"无为"的更为本质的意蕴，则是认为合乎规律之"为"反而能"无不为"，表现了他对合目的性与合规律性内在统一的理解。老子说"为无为，则无不治"（三章），"以智治国，国之贼；不以智治国，国之福"（六十五章）。故余英时说："老子讲'无为而无不为'，事实上他的重点却在'无不为',不过托之于'无为'的外貌而已。"① 可见,老子的'无为'是在为当权者提供更理性更高明的治术和韬略。

其二,老子"法自然"的思想,有遵循规律和反对盲目妄为的含义,从这方面说又有提示当权者应慎其所为、善其所为之义。老子所说的"治大国若烹小鲜"(六十章),"慎终如始,则无败事矣"(六十四章),就有这层意思。

其三,老子学说有匡俗补偏之用,也可以为统治者提供借鉴。老子告诫当权者,"损不足以奉有余"是不合"天之道"的,应该"去甚""去奢""去泰";强调统治者不可"自见""自是""自伐""自矜",这样才能立于不败之地,等等,这些对于当权者来说确是有益的补偏救弊之说。故《汉书·艺文志》云:"清虚以自守,卑弱以自持,此君人南面之术也。"

从历史上看,老子学说也确被当作"君人南面之术"而广泛地发挥过作用。战国末以至汉初流行的黄老之学,正是把老子的"无为"思想发展为政治实践的治术。以《管子》(四篇)为代表的黄老之学及可能成书于先秦的《文子》(学者多认为此书亦为黄老学派之作)等都发挥了老子"自然无为"和"无为而无不为"的思想,强调既要积极有为,又要遵循规律(见《管子·心术》的"静因之道"),主张君主应该坚持"无为"之态度,"毋先物动,以观其则"(《管子·心术上》),从而对事物做出合乎规律的认识和对待。《文子》称"无为者,治之常也","夫道,无为无形,内以修身,外以治人,功成事立,与天为邻,无为而无不为",把"无为"看成修身安邦之常道。《淮南子》亦将"无为"视为合规律的治术,说:"所谓无为者,不先物为也。所谓无不为者,因物之所为。"《黄帝四经》则明确把"道"视为"法"的本源根据,把"无为而无不为"与刑法联系起来,提出"道生法"的思想,从而把"无为"的抽象原则变成了一种具可操作性的治术。值得注意的是,法家的一些代表人物也吸取了道家"无为"的思想,主张"君道无为,臣道有为"。和黄老之学相比,法家的主张更具可操作性。只是韩非把"无为"原则变成驾驭臣下的权术,主张

---

① 余英时:《反智论与中国政治传统》,见《中国思想传统的现代诠释》,江苏人民出版社1995年版,第81页。

"明君无为于上，群臣竦惧乎下"，使"无为"的思想愈来愈权谋化。关于法家思想与老子学说的这种联系，司马迁也已看到了，故《史记》把老子、庄子与申、韩同传，称韩非"少喜刑名法术之学，其归本于黄老"，又说"申子之学本黄老而主刑名"。可以说，正是这种道法合流的趋势，才真正使老子学说变成了"君人南面之术"。

道法的结合，也"泄露了黄老之所以得势于汉初的一项绝大的秘密"①。这就是，在老子"清静无为"的后面，仍隐藏着"得君行道"的本质内容。在汉初特定的社会历史背景下，以"清静无为""与民休息"为旨趣的黄老之学遂在朝野居于主导地位。尤其是曹参，"其治要用黄老术，故相齐九年，齐国安集"（《史记·曹相国世家》），取得了很大成功。被史家称道的"文景之治"的出现，也与黄老思想的流行不无关系。

迄至魏晋时期，弘扬老庄旨趣的玄学思潮在谈玄的同时，又尽力论证"名教"与"自然"的一致性，其实质则是在儒学衰微的情况下借用道家学说来挽救"名教"的危机，为当权者提供新的统治方略。王弼认为只有以"自然"为本，"名教"为末，"名教"的作用才能真正发挥出来，这叫"崇本举末"。所以统治者就应该"以无为为君，不言为教"（《老子注》二十三章），"不攻其为也，使其无心于为也；不害其欲也，使其无心于欲也"（《老子指略》）。这种策略原则不仅未削弱名教，反而进一步要把"名教"化为人的本性自觉，因而也更强化了"名教"的作用。正因为老子学说可以轻而易举地被作为"君人南面之术"，所以后世一些帝王也注起《老子》来。②

三、老子及道家学说既迎合或助长了隐逸遁世的消极情趣，又为士阶层提供了一种实现精神慰藉的工具和人生的终极关怀

老子是春秋末激烈动荡的社会现实的旁观者，他不是把新的制度文明

---

① 余英时：《反智论与中国政治传统》，见《中国思想传统的现代诠释》，江苏人民出版社1995年版，第81页。

② 如唐玄宗撰有《御注道德真经》，宋徽宗撰有《老子注》，明太祖撰有《御注道德真经》。

看成合理的，而是把它看成了自然史的异化。在无力改变这种"异化"趋势的情况下，除了激烈地批判，在精神上则极力追求那种"守朴抱一"的哲学，"守柔""不争"的态度，隐逸超脱的情趣，回归自然的境界。这种精神追求和价值取向，便迎合了社会上一些隐逸遁世者的消极情绪，并形成了与儒家贤圣人格相对应的隐士人格。故古代有人断言："老子之书必隐士嫉乱世而思无事者为之。"① 不过从另一方面说，老子及道家学说也确实蕴涵着要求人格独立和人性解放的自觉，表现出对传统伦理压抑人性的抗争，因而它可以为那些在理想与现实的冲突中失意受挫、心灰意冷的士大夫提供一种人生的终极关怀，也可以为那些不愿与浊世合流的高洁之士找到保持个性独立的安身立命之处。

在对待人生的问题上，老子那种"守柔不争""知白守黑""知雄守雌"的态度，其消极倾向也是十分明显的，它削弱以至否定了主体的能动性，助长了甘居落后、安于现状、不思进取、逆来顺受等消极厌世情绪，强化了中国人的和平文弱、谦下自持的内向性格。这种情况在历史上不乏其例。庄子著《逍遥游》，从任自然走向了逍遥遁世的安命论；汉代张衡著《归田赋》，在"意不得志"时回归田园，追求"于焉逍遥，聊以娱情"的生活情趣；"竹林七贤"因疾伪贵真，"越名教而任自然"，遂愤愤然遁入竹林；西晋玄学家郭象写《庄子注》，追求"无心以顺有"的安命论；晋陶渊明"质性自然"，"不为五斗米折腰"，辞官不仕，过着清贫超然的生活，且谓"久在樊笼里，复得返自然"（《归园田居》），追求一种隐逸超然的生活。这些都无不深深打着老子"自然无为"的思想印迹。老子追求的理想人格，是企图摆脱人际关系、超然世俗之外，回归自然以自适的"隐士"，这种人格追求消解了许多本来可以与命运抗争的士人的进取精神，驱使他们过上了避世隐居、恬淡寡欲以独善其身的生活，从而放弃了对社会应尽的责任，有些人甚至玩物丧志、精神颓废。这种隐逸思想不知熄灭了多少颗炽热的心，终致其碌碌无为，虚度一生。老子及道家在人生观方面的消极影响是不可低估的。

然而问题还有另一面，即老子及道家的人生哲学又可以在与儒家的积极人生观的对立互补中起到某种正面的哲学不可替代的作用。

---

① 黄震：《读诸子》，见《黄氏日钞》卷五五。

首先，它可以为士阶层提供一种实现精神慰藉的工具。在儒家占主导的中国封建社会，随着皇权专制的日渐强化，社会思想的禁锢也愈益加剧。一些正直的、有气节有抱负的士人或那些官场受挫、理想失落的文人，也常常会由忧患转向颓唐，由失望走向悲观厌世，有的甚至看破红尘，对人生绝望。在这种情况下，其中也有不少人把注意力和情趣转向老庄道家，以其隐逸超然的人生态度来排遣忧伤，抒发情怀，调节情绪，以得到精神的慰藉。贾谊谪宦长沙所写的《鹏鸟赋》，其中"多用老庄绪论"以排解心中的愤懑和不平；"建安七子"因忧患悲怆而"仰老庄之遗风"，甚至"假灵龟以托喻，宁掉尾于涂中"（曹植《七启》，见《文选》卷三四）；晋宋之际面对官场之腐败、世道之昏暗而不愿同流合污、随俗浮沉的陶渊明，也接受了老子"抱朴守静"的观念而回归田园，终身不仕；刘宋时的谢灵运于官场失意后，遂怡情于山水间以自快。老子"守柔""不争""任自然"的思想，成了这些人情绪落差的缓冲剂、调节情怀的"蓄水池"，从而在一定程度上增强了自身在逆境中抗争和求生存的忍耐精神。顺境时趋于儒学，逆境时以老庄自逸，老子及道家学说在与儒学的并存互补中更显出自身独特的文化价值。

其次，重要的还在于，由于老子学说最初曾针对儒家对人的真原本性的扭曲、世俗对人格尊严的亵渎所发，其中所衍射出的人性自觉的灵光和追求人性解放、人格独立的愿望和要求，则是更有价值的一面。道家认为，儒家标榜的"仁义"不仅不合于人之自然真性，反而是人的真原本性丧失和扭曲的结果，只有"抱朴""守一""复归于婴儿"才是合于自然的。老子主张人应该从虚伪的人际关系中超脱出来，保持自己独立的人格，意识到自己在宇宙中的地位和价值，以至达到天地之境界。这无疑是一次可贵的人性自觉。这种理性的力量显然可以成为士人要求冲破宗法制束缚，保持节操和独立人格的精神支柱。玄学家的"天人新义"和所谓的"魏晋风度"所表现出的精神放达，都透露出这种人性自觉的意蕴。

再次，老子以曲求全、以枉求伸的策略思想，也曾被看作人生的韬略而广泛地发生作用。老子"曲则全，枉得直，洼则盈，敝则新"（二十二章）、"后其身而身先，外其身而身存"（七章）等策略思想，对于人在复杂的现实冲突和多变的政治环境中，以退为进，有效地调整行为意向，以增强战胜逆境及消解和抵御外界压力的能力，也起过积极的作用。

四、老子及道家学说既是道教和中国古代神秘文化的重要渊源或理论基础,同时也孕育了中国早期的科学思想,启迪了求真的科学精神

道教的起源是一个十分复杂的问题,它的形成是多种因素作用的结果,其中既与原始的神灵崇拜、先民的敬天礼神意识有关,也与秦汉时流行的求仙长生、禳邪祛灾等方术迷信相联系。从起源上说,道教与老子学说俨然有别。清人方维甸说:"道家宗旨,清净冲虚而已。其弊或流为权谋,或流为放诞,无所谓金丹仙药、黄白玄素、吐纳导引、禁咒符箓之术也。"认为道家"去神仙千亿里"(《校刊抱朴子内篇序》)。但是在道教的形成和发展过程中,老子被尊为教祖,《道德经》被尊为道教经典(如五斗米道及其后的天师道、全真道),说明老子学说对于原始道教向完备形态的道教的过渡,对道教理论的系统化都曾起过重要作用,甚至在一定意义上说,它是道教诸多教义的理论基础和组成部分。这主要表现在:老子学说中最高的概念"道"被道教所吸收,并成为道教最根本的信仰,道论哲学亦成为道教神仙教理的重要基础。早期道教经典《太平经》、张陵《老子想尔注》、葛洪《抱朴子》及理论更为系统化的上清、灵宝、三皇经等,均以"道"为最高信仰,同时老子"道"的模糊性特征也给了道教充分发挥的余地。其二,道教的一些基本的理论、观念亦多出自《老子》《庄子》或与此相契合。如老子所言"长生久视之道",成为道教长生成仙的重要理论依据;老子"见素抱朴"的人性论,也与道教的人生境界论相通;老子追求的与"道""玄同"的境界以及"陆行不遇兕虎,入军不被甲兵"的说法,后成为道教追求的神仙境界;老子关于"无欲""守静"等顺自然的思想,亦成为道教诸多修炼术的重要思想基础和组成部分。其三,老子的"遁世"态度也成为道教修炼之士离家入山、超世脱俗的隐逸情趣的滥觞。可以看出,老子学说对于道教的形成和演变起了推波助澜的作用。道教后来成为影响汉魏以后中国思想文化格局的重要因素,以至可以说不理解道教就无法理解中国文化。

不过,问题又有另一面。老子学说也催发和孕育了中国早期的科学精神和科学理论,这又是一个难解的矛盾悖论,然而这是事实。由于老子的"道论"较早地对宇宙做了规律性的理解,"抱一""守静"又有顺"自

然"即遵循规律的合理因素,老子学说在发展中形成的"道—气"论所包含的关于世界的自然主义理解,以及其中贯穿的较为彻底的理性精神等,无疑会对早期科学精神和科学理论产生有益的启迪。中国历史上许多可称得上科学的东西,相当一部分可以在老子及道家学说中找到其思想渊源或获得思想营养。

中医理论无疑是中华民族科学文化的瑰宝之一,它的起源及其发展与老子及道家学说有着极大的关系。大约成书于秦汉时期的《黄帝内经》,被公认为是中医较早的典籍,而其全部思想的哲学基础就是"道""气"和"阴阳""五行"观念,其辨证施治的基本原则就是阴阳和谐、均衡及"气"自然运行的机理。这些均源于老子或受到老子思想的极大影响。《内经》关于养生防病等理论,更立足于道家的"守静""无欲"和养性存神、返璞归真等思想基础之上。《素问》所谓"圣人处无为之事、乐恬淡之能,从欲志于虚无之守,故寿命无穷,与天地终"等说法正是地道的道家精神。(《内经》也可能系道家一派的著作)此外,道教的一些养生祛病的理论也具有科学的成分,有的道教徒就兼通医术,如葛洪、陶弘景等。被陶弘景推崇的《汤液经》《神农本草》等本身就是道家系统的著作,出于东汉的《难经》也属道家之士所为。而有些医家也尊老子和道家,甚或自己就是道士,如三国时的华佗、唐孙思邈即是。

在中国古代源远流长的气功养生理论,也是与老子学说相辅相成的。虽然人们至今对气功的秘密尚未揭晓,但它在一定程度上所具有的健身特性还是不容忽视的。气功的出现早于老子学说,但老子、庄子的学说对气功的理论化、系统化无疑起过整合的作用。气功养生论中最核心的元气论、守静论、自然论、直觉论、无欲论等,均来自老子及道家学说或与其相通。气功理论所说的"气"曾是稷下道家和黄老之学对"道"的解释。气功强调调息要自然通达,这和老子的"自然"论相通;气功强调"入静",并以此为"得气"的良好状态,这来自老子的"守静"论;气功感"气"的方式也与老子的"静观""玄览"以与"道""玄同"的直觉论相一致。总之,道家的演变与气功理论的逐步深化完善是相辅相成的。

除了中医、气功养生理论外,在古代宇宙论、物理、化学等方面,都可以发现某些与老子及道家学说相联系的痕迹。葛洪《抱朴子》一书中就记载着古代较早的关于化学的理论和实践。古代关于天体演化的理论(如浑天说）也与老子的道论相通。至于现代科学上的宇宙大爆炸理论、信息论、模糊数学理论以及物理学上的"测不准"原理等，似乎也能从老子学说中得到某种说明。

  总之，关于宇宙生成的经验式说明与超越的形上学，社会批判的倾向与治世的韬略，遁世隐逸的情怀与积极应世的态度，神秘文化的滥觞与文明、科学精神的发萌，等等，老子及道家学说这些看起来十分冲突或相悖的文化价值和历史作用，在中国文化史上不仅并行同在，有的还相成互补。如果只看到其中一个侧面而排斥另一个侧面，对其或只加以褒扬或只加以贬抑，似都是不够客观全面的态度。采取二重分析的方法，重估老子及道家学说的文化价值和历史作用，也许更合乎中国思想史和文化史的实际。

老子哲学体系的二重性及其历史影响①

老子是中国古代哲学的重要奠基者之一。但是，老子的哲学体系有着明显的二重性，而且这种二重性也影响或导源了此后中国古代不同哲学思维模式的形成，并在中国文化史上打下了深深的印迹。

中国古代创体系的哲学出现在春秋战国之际，这是没有多大争议的。从殷周天命论中超拔出来并把目光转向人类社会和人的现实生活，创立以道德伦理为特征的哲学体系的是孔子，而真正最初对宇宙和人生做出本体探讨的则是老子。但是老子哲学体系存在的二重性以及其明显的模糊性特征，也深深影响了中国哲学的运思模式和文化品格，这主要表现在：

其一，老子哲学既创立了中国古代较早的宇宙生成论系统，也是中国哲学本体论思维的重要渊源。这两者都在中国哲学史和文化史上发生了深刻的影响。前者尤其影响了汉代哲学，而后者则是魏晋玄学的滥觞。

老子提出的"道生一，一生二，二生三，三生万物"（《老子》四十二章，以下只注章序）和"天下万物生于有，有生于无"（四十章）的命题，彰明了中国古代关于宇宙生成和演化的基本思路，即宇宙万物是由单一的、混沌的但其中"有物""有精""有信"的客观存在物——"道"逐步分化和产生出来的，并且这一过程不体现任何意志和目的，它是在自然状态下自生自成的。在老子看来，"道"无为无造，"生而不有，为而不恃，长而不宰"（二章）。老子关于"道生万物"的思想，其意义在于它不是以某种神学的形式而是以理性的形式讨论天地万物的本原，即认为宇宙不是一下子被某种神秘的力量创造出来的，它本身有一个由整体单一到复杂多样的生成演化过程，这就使传统的所谓"天神"主宰并创造一切的宗教神学世界观受到冲击，其关于宇宙起源的神秘传说被回归为自然无为的客观过程。

由老子开创的这一具有强烈理性特征的宇宙生成论路径，在秦汉时逐

---

① 原文载《三秦道教》，1993 年第 1 期。

步形成了具有鲜明唯物论精神的宇宙生成论系统。战国中后期出现的稷下道家在具体发挥老子"道生万物"的思想时,就直接把"道"释为"精气",并以气作为宇宙万物的本原:"凡物之精,比则为生:下生五谷,上为列星;流于天地之间,谓之鬼神;藏于胸中,谓之圣人。"(《内业》)"精气"即"道","万物以生,万物以成,命之曰道"(同上)。至汉代,以元气为本源,元气→阴阳二气→天地四时→宇宙万物的思路,几乎成为这一时期人们关于宇宙生成和演化理论的基本思维模式。《淮南子》《论衡》以及《易纬》《老子指归》等大都以此或以与此相似的模式建立了其自然哲学体系,其中以元气论发挥老子"道生万物"思想并形成较为系统的关于宇宙演化、万物生成的说法,以《淮南子·天文训》更具典型性。《天文训》说:"天坠(地)未形,冯冯翼翼,洞洞灟灟,故曰太昭。道始于虚霩,虚霩生宇宙,宇宙生(元)气,(元)气有涯垠,清阳者薄靡而为天,重浊者凝滞而为地。……天地之袭精为阴阳,阴阳之专精为四时,四时之散精为万物。"在《淮南子》看来,"道者,一立而万物生矣"(《原道训》),"元气"与"道"同一,并成为万物的本始原初。这种始于老子,而以气为本原的宇宙论一直影响到唐宋,对于推进中国古代唯物主义哲学思想的发展起了重要作用。

然而,老子无意于讲生成论,毋宁说其思想旨趣是要讲本体论,即要为社会、人生确立终极的根据,从而在宇宙论的层次上把握和提升人的存在价值。因而,"道"又在更多的场合被说成为无形、无象、无名的超言绝象却又可以君莅一切的形而上的实体。老子说:"常'无',欲以观其妙;常'有',欲以观其徼。此两者同出而异名,同谓之玄。玄之又玄,众妙之门。"(一章)"道"与"物"的关系被说成"无"与"有"的关系,并且二者是"异名""同出"却又可"同谓"的体与用的关系,显然"无"(道)成为万有的本体和根据。在这个意义上,"道"也称为"一",道与物的关系也就是"一"与"多"的关系亦即本体与万有的关系,道不仅"始"万物,而且"成"万物。老子认为,万物只有"抱一""守一"才能保持自己的存在及本性,所谓"天得一以清,地得一以宁,神得一以灵,谷得一以盈,万物得一以生,侯王得一以为天下正"(三十九章)的说法就表明了这一点。这种表征着无与有、道与物、一与多关系的思维逻辑,显然具有本体论的特征。当然,老子的目的是要"执古之道,以御今之有",要人们以"无为"作为社会和人生的"稽式"。总之,在中国哲学史上,本体论思维并非从魏晋玄学开始,而是在《老子》中就已经有了。冯友兰先生曾指出《老子》已有本体论和生成论两种讲法①。郭沫若也说:"道""在《老子》以前的人又多用为法则","但到了《老子》才有了表示本体的'道'。老子发明了本体的观念,是中国思想史上所从来没有的观念"。② 老子本体论的提出,表明中国古人的思维已经有了很大变化。这种本体论思维,不仅影响了庄子的哲学,经过汉代的发展,还酿成了着重发挥老庄本体论的玄学思潮。王弼注《老》,郭象注《庄》,基本上都贯彻并发展了这种本体论。此后,玄学的本体论思辨方法与佛教的心性论相结合,又形成了颇具中国特色的佛教心性本体论。到宋明时期,理学家融儒、佛、道为一炉,建立了更为深刻的伦理本体化体系,使中国古代的本体论思维达到了峰巅。由此可见,中国古代哲学中的宇宙论和本体论都渊源于老子。

其二,老子哲学既开出中国古代"静观"的直觉主义认识论,同时也孕育和催发了古代朴素唯物主义的反映论传统。

老子以"道"为认识的对象,以体"道"即与"道"合一为认识的终极目的,而"道"的混沌、模糊性和不可分、不可"名"的特征及其独特作用,促使老子在认识论上选择了"静观"的直觉论。这种直觉论其主要的表现形式是排斥人的感性经验和逻辑理性,主张以一种整体直观的方式把握对象本质。老子把人的认识对象推到人的经验世界以外,同时又否认以通常的概念认识把握"体道"的可能。所谓"道可道,非常道。名可名,非常名",就是强调通常的语言、名言是不可能把握道的,只有"以身观身""以天下观天下",即只有向自身体悟,与道冥合,才能达到对道的整体了悟。这个体道的过程,就是把自己的生命、自己的心灵与天地万物合而为一的过程,这是一个只可意会、不可言传的"静观"即内心观照的过程。所谓"不出户,知天下。不窥牖,见天道。其出弥远,其知弥少"(四十七章)的更为本质的含义,是强调只有突破经验认识,才能以最高的

---

① 冯友兰:《魏晋玄学贵无论关于有无的理论》,载《北京大学学报》,1986年第1期。

② 郭沫若:《先秦天道观之进展》,见《青铜时代》,科学出版社1957年版,第38页。

智慧，把握"道"即宇宙的本体。这种"静观"直觉论的主要之点，就是"涤除玄览""塞兑""闭户""无欲""守静"。老子正是以这种清扫心境、关闭感官、观照内心、堵塞欲望的方法，为"体道"的条件和途径。在他看来，认识不是从对具体事物的感知开始，而是从"心境"体道开始，同时以去欲、守静的心性修养为根本的条件。这种"静观"的直觉论，显然带有否定感觉经验和理性认知的神秘主义色彩。

　　老子"静观"直觉论在中国哲学史上发生了重大影响：庄子把它发挥为"心斋""坐忘"的体道方法。所谓"心斋"，就是"若一志，无听之以耳而听之以心，无听之以心而听之以气。听止于耳，心止于符。气也者，虚而待物者也。唯道集虚。虚者，心斋也"（《庄子·人间世》）。认为气是以空虚对待万物，而道方可把"虚"集中起来，这种"虚"就是"心斋"。即认识不以耳，不以心，不以气，而以道来听，即以心去冥合大道，这样就可达到"与道为一"的境界。所谓"坐忘"，就是"堕肢体，黜聪明，离形去知，同于大道，此之谓坐忘"（《庄子·大宗师》）。强调体道要忘身忘己，忘形忘神，才可以与道"玄同"。汉儒董仲舒认为认识就是体证"天意"，只有通过反身内省或"反视内听"才可达"天意"，这叫"道莫明省身之天"（《春秋繁露·为人者天》），此也有静观直觉的意味。而魏晋玄学家所谓的"无不可以训，故不说也"的"圣人体无"，以及求弦外之音、言外之意的"言不尽意"（或"得意忘言"）的思想，佛教禅宗的"明心见性""顿悟成佛"的思想，理学家的"大其心则能体天下之物"（《正蒙·大心》）和"穷理尽性""致良知"等，大都与老子"静观"直觉论有着渊源的关系。并且，这种源远流长的"静观"直觉论也极大地影响了中国哲学认识论的基本特征。

　　重要的是，老子"静观"的认识论，也孕育和催发了中国古代朴素唯物主义的反映论传统，使认识向着客观的、逻辑认识的方向发展。例如，稷下道家把老子直觉主义的"静观"论发展为清醒理智的"静因之道"就较早地走到了这一方向。稷下道家把人的认识对象从老子那种感知范围之外的形上世界拉回到人们面对的客观世界，认为认识就是"感而后应"，"若影之象形，响之应声"（《管子·心术上》），即主体对客体的反映。"体道"主要指认识事物的规律，要得到正确认识，就要"因物之实""舍己而以物为法"，并强调主体务必保持虚静的心境——"静则得之，躁则失之""心能执静,道将自定"。(《管子·内业》)"静"从老子那种直觉的心理状态变成了客观地反映事物的必要的主观条件,这是中国古代直觉思维向逻辑思维转化的重要契机。此后,荀子进一步克服了"静因"论的消极性,把它发展为"虚壹而静"的认识论,强调认识过程中藏与虚、两与一、动与静的对立和统一,并给"静因"认识论注入了能动的辩证因素:"心未尝不动也,然而有所谓静。"(《荀子·解蔽》)至汉代后,《淮南子》《论衡》等也深受其影响,并逐步形成了中国古代朴素唯物主义的反映论传统。可见,老子"静观"认识论在中国哲学史上产生了双重影响。

其三,老子哲学不仅开创了一个具有深远影响的矛盾辩证系统,同时其以虚静为本的形而上学思维模式也制约了中国古代辩证法的进一步发展。

在中国哲学史上,老子开创了与《易传》贵刚健这一特征相对应的"贵柔"辩证法系统。老子肯定了事物矛盾对立的普遍性,提出了许多诸如有与无、美与丑、刚与柔、静与躁等对立的概念,并指出对立面的相互依存、相互作用及其转化正是事物运动和变化的根本原因。所谓"反者道之动",所谓"正复为奇,善复为妖",所谓"将欲夺之,必固与之"等说法都明确表达了这种思想。在这里,老子尤突出了对立面的同一与转化,而不是像《易传》那样尽力地保持事物自身的统一体不变。不过,老子所说的转化,主要指矛盾的次要方面向主要方面的转化,柔弱方面向刚强方面的转化。在老子看来,刚柔等矛盾对立中,柔弱等次要方面才是事物有活力或有生命力的表现,说明"贵柔"正是老子辩证法的特点和主要倾向。当然,"贵柔"并非只是要人们甘居下游和弱者的地位,其更为本质的意义则是强调"弱"向"强"的转化带有必然性。总之,在刚、柔的矛盾对立中,老子发现了柔弱方面的意义,强调"柔弱胜刚强",这里面包含着深刻的人生智慧。

老子关于矛盾对立和转化的思想,不仅影响了庄子、稷下道家及黄老学派、魏晋玄学等道家思想系统,而且也影响了法家韩非和包括荀子在内的儒家学派以及阴阳家等,在汉唐的哲学思想发展中也打了下深深的印迹。例如,老子所看到的种种矛盾和对立,"喜刑名法术之学"的韩非也几乎都看到了,只是韩非不像老子那样强调矛盾对立面的同一、依存,而更突出对立面的排斥和斗争。当然,韩非有时也发挥老子关于转化的思想,他把祸与福的转化放在因果联系的链条中加以考察,从而揭示了转化的条件性,相对于老子来说又有所发展。儒家的荀子、《易传》、扬雄、柳宗元以及宋儒张载、二程、朱熹、王夫之等都对矛盾的对立及依存转化做过深入考察,然其思想渊源似都可不同程度地推原于老子及其道论的学说。总之,老子是中国古代矛盾辩证法传统的重要奠基者。

但是,从另一方面看,老子哲学的形而上学性及其影响也是显而易见的。例如,老子承认宇宙万物的运动,但他的思想中却没有发展的观念。在老子看来,虚静是宇宙的根本原理:"万物并作,吾以观复。夫物芸芸,各复归其根。归根曰静","静为躁君"。也就是说,万物虽然运动变化,但它始于静又卒归于静,"静"才是最根本的。这种由"道"转化而来又不断向"道"回归的运动,看不出事物由低级向高级的发展,因而是一种循环论的思维方式。老子非常具有辩证法的矛盾观,终于被其循环论的形而上学体系所窒息。

老子这种"体静而用动"的形而上学思维模式,在中国哲学史上产生了广泛深远的影响。曹魏时期,王弼系统地发挥了老子"虚静为本"的思想,明确指出"凡有起于虚,动起于静,故万物虽并作,卒复归于虚静"(《老子注》十六章),又说"寂然至无,是其本矣"(《周易注·复卦》)。这种"虚静为本"的思想也影响了宋明时期一些理学家,例如,援道入儒的周敦颐虽然把本体"无极"说成超乎动静的,但从他强调"主静"来说,仍未摆脱老子、玄学"虚静为本"的思想影响。张载在承认"太虚"是"一物两体"之气的同时,又把"太虚"说成是"至静无感"的。可见,"体静而用动"的思想几成为中国传统哲学动静观的主要模式。甚至在近代哲学中,其影响犹存:魏源的"势变道不变"、龚自珍的"体常静,用常动"、郑观应的"器可变,道不可变"等说法,正是以传统的"体静而用动"思想作为其社会改良主张的哲学依据的。可见,老子哲学发展观上的二重性,都深深影响了中国哲学的总体特征和思维方式。

最后,也必须看到,老子提出并较早地运用了一系列哲学概念和范畴,其中大多成为中国哲学的基本概念和范畴,这就为中国哲学的体系化和深化做出了贡献,例如,"道"范畴自老子第一次从哲学高度阐发和运用后,遂成为中国传统哲学的最高范畴,此后虽然在不同时代或不同场合又出现了一些类似范畴,如稷下道家的"气"、《易传》的"太极"、扬雄的"玄"、玄学家的"无"、理学家的"理",等等,大都与"道"相通或直接间接地由此演变而来。老子提出的有无、道器、道德、虚实、刚柔、动静、变常等成对概念，后来几乎都成为哲学家建立或推演其哲学体系的基本范畴。但是，老子那些概念的模糊性和不确定性，也深深影响和制约了中国哲学的致思趋向和总体特征，这种倾向及其作用也是不可低估的。

从上面简略的分析不难看出老子哲学的二重性及其在中国思想和文化史上的二重作用，亦即在老子那里，宇宙生成论与宇宙本体论并行，对立统一的辩证矛盾观与虚静为本的思想同在，机械的反映论与"静观"的直觉论共育，这正是理解中国古代哲学在其发展的长河中所以形成不同思维路径、倾向、品格等及其对立渊源的重要线索和契机。

如何认识老子哲学的现代价值?[①]

对老子学说的时代意义或现代价值的探讨，涉及许多复杂的理论问题。通常人们习惯于说"发现"或"赋予"老子学说（或其他传统学说）以"现代意义"，或笼统地说要把老子学说的精华与现代生活"结合"起来，这些说法其不言而喻的前提是：古代典籍的"精华意蕴""意义""价值"是独立于我们今天研究者之外而存在的历史客体，似乎研究者像淘金者一样只要获得了它就一切万事大吉。于是就有了某些奇异的"发现"。显而易见，这种"研究""探讨"已步入了方法论的误区。问题的症结在于：《老子》的时代意义、现代价值存在于这部古老的典籍中，还是存在于传统与现实、历史客体与认知主体的关系中？它的持久的生命力是自身本有还是来自历史上一代一代"接受者"的理解创造？所以，要科学地探讨《老子》学说的时代意义，首先涉及的是有关此类方法论的问题。

这里首先要解决的是前面提到的第一个问题，即《老子》学说（其实可扩展到所有历史典籍）的现代意义存在于何处？我们通过什么方法来"获得"或"实现"它？一般地说，《老子》的"现代意义"是与其"本来意蕴"（亦可称"原意"）相对应的。不可否认，《老子》的作者在创建其理论学说时，是寄托了他的基本意蕴，贯彻了他的创作意图的。不过也必须看到，虽然《老子》这部古籍作为一种文字形式是客观存在，但由于其语言在个体使用中的相对性以及作者个人体验的时代性所限，后来当另一历史条件下的人们在理解它的时候，实际上已不可能再复原作者的最初意蕴，原作的"意蕴"事实上往往存在于"接受者"的解释活动中。正是历史上一代代人所进行的这种解释活动，老子学说才被纳入传统并在传统中得到延伸，从而具有了持久的生命力和时代意义。可见，"时代意义"不能脱离主体解释活动对原作"原意"的理解，而原作"原意"只有通过历

[①] 本文原载《陕西师范大学学报》，1994 年第 3 期。原题作《探讨老子学说现代价值的方法论思考》，本次收录有改动。

史的解释活动才具有了时代的新意,这样,《老子》"原意"事实上已与"时代新义"合而为一、难解难分了。例如,"道"是《老子》的最高概念,由于其文字歧义的个性化处理,连老子也认为它是言有未尽而只能勉强"字之曰道"(《老子》二十五章,以下只注章序),于是在老子学说史上,"道"被做了种种解释,同时也使其具有了不同的时代意义。韩非将"道"释为"理",着重发挥了它的规律性含义并强调了遵循特殊规律的意义("缘道理以从事");秦汉黄老学派将"道"与"气"相提并论,并由此形成了以"气"为核心的汉代宇宙论,"道"则主要在气化过程及其规律意义上加以运用;魏晋玄学家(如王弼)把"道"理解为"无",以此为其玄学本体论体系的根本观念,并着重发挥了道"任自然"的旨趣,等等。而所有这些无不是在挖掘《老子》"本意"的旗号下来解释来理解的,并且都自认为得到了"道"之真谛。因此,可以说,《老子》的时代意义是在解释者与原作者的"对话"中,在传统与现实、历史客体与认知主体的关系中被"发现"、被提出的,正是在这种创造性的理解中,才有了老子在历史上的不同时期具有的不同意义和价值。

但是,这又涉及对待历史典籍的科学态度问题。例如在研究《老子》时,通常会表现出两种根本对立的态度和方法。一种是相对主义的态度和方法,即由于我们强调《老子》的现代意义存在于我们对《老子》的创造性的解释中,就有可能出现完全以个人的主观臆解任意曲解《老子》的倾向,如有的把《老子》与当代生活做一些简单的比附,在风马牛不相及的一些问题上寻找现代生活与《老子》的"吻合点";有的出于兴趣和爱好,把《老子》确实论及的某些个别思想因素夸大为整体思想,并由此而做出某种不切实际的概括。比如有的说老子主讲"养生",有的说老子主讲兵法,有的说老子主讲"君人南面之术"等。另一种倾向,即由于受传统注经学风的影响,主张要"以老解老",尽力挖掘《老子》的"本意",以使自己的理解与《老子》原意相合,这是历代一些严肃的学者推崇的治老方法。这种颇具求实精神的态度和方法是有其价值和合理性的,却掩盖或忽略了一个重要事实,即解释者作为历史的主体,其特定时代的文化传统给解释者可能带来局限,而把解释视为纯粹向原作本意复归的超历史性认知活动,这种良好的愿望只能将主体的创造性大大削弱。这种方法在当代学者中仍有较大影响。如果果真能做到"以老解老",那么《老子》也就失去了其再生的能力，而只能被当作一具历史僵尸代代传递。所以，正确的态度和方法，是只有在解释中创造和在创造性的解释中，把《老子》植根于现代生活的土壤并使其获得生命力和应有的价值，换句话说，《老子》一旦被我们解释被我们理解，它的时代意义和现代价值也就得以实现。

然而，问题还并非这么简单。困难的是当我们研究老子、探讨《老子》的时代价值时，我们面对的认知对象不仅仅是一部五千言的经典，而是在自老子以后两千多年来的文化延续中形成的包括道家在内的文化传统，老子的价值观念、信仰模式、思维方式已通过一代代人的解释和理解融化到民族血液中。其中有积极的方面，也不乏消极的因素。老子的辩证思维方式不仅在中国哲学史上被儒家所吸收并得以发展和延伸，即使在今天仍起着积极的作用。而老子那些守柔不争、"清虚自守，卑弱自持"等观念也在今天许多人的行为模式中烙着深深的印迹。所以，探讨老子的时代意义，还应该包括实现传统的转化，这其中仍然有着传统与现代的激烈冲撞。

进一步要解决的问题是，我们今天应怎样去解释《老子》而使其获得新的生命力和现代意义？达到什么样的结果就实现了它的现代价值？既然我们不可能从本意上复归到老子，又不能脱离我们所处的现代生活，那么，我们可能做的就是在现代生活、现代意识与《老子》及其传统之间实现真诚的对话，而这种对话本身就可能引申出新的时代意义。

我们不是为研究而研究，我们研究的动机正是希望通过《老子》来更深刻地理解我们自己的生活，使现实的人生体验趋于完美。因此，我们首先要顾及的是我们的时代需要。我们今天正在进行着中国历史上迄今最伟大的事业即现代化事业，新的时代要求我们主观上进取、竞争、求实；客观上要求速度和效益。那么，我们就必须摈弃《老子》中的"守柔""不争""不为天下先"等观念，并以积极进取和参与竞争的时代精神来克服传统的知足常乐、谦下文弱的心理积淀，使之在生活节奏日益加快、社会竞争日渐激烈的新形势下，观念得到转化，心理得以调节，去迎接挑战、把握机遇，并成为竞争中的强者。另一方面，老子"法自然"而"无为"的境界，"以弱胜刚""以枉求伸"的策略原则，"守静""抱一""深根固柢"的养生理论等，也会通过我们新的解释而在与现代工业文明、现代科技、现代生活体验的渗透互补中获得新的生命。许多学者把"法自然"观念与当今世界日渐严重的环境与人的关系问题联系起来，强调天人系统的和谐和均衡,强调遵循自然规律和反对破坏资源、盲目发展工业的意义;把"无为"创造性地解释为在市场经济下企业"有为"与政府"无为"的统一,主张政府行为与企业行为的分离以及政府行为不宜过多干预企业行为("不折腾"),以使企业按照自身的规律去运转,这些解释就具有极强的时代性和创造性。这种解释既"言不远宗"(王弼语),又具有时代感,其现代价值已不言而喻。此外,如《老子》的"以正治国,以奇用兵"和"将欲取之,必固与之"等策略思想,如果我们对之做出富有时代意义的解释,也会使我们在市场竞争和国际冲突中获得立于不败之地的制胜韬略。可见,《老子》会在我们的创造性解释中获得新的生机。

重要的是,《老子》是一个开放的系统,可以从多个角度引出其时代意义,但如果脱离《老子》的中心思想或核心观念,那么也可能走偏方向。故应该在通过对老子最核心的思想理解阐释的基础上,再向多个方面拓展,做到如王弼所说的"言不远宗,事不失主"(《老子指略》)。当然,让老子进入我们的时代,那些与时代已十分隔膜的观念是应让其"死"去的,如"小国寡民""民至老死不相往来"的说法就与当今国际化的生产经营、经济全球化的发展以及文化互补交融的趋势格格不入。老子所谓的"非以明民,将以愚之"的观念更与我们民主化的要求相去甚远。这些观念无论解释者抱有多么良好的愿望,也难以与当今的时代精神相沟通。但从《老子》的基本点上说,它是可以而且能够通过创造性解释而步入现代生活的。《老子》最核心的思想是"道"论,虽然"道"是多义而模糊的,加之其语言的文义和作者在使用语言时所要表达的意图之间存在着某种疏离,"道"确实如玄学家王弼所感叹的"言之者失其常,名之者离其真"(《老子指略》)。但我们仍可以通过其"用"而明白其"体",进而会发现《老子》的思想意向还是十分清楚的,这就是倡"自然"、贵"柔弱"。老子以"自然"为"道"之"玄德",它的意蕴即"生而不有,为而不恃,长而不宰"(五十一章),可见,顺乎自然而不妄为造作,正是合乎"道"的自然本性的。《老子》又说"弱者道之用",即把"柔弱"视为道体最主要的表现和作用,故《吕氏春秋·不二》称"老聃贵柔",这确是抓住了《老子》的部分特征。

《老子》思想以"法自然"为中心向多角度拓展,在政治及人生境界上表现为"无为"即顺自然而不妄为,这正是老子处理人与自然、人与人关系的基本原则。"无为"在历史上曾被做出不同的解释并有着不同的时代意义。除庄子将"无为"释为安命无为、无心事任而具有明显的消极被动性外，后人大多在解释中表现出较强的时代创造性。先秦法家把"无为"付诸政治实践，主张"君道无为，臣道有为"；秦汉黄老之学则释"无为"为"因物之性""顺民之欲"（《淮南子》），如汉初盖公、曹参等，就将"无为"明确为"清静无为""与民休息"，以"无为而治"作为政治指导方针并取得了很大成功；玄学家如王弼则把"无为"理解为"顺自然"，主张"无心于为"，郭象则释"无为"为各顺其性、各行其是，等等。这些解释都可视为"言不远宗"，又各具特色。

让"自然""无为"在今天进入我们的现代生活，也许会更表现出新的独特的价值。建立社会主义市场经济体制，必然要求政府相对"无为"而企业则积极"有为"，这就可能使所有社会成员的积极性得到充分的发挥，同时社会也会走上法制化有序化和健康发展的轨道。合规律性与合目的性相统一的积极有为，正是"无为"的时代新意。就人生体验来说，"自然"是一种超越的境界。今天工业文明为人类带来了幸福，但环境问题却愈来愈严峻；市场的竞争使经济发展社会进步，但人际关系的愈加疏离却给人的精神带来某种失落，于是回归"自然"的价值取向，也许会在一定程度上使人获得一种更合乎人性的人生体验。

"贵柔"也是《老子》的基本观念之一。"柔弱"是"道"的表现和作用，它实际上已超出与"刚强"相对立的狭义，成为《老子》概括一切从属的、次要的方面、性质、意义的哲学概念。①《老子》认为，万物因为"柔弱"才具有生命力："柔弱者生之徒。"（七十六章）也是真正有力量的象征："守柔曰强。"（五十二章）。对人生来说，"不争""守雌"才是合乎道性的表现。这种观念的消极性是十分明显的，而且也与今天积极奋发的时代精神疏离。但是，如果我们换一个角度来思考，就会发现老子要突出的是事物转化的必然性。老子并非一味要人"守柔""不争"，而是认为"柔弱胜刚强"，"不争"才"莫能与之争"，这其中包含着的是深刻的辩证法智慧和人生策略。可以说，发现"柔弱"方面的意义，是老子的一个大的贡献。在今天如果把它加以辩证地理解和运用，仍会获得生命力。例如，

---

① 参见本书《〈老子〉的"道""德"范畴系列》一文。

在某些条件下,"以退为进""以守为攻"仍不失为一种有效的斗争策略或应世之方。

最能焕发出理性活力、具有永恒的时代价值的是老子的思维方式,它不仅对整个中华民族的思维发生了深刻的影响,而且使其具有了性格迥异的东方特色。这种最具民族性的东西就愈具有世界性意义,尤其在世界文化日渐会通的现代,将更受世人的关注。

混沌思维或模糊思维在中华民族思维发展史上应该说是由老子最早阐发的。老子的宇宙论、认识论都贯彻了这种思维方式。他把宇宙的前状态看成是混沌未分、浑然一体的,它"恍惚""无形"而又真实存在,宇宙由它演化而出,万物由此分化而成,"道生一,一生二,二生三,三生万物",演化趋势虽明晰可辨,而本原和过程却模糊无序。老子认为这种本原之"道",人们的感觉不可感知,理性难以把握,逻辑不能分析,故其"无名"。这种混沌、模糊的思维,最初也可能是无意识的或下意识的,而在科学高度发展、逻辑思维愈趋严密的今天,它却被视为逻辑和理性不可替代的思维方式而受到世人的关注。近年发展起来的混沌科学就与老子的思维方式相通,老子的这种思维方式如果能被现代混沌科学创造性地解释并与之交融,也许会带来革命性的变革,为"有序和无序的统一、确定性与随机性的统一以及牛顿力学的第三次突破开出新途径"[①]。以往由牛顿经典力学所无法解释的领域,可能会由现代混沌理论得到合理的说明,例如非平衡自组织理论、现代非线性科学的研究等领域,都可能因这一思维方式与现代逻辑思维的融通而有较大突破。此外,模糊数学的出现,"测不准"原理的提出等趋向表明,在现代科学相互交叉、协同发展的时代,混沌思维愈来愈显出特殊的价值。

与混沌思维相联系的直觉思维,也是《老子》体现的重要思维方式。直觉思维突出的是体验、体认或了悟。老子的"道"本身就是悟性的产物,因此也只能靠悟性来把握,老子强调对之要"静观"或"玄览"。这种思维的重要特征,在于要求全面地、整体地、直接经验式地把握对象本质,而疏于逻辑、略乎分析。这种思维方式在中国古代哲学中影响极为深远,以至于许多人以此来概括中国传统思维方式的特征。值得注意的是,一向

---

① 张立文:《传统学引论》,中国人民大学出版社1989年版,第221页。

惯于看重逻辑和理性思维的西方学者，在科学深入发展的情况下，不少人却开始表现出明显的不满足，许多学者很有兴致地把目光转向东方，对中国传统的直觉思维就表现出极大的关注。当科学研究实现从实体研究向场的研究转变、从线性模式向非线性模式转变，直觉思维就表现出优越的互补性功能。故耗散结构理论的创建者普里戈金和斯唐热说："中国的思想对于那些想扩大西方科学的范围和意义的哲学家和科学家来说，始终是个启迪的源泉。"并且这两位科学家还对李约瑟在西方科学的机械论思想中由于"无法找到行之有效合于认识胚胞发育的概念而感到失望时""转向了中国思想"的事例"特别感兴趣"。① 可见，中国传统思维方式特别是老子的直觉思维方式，将在中西方思维的交融互补中显现出极强的生命力。

另外，否定性思维最能体现老子思维的个性特征。当人们习惯于在肯定中从正面认识事物、确认价值的时候，老子则挑战性地从否定方面认识事物，追求事物的负面价值，发现和正视事物的负面效应，老子将其称为"正言若反"。老子说，"天下皆知美之为美，斯恶矣"（二章），"守柔曰强"（五十二章），"智慧出，有大伪"（十八章），"为者败之，执者失之"（六十四章），"无为而无不为"（四十八章），等等，这些说法都运用了否定性思维方式。这种反向思维所表现出的卓越智慧，在今天仍有着独特的意义和价值。据说许多科学上的发明或发现，就是由于得到反向的否定思想的启示而做出的。就人生的修养来说，自我常常也处在相反相成的矛盾中：一个人如果过于肯定自己，反而会对自己的成长不利，而相反，要实现自我，常常需要相对地超越、否定自我，"后其身而身先，外其身而身存"（七章）。就治国来说，"无为而无不为"，而过分"有为"有时反而无所作为，正像那些想得到一切的人，常常什么也得不到。近年来世界格局和国际关系的变化也表明，人类有着某些超越民族国家之上的共同利益，只有让别人能很好地生存下来，自己也才能更好地得以生存和发展。企图靠武力和强权政治征服世界的人，往往最终被世界所征服。可见，老子的否定思维渗透着无情的客观辩证法。一旦我们将它植于现代生活，其生命力将更加强劲！

---

① ［比］普伊·普里戈金、［法］伊·斯唐热：《从混沌到有序》，上海译文出版社1987年版，第1页。

我们不应当也不可能是《老子》学说的简单接受者，作为历史活动中的主体，我们本身就参与着历史的创造。《老子》在中华文化史上的重要地位以及道家传统的绵延不断，与其说是那位作者所造就，毋宁说它是由历史上一代一代不断延续的解译者们所创造、所促成的。正是由于人们的创造性解释，《老子》才保持了持久的生命力和永久的价值，老子才步入各代步入今天并将走向未来。如果说历史上的人们总是在追求《老子》"本意"的价值取向时不自觉地实现了这种创造，那么我们现代的学人们则应该通过自觉的努力来实现它。那种试图脱离自己所处的时代专致于恢复原作意蕴的努力常常是徒劳的。历史不会终结，老学研究将具有永久的魅力，老子学说之时代意义也将如江河之流而常新！

儒、道哲学生态观之比较[①]

大约从十六世纪始,人类就进入了为工业化而努力的时代。随着一百多年来工业文明步伐的加快,科学技术的猛进,人类在取得一个又一个"辉煌成就"的同时,也造成了人与自然关系的高度紧张。当人类在欢呼自己对自然界的每一个胜利的时候,危机却无情地降临了。人类对水、空气、土地的需求和无限度开发利用,已经消耗了地球上近三分之一的可再生资源,但地球却不能及时得以补给,于是导致了森林资源逐渐在缩量、土地日渐沙化,空气和水源严重污染致使洪涝和干旱交替频繁发生,由此也带来了物种的大量减少。当生态的恶化已严重威胁到人类生存的时候,我们不得不敬畏我们的古人,他们在地球尚没有出现严峻生态危机的情况下,早已在思考保持自然生态平衡的问题,思考如何建构人与自然和谐关系的问题。早在春秋末期产生的儒、道诸家那里,都对此进行了有价值的思考。重要的是,儒家和道家关于自然生态观的思考,不是在现实生态危机威逼之下的权宜之虑,而是带有在"天地万物一体"观念基础上的本原性思考。

儒、道两家对生态问题虽然有诸多相通之处,但是其相异之点还是比较明显的。本文试图探讨其同中之异,以期揭示儒道哲学生态观与其各自哲学观的内在关联和二者在相同的问题意识指向上所持的不同方法和视角,从而为我们今天关于生态问题的思考提供借鉴。哲学生态观问题涉及多个方面,这里拟着重就儒、道两家的生态本体观、生态价值观,做一点比较,以就教于同仁。

一、生态本体观之比较

存在问题是哲学的根本问题之一,它关注的是宇宙万物何以存在,即存在的方式和根据等问题。生态存在当是指人的生存环境对于人的生命存在来说何以才是合理的状态,此涉及人与万物的关系。如果宇宙间没有人

[①] 原文载《船山学刊》,2014年第2期。

类，宇宙无所谓生态问题，也无所谓生态文明的问题。在生态观问题上，中国传统哲学中的儒、道两家既有其相通之处，也存在着较大的差异。其相通之处在于，二者都能把人与宇宙联系起来思考生态问题，即都在天人合一的理路上思考生态问题，都注意到人的活动的目的性与规律性相统一的问题。但是二者的差异也是明显的，表现在：

（一）儒家哲学生态本体观的根本点是"生"，而道家哲学生态本体观的根本点是"道"（自然）

"生"是涉及生命创造和生命过程的概念。从一般意义上说，儒、道两家都重视这一问题，但是，儒家是以"生"为其生态哲学的根基，诸多生态问题皆由此而引发；而道家认为宇宙相对于人的生态方式是合"道"，"生"仅被视为万物基于道的生成过程而已。在道家看来，道的本性是自然，故自然是万物根本的存在方式。

儒家将"生"定位为万物的根本存在方式。《易传》说，"天地之大德曰生"，"生生之谓易"，认为天地万物最根本的特性（德）就是"生"，这个"生"表征着"生命存在及生命创造的内在联系"[1]。"生"包括生出的原发性、生养中人的参与性以及生长过程的变化、更新等生命性意义的展现，体现了儒家对生命本源性的理解。儒家所理解的"生"，是在人与自然的内在关系中体现的，如《五经正义》孔颖达释"天地之大德曰生"，说："欲明圣人同天地之德，广生万物之意也。言天地之盛德，在乎常生，故言曰生。若不常生，则德之不大。以其常生万物，故云'大德'也。"这里所说的"大德"是指根本的特性、本性。一方面，人是天地所生，自然界对于人的生命存在有着决定的意义；另一方面，是说圣人与天地其性相通，天地根本之特征（盛德）在于"生"，圣人也有敬畏自然生命的本性。可见，"生"之德是在天人互动中实现的。又说，"日新之谓盛德"，韩康伯注："体化合变，故曰'日新'。"《正义》释曰："圣人以能变通体化，合变其德，日日增新，是德之盛极，故谓之盛德也。"就是说，宇宙之所以能发生日新之化，是因为圣人能够"变通体化""合变其德"，参与了其中变化的缘故。"生生之谓易"，《正义》释："生生，不绝之辞。阴阳变转，后生次于前生，是万物恒生，谓之易也。""生生"，张载曰："生生，犹言进

---

[1] 蒙培元：《中国哲学生态观的两个问题》，载《鄱阳湖学刊》，2009年第1期。

进也。"(《横渠易说·系辞上》)是说宇宙不绝如恒的阴阳转化是持续不已的过程,所以"生"是宇宙间永恒的原理,这个永恒的原理谓之易。这一永恒易理的核心,正在于揭示宇宙在天人互动中的万物生生之理,体现了儒家对自然生命连续性和无限性的认识。"生"在儒家这里,不单纯是一个纯粹自然哲学的问题,而涉及"自然界对人的生命存在的意义究竟何在的问题"[①]。显然,"生"在儒家这里是作为人与自然联系的纽结而出现的概念。

儒家吸收了阴阳家的观念,从阴阳之气循环不已的流行来说明"生"是宇宙万物的根本存在状态。《易》曰"一阴一阳之谓道",按照朱熹的解释,其所说"一阴一阳"指"阴阳气也",即是就气的两种对立的属性和力量上说的。而"道"是就阴阳之气"循环而不已"的过程上来说的。(参见《朱子语类》卷九五)这是说,阴阳之气交替运行,循环不已,才有万物的生成。《易》在这句话之后接着说"继之者善也,成之者性也"。《易》说"大哉乾元!万物资始",故"继之者善也"。"继善"是一阴一阳之气交替运行,循环不已所表现出来的生生不息之理。又说"乾道变化,各正性命",故"成之者性也"。是说人与物都是在阴阳之气运行变化过程中获得了自己的规定性的,故说"成之者性也"。以往人们多是从人性论方面理解这句话,其实这是不准确的。朱熹说:"这一段是说天地生成万物之意,不是说人性上事。"(《朱子语类》卷七四)可见,儒家认为,由于基于阴阳之气运行的"生生",才使人与物得以形成,从而有了自己的规定性遂成为自身,故"生"是宇宙万物的根本存在状态。

儒家认为,"生"的前提条件是阴阳二气的相互感通。《易传·彖传》:"天地感,而万物化生。"《正义》释:"天地二气,若不感应相与,则万物无由得应化而生。"故《易传·系辞》:"天地絪缊,万物化醇,男女构精,万物化生。"也是说天地相互感通,是人与万物得以化生的根本条件。张载对"感"做过较为全面而细致的分析,特别指出"感"的普遍性、多样性、复杂性,说:"不可止以夫妇之道谓之咸(感),此一事耳,男女相配,故为咸也。感之道不一:或以同而感,圣人感人心以道,此是以同也;或以异而应,男女是也,二女同居则无感也;或以相悦而感,或以相畏而

---

① 蒙培元:《中国哲学生态观的两个问题》,载《鄱阳湖学刊》,2009年第1期。

感，如虎先见犬，犬自不能去，犬若见虎则能避之；又如磁石引针，相应而感也。若以爱心而来者自相亲，以害心而来者相见容色自别。'圣人感人心而天下和平'，是风动之也；圣人老吾老以及人之老而人欲老其老，此是以事相感也。感如影响，无复先后，有动必感，咸感而应，故曰咸速也。"故曰感是万物的生成条件。

如果说儒家把"生"视为宇宙生态的根本观念，那么道家则在"生"之上安置了一个终极的本原即道，强调宇宙生态观的根本是"道"。"有物混成，先天地生。寂兮寥兮，独立而不改，周行而不殆，可以为天地母。吾不知其名，强字之曰道。"（《老子》二十五章）"道生一，一生二，二生三，三生万物。"（《老子》四十二章）这些都表达了道是万物本原、道生万物的思想。庄子不仅明确指出道的本原性，同时也表达了道是万物的所以然之根据的思想："夫道，有情有信，无为无形，可传而不可受，可得而不可见，自本自根。未有天地，自古以固存，神鬼神帝，生天生地。"在道家看来，"道"的根本特性"德"即自然，"自然"是万物其生态存在的基本方式："人法地，地法天，天法道，道法自然。"（《老子》二十五章）就是说，天、地、人作为宇宙中三个基本子系统，都应该以道为法则，而道的本性则是任自然。《老子》说："道生之，德畜之，物形之，势成之。是以万物莫不尊道而贵德。道之尊，德之贵，夫莫之命而常自然。"（《老子》五十一章）道以自然的方式生成了万物，又以自然的方式养育了万物。万物皆自生自成，自然天成，自己如此，非他力所为。突出道的实在性、本原性和万物生成过程的自然性，是道家区别于儒家哲学生态本体观的重要之点。

自然是万物根本的生态方式，由此道家强调人与万物的"自生""自化"。自然的生态方式，指万物的组成要素是自然形成的，万物的内在结构是自然形成的，万物的运行秩序是自然的，或万物都有其自组织系统。也就是说，宇宙万物因其都有自身自然形成的组成要素，也有自己自然形成的内在结构、内在秩序和自组织系统，从而决定了万物特有的自然生态本性，于是其运化过程也是自然而然发生的。这样，自然演化过程本身就具有其内在的规律性、有序性。所谓"道"的规律性，不是说"道"本身是万物遵循的普遍规律，而是说"道"尊重万物自身的本性和规律，任万物以自身的本性和规律去自生、自长、自成。这是因为，如韩非子所说，"万物各异理,而道尽稽万物之理",道是"无常操"的,所以"天得之以高,地得之以藏,维斗得之以成其威,日月得之以恒其光"。(《韩非子·解老》)"无常操"即尊重万物之本性和规律,正体现了道家关于万物基于道的生态本体观。

(二)儒家是立足于"生生"基础上的"与天地万物一体"生态观,而道家是立足于自然基础上的"人与天一"生态观

儒家的"仁"不仅具有道德的意义,而且具有生态的意义。生态义在孔子的思想中也已经有了,此后经过历代儒家的发展,形成了较为系统的建立在"生生"基础上、以"仁民爱物"为轴心,以"与天地万物一体"为特征的仁性生态观。

仁学与"生生"之德的结合,进一步深化了儒家仁的生态本体论意义。《易传》说"生生之谓易",是说天地生养了万物,使万物生生不息,这正体现了天地的仁德。所以《易传·象传》说:"大哉乾元,万物资始,乃统天。云行雨施,品物流形。""至哉坤元,万物资生,乃顺承天。坤厚载物,德合无疆。"由于天地的生生之德,才使"万物资始""万物资生",于是才有"品物流形",才有"品物咸亨"。这种"生生之德"正是仁爱的德性对万物的体现,由此,仁具有了天地生生不已的生态意义。

宋明理学家对仁与生的关系做了深入的考察。朱熹特别强调"须先识得元与仁是个甚物事"。他主张天地间只是一个生理,循环无穷,如元亨利贞,春夏秋冬,其中都蕴涵着、体现着这个生理。他说:"(四德)统是一个生意。如四时,只初生底便是春,夏天长,亦只是长这生底。"秋、冬"亦只是这个生",即使"恻隐、羞恶、辞逊、是非,都是一个生意"。他之所以认为仁有"生意",原因是仁义礼智四德其核心是"仁",而仁是四德之元。而"元"有初、始之义,有"生意",所以"要理会得仁,当就初处看。故元亨利贞,而元为四德之首。就初生处看,便见得仁"。并举例说,"程子谓'看鸡雏可以观仁',为是那嫩小底便是仁底意思在"(《朱子语类》卷九五)。程子通过观鸡雏之"生意",乃体认出仁的道理。所以"仁者,天地生物之心"(《朱子语类》卷五)。朱子进一步举例以说明如何"乃见天地生物之心",他说:"春气温厚,乃见天地生物之心。到夏是生气之长,秋是生气之敛,冬是生气之藏。若春无生物之意,后面三时都无了。"(《朱子语类》卷二〇)在他看来,天地广大,万物流行,生生不息,

"天地以生物为心，而所生之物，因各得夫天地之心以为心，所以'人皆有不忍人之心'"（《朱子语类》卷三五），这与二程所说"仁本生意，乃恻隐之心便发"，意思相通。所以二程强调要"复其见天地之心"，意即"《复》之初爻，便是天地生物之心也"。并举例说，"心，譬如谷种，生之性便是仁"（《朱子语类》卷九五）。是说心譬如谷种，其能生的本性就是仁。既然心是生生的道理，而恻隐之心亦是"得天地生物之心"的人心的道理，这样，生生就由外在的天地之德内化为人的德性了。人心之仁就必然表现出对万物生命的珍爱，表现出促进和保护万物生长的德性。这种仁与生与性的内在统一，正是儒家本体生态观的核心和基础。

在此基础上，儒家进一步强调仁者"与天地万物为一体"，这是其仁学生态观对天、地、人统一观的集中表述。《易传·象传》："夫大人者与天地合其德，与日月合其明，与四时合其序，与鬼神合其吉凶。先天而天弗违，后天而奉天时。"所谓圣人与天地合德，就包含了人与天地自然其性相通的思想，其"合明""合序"也包含了天人合一的观念。正因如此，人才能而且必须"奉天时"而"弗违"。如果说《易传》所表述的尚是一种外在的"合"，到宋明理学那里，则强调的是天人在仁性相通相感基础上的内在的合，如二程所说，"天人本无二，不必言合"（《河南程氏遗书》卷六）。理学家认为，天与人都是一气之流行，其中又都是一理之贯通，当然二者本为一体，不必言合。张载说："感者性之神，性者感之体。在天在人，其究一也。"（《正蒙·乾称》）又说："乾称父，坤称母；予兹藐焉，乃混然中处。故天地之塞，吾其体；天地之帅，吾其性。民吾同胞，物吾与也。"（《西铭》）这就赋予了天地所生万物自身内在的、固有的价值，明确说出了基于一气流行的"民胞物与"的天人合一思想。此后王阳明在心学的理论架构上讲"盖天地万物与人原只是一体，其发窍之最精处，是人心一点灵明。风雨露雷，日月星辰，禽兽草木，山川土石，与人原只一体"。这种天人合一思想成为儒家哲学生态观的核心理念。不过，张载又通过"因明致诚，因诚致明，故天人合一"走上与《中庸》相通的道德本体与价值境界统一意义上的"天人合一"，强调道德本体与心性工夫的统一。程颢所说"仁者浑然与物同体"（《识仁》），也与孟子所说"万物皆备于我，反身而诚，乐莫大焉"（《孟子·尽心上》）的道德境界论相通，这则是道德心性论和道德价值论意义上的天人合一了。

与儒家建立在生生基础上的仁性生态观不同，道家则强调建立"道"基础上的"人与天一"说。如果说儒家把"生生"视为宇宙万物的本原性，而道家则把道之性即"自然"视为宇宙万物的本原性，强调道性自然。其所说的"自然"即尊重万物天然本有的状态，亦即未有人的主观意志打上印迹的本然状态。老子把"自然"视为宇宙大道的根本属性，称为"玄德"。在老子看来，事物是"本然如此""自己如此"的，皆按照自身的本性存在着，按照自身的规律变化和发展着。道家所说的本真的状态，就是"朴""素""静"的状态。木未雕者为"朴"，丝未染者为"素"，心不躁者为"静"，故老子主张"复归于朴"（《老子》二十八章），"素朴而民性得矣"（《庄子·马蹄》），"归根曰静"（《老子》十六章）。返璞归真，去染归素，返躁归静，就可以回归到事物的本然，即返归原始的天性、真性。就人来说，就是回归到"如婴儿之未孩"（《老子》二十章）的状态。庄子将此境界称为"与道合一"或"人与天一"，即人要无为而顺从天，从而达到与天之本然合一的状态。什么是"人与天一"？郭象注："皆自然。"（《庄子·山木注》）庄子借仲尼之口回答说："有人，天也；有天，亦天也。人之不能有天，性也，圣人晏然体逝而终矣。"（《庄子·山木》）就是说，人与天，皆天为之。天日逝而不停，人只能顺应天而不可与天抗，这就是"人与天一"。按庄子的说法，就是"无以人灭天，无以故灭命"（《庄子·秋水》）。郭象说："天地以自然为体，而万物必以自然为正。自然者，不为而自然者也。"（郭象《庄子·逍遥游注》）可见，自然是道家哲学生态本体观的核心和基础。

儒学以"生"为本的生态观和道家以"道"（自然）为本的生态观，虽不同但却有相通之处。儒家所说的万物"生生"的过程，也是自然的过程，只是道家的自然更多地排斥人的主观干预，而儒家的"生生"则总是与人、与人的活动相关联。

二、生态价值观之比较

生态价值观是指关于自然的价值的观点，这涉及在人与自然的关系问题上，人类是宇宙的中心，还是人内在于自然，融合于自然之中。如果人类是宇宙的中心，那么自然就可能是无价值的。如果人内在于自然，融合于自然，那么人与自然就有着共同的利益和命运，就要构建人与自然相互协调发展的价值观。在农业文明背景下，人类由于求生存和发展的需要，必须顺应自然，尊重自然。所以在春秋时期形成的儒家和道家，都认识到自然的价值，尊重自然的价值，所以二者在生态价值观上有诸多相通之处。但是在表现形式上又有着某些差别。

（一）儒家的生态价值观

首先，儒家主张"人为天下贵"与"参天地，赞化育"。关于人类在自然界的位置，儒家有着明确的看法。孔子在马厩焚毁后问"伤人乎"而"不问马"（《论语·乡党》），说明他看重人的价值。荀子说："水火有气而无生，草木有生而无知，禽兽有知而无义，人有气、有生、有知亦且有义，故最为天下贵也。"（《荀子·王制》）刘向《说苑》卷一七云："天生万物唯人为贵。"儒家这些说法都明确表达了人与自然万物相比是最重要之观点。不过，儒家虽然讲"人为贵"，只是肯定人的相对价值，却没有走向人类中心主义，因为儒家总是把人与自然联系在一起，且非常重视人生活在其间的与人的生命息息相关的宇宙自然万物的价值。在儒家看来，人是自然的产物，也是自然的一部分，与自然有着内在的生命联系。从价值的意义上说，自然内在于人而存在，没有人，自然是无所谓价值的。所以儒家总是把人与自然天地联系在一起来思考人与自然的价值的。《易》主张人要"顺性命之理"，即强调自然的价值，又说"立天之道，曰阴与阳；立地之道，曰柔与刚；立人之道，曰仁与义"。"兼三才而两之，故易六画而成卦"，是说天地人三才具有一体性的特征，而其内部又各有其对立的两方面，所以《周易》才以每卦六爻来彰显其运行变化的规律，这叫"易六位而成章"（见《易传·说卦》）。并且人与天地并立而相互作用，由此自然界就不是离开人、与人无关的自在。荀子亦说："天有其时，地有其财，人有其治，夫是之谓能参。舍其所以参，而愿其所参，则惑矣。"（《荀子·天论》）天地人各遵循自身的规律，人虽然"不与天争职"，但可以与之相"参"，也说明天、地、人具有交互作用的一体性。《中庸》则明确提出人可以"与天地参"的命题，说："唯天下至诚，为能尽其性；能尽其性，则能尽人之性；能尽人之性，则能尽物之性；能尽物之性，则可以赞天地之化育；可以赞天地之化育，则可以与天地参矣。"是说天下之道至诚而生物无穷、生生不息，但是，人却可以"尽其性"（尽天性、人性、物性），以"赞天地之化育"。能赞天地之化育，"则可以与天地参矣"，即人能够参与并完成自然界之化育，故能与天地相"参"，即并立而为三，这样天地已经是既与人并立又内在于人的存在了。此后董仲舒说得更明确："何为本？曰：天、地、人，万物之本也。天生之，地养之，人成之。……三者相为手足，合以成体，不可一无也。"（《春秋繁露·立元神》）这就在"天人一体"的意义上肯定了自然的价值。显然儒家的生态价值观从根本上不是人类中心主义的，而是天地人并立而相参的，自然对于人来说是具有内在价值的。

其次，儒家主张"万物并育"而"皆得其宜"的"和谐"观。由于儒家是在人与天地并立基础上肯定自然的价值，所以，从一开始就注意建立人与自然的和谐关系。《中庸》强调要"上律天时，下袭水土"，这样按规律去做，则"万物并育而不相害，道并行而不相悖"。这正是儒家追求的和谐的宇宙秩序。荀子主张人与万物都在"群"中生活，如果建立这种"群"的原则是合适的（"群道当"），"则万物皆得其宜，六畜皆得其长，群生皆得其命"。这个"群道当"的原则就是合乎规律。"故养长时，则六畜育；杀生时，则草木殖；政令时，则百姓一，贤良服。"（《荀子·王制》）"养长"合时，则六畜繁育；"杀生"合时，则草木繁殖；政策法令合时，则社会和谐。荀子进一步解释所谓"时"，就是"草木荣华滋硕之时，则斧斤不入山林"，"鼋鼍鱼鳖鳅鳣孕别之时，罔罟毒药不入泽"，这样就可以"不夭其生，不绝其长"；农业生产"春耕、夏耘、秋收、冬藏，四者不失时"，这样就会"五谷不绝，而百姓有余食"（同上文），有"余用"。在这里，儒家提供了一个极具人天和谐特征的生态图景。由于儒家没有走向人类中心主义，而是在人"与天地万物一体"意义上提出这一和谐的生态价值观，这无疑对中国传统农业文明的持续发展产生过积极影响。

再次，儒家还主张"仁民爱物"。孔子提出了"仁者爱人"的思想，其基本的含义是强调以人与人之间相亲的原则处理人际关系。孔子的仁最初更多指向伦理关系中的人，如孝悌等伦理原则。但后来他也讲到"泛爱众而亲人"（《论语·学而》），"爱众"当然其被施爱者还主要限于众人。不过，《论语》中也提及孔子"子钓而不纲，弋不射宿"（《论语·述而》），主张不用大网捕鱼，不射归宿的鸟，说明他已把爱的对象从"众"人扩展到动物。到孟子则明确提出"亲亲而仁民，仁民而爱物"（《孟子·尽心上》），郑玄注："仁，爱人以及物。"显然儒家已经有了近于博爱的情怀。孟子"不忍其觳觫",主张祭祀不杀牛而"以羊易之"(《孟子·梁惠王上》),都是"仁民爱物"的体现。儒家这种"仁爱万物"的理念,以高尚的道德情怀、博大的生命意识,引发了人们对万物、对生命、对自然的心灵关怀。此后,韩愈提出"博爱之谓仁"(《原道》),其心灵关怀则进入一个新的境界。到宋儒,这一心灵关怀更上升到一个新的高度。张载在《西铭》中所讲"故天地之塞,吾其体;天地之帅,吾其性。民吾同胞,物吾与也",指出人类与万物都是禀气而生,所有的人都是我们的同胞兄弟,万物都是我们的同伴朋友,人与万物构成自然界的生命共同体,所以我们都应该平等地尊重、同情和爱护万物。这一"民胞物与"的价值观,标志着"天人一体"意义上的儒家生态价值观的成熟。

(二)道家的生态价值观

如前所述,在农业文明的背景下,道家更强调尊重自然的价值。如果说儒家是在"天人一体"的意义上看待自然的生态价值,而道家则更多地强调自然的价值,即在自然为本的基础上看待自然的绝对价值,主张"与道合一""人与天一"。

首先,道家把人视为自然界中的一个部分,没有一点人类中心主义的意味。《老子》说:"道大,天大,地大,人亦大。域中有四大,而人居其一焉。"(二十五章)即认为"道"是先于天地而又内在于天地之中的最高存在。如果把宇宙中的一切分为四大类的话,那么道是最高的存在,人只能算作"四大"之一,而且是宇宙间相对脆弱的存在物。不过,人不是大自然的异在,而是自然界的一部分。同时,自然界还为人类的生存与发展提供物质前提,生养和哺育了人,所以,人类应该尊重自然、爱护自然、善待自然,并努力保护自然,以与自然和谐相处。

其次,"道法自然"。《老子》说:"人法地,地法天,天法道,道法自然。"这是说,在宇宙"四大"中,天、地、人都以道为法则,而道则以"自然"为法则。所以,在道家这里,"自然"有着最高的价值意义。由于天、地本身就是自然的存在物,而人却具有意志性和目的性,所以,人必须自觉地合于天,与天为一。这样,相对于人来说,自然就居于天人关系的中心地位。于是,天地就不能被简单地视为人类征服的对象,而应该是顺应和保护的对象;自然也不是人类随意违背的原则,而是人应该顺应的原则。"知和曰常",老子认为,当人自觉地遵循自然的规律,顺应自然的本性的时候，就会达至"和"的价值境界。天与人的和谐乃是道家追求的价值境界。所以，庄子说"与天和者，谓之天乐"（《庄子·天道》），把人与自然的和谐称为"天乐"。"天乐"的境界，就是如庄子所说"天地与我并生，而万物与我为一"（《庄子·齐物论》）的境界。主张顺应自然，尊重自然的运化方式，以使"人与天一"，这与参与自然、"赞天地之化育"的儒家生态价值观是有明显区别的。

第四章

儒学与释、道的交融会通

玄学"天人"新义与人生哲学[①]

魏晋时代，社会思想界出现了崇尚老庄的风潮，时称"清谈"。"清谈"的主要内容不是儒家的经典，而是先秦的《老子》《庄子》和《周易》，史称"三玄"。《颜氏家训·勉学》说："《庄》《老》《周易》，总谓三玄。""玄"取义于《老子》的"玄之又玄，众妙之门"，大概谓其讨论的都是一些不切于事务的幽深玄远的问题。"玄学"的称谓出现得晚些。《晋书·陆云传》《南史·宋本纪》等较早提到"玄学"一词。因"玄学"给人的印象是力倡玄虚，务于清谈，故颇遭后世儒者的非议。"清谈甚，晋室衰。"（《二程粹言·论学》）颜元甚至将玄学与汉之训诂、唐之佛老、宋之禅并列，认为这些是造成社会道德衰亡的根源，说："汉人以传经为道，晋人以清谈为道，宋人以注解顿悟为道，释氏以空寂洞照万象为道，老氏以奸退仙脱为道；而历代通弊，以混同不辨，仿佛乡原为德，真韩氏所谓'道其所道''德其所德'，而古人之道德亡矣。"（《颜元集·颜习斋先生言行录卷上》）这种抨击不能说没有根据，但其中也确有误解。其实，玄学虽然在宇宙观方面向先秦老庄回归，但在人生观方面则仍然弘扬的是传统孔孟的仁学精神。玄学试图以道家的"自然"之道来融通传统儒家的人生哲学和社会伦理，从而使儒家的心性原则和理想人格的培养问题进入了一个新的层次和境界。

玄学没有脱离秦汉以来哲学讨论的主要问题即天人关系问题，同时又使这一问题具有了一些新的特点。玄学家所说的"天"已从汉代"含气之自然"的感性直观的物质自然界超拔出来，也不同于汉儒"百神之大君"的"天"，其本质的含义则是"自然"即天道无为的本性；其所说的"人"即"人道"，主要指社会的纲常名教，也包括人的名分、名节乃至道德理想、理想人格等。天人关系实际上就成为"自然"与"名教"的关系。玄学各派对此关系的理解虽不尽相同，但基本倾向则是在"自然"之本的基

[①] 原文载《哲学与文化》（台），1994年第8期。本次收录有改动。

础上致力于名教与自然的统一，这就是魏晋的"天人新义"，也是玄学的思想主题。这种"天人新义"的更为深层的意蕴，则是玄学家在用种种努力使圣人的理想与自然之道相沟通。在儒家经学衰落之后的魏晋之世，社会动荡，世风日下，名教趋于虚伪，官场日渐腐败，容易使士人产生超脱现实、追求玄远和因任自然的心态和精神需求，同时又不否定传统的道德理想和伦理价值，这样，齐一儒道，以道家自然主义融通儒家伦理和人格追求，就成为这一时期思想发展的必然结果。玄学家主张仁义道德之类应该是"发之于内"，为人本性的自然流露，而非来自外在的礼法强制。培植人自然本有的仁义等德性才是迫切而重要的。汤用彤先生曾把玄学的主题概括为理想人格的自觉培养问题，这确是抓住了玄学的实质。[①] 这样，看起来玄学抽象而玄远，但无论其出发点或归宿又都深深地扎根于社会人事之中。以抽象的形式、玄虚的境界表达一些最切近的现实问题，正是玄学的重要品格。

玄学兴起于曹魏正始年间。正始玄学主"贵无论"，以何晏、王弼为代表。《晋书·王衍传》："魏正始中，何晏、王弼等祖述老庄，立论以为天地万物皆以无为本。"他们既"好老氏之学"，又兼习儒经，其撰注的基本倾向是以老子思想解释儒家经典。基本思想是主张天地万物以"无"为本，而以"有"为末。反映在社会生活中就是主张以"自然"为本，而以"名教"为末。"自然"被看成万物的本性，"任自然"则是人行为的最高原则，儒家的圣人也是体道的，故圣人也是崇尚自然的。

王弼提出儒家的纲常名教本于自然。其立论首先在于，他认为礼乐制度是根据自然的风格制定的。他说："夫喜怒哀乐，民之自然，应感而动，则发乎声歌，所以陈诗采谣以知民志风，既见其风，则损益其焉，故俗立制以达其礼也。"（皇侃《论语义疏》引王弼《论语释疑》）由此他进一步指出，"自然"即"道"，一切社会政治伦理法则和制度都是由"道"派生出来的，他说："始制，谓朴散始为官长之时也，始制官长，不可不立名以定尊卑，故始制有名也。"（《老子注》三十二章）认为"名分尊卑"之礼法制度，是"朴"（道）散之后的产物。这与老子的原旨已相去甚远。按

[①] 参见汤用彤《魏晋玄学论稿》，上海古籍出版社2001年版，第99、106、107页。

照老子的原意，仁义礼乐是对自然的破坏，而王弼则把它说成是合乎自然本性的东西。其次，王弼认为，名教的作用，亦在于使人复归于自然的纯朴。他说："朴，真也。真散则百行出，殊类生，若器也。圣人因其分散，故为之立官长。以善为师，不善为资，移风易俗，复使归于一也。"（《老子注》二十八章）谓圣人制礼作乐是因于道，其目的在于移风易俗，返璞归真。再次，王弼认为，只有以"自然"为本，名教的作用才能真正发挥出来，这叫"崇本举末"。他反对就名教而倡名教，主张崇任自然之本以举名教之末。他说，"竭圣智以治巧伪，未若见质素以静民欲；兴仁义以敦薄俗，未若抱朴以全笃实；多巧利以兴事用，未若寡私欲以息华竞"，故只有"绝圣而后圣功全，弃仁而后仁德厚"（《老子指略》），并指出那种"弃本舍母而适其子"的做法，"功虽大焉，必有不济；名虽美焉，伪亦必生"（《老子注》三十八章）。只有"守母以存其子""崇本以举其末"，名教的作用才能发挥出来。因为在他看来"仁义发于内，为之犹伪"（同上），即仁义按其本性说它本不是人有意作为、刻意追求所能得到的，它发自内心、出乎自然，应是真情的一种流露。如果不从根本上培养和弘扬人自然本有的德性，而去舍本逐末，结果则只能走向反面：不仅"必有不济"，而且"伪亦必生"。

需要说明的是，王弼有时又讲"崇本息末"，说："《老子》之书其几乎！可一言而蔽之，噫！崇本息末而已矣。"（《老子指略》）似乎王弼以"任自然"而黜名教。其实，王弼这是针对现实有感而发的。他要止息的乃虚伪浮华的"名教"之"末"。"息末"与"举末"并不矛盾，而是相辅相成的：只有止息虚伪之"末"，才能张举真情之"末"，这是对当时社会传统的"仁义"等道德理想和人格追求已沦为虚伪形式的一种批判，也说明"贵无"论并不否认儒家道德，只是在反对虚伪的道德说教。故钱穆说："在王弼的思想里，想把宇宙观回归到老庄，而把人生观回归到孔孟。"① 贵无论"任自然"的思想在此后的发展中被"竹林名士"推向极端，走向纯任自然而诋毁名教的方向，出现了以嵇康、阮籍为代表，主张"越名教而任自然"的放达派。此派虽主要针对司马氏集团虚伪的"名教"而发，

---

① 钱穆：《中国思想史》，见《钱宾四先生全集》第 24 册，台湾联经出版公司 1998 年版，第 116 页。

但儒学也确实受到自汉末以来又一次冲击。为挽救儒学的危机，在西晋出现了裴頠的"崇有论"以对抗玄学"贵无论"。裴頠认为儒学的危机是由于"贵无论"的流行所造成的。《晋书·裴頠传》谓頠看到当时名士"口谈浮虚，不遵礼法，尸禄耽宠，仕不事事"，"深患时俗放荡，不尊儒术"，"乃著《崇有》之论，以释其蔽"。裴頠维护名教的努力对放达派否定名教的倾向不能说不是一种遏制，但这种努力是乏力的，因为他是与当时的时代精神不甚合拍的。沿着裴頠"崇有"的方向而重新调和自然与名教、齐一儒道，并把玄学推向新阶段的，是西晋元康之世的向秀、郭象。和王弼发挥老子思想以明名教的做法不同，向、郭主要通过发挥庄子思想以合一儒道。《晋书·向秀传》说向秀"为之隐解，发明奇趣，振起玄风"，而"郭象又述而广之，儒墨之迹见鄙，道家之言遂盛焉"。《庄子注》其实主要是郭象的思想。郭象虽仍崇尚道家自然主义，但不赞成王弼以无为本、以有为末的说法，而主张"万有"以自己为本体，反对在"有"之外另寻本体，更反对以"无"为本。不过"贵无"与"崇有"两种不同的思路，却体现了同一旨趣：致力于"自然"与"名教"的统一。郭象从"崇有"的思想出发，认为任何个体都是绝对同一、自我封闭、内在和谐的小系统，个体各有自己的"性分"。从"性以自足为大"来说，事物都可以自我满足。郭象说："性分各自为者，皆在至理中来，故不可免也。"（《庄子注·达生》）"性分"即"自性"。他认为"性"自然而为，人力无法改变："天性所受，各有本分，不可逃，亦不可加。"（《庄子注·养生主》）既然"性各有分"，故"知者守知以待终，而愚者抱愚以至死，岂有能中易其性者也"（《庄子注·齐物论》）。然而，"物各有性，性各有极"（《庄子注·逍遥游》），事物只有保持并满足自己的"性分"，才能使之不失为此事物。从"自性"满足方面说，万物"小大虽殊，逍遥一也"（《庄子注·齐物论》）。这种思想落实到社会人生，就是主张只要人能满足其"性分"，无须追求"性分"以外的东西，人生就得到了快乐，这叫任性逍遥。在郭象看来，现实的一切都是合乎自然的，也是合理的，人们无须到现实社会生活之外去另寻理想的社会，只要各顺其性、各安其分，就可以自得其乐。由此，他认为，儒家理想中的圣人与道家理想中的"神人"，其精神境界是相通的、一致的：圣人"虽在庙堂之上，然其心无异于山林之中"（《庄子注·逍遥游》），故"圣人常游外以冥内，无心以顺有，故终日见形而神气无变，俯仰万机而淡然自若"（《庄子注·大宗师》）。即"圣人"虽游心于"方外"（名教），但又与"方内"（自然）相暗合、相通，所以圣人虽"无心"于万物，即总是在自性范围内活动，却能让每一事物各安其本性。这种"内外相冥""无心顺有"的精神追求，遂使"内圣"与"外王"相沟通、相统一。和王弼虽把孔子看成高于老子却又赋予其以道家的人格的思路不同，郭象把二者看成是一样的："神人即今所谓圣人也。"（《庄子注·逍遥游》）由此，郭象也把"名教"看成合乎"自然"的东西，仁义等道德也为人性所固有。郭象说："夫仁义者，人之性也。"（《庄子注·天运》）又说："所以迹者，真性也。夫任物之真性者，其迹则《六经》也。"（《庄子注·天运》）这就把《六经》也看成是以"自然"为根据的，为"自然"本有的了。很明显，郭象把人们行为的规范（名教），变成了人的内在的本性（自然），传统儒家的性命原则、外王品格便与道家的自然原则奇妙地结合起来了。于是，被"竹林名士"对立起来的名教与自然的关系，郭象经过"崇有"思想的逻辑展开又重新使之统一起来了，而且较王弼来得更为简捷："名教"即"自然"，与王弼殊途而同归，从而走完了开始于何晏、王弼的齐一儒道的思维进程。

综上所述，魏晋玄学虽然在宇宙论上立足于道家的自然主义，并从"贵无"和"崇有"等不同角度探讨了宇宙的本体存在问题，但其目的则是为其人生哲学确立本体的根据。后儒所谓玄学"崇饰华竞，祖述玄虚""指礼法为流俗，目纵诞以清高，遂使宪章弛废，名教颓毁"（《晋书·儒林传序》）的看法仍停留于现象的层面，在自然之道的基础上致力于儒与道、名教与自然的统一则是内在的、基本的。传统儒学在魏晋虽然门庭冷落，但对礼法之倡导和孔孟心性之学的弘扬则并未中断，只是它采取了更为深在和凝重的方式。"清谈"中自有"务实"的一面。

魏晋南北朝时期儒学的历史作用[①]

从历史上看，中国古代传统的学术思想、社会思潮、行为规范、社会习俗等曾不同程度地受到儒家思想的影响，以至可以说，儒家文化构成了中国传统文化的主体部分。同时我们也注意到，中国文化是以其特有的统一性和连续性发展而著称于世的，中国文化的这一特征一定与传统儒学的广泛性、连续性发展有密切的关系。基于这一点，有学者认为，正是儒学的这种历史特点才是中国文化未能中断的一个重要原因。笔者赞同这一看法，但需要补证。因为问题在于：儒学在汉武帝定于一尊之后，它本身的发展是否间断过？魏晋玄学、晋唐佛学的广泛流传，中国道教的盛兴是否影响到儒学的宗主地位，从而是否冲击了中国文化的正常发展？这些问题在学术界虽然历来莫衷一是，但给人总的印象是：儒学在魏晋时期已被玄学所取代；南北朝至隋唐时期佛学占主导地位，儒学已似存非存，或者像有人说的已经中断。唐代韩愈所谓"周道衰，孔子没，火于秦，黄老于汉，佛于晋、魏、梁、隋之间，其言道德仁义者，不入于杨，则入于墨；不入于老，则入于佛""后之人其欲闻仁义道德之说，其孰从而求之"的说法就有这种倾向，他甚至得出儒学在孟子之后"不得其传焉"的结论。（《原道》）韩愈的说法也不全错，因为他实际所指的是孔孟仁义之道的道统已中断了。但是如果据此认为儒学在晋唐时已中断，则不合乎历史的真实。儒学在魏晋南北朝时期不仅没有中断，而且其本身也在延续、演变和发展着，并依然维持着其社会思想的宗主地位，这正是中国文化绵延不断、流风不绝的原因之一。

一、魏晋时期的玄学并未取代儒学而成为社会的统治思想，以儒家文化为主干的中国文化没有中断

中国传统儒学在汉武帝时被定于一尊，儒学在内容上也逐渐被经学化，

[①] 原文载《哲学与文化》（台），2002年第6期。

董仲舒的天人感应神学目的论后来成为汉代一个时期的主导性思潮。汉末魏晋，经学衰微，"章句渐疏"，名士多以"浮华相尚，儒者之风衰矣"。（《后汉书·儒林传》）曹魏正始年间，玄学开始流行，并延续和影响到两晋和南朝，成为当时上层思想界的时兴思潮。玄学家崇尚自然，无论其崇有派还是贵无派，都不同程度地表现出对儒学的某种疏离。不过玄学家之本意绝非拒斥儒学，而毋宁说主要在于批判当朝所鼓吹的虚伪的名教，在思想上致力于儒、道的合流。王弼"好论儒道"（《魏书·钟会传附王弼传》），"向子期以儒道为壹"（谢灵运《辩宗论》），郭象主"任物之真性者，其迹则《六经》也"（《庄子注·天运》），等等，这些都表现出合一儒道的趋向。因此可以说，玄学本非与儒学相对立的思想，而且从实质上毋宁说是儒道合一的产物。质言之，玄学家的理论旨趣并不完全是在"谈玄"或"清谈"，而是要为儒家的政治伦理原则提供本体论的根据。虽然玄学在表现形式上是以自然为本、名教为末的，但其实质则是从儒家治国平天下的角度来谈论本体的，即认为统治者只有从种种具体的、烦冗的"末"事中超拔出来，才能真正"把握那整体的、无限的、抽象的本体"，处理好"自然"与"名教"的本末关系，这样对于治国安邦更为重要，更为根本，更为切实可行。① 如王弼说："夫众不能治众，治众者，至寡者也。夫动不能制动，制天下之动者，贞夫一者也。"（《周易略例·明象》）这种"执一统众"的方法，虽然是强调以"道"（自然）作为治国理论的根据，但其目的还主要在于治国。在圣人观上，尽管玄学内部有着关于圣人有情无情的争论，但总体上仍尊孔子为圣人，只是为其赋予了恬淡虚静的道家品格，主张"圣人体无"，故汤用彤说："儒圣所体本即道家所唱，玄儒之间，原无差别。"② 就玄、儒的外在关系说，二者亦非对立，而是并存乃至互补的：人们在形上的精神追求方面，每每倾向于玄学的超脱和精神解放，而在具体的社会规范上则仍以儒家名教为其准则，故玄、儒常常可集于一人之身，当时许多世家大族往往既服膺儒学，又尊奉玄学。就地域说，此时玄、儒也是并存的，只是玄学主要盛行于洛阳，而在地方士大夫中，则主

---

① 参看李泽厚《庄玄禅宗漫述》，见《中国古代哲学史论》，人民出版社1985年版，第194—195页。

② 汤用彤：《魏晋玄学论稿》，人民出版社1957年版，第37页。

要尊奉儒学。永嘉之乱后，玄学随士族南渡，而主要盛行于江左，北方基本上成为儒学的天下。可见，玄学的影响其范围和深度还是有限的。

当然，玄学的风行，一定程度上影响到儒学的地位和作用，儒学的地位有所下降，其社会作用亦有所削弱。《南史·儒林传》说："洎魏正始以来，更尚玄虚，公卿士大夫，罕通经业。"《魏志·董昭传》亦称："窃见当今年少，不复以学问为本，专更以交游为业，国士不以孝弟清修为首，乃以趋势游利为先。"这些都反映了儒学日渐衰落的情况。但问题还有另一面，由于玄学在风格上重于义理而弱于训诂，这又是对汉代儒家经学的一次冲击。它以重在人的理性自觉的"天人新义"，把儒家的道德理想主义与道家的自然主义相结合，从而使儒家的道德理性建立在自然之本的基础上，把仁、义、礼等看成是人的本性的自然流露，而不是出于外在的礼法强制，这就使中国文化重新向先秦具有人文精神的儒家先驱思想回归。所以，儒学虽景况不如以前，但并未被玄学取而代之，从而保持了中国文化发展的基本方向。

重要的是，即使在玄学流行时，作为传统文化主干的儒学在魏晋时期仍每每为统治者所提倡，以至于南北朝时期的大多数统治者都做过振兴儒学的尝试。魏武曹操虽重名法，然不废儒学，且对当时儒学衰微、风教陵迟的景况尤感不安。建安八年（203），曹操诏令说："丧乱以来，十有五年，后生者不见仁义礼让之风，吾甚伤之。其令郡国各修文学，县满五百户置校官，选其乡之俊造而教学之。"（《魏志·武帝纪》）说明曹操此时已开始在可能的范围内恢复儒学教育。至明帝即位，朝中诸多人已明确提倡儒学，如高堂隆说："夫礼乐者，为治之大本也。"（《魏志·高堂隆传》）吴人韦曜也批评"今世之人多不务经术"，主张倡导儒学。至司马晋时期，更明确标榜"以孝治天下"。司马炎"应运登禅"，旋即"崇儒兴学"（《晋书·荀崧传》）。晋武帝每以儒学为本，以百家为末，力主"简法务本"，"敦本息末"。当时还有一位颇有眼光的政治家傅玄曾指出"尊儒尚学，贵农贱商，此皆事业之要务也"，强调儒学应以"王教为首"。（《晋书·傅玄传》）武帝采纳了他的意见，决心兴道崇儒，并着手"经始明堂，营建辟雍"（《晋书·武帝纪》）。故马宗霍说："晋承魏绪，武帝崇儒兴学。先儒典训，贾、马、郑、杜、服、孔、王、何、颜、尹之徒，章句传注众家之学，置博士十九人。"① 儒学遂有勃兴之势。

值得注意的是，在东晋南北朝的民族分化时期，儒学还曾起过形成华夏民族凝聚力，加强民族融合与团结，保持中华文化的统一性、连续性发展的特殊作用。

东晋偏安后的十六国时期，北方一些少数民族先后入主中原。为了在中原站住脚跟，并实行对文化素养较高的汉民族的统治，这些少数民族政权首先选中了传统儒学。同时为了迅速缩小胡汉文化的差距，促进本民族的汉化以提高民族的文化素质，他们也需借助儒学。因此，十六国时期的这些少数民族政权大都十分重视提倡儒学。前赵为匈奴人所建立的政权，其主刘渊及渊子刘聪都能博览汉人的经籍著述，尤好儒学。渊曾拜崔游为师，学《毛诗》《京氏易》《左氏春秋》等，且"《史》《汉》、诸子无不综览"（《晋书·刘元海载记》）。其族侄刘曜更重视儒学教育，曾"立太学于长乐宫东，小学于未央宫西，简百姓年二十五已下十三已上神志可教者千五百人，选朝贤宿儒明经笃学以教之"（《晋书·刘曜载记》）。后赵主石勒本人并不识字，也常让"儒生读史书而听之"（《晋书·石勒载记》），还曾任用一些当世名儒从事儒学教育。前秦苻坚原为氐族人，做皇帝后亦崇儒甚笃，他不仅将"诸非正道典学，一皆禁之"，还亲临太学考其经义，故史称"自永嘉之乱，痒序无闻，及坚之僭，颇留心儒学"。（《晋书·苻坚载记》）后秦主姚兴原为羌族，他即位后虽以佛、儒并用，然更重儒学。一些名贤硕儒于长安大讲儒学，门徒咸集，足见当时儒风之盛。这些少数民族统治者崇儒兴学的努力，固然可能有笼络汉族士人以巩固自身统治的动机，但在客观上则加速了少数民族汉化和社会封建化的进程，也使之向中华文化靠拢，从而促进了华夏各民族间的融合。总之，在玄学风行时，儒学虽门庭冷落，但儒学传统却并未中断，从而在一定程度上保持了华夏文化的发展方向。

二、东晋南北朝时期，儒、释、道三教并存、纷争的局面只是打破了儒学的垄断，而没有动摇儒学的宗主地位，从而保持了中国文化的基本路向

在汉末儒学趋于衰落之时，源于印度的佛教文化自西域传入中土，经

---

① 马宗霍：《中国经学史》，上海书店1984年版，第66页。

第四章 儒学与释、道的交融会通

魏晋南北朝时期的传播和发展，逐渐酿成可与儒学相抗衡的社会思潮。这是中国历史上首次大规模的中外文化的接触、撞击和交流。几乎与此同时，中华本土宗教——道教也产生了，并逐步脱离原始形态，几成为可与佛教相抗衡的宗教势力。至东晋南北朝，儒、释、道三教并存纷争的社会思想态势得以形成，儒学遂开始了在纷争中求发展并努力保持自身传统品格和宗主地位的曲折发展历程。这一过程一直继续到唐宋，后来虽是以三教合一为归宿，但不能否认，宋明理学从外在形态到内在品格上说，它基本上是儒学即以儒学为旗帜而又吸收了佛、道二教心性论和思辨方法，以伦理本体化为特征的新儒学。

儒学对初传佛教的蔑视、排斥，是传统对外来文化的最初响应。儒学极力从传统文化和正统伦理的立场对佛教加以拒斥，而佛教虽然没有直接、简单地对传统加以认同，但大多采取了迎合、妥协的随和态度，在理论上力辩儒、佛宗旨一致而不矛盾，且可以相辅为用。汉末魏初牟子的《理惑论》、东晋孙绰的《喻道论》、东晋慧远的《沙门不敬王者论》等就是这方面的代表。牟子《理惑论》以设问的方式，展示了儒佛双方的不同态度。儒家认为佛教违背尧舜周孔之道和礼乐孝悌之教，而牟子则站在佛教立场上予以反驳，力主儒、佛似"金玉不相伤、精魄不相妨"，二者是相融不乖的。针对儒家批评佛教削发之举是违《孝经》、背圣人的说法，牟子引"曾子临没，启予手，启予足"为据来反驳，认为"今沙门剃头，何其违圣人之语，不合孝子之道也"，甚至认为佛教主张"弃妻子""终身不娶"从形式上看好像不合仁义之礼、父子之亲，但实质上却能使"父母兄弟皆得度世"，更合仁义之礼、孝悌之道。这种把文化传统上有较大反差的东西硬说成是相济不舛的，显然是佛教试图在传统文化氛围中使儒学宽容、容纳佛教立足的一种很现实的做法。值得注意的是，双方在论辩中其论据多出自儒家经典，这已包含着佛教对儒学宗主地位的肯定和认同。三国时僧人康僧会更明确地把儒、佛在思想上沟通起来，说："儒典之格言，即佛教之明训。"（《高僧传·康僧会传》）认为佛教也是遵从"仁"道的，说："诸佛以仁为三界上宝，吾宁殒躯命，不去仁道也。"（《戒度无极章》，《六度集经》卷四）此后，东晋孙绰在《喻道论》中已直言儒即佛、佛即儒，说："周孔即佛，佛即周孔，盖外内名之耳。……周孔救时弊，佛教明其本耳。共为首尾，其致不殊。"认为佛、儒本质上是一样的，如果说有区别，那不过是内外、本末之别而已。

至于东晋发生的沙门应否敬王的争论，则是在佛教的发展加剧了与世俗帝王、封建名教的矛盾的情况下发生的。这场争论最初是由辅佐晋成帝的庾冰代成帝所下沙门应该尽敬王者的诏书所引起的。庾冰认为"名教有由来，百代所不废"，而佛教却"矫形骸，违常务，易礼典，弃名教"，佛教发展会使尊卑不分，礼教废弃，故他主张"王教不得不一，二之则乱"（《重代晋成帝沙门应尽敬诏》），极力以世俗的权势来压制佛教，欲使其服膺传统礼教。此后桓玄和王谧也对此展开论辩，东晋佛教领袖慧远所著《沙门不敬王者论》，则是这场论辩中佛教方面的代表作。

关于《沙门不敬王者论》所涉及的诸多方面的问题，此不赘述。这里主要试通过慧远对儒学与佛教异同的论证，以及他对儒学实质上的妥协态度，来看看儒学在佛教盛兴之后的地位和作用。

首先，慧远认为，佛教虽不敬事王者，但是儒、佛在各自的范围内却都能体会宗极之道，二者的归宿基本一致。在他看来，儒学主要涉及"方内"之事，而佛教则又多涉及"方外"之事，不过，"内外之道，可合而明"，因此，"道法（佛）之与名教，如来之与尧孔，发致虽殊，潜相影响；出处诚异，终期则同"，佛教虽"内乖天属之重而不违其孝，外阙奉主之恭而不失其敬"（《沙门不敬王者论》）。这种儒佛"合明"论实质上把二者融通起来了。

其次，慧远认为佛教可以像儒学一样起到辅助王化的作用，甚至可以起到儒学所起不到的作用。在《答桓太尉书》中，慧远说："如令一夫全德，则道洽六亲，泽流天下，虽不处王侯之位，亦已协契皇极，有宥生民矣。"（《沙门不敬王者论》）强调佛教实际起到了儒学应起的作用。慧远本人就兼习儒学，还曾讲授过儒家的《丧服经》。他一面兼修儒学，同时又把佛教说成极有利于名教，其直接的目的固然在于争取世俗地主和传统儒学对佛教的谅解和支持，以获得佛教独立发展的社会环境，至少也不至于使皇权和儒学凌驾于佛教之上。不过，从中也可反映出此一时期儒学在一定程度上还限制、制约着佛教以及其他思潮的存在和发展。这场争论当时并未有个结果，但是它至少可以说明两个问题：第一，世俗统治者公然强迫佛教对儒学的认同，说明儒学在当时依然是居于支配地位的社会思想；第二，佛教公然申明对皇权可以不行跪拜礼，使一向恪守君臣之礼、贵贱之序的儒家正统观念受到严峻的挑战，正说明儒学的垄断地位已经被打破。

儒佛关系至南北朝时期有了微妙的变化，这主要表现在从原先外在情感上的抵牾，而逐渐趋向隔膜的消除，后来以至于出现了思想和理论层面上的相互吸收、融合的情况，在这一进程的延续中佛教也日渐中国化。这种"中国化"固然由包括中国传统的思维方式、行为模式、价值观念及民俗习惯等固有文化要素在佛经传译、讲习、研究中的影响所造成，但其主导的因素则来自儒学的影响，可以说，佛教的中国化在很大程度上是儒学化。[①]

佛教儒化的显而易见的事实是，一些佛教学者每每以儒经释佛，并使主张出世的佛学日渐趋向世俗化；另一些学者倡三教同源，力图在渊源上把三教挂搭起来。

以儒释佛的手法在中国的佛教典籍中是较为常见的，如以儒学的"仁"释佛教的"慈"，以儒家的"五常"释佛教的"五戒"等就是其表现之一。较典型的，如北齐人魏收就直接用传统儒家的"五常"对佛教的"五戒"进行所谓的"格义"，说："又有五戒：去杀、盗、淫、妄言、饮酒，大意与仁、义、礼、智、信同，名为异耳。"（《魏书·释老志》）许多佛教学者或僧徒还兼习儒经，除了上面提到的慧远如此外，梁武帝萧衍也是其中较典型的一位。萧衍笃信佛教，又倡儒术，他曾数次舍身到寺院为僧，而在儒经说解方面也著述甚丰。其中儒佛互释的情况每有所见。

此外，佛教为了能在渊源上把自己与儒学挂搭起来，极力倡三教同源说。北周道安在《二教论·服法非老》中引《清净法行经》云："佛遣三弟子震旦教化：儒童菩萨，彼称孔丘；光净菩萨，彼称颜渊；摩诃迦叶，彼称老子。"认为儒、道均源于佛。此说虽荒诞不经，但反映了佛教极力融通儒学的努力。南朝梁武帝在治国方略上坚持三教并用的方针，为使其方针得到理论上的支持，也力倡三教同源，他说"老子、周公、孔子"都是"如来弟子"（见《舍事道法诏》，载《弘明集》卷四），并作《会三教诗》，以太阳譬喻佛，把儒、道譬作众星，说"穷源无二圣，测善非三

[①] 赖永海："所谓（佛教）中国化，在相当程度上则是指儒学化；而所谓儒学化，又相当程度地表现为心性化。"见赖永海《佛学与儒学》，浙江人民出版社1992年版，第61页。

英",认为归根到底佛教是本源,儒、道与佛同源。总之,三教同源说的提出,对于打破儒学的垄断起过一定的作用,使儒学从根本上弱化了其至上的意义,但是仍可看出,即使在佛教盛兴的时候,儒学还毕竟是佛教不能不正视的传统因素和力量。

  儒学在南朝和北朝的情况各不相同。儒学在南朝的地位稍弱,特别是在宋、齐两代似显萧条,"乡里莫或开馆,公卿罕通经术,朝廷大儒,独学而弗肯养众,后生孤陋,拥经而无所讲习",难以造成儒学的声势,故《宋书》《齐书》无《儒林传》。尽管如此,通于五经的学者仍不在少数。宋初,尤以"雷次宗最著,与郑玄齐名"(皮锡瑞《经学历史》)。至梁代,武帝虽以会通儒、释、道三教为旨,仍重视提倡儒术,曾诏立五经博士,教授皇室胄子,祭奠儒家先圣,且亲注儒学典籍,遂使儒家经学大为振作。时经学家辈出,除明山宾、严植之、沈峻、贺场、陆琏等立博士外,著名学者还有何佟之、伏曼容、崔灵恩、太史叔明、皇侃、张讥等。只是这些人常杂儒、玄于一体,使其儒学表现出两个特点:一是他们多兼习《老》《庄》《周易》,受玄学影响较大;二是在儒学中尤重礼学,颇有汉儒传统。至于北朝儒学,其情况则不同。由于玄学南渡之后,北朝几成儒学的天下,加之少数民族入主中原后,由于前述之特殊的原因,更热心于提倡儒家礼法名教,故北朝儒风甚隆,尤以北魏儒学最为倡兴。《北史·儒林传》说:"魏道武初定中原,虽日不暇给,始建都邑,便以经术为先,立太学,置五经博士、生员千有余人。天兴二年春,增国子太学生员至三千人。"太武帝又于始光三年(426)起太学于城东,并祀孔子,还以颜渊陪祭。太武帝还大量任用汉人名儒,令各州荐举才学,"于是人多砥尚,儒术转兴"。到献文帝、孝文帝,其崇儒基调一直未变。至宣武之时,"经术弥显",儒学之盛况"比隆周汉"(《北史·儒林传》)。北朝儒学由北魏奠基,迄北齐、北周,其倡兴势头未减,尤以北周儒风最盛,其崇儒兴学,已成时尚。武帝发动的在历史上有重大影响的毁佛运动,不能说不与崇儒有关。他曾召集名儒道士、文武百官"辨释三教先后",明确宣布"以儒教为先,道教次之,佛教为后"(《北史·周本纪下第十》),把儒学置于三教之首。北朝著名的学者有常爽、刘献之、张吾贵、徐遵明、卢景裕、李业兴等人,而能立宗开派者当推徐遵明。徐氏遍读《论语》《毛诗》《尚书》《三礼》《春秋》等,还亲撰《春秋义章》。在学风上,北朝学者较重汉儒章句传统,亦重礼学。可见，在佛、儒的并存纷争中，儒学传统不仅没有中断，而且通过儒学对佛教的渗透，加速了佛教中国化的过程，佛教也成为中国文化的组成部分了。

魏晋南北朝时期也是道教产生并逐步脱离原始形态而走向成熟的时期。一般地说，道教在理论上较之佛教要贫乏一些，宗教戒律也较为粗糙。在其成长过程中总是在吸收中国传统儒学和佛教的东西以对自身加以充实。从文化发生的角度看，由于道教与儒学根源于同一文化土壤，二者有着较为深层的联系，因而它尽管曾一度十分倡兴，但基本上不与儒学相抵牾，未能动摇儒学的宗主地位。例如，道教最早的典籍《太平经》就吸收了儒学"三纲六纪"的观念，说："三纲六纪所以能长吉者，以其守道也。"把道看成是传统纲常的本体和根据。还说，道教要"令人父慈、母爱、子孝、妻顺、兄良、弟恭"，显然道教仍恪守着儒家传统的伦理。此外，道教还把儒家"仁"的观念融入自己的体系中，如说，仁者"当用心仁，而爱育似于天地，故称仁也"。道教在魏晋后有较大的发展，理论逐步走向体系化，教戒也日渐规范化了。推进这一工作的有东晋葛洪、北朝寇谦之、南朝陆修静和陶弘景等人。其完善道教理论的一项重要内容，就是大量援儒入道，以儒家学说充实道教理论。

葛洪在其理论建构中基本采取了"道本儒末"的方针，他说："道者，儒之本也；儒者，道之末也。"（《抱朴子·明本》）葛洪援儒入道，搞儒道合流的印迹还是十分明显的。例如他把"仁义"仍看成是"道"的重要内容，说："立人之道，曰仁与义。"如果离开"道"，那么"君臣易位者有矣，父子相刃者有矣"（同上）。他甚至把儒家纲常名教看成是道教达到其修炼目标的条件之一，说："欲求仙者，要当以忠孝、和顺、仁信为本，若德行不修，而但务方术，皆不得长生也。"（同上文）由此，他主张为学应儒、道兼修，不可偏废。北朝寇谦之等人则主要吸收儒家的礼法制度，以此对道教戒律加以改造，提出了"专以礼度为首"改造道教的方针，从而把"佐国扶民"的外王品格引入神仙道教中，道教也一步步官方化。由于道教对儒学尚不存在夷夏之防方面的心理隔膜，所以它对儒学的吸收常常表现为一种同根文化的自觉认同。在儒佛展开"夷夏之辩"时，道教也事实上往往站在儒学一边。

可以看出，在东晋南北朝的三教并存纷争中，儒学的垄断虽然被打破，但儒学的宗主地位没有丧失，儒家的价值观念、道德规范、哲学倾向对佛道二教均有较大影响，在一定程度上还影响到它们的发展趋向，从而使中国文化沿着以儒为主、兼纳众学的方向发展，这不仅对保持中国文化的绵延不绝起过重要作用，而且也为其注入了新的文化因素，使之更加丰富起来。

三、在学术思想上，魏晋南北朝时期儒学的经解和研习虽有起伏但绵延不断，并做出了贡献，从而使中国文化传统借助儒学经籍得以延续和发展

儒家的经学研究在魏晋南北朝时期仍在继续进行，虽然没有出现如董仲舒那样在中国文化史上有深远影响的大儒，但名贤硕儒亦群星灿烂。晋有杜预、范宁、郭璞，北朝有徐遵明、刘献之、熊安生，南朝有雷次宗、皇侃等，如果把魏晋时孔安国和玄学家王弼、何晏也算在内，可以说此一时期儒林还是名家济济的。在经籍整理方面，像孔安国的《尚书传》、王弼的《周易注》、何晏的《论语集解》、杜预的《春秋左氏经传集解》、范宁的《谷梁传注》、郭璞的《尔雅注》、皇侃的《论语义疏》等，都是对后世影响颇大的经解著述。后来的《十三经注疏》中，除了《孝经》为唐玄宗注解外，其余之注，由汉儒与魏晋儒所为者各居其半。而对唐宋儒学发生直接影响者，尤以魏晋之注为最。此外，儒学经籍的研究风格也有所创新，与传统章句训诂的烦琐经注不同的"义疏"之学，正是在这一时期因受佛教讲经方式的刺激而形成的。当然，在南北朝时期，随着政治上对峙局面的形成，魏晋时曾存在过的玄学经学、训诂经学到此时发生了分立，一般地说，南朝重玄学经学传统，北朝重汉末章句训诂传统。从学术倾向上说，此一时期儒学偏重于应用而略于高层次的精神追求，也就是说，儒学的发展重于实际应用的"外王"之道，而弱于心性修养的"内圣之学"，传统儒学中强调"修己以安人""下学而上达"，注重内在的道德修养和人生理想的追求以及道德人格的完善等"合内外，通上下"的精神，却没有得到整个社会的普遍认同，甚至没有形成发挥这种精神的自觉意识，而备受重视的是礼学，先秦儒家的孟学传统则抑隐而未彰。也正是由于这一原因，这一时期尽管名儒辈出，但终究没能出现一个有重大理论成就、超越先儒的儒家学者，这是我们不能回避的事实。不过，这种学风的分立和学术倾

向上的偏重，在总体上并没有影响到中国文化的基本方向，没有影响中国文化的统一性和连续性发展，也没有动摇儒学的宗主地位。

综上所述，魏晋南北朝时期的儒学，上承两汉儒学，突拔魏晋玄学，旁及南北朝佛、道二教，下启唐宋三教归一趋势，是中国文化发展史上一个重要时期的主导性思想。中华文明垂数千年而不断，历诸朝更迭而不衰，始终保持自己的连续性与整体性发展，这与儒学在魏晋南北朝时期能得以保存、延续和在三教纷争中曲折发展不能说没有关系。首先，玄学的风行，佛教的盛兴，道教的生长，总体上并没有中断儒学发展的进程。儒学一面保持着自身人本主义的现实品格，一面又通过对佛、道的渗透和价值导向，使佛教走向了中国化，使道教也未能脱离中国传统的现实性品格，从而保持了以儒学为主体的中国文化的连续性发展。其次，民族文化的连续性也与中华民族历史上的统一性相关。魏晋南北朝时期是汉代统一王朝之后第一次出现的民族分裂时期，其间历时三百余年，且战乱频仍，兵戈不休，曾有过魏蜀吴三国的鼎立、东西两晋的分裂，有北方少数民族入主中原相互兼并、不断更替的十六国时期，又有南北朝的对峙。中国历史上如此复杂的变迁，终未能在总体上引起民族文化的断裂或终绝，始终保持自身的统一性和连续性发展，这显然与儒学所起的历史作用有关。事实上这一时期儒家的纲常伦理仍然是各个朝代治国安邦的实质上的指导思想；各皇朝制定律令、朝纲朝仪等主要仍依据的是儒学典籍，保持的是儒家传统；以忠、孝为核心的儒家道德仍被尊为最高的道德原则；社会教育仍以儒学作为事实上法定的内容；在民族分裂时期儒学曾起过形成华复民族凝聚力、加速少数民族汉化和封建化进程的特殊作用。由于儒学有着适应中国封建农业经济、封建专制主义的政治制度而形成的超稳定结构的功能以及自身所特有的涵容力，遂能在汉唐三教并存纷争、互黜互补的思想格局中重新突拔出来，最终于宋明时期以新儒学的形式超越众学，再度振兴于世，从而保持了中华文化的连续性发展，创造了人类文明史上绝无仅有的奇迹。所以，研究中华文化史，魏晋南北朝时期儒学的地位和作用是不能忽略也不能低估的。

两晋南北朝时期统治者振兴儒学的努力[①]

自汉武帝采纳董仲舒"罢黜百家,独尊儒术"的主张后,儒学逐步居于独尊地位。汉末魏初,儒学出现衰落趋势。迄魏晋南北朝时期,随着玄学的流行、佛教的传入、道教的生长,儒学几有被淹没之势。也许正因为如此,人们对两晋南北朝时期的儒学往往不屑一顾。比较流行的看法,即认为儒学在这一时期已让位于玄、佛、道,它本身已丧失了宗主的地位,或者还有的认为儒学在此时期已经中断。如上文所述,对儒学在这一时期的状况要做具体的、客观的分析,不可一概而论。当时儒学发展处于低谷确属事实,不过儒学传统没有中断;对儒家内在精神的弘扬虽显薄弱,但儒家经籍的研究、诠释、整理工作却未停滞;儒学在社会生活中的影响大大减弱,但它仍然在一定范围内发生着作用。并且,重要的是,由于传统力量的认同特别是统治者对儒学作用的再认识,当时诸朝统治者又总是竭力进行着振兴儒学的努力,所以到南北朝,儒学在社会上的地位已明显出现了回升的趋势,其宗主地位也艰难地维持下来。这里仅就两晋南北朝时期统治者在儒学衰落的情况下所可能做的种种振兴儒学的尝试,从一个侧面来展示这一特定时期儒学发展的基本情况。

先秦时期曾是百家之学之一的儒家学说,到汉武帝实行"罢黜百家、独尊儒术"方针后,逐步被捧上了官方正统思想地位。东汉时,儒学日益被经学化。但是,由于种种原因,自东汉末年,儒家经学出现了衰落的趋势,儒学也逐渐陷入一蹶不振的境地。魏正始时期,玄学风行,崇尚老庄已成时尚。虽说孔子名义上仍被尊为圣人,但是儒家学说却每每被做了玄学化的解释,儒学的地位日见下降。《南史·儒林传》说:"洎魏正始以后,更尚玄虚,公卿士庶罕通经业。"曹魏及蜀汉政权,尤重名法,不尚儒术,对儒家名教异常淡漠。曹操为了政治上的需要,曾提出"唯才是举"的用人方针,甚至主张任用"负污辱之名,见笑之行,或不仁不孝而有治

[①] 原文载《唐都学刊》,1991 年第 1 期。

国用兵之术"者。《魏志·董昭传》亦谓:"窃见当今年少,不复以学问为本,专更以交游为业。国士不以孝弟清修为首,乃以趋势游利为先。"可见,此时儒学已不为世人所重。但是,对于植根于传统宗法制度基础上的儒学是维护封建制度的至好武器这一点,统治者经过正反两方面的比较是充分有所认识的。随着玄学风行后之流弊的暴露、名教面临的危机的加深,统治者重视、提倡儒学的态度也日见明朗。即使颇重名法的曹操也并非完全蔑视儒学。到魏明帝即位后,朝中一些人已开始明确提倡儒学。延寿亭侯高柔曾上疏说:

> 臣闻遵道重学,圣人洪训;褒文崇儒,帝者明义。昔汉末陵迟,礼乐崩坏,雄战虎争,以战阵为务,遂使儒林之群,幽隐而不显。太祖初兴,愍其如此,在于拨乱之际,并使郡县立教学之官。高祖即位,遂阐其业,兴复辟雍,州立课试,于是天下之士,复闻庠序之教,亲俎豆之礼焉……然今博士皆经明行修,一国清选,而使迁除限不过长,惧非所以崇显儒术,帅励怠惰也。(《三国志·高柔传》)

高柔力陈儒学颓废之弊,追述先祖崇儒重学之传统,主张振兴儒学。魏明帝时为给事中、博士、驸马都尉的高堂隆,也极力倡导儒学,谓"夫礼乐者,为治之大本也"(《魏书·高堂隆传》)。《王昶传》记载王昶力陈以儒学抵制浮华之风的主张,王昶"陈治略五事",其第一件事就是"崇道笃学,抑绝浮华,使国子入太学而修庠序"。王昶亦每以儒学教子,认为"人为子之道,莫大于宝身全行,以显父母"。主张"孝敬仁义,百行之首,行之而立,身之本也。孝敬则宗族安之,仁义则乡党重之,此行成于内,名著于外者矣"。(《魏志·王昶传》)在儒学面临危机、难以履行其职能的情况下,重新认识儒学、崇儒兴学,已引起统治者的普遍重视。三国时吴人韦曜亦"疾没世而名不称",批评"今世之人多不务经术","技非六艺,用非经国,立身者不阶其术,征选者不由其道","考之于道艺,则非孔氏之门也;以变诈为务,则非忠信之事也"。(《吴书·韦曜传》)就当时社会思潮的趋势看,玄学"口谈浮虚,不遵礼法"的情况还在发展。《晋书·范瑊传》说:"正始以来,世尚老庄。逮晋之初,竞以裸裎为高。"

以至于放荡形骸，无所事事。司马氏集团早已不能容忍这种倾向的发展，立晋之前，一些玄学名士如何晏、嵇康已遭杀害。嵇康被杀的借口就是"上不臣天子，下不事王侯，轻时傲世，不为物用，无益于今，有败于俗"（《世说新语·雅量》注引《文士传》）、"言论放荡，非毁典谟，帝王者所不宜容"（《晋书·嵇康传》）。司马氏出身儒门世族，虽然其自身的篡逆行径早已践踏了儒家的君臣之伦，但表面上仍在标榜"以孝治天下"。司马炎立晋，儒学旋即受到重视，他"应运登禅，崇儒兴学"（《晋书·荀崧传》）。晋武帝每以儒学为本，以百家为末，提出"简法务本""敦本息末"的主张。武帝即位不久，有一位颇有眼光的政治家傅玄，就上疏要改变"虚无放诞之论盈于野"的局面，力主重振儒学，认为"尊儒尚学，贵农贱商，此皆事业之要务也"，主张应以儒学为"王教之首"。（《晋书·傅玄传》）武帝采纳了他的意见，决心笃道崇儒，开始"经始明堂，营建辟雍"（《晋书·武帝纪》），儒家经学遂有勃兴之势。故马宗霍说："晋承魏绪，武帝崇儒兴学。先儒典训，贾、马、郑、杜、服、孔、王、何、颜、尹之徒。章句传注众家之学，置博士十九人。"[①] 不过，从总体上说，晋武帝未能使玄风蔓延的形势得以改变。西晋中期以后，颓废浮虚之风仍在泛滥。逮自东晋偏安江左，玄学随士族南渡，此风不减。《晋书·儒林传》说："有晋始自中朝，迄于江左，莫不崇饰华竞，祖述虚玄，摈阙里之典经，习正始之余论，指礼法为流俗，目纵诞以清高，遂使宪章弛废，名教颓废。"不过，另一方面，玄学南渡后，儒学在北方反而站住了脚，并有了长足发展。十六国时期，北方少数民族先后入主中原，这种特殊的历史条件，使晋中期已衰退的儒学出现了转机。少数民族入主中原后，为了站稳脚跟，首先要加强对文化素质较高的汉民族的控制，所以，需要借助于儒学，以便取得汉族士人的支持和合作；其次，他们必须尽可能地缩小胡汉的文化差距，提高本民族的文化素质，这也需要借助儒学，以加强汉民族的同化。这样，儒学就特别受十六国时期一些少数民族统治者的重视，并做出种种崇儒的姿态和兴儒的努力。前赵是匈奴贵族建立的政权，其统治者刘渊、刘聪曾博览汉人经籍著述，尤好儒学。刘渊曾拜汉儒崔游为师，学《毛诗》《京氏易》《左氏春秋》，且"《史》、《汉》、诸子无不综览"（《晋书·刘元

---

① 马宗霍：《中国经学史》，上海书店1984年版，第66页。

海载记》)。其子聪亦"究通经史,兼综百家之言"(《晋书·刘聪载记》),其族侄刘曜"尤好兵书,略皆暗诵,常轻吴、邓,而自比乐毅、肖、曹"(《晋书·刘曜载记》)。刘渊还特别重视儒学的教育和普及,曾"立太学于长乐宫东,小学于未央宫西,简百姓年二十五已下十三已上,神志可教者千五百人,选朝贤宿儒明经笃学以教之"(《晋书·刘曜载记》)。后赵的统治者是羯族人石勒,石勒本人并不识字,但也懂得利用儒学去巩固自己的统治。他常让"儒生读史书而听之,每以其意论古帝王善恶,朝贤儒士听者莫不归美焉"(《晋书·石勒载记》)。他曾起用了许多汉族儒生,建立了若干学校。后赵建国之前,就开始重视儒学,曾在襄国立太学,并"增置宣文、宣教、崇儒、崇训十余小学于襄国四门,简将佐豪右子弟百余人以教之"(《晋书·石勒载记》)。建国后即任用一些儒生来振兴经学,如以傅畷领经学祭酒等,并"亲临大小学,考诸学生经义,尤高者赏帛有差"(《晋书·石勒载记》)。其族侄石虎,除继续设立学校外,还曾令郡国立五经博士,复置国子博士、助教。前燕、后燕建国者鲜卑人慕容氏,亦非常尊奉儒学。慕容廆曾接纳了许多儒士,并委以重任。慕容廆之子翰也"善抚接,爱儒学。自士大夫至于卒伍,莫不乐而从之"(《晋书·慕容宝载记》)。后燕慕容垂之子慕容宝亦能"砥砺自修,敦崇儒学,工谈论,善属文"(《晋书·慕容宝载记》)。前秦苻坚崇儒兴学,其绩尤著。《苻坚载记》说苻坚对"诸非正道典学,一皆禁之",并亲自"临太学,考学生经义,上第擢叙者八十三人。自永嘉之乱,庠序无闻,及坚之僭,颇留心儒学"。其谋主王猛辅政,则"外修兵革,内崇儒学,劝课农桑,教以廉耻。……于是兵强国富,垂及升平"(《晋书·苻坚载记下附王猛传》)。后秦统治者姚兴,虽以儒、佛并用,然尤重儒学。当时一些名贤硕儒,在长安大讲儒学,门徒众多。据说凉州胡辩于苻坚末年在洛阳讲授儒学,有弟子千余人。关中一些学人多往请业,姚兴曾下令:"诸生谘访道艺,修己厉身,往来出入,勿拘常限。于是学者咸劝,儒风盛焉。"(《晋书·姚兴载记》)可以看出,十六国时期无论汉胡诸族,也不管当时统治者出于何种考虑,他们在重振儒学方面,都是不遗余力的。就其社会作用说,那些少数民族统治者推崇儒学,固然大多出于笼络汉族士人,巩固自己统治地位这一直接目的,但是在客观效果上,则一定程度加速了少数民族封建化的进程,促进了少数民族与汉民族的融合,同时也延续和保存了儒学传统,弘扬了儒家文化。

在民族分裂时期，儒学的社会作用显然是二重的：既起着维护封建地主阶级统治的作用，同时也是形成华夏民族凝聚力的纽带，起了加强民族融合和团结的积极作用。这种作用在南北朝时期表现得尤为明显。

东晋灭亡后，出现了南北朝对峙的局面。南朝，宋、齐、梁、陈递相禅代；北朝，原十六国互相兼并，先是拓跋氏统一北方，建立北魏，继之又有北魏分裂为东魏、西魏，东魏后来被北齐取代，西魏又被北周取代，隋又取代北周，逐步统一了南北。南北朝时期的统治者，无论当时形势如何，都尽可能地做过振兴儒学的尝试。南朝以梁武帝为代表，北朝则以北魏孝文帝、北周武帝为代表。

南朝刘宋时，重视教育，倡导儒学，尤重儒家礼学。武帝刘裕曾下诏："古之建国，教学为先。"（《宋书·武帝纪》）于元嘉年间，立四学：儒、玄、史、文。由名儒雷次宗、朱膺之、庾蔚之主持讲授儒学。雷次宗以《三礼》授徒，曾为皇太子及诸王讲解《丧服经》，其《礼》学造诣，与郑玄齐名。沈垚在《落帆楼文集》之《与张渊甫》中说："六朝人礼学极精。"这是合乎事实的。齐、梁时，《礼》学尤为发达。齐代承东晋传统，玄、儒并存，不过此时玄学已成劣势。一代大儒王俭则"长礼学，谙究朝仪，每博议，证引先儒，罕有其例"（《南齐书·王俭传》）。王俭属官学代表，他比较重视汉末传统。名儒刘瓛，"儒学冠于当时，其学亦重《礼》，所著文集，皆是《礼》义，行于世"（《南齐书·刘瓛传》）。至梁代，梁武帝会通儒、释、道三教，尤尚儒学。武帝深患"公卿罕通经术，朝廷大儒，独学而弗肯养众，后生孤陋，拥经而无所讲习"（《梁书·儒林传》）的儒教沦歇之况，于天监四年（505），诏开五馆，建立国学，总以五经教授，"置五经博士各一人"，并以明山宾、陆琏、沈峻、严植之、贺玚，各主一馆，每馆有数百学生，就学受业。其射策通明经者，即除为吏。于是"数十年间，怀经负笈者云会京师"（《梁书·儒林传序》）。天监七年（508），武帝又下诏"建国君民，立教（儒学）为首，砥首砺行，由乎经术。……宜大启庠教，博延胄子，务彼十论，弘此三德"（《梁书·儒林传序》），诏皇室贵胄，往就儒学。武帝并亲屈舆驾，祭奠儒圣，其规模空前，真是"济济焉，洋洋焉，大道之行也如是"（《南史·儒林传》）。一改魏晋以来儒学门庭冷落之景况，儒学大兴。故焦循说："正始以后，人尚清谈，迄晋南渡，经学盛行于北方。……梁天监中，渐尚儒风，于是梁书有儒林传。"

(《国史儒林文苑》,《雕菰楼集》卷一二）这种重儒风气，一直影响到陈朝。不过，儒学在南朝，由于受玄学化的影响，加之又与佛道二教处在微妙的关系中，其地位尚不显赫。梁武帝虽然极力提倡儒学，他还是以佛教为本，儒教为末的。儒学中玄学和宗教的成分也较多，因而，儒学的作用受到极大的限制。就儒学内容来说，儒学关于"礼"的学说较受重视，说明当时人们较重视实际的应用，而在高层次的精神追求方面，如对孔孟重内在的道德修养、追求天人合一的精神境界等天道性命方面则弱有发扬。

在北朝，由于儒学本来就有较深的社会基础，加之少数民族入主中原后面临着改变游牧民族习俗，建立新的统治方式、生活方式，以及提高本民族文化素质，加快其封建化进程的紧迫任务，因而对儒学有着极大的兴趣。这些双重因素，遂促成了儒学在北朝基本上仍处于宗主地位的情况。赵翼在《廿二史札记》中说：

> 北朝治经者，尚多专门名家。盖自汉末郑康成以经学教授门下，著录者万人，流风所被，士皆通经绩学为业，而上之举孝廉、举秀才，亦多于其中取之。故虽以多务实学者，固由于士习之古，亦上之人，有以作兴之。

赵翼认为，北朝既有儒学传统，又有儒学倡兴的社会基础，加之统治者"有以作兴之"，所以儒学日渐成为显学。

北朝倡儒学最力者，首推北魏孝文帝元宏。孝文帝倡儒学，其基础在于河西文化和北方世家大族的儒学传统。[①] 永嘉之乱后，凉州一带遂成中原人士避难地之一，中原文化转移并保存于凉州一隅。前凉统治者张轨，出身汉族，且家世以儒学知名。张轨在凉州尤重视儒学，曾"课农桑，拔贤才，置崇文祭酒，征九郡胄子五百人，立学校以教之"（《前凉张轨》,《太平御览》卷一二四）。西凉统治者李暠，亦出身汉族儒学世家，他曾在西凉设立学校，增高门学生五百人，以教授儒学。凉州后归北魏，这样河西文化遂入北魏。此外，北方一些儒门世族如崔浩、卢玄等，都是当时名儒。因此，北魏在思想文化的取向方面深受这种因素的影响。《北史·儒林传》

[①] 参阅牟钟鉴《南北朝经学述评》，载《孔子研究》，1987年第3期。

说:"魏道武(即拓跋珪)初定中原,虽日不暇给,始建都邑,便以经术为先,立太学,置五经博士生员千有余人。天兴二年春,增国子太学生员至三千人。"魏明元帝时,曾改国子为中书学,立教授博士。明元帝拓跋嗣本人亦"好览史书,以刘向所撰《新序》《说苑》,于经典正义,多有所缺,乃撰《新集》三十篇,采诸经史,该洽古义"(《魏书·太宗纪》)。太武帝拓跋焘又于始光三年(426),起太学于城东,并祀孔子,还以颜渊配祭。太武帝尤重视任用儒学士人,广召天下儒俊,如征范阳卢玄,授中书博士;征渤海高充,拜为中书博士,此外还有博陵崔绰、赵郡李灵等人。世祖始光三年(426)春,"别起太学于城东,后征卢玄、高允等,而令州郡各学才学。于是人多砥尚,儒林转兴"(《魏书·儒林传》)。北魏大量任用汉人硕儒,大大促进了拓跋氏的汉化,也促成了儒学倡兴。到献文帝弘、孝文帝元宏时,在政治、文化、社会习俗等方面开始了积极的、自觉的、大规模的汉化运动。其中尤以儒学的振兴为其主导。献文帝于"太和中,改中书学为国子学,建明堂辟雍,尊三老五更,又开皇子之学",及至迁都洛阳后,"诏立国子、太学、四门小学"。孝文帝"钦明稽古,笃好坟籍,坐舆据鞍,不忘讲道,刘芳、李彪诸人以经书进"。至宣武时,又"复诏营国学,树小学四门,大选儒生以为小学博士,员四十人。虽黉宇未立,而经术弥显。时天下承平,学业大盛"。儒学之盛况,"比隆周汉"。(《北史·儒林传》)

北朝儒学由北魏奠基,迄北齐、北周,其倡兴势头仍在继续。《北齐书·文宣帝纪》说:"(天保元年)八月诏郡国修立黉序……往者文襄皇帝所建蔡邕石经五十二枚,即宜移置学馆,依次修立。"可见对儒学的重视。齐高祖还以殊礼厚待卢景裕、李同轨等儒者,为其置宾馆讲授儒学,并在诸郡立学,置博士助教授经。北齐经学亦较发达,出了不少名儒,尤以徐遵明、刘献之影响较大。所传之学以《易》《诗》《礼》等为重。此外,《春秋》《论语》《孝经》也为诸儒所通习。北周更推崇儒学,特别以北周文帝、武帝时最为突出。《北史·儒林传》说:

> 周文受命,雅重经典。……卢景宣学通群艺,修五礼之缺;长孙绍远才称洽闻,正六乐之坏。由是朝章渐备,学者向风。明皇纂历,敦尚学艺。内有崇文之观,外重成均之职……是以天下

慕向，文教远覃。

可见，至周文帝宇文泰时，由于朝廷的提倡，崇尚儒学，已成时尚。至武帝宇文邕时，儒学在三教并立的北朝已处于突出的地位。宇文氏在进行汉化运动中，进行了一系列的政治、经济、思想文化方面的改革，尤其重视发扬儒学传统。他亲临太学尊崇三老，还特别"征沈重于南荆"，"待熊安生以殊礼"。沈重是南朝名儒，熊安生也是当时著名经学家，他们都得到北周的厚待和礼聘。这里需要提及的是武帝的毁佛运动。建德三年（574），北周武帝下诏"初断佛道二教，经象悉毁，罢沙门、道士，并令还民"（《周书·武帝纪》）。此次毁佛，固然还有其他方面的原因，但崇儒也是重要原因之一。宇文邕曾召集名儒名僧道士和文武百官二千余人，讨论三教地位，他说："量述三教，以儒教为先，佛教为后，道教为上。"（《广弘明集》卷八）明确宣布儒学为三教之首。宇文邕常以儒家礼乐行事，还仿《周礼》设六官，置六军。曾召集百官以及僧人、道士，为其讲述《礼记》。故皮锡瑞说："惟魏孝文、周武帝能一变旧风，尊崇儒术。"儒学经北朝的尊崇、提倡，遂能在儒、佛、道三教纷争中不仅保持了宗主地位，且已有昌盛之势，"历北齐、周、隋，以至唐武德、贞观，流风不绝"。①

两晋特别是南北朝的诸多统治者，在儒、佛、道纷争与鼎立的情况下做了许多振兴儒学的努力，至北魏、北周可以说形成了继汉代儒学衰落后一次儒学盛兴的峰巅，这在儒学发展史乃至中国文化史上，应该说是有重要意义的变化。通过对这些变化的了解，特别是对当时统治者对儒学态度、做法和其社会效果等方面的考察和分析，从中可看出儒学发展的某些带规律性的东西，一定程度上也可以促使人们对这一时期儒学地位、作用做出较为客观的思考。

第一，非如一些人所认为的魏晋南北朝时期玄学或佛教是占统治地位的社会思潮，儒学已退出历史舞台（流行的一些思想史论著几乎很少提及这一时期的儒学）。事实上，虽然这一时期儒学受到玄、佛、道的极大冲击，但这只是打破了儒学在学术上的垄断，儒术独尊演变为以儒为主，儒、

---

① 皮锡瑞：《经学历史》，中华书局1959年版，第183页。

佛、道并存纷争的局面。儒学在实质内容上虽没有形成新的形态，但传统的儒学典籍、儒家思想则仍然是统治者制定朝纲、礼仪、礼乐刑政的最主要的理论依据，儒学的宗主地位没有丧失。（参看上文）

第二，儒学典籍的研究、整理不仅没有停止，而且绵延不绝，还做出了特殊的贡献。不过，就儒学本身来说，统治者崇儒主要是为了实用，而对孔孟儒学的"内圣"之学却阐扬不够，儒家的《礼》学却受到了极大的重视。因而这一时期尽管名儒辈出，但终究未能出现一个有重大理论成就、创体系的儒学家。从这个意义上说，韩愈所谓的儒学至孟子之后"不得其传"的说法，是具有一定历史眼光的评论，反映了儒学发展某一侧面的真实情况。

第三，统治者振兴儒学大多是从儒学教育入手的。或立太学，或兴小学，或"营建辟雍"，或"大启庠序"，无论形式如何，而儒学都是事实上法定的教学内容。这对于振兴和弘扬儒学传统起了巨大作用。

第四，在民族分裂、少数民族入主中原的社会条件下，儒学曾起过形成华夏民族团结、融合的凝聚力，加速少数民族封建化进程和文化汉化的特殊作用。总之，深入研究和客观分析、评价两晋南北朝时期的儒学，对于我们研究中国思想史、文化史不无意义。

第四章　儒学与释、道的交融会通

魏晋南北朝时期学术思想说要[1]

东汉末年发生的黄巾起义，沉重地打击了汉王朝的统治基础，此后形成的大大小小的军阀统治集团，展开了激烈的武力兼并，东汉王朝已名存实亡。从公元220年以后，逐渐形成魏、蜀、吴鼎立的局面，史称"三国"，这是秦汉以来中国大一统局面之后的首度分裂。

公元239年，魏明帝死后，曹氏集团趋于衰落，政权渐由司马氏所控制，公元263年，司马昭灭蜀，公元256年，司马炎代魏称帝，建都洛阳，国号晋。此后出现了短暂的统一。"八王之乱"后，北方少数民族政权乘机逐鹿中原，中国又一次陷于分裂。公元316年，西晋由匈奴贵族刘氏所灭，其余王室及门阀士族先后南渡，并拥立司马睿称帝，建都建业，史称东晋。东晋偏安江左，维持了百余年的时间。公元420年，刘裕废晋帝而立，建立宋朝，此后，江南地区政权迭经更替，又先后经历了齐、梁、陈诸朝，史称南朝。

在西晋灭亡之后，与南方相对应，在中国北方由匈奴、鲜卑、羯、氐、羌等少数民族建立的政权相互更替，兼并战争连绵不断，史称这一时期为十六国时期。公元386年，出身于鲜卑族的拓跋氏在北方崛起，并于平城（今大同）建立政权，史称北魏。公元493年魏迁都洛阳，史称元魏。到公元534年，魏分裂为东魏和西魏。以后又相继建立北齐、北周，北周于公元577年灭了北齐，统一了北方。北周隋国公杨坚后于公元581年灭北周，建立隋。公元589年，隋灭南朝最后一个王朝陈，结束了长达369年的分裂，中国重归统一。

魏晋南北朝时期，国家长期分裂，政权频繁更替，社会动荡不安，由于此时政治控制相对薄弱，人们的思想较前活跃，于是学术思想也出现了多元并存、多途发展的新格局。在汉代曾被定于一尊的儒家经学，一度出

---

[1] 原文见张岂之主编《中国思想学说史》之《魏晋南北朝卷·前言》（本书作者为该卷主编），广西师范大学出版社2007年版。

现了衰落，魏晋时，玄学风行，"儒墨之迹见鄙，道家之言遂盛焉"（《晋书·向秀传》）。同时，汉代已传入中土的佛教，此时得到了长足的发展；道教也逐渐脱离原始的形态，成为较为成熟的宗教，并有了大的发展。儒学虽受到佛、道的挑战，但仍然是社会上有影响的学术思潮。儒、释、道三教并存纷争，相互激荡，是这一时期学术思想发展的基本格局。

一、名法之治与名理学

汉末魏初，随着儒学地位的衰落，先前其他各家的思想出现了活跃的趋势，而法术思想在当时似乎受到汉代以来前所未有的重视，曹操的名法之治就是在这一趋势下的必然产物。曹操在整顿政治秩序的斗争中明确而坚定地选择了以法术治国、一统天下的道路。陈寿说曹操"览申、商之法术，该韩、白之奇策"（《三国志·武帝纪》），傅玄说"魏武好法术，而天下尚刑名"（《晋书·傅玄传》），比较准确地把握了曹操集团政治理论的核心。汉末政治松弛，袁绍不修法治，因此不能制众。而曹操以法治国，上下有制，因此曹操在治国上更胜一筹。曹操深得法家之旨：其一，兴屯田，以富国强兵，这显然继承了法家崇尚耕战的观念。其二，坚持在"拨乱"之时，要"一断于法"。曹操认为，"夫治定之化，以礼为首；拨乱之政，以刑为先"（《三国志·高柔传》）。其三，将有功必赏、有罪必诛视为君主驾驭群臣的两种手段。其四，他坚持"唯才是举，以道御智"的选官理念。曹操的选才理念表现在两个方面，一是他主张"唯才是举"，坚持"任天下之智力"的理念，选才不分亲疏贵贱，甚至可以冲破封建伦理道德的束缚，使用"负污辱之名，见笑之行，或不仁不孝而有治国用兵之术"（《三国志·武帝纪》注引）者。二是他又主张"以道御智"的政治理念，即以一定的政治理想和权谋之术来团结和驾驭天下贤能之士。魏黄门侍郎杜恕上疏说："今之学者，师商、韩而上法术，竞以儒家为迂阔，不周世用，此最风俗之流弊。"（《三国志·杜恕传》）以儒学为迂阔，而"师商、韩而上法术"，正反映了汉魏之际学术思想的转向，也说明当时受重视的是先秦的法家和名家。曹魏的统治号称"名法之治"。曹操娴熟于法家理论，他虽然没能最终完成统一大业，但"名法之治"对他成为当时诸多竞争者中的强者，还是起到了很大的作用。

汉魏之际的刑名学，今人称之为名理学。唐长孺认为"名理家大抵以名辩方法考察名与实的关系，作为推行正名与循名核实政治的张本。名理也即上述刑名或形名之学，他们的目标具体一点来说即是企图在原则上决定选举和人与职位配合的标准"①。名理学的历史渊源可追溯到汉代。汉末以来，品评人物的风气相当兴盛，随之以循名责实的方法来核察名实、考察人物，后发展出以辩名析理为特征的名理学。《文心雕龙·论说》"魏之初霸，术兼名法，傅嘏、王粲校练名理"，说的就是这种情况。曹魏时名理学的代表作，当推刘劭的《人物志》。该书上承汉末清议之风，兼接汉代道家余绪，综核名实，察辩才性，臧否人物，既有补偏救弊之功，又有崇尚玄远之趣，实成汉魏之际学术向玄学过渡的一个重要环节。其后，学风随之转向，"由汉至晋，谈者由具体事实至抽象原理，由切近人事至玄远理则，亦时势所造成也"②。

二、魏晋玄学及其特征

名理学所蕴含的义理取向，后来逐渐演变为以追求抽象玄理为特征的玄学思潮，《老》《庄》《周易》等典籍受到重视。刘勰说："迄至正始，务欲守文，何晏之徒，始盛玄论，于时聃、周当路，与尼父争涂矣。"（《文心雕龙》卷四）儒道矛盾由此而起。然而，代表门阀士族利益的司马氏集团，一面需要以名教来维护自己的统治，一面又力图以道家的"任自然"来填补精神的空虚。适应这一特殊集团的政治和精神的需要，儒学与道家思想也就逐渐被调和起来了，玄学于是应运而生。可以说，玄学既是汉魏以来思想发展的结果，也是适应魏晋社会特定阶层需要的时代产物。

玄学是指流行于魏晋时期，以老庄思想为精髓，以儒道合一为思想渊源和表现形式，以本体论为思维特征，以追求义理为学术取向，以调和自然与名教的关系为价值依归的思想学术思潮。之所以称为玄学，是因为当时士人大都到《老子》《庄子》《周易》等有深奥玄理的典籍中寻找精神武器而名。《颜氏家训》卷三："《庄》《老》《周易》，总谓三玄。"不过从表

---

① 唐长孺：《魏晋南北朝史论丛（外一种）》，河北教育出版社2000年版，第307页。

② 汤用彤：《读〈人物志〉》，见《魏晋玄学论稿》，上海古籍出版社2001年版，第14页。

面上看，他们所追求的是幽深玄远、不切时务的抽象玄理，所谓"辞致深远，向晓辞去"（《晋书·陆云传》），实则是在为统治者提供"一以统众""崇本举末"的方略，即提供一种既能抓住根本又能有效治国的思想武器。

玄学合一儒道，体现在典籍诠释方面，即释道而不排儒，释儒以体道。如在天人关系上，总是力图将儒家的纲常名教建立在自然之本的基础上；在圣人观上，则努力将儒圣的道德理想与道家的自然境界相沟通，正如汤用彤所说："儒圣所体本道家所唱，玄儒之间，原无差别。"① 当时的士人大都既崇儒学，又习老庄。然而其学在总体上则贯穿着道家自然主义的精神取向。玄学的论题主要有三：在本体论上，集中于有、无之辩；在思想方法论上，突出言意之辩；在伦理观和价值取向上，则围绕着自然与名教之辩来展开。此外相伴随的还有"四本才性"之辩，圣人有情、无情之争，儒、道异同之辩，等等。玄学家对这些当时士人关注的问题，虽然大都做了回答，但其看法、取向和表现形式则不尽相同，因而也形成了一些不同的流派。

"魏晋清谈，学凡数变"，"依史观之，有正始名士（老学较盛）、元康名士（庄学最盛）、东晋名士（佛学最盛）之别"。② 玄学之流派，大体不外魏玄、晋玄（西晋、东晋）之别，老学、庄学之分。至于竹林名士之放达，可视为正始玄学的发展与延伸，与元康之狂放则俨然有别。东晋时有袁宏者，著《名士传》，把西晋时的玄学名士区分为"正始名士""竹林名士"和"中朝名士"。《世说新语·文学》刘孝标注："宏以夏侯太初（玄）、何平叔（晏）、王辅嗣（弼）为正始名士，阮嗣宗（籍）、嵇叔夜（康）、山巨源（涛）、向子期（秀）、刘伯伦（伶）、阮仲容（咸）、王浚冲（戎）为竹林名士，裴叔则（楷）、乐彦辅（广）、王夷甫（衍）、庚子嵩（敳）、王安期（承）、阮千里（瞻）、卫叔宝（玠）、谢幼舆（鲲）为中朝名士。"这是对西晋时玄学流派的分说，汤用彤先生所言与此大致相合，只是"中朝名士"中所提及者，其实多非玄学家。

玄学家大都在发挥老子"法自然"之旨。正始时期，较早发其旨趣者

---

① 汤用彤：《魏晋玄学论稿》，上海古籍出版社2001年版，第33页。
② 汤用彤：《读〈人物志〉》，见《魏晋玄学论稿》，上海古籍出版社2001年版，第12页。

是夏侯玄，他说："天地以自然运，圣人以自然用。"（《列子·仲尼》注引何晏《无名论》）但真正振起玄风者，是何晏和王弼。史载："正始中，王弼、何晏好庄老玄谈，而世遂贵焉。"（《世说新语·文学》注引《续晋阳秋》）后世常将此一喜好老庄玄谈的风气，称为"正始之音"。王弼撰有《道德经注》《老子指略》《周易注》《周易略例》等，这些著作在中国学术史上有着重要的地位。其注《老》，总是力图从老子及在汉代颇有影响的宇宙演化论中超拔出来，而对其本体论加以彰显，确立天地万物"以无为本"之旨，即以抽却了一切具体规定的"无"为宇宙万物存在的根据。针对时人"用其子而弃其本"的本末倒置的情况，王弼著《老子指略》，"论太始之原以明自然之性，演幽明之极以定惑妄之迷"，尽力将自然与名教统一起来。王弼将其以明自然之"本"来举名教之"末"的做法，叫作"崇本举末"。可以看出，玄学在表面上虽不背离名教，而高扬的实则是道家的精神。王弼又以道家的自然无为注解《周易》，特别阐发了"得意忘言"之旨。"得意忘象""得象忘言"，既是其建立本体论体系、彰显圣人之意的需要，同时也标示着汉代经学烦琐学风的转向，并以尽扫象数的态度和方法标示出以义理解易与汉易学风的分立。

何晏、王弼为代表的玄学思潮，后来受到司马氏集团引起的政治风波的冲击。随着名士们连遭厄运而相继离去，"正始之音"乃趋于消沉。魏晋之际，以嵇康、阮籍为代表的"竹林七贤"，则将正始玄学中的"任自然"倾向推至极致，公然标榜"越名教而任自然"（《释私论》，见严可均辑《全上古三代秦汉三国六朝文》卷五〇），并对儒家的圣人持激烈的批判态度："轻贱唐虞而笑大禹"，"非汤武而薄周孔"（嵇康《与山巨源绝交书》，见严可均辑《全上古三代秦汉三国六朝文》卷四七）。阮籍写《大人先生传》，幻想建立一个"无君""无臣"的社会。阮咸、刘伶等人的生活方式更是随心所欲，"放情肆志"，甚至"纵情越礼"（《阮咸传》《刘伶传》，《晋书》卷四九）。嵇康等竹林名士"任自然"的倾向，到西晋元康之世，则进一步发展到鄙视名教、蔑视礼法。正如裴頠所形容的，当时一些士人"口谈浮虚，不遵礼法，尸禄耽宠，仕不事事"（裴頠《崇有论》，见严可均辑《全上古三代秦汉三国六朝文》卷三三），甚至走向纵欲主义。竹林名士的精神放达，此时已演变为精神颓废和行为放荡。挽救名教的危机，已成为一些有识之士的强烈愿望，其中有代表性的是裴頠和郭象。

裴頠是一位活跃于西晋太康至元康时期的积极维护名教的学者。为了挽救儒学面临的危机，清除玄学"贵无""任自然"之弊，著《崇有论》①。他不赞同"贵无"而主张"崇有"。在他看来，宇宙间的一切都是"有"，如果把"无"看成根本，就会"建贱有之论"，从而把儒家的仁义礼法视为"末有"而加以贬抑和忽视。于是他对"任自然"造成的"遗制""忘礼"的危险性进行了揭露。显然他是站在儒家正统的立场来维护名教的。元康时期的郭象则通过注《庄子》来重新调和儒与道、名教与自然。他的《庄子注》以万物"自生""独化"论，"性分自足"论，"万物玄同"论以及"寄言出意""名教本于自然"等思想，建立起调和儒道的基本理论架构。这样，曾被竹林名士对立起来的自然与名教，又重新被统一起来了。郭象的"崇有"与王弼的"贵无"，虽然表现为两种不同的思路，但旨趣则是相同的，即都是在努力调和名教与自然，齐一儒道。②

"晋世重玄言，穿凿妄作，日以滋生。"（《隋书·经籍志》）西晋后期，仍有许多士人祖尚玄虚，行为放荡。如王戎的从弟王衍，以及王衍之弟王澄就颇为狂放，"时王敦、谢鲲、庾敳、阮修皆为衍所亲善，号为'四友'，而亦与澄狎，又有光逸、胡毋辅之等亦豫焉。酣宴纵诞，穷欢极娱"（《晋书·王衍传》）。这种情况，连当时一些名士也已表示不满，如乐广闻听"王澄、胡毋辅之等皆以任放为达，或至裸体者"，便说："名教内自有乐地，何必乃尔！"（《晋书·乐广传》）这也说明，此时"玄学已由重老子精神（王、何）进而为重庄子之精神"③。有的甚至走得更远，"先王正典，杂之以妖妄，大雅之论，汩之以放诞"（《隋书·经籍志》）。永嘉之乱后，大批士族南渡，玄学也影响到南方。《世说新语·文学》："王丞相（敦）过江东，止道《声无哀乐》《养生》《言尽意》三理而已。"李充《学箴》说："圣教救其末，老庄明其本，本末之涂殊，而为教一也。"可见其谈玄的内容，不外魏与西晋时的有无、言意、自然与名教之蕴，并致力于名教与自然的统一。故刘勰也说："逮江左群谈，惟玄是务，虽有日新，而多抽

---

① 《三国志》卷二三《裴潜传》注引陆机《惠帝起居注》则谓："頠理具渊博，赡于论难，著《崇有》《贵无》二论，以矫虚诞之弊，文辞精富，为世名论。"
② 参见刘学智《中国哲学的历程》，陕西人民出版社1993年版。
③ 汤用彤：《崇有之学与向郭学说》，见《魏晋玄学论稿》，上海古籍出版社2001年版，第174页。

前绪矣。"(《文心雕龙·论说》)从理论上说，自然与名教的统一，已经成为当时人们普遍认同的价值取向，故在学术上往往表现为玄、儒双修，正好符合了"以门阀士族为基础的士大夫利用礼制以巩固家族为基础的政治组织，以玄学证明其所享受的特权出于自然"① 的需要。可见，崇尚玄虚、不遵礼法以至行为放荡之风亦影响到江左。

值得注意的是，东晋后期士人的讨论从政治理想日渐转化为对个体生命和精神价值的重视，于是玄学与佛学的合流也就成为趋势。东晋名士与佛教僧徒往来者甚众。有些佛僧本身就颇有玄学素养，如支道林，就曾对《庄子·逍遥游》做过新的解释，且为当时名士所称道，时人将其比作向秀。道安的本无宗，即以玄学的"贵无"释佛教的"空"。有些名士则亦奉佛，尝以佛、道互释，如孙绰所著《喻道论》，其中就把佛视为"体道者"。更重要的是，名士们把关注点引向佛教的超生死、得解脱的人生哲学方面，如郗超所著《奉法要》，就讲善恶报应，以为"善自获福，恶自受殃"，故颇为支遁所重。

东晋时代表玄佛合流趋向的当推张湛的《列子注》。张湛既讨论了玄学的有无问题，又讨论了生死解脱等问题，特别是其超生死、得解脱的精神追求，使玄学走上了追求虚无空幻世界的外在超越之路，玄学也逐渐陷入绝境，《列子注》逻辑地标志着玄学的终结。至于玄学在南北朝，虽仍有余韵，如《梁书》卷五六谓"大同末，人士竞谈玄理"，《南史》卷三〇《何尚之传》称尚之之子偃亦"素好谈玄"，《南史》《北史》也常记一些人"喜谈玄""善谈玄理"，但此多是指其喜好老庄而已，其影响已大不如前。

三、魏晋儒学的玄学化及南北朝儒家经学的分立

东汉末年，经学烦琐支离之风愈演愈烈，儒学随之日渐衰微。范晔说："后世经传既已乖离，博学者又不思多闻阙疑之义，而务碎义逃难，便辞巧说，破坏形体；说五字之文，至于二三万言。后进弥以驰逐，故幼童而守一艺，白首而后能言；安其所习，毁所不见，终以自蔽。此学者之大患也。"(《汉书·艺文志》)此弊实已成为"学者之大患"，故"通人恶烦，羞学章句"（刘勰《文心雕龙·论说》）的情绪也由此而生，汉代今文经

---

① 唐长孺：《魏晋南北朝史论丛》，河北教育出版社2000年版，第324页。

学的衰落遂成必然之势。

汉末魏晋，经学衰微，"章句渐疏"，名士多以"浮华相尚，儒者之风盖衰矣"（《后汉书·儒林传》）。玄学的风行，使儒学的地位下降，其社会作用亦有所削弱。《南史·儒林传序》说："洎魏正始以来，更尚玄虚，公卿士大夫，罕通经业。"《三国志·董昭传》亦载："窃见当今年少，不复以学问为本，专更以交游为业，国士不以孝弟清修为首，乃以趋势游利为行。"这些都反映了儒学日渐衰落的情况。从内在关系说，玄学并没有排斥儒学，而毋宁说是其内涵的一个侧面。从外在关系上说，玄、儒也非绝对对立，仍有并存乃至互补的一面：人们在形上的精神追求方面，每每倾向于玄学的超脱和精神自由，而在具体的社会规范上则仍以儒家名教为其准则，故玄、儒常常可集于一人之身。

重要的是，从汉代经学到玄学经学，有一个演变的过程。汉代经学，异端纷纭，古文今文，相互论辩，遂使经有数家，家有数说，其为章句，多达百余万言。学者尝劳而少功，疑而莫正，于是乃有能"括囊大典，网罗众家，删裁繁诬，刊改漏失，自是学者略知所归"的郑玄（《后汉书·郑玄传》）。郑玄兼通今古文经学，于是经生多从郑氏，不必更求各家，郑学曾一度如日中天。王粲说："伊洛已东，淮汉之北，一人而已，莫不宗焉。"（《旧唐书·元行冲传》）郑玄博学多师，先学今文，再通古文，故其经注之特点，能兼采今古之文，并能打破家法之局限，无所不包，于是郑学盛行，而原先所立十四博士之经学则多不行，此即所谓"郑学出而汉学衰"①。但时运不长，未过数十年，又发生了反郑学的运动，郑学亦不免衰落之命运。郑学之衰微，最初来自经学内部的挑战，如荀爽、虞翻等，其所作《易注》，或用费氏《易》，或用孟氏《易》，皆不用郑注，并指摘郑玄《易注》"未得其门，难以示世"②。虞翻还奏《郑玄解〈尚书〉违失事》，指出"玄所注五经，违义尤甚者百六十七事，不可不正。行乎学校，传乎将来，臣窃耻之"。王粲、徐干亦批评郑玄，特别是对其专"务于名物"，"矜于诂训，摘其章句"，以及义理阙弱等弊多有指摘。他们所指出的，也许正是汉代经学衰落的实质上的原因之一。

---

① 皮锡瑞：《经学中衰时代》，见《经学历史》，中华书局1959年版，第155页。
② 《三国志》卷五七《虞翻传》注引《翻别传》。

郑学受到的重大冲击，更来自王肃。王肃是一位上承荆州之学，下开晋代官方经学的大师。《三国志》卷一三《王肃传》称，肃"年十八，从宋忠读《太玄》，而更为之解"。宋忠之学异于郑玄，不拘守汉家旧注，这对王肃早年习经无疑产生过影响。同时，王肃之学也受到贾（逵）、马（融）古文经学的影响。王肃曾习今文经学，又习贾、马之古文。贾、马之学由郑氏所自出，然又专习古文，与郑学立异。这样的学术渊源，决定了王肃"不好郑氏，采会同异"，有兼采经今、古文的特征，同时也反映了王肃有倡导学术新风的勇气。"郑学出而汉学衰，王肃出而郑学亦衰。"① 王肃是汉魏之际有转变学术风气之功的一位经学家。

真正对汉学形成致命冲击的，是魏晋时玄学经学的出现。与汉儒朴实说经风气迥然有异的是，魏晋人不守章句，"祖尚玄虚""多衍空理"，使儒家经学发生了革命性的变化。玄学经学兴起于曹魏正始年间，是"正始玄风"的一个重要方面。

作为合一儒道的玄学的应有之义，儒家经典仍受到了重视，只是他们在解释时贯穿了较浓郁的道家精神和玄学的思辨方法，使魏晋时期的儒家经学表现出明显的玄学化特征。例如何晏的《论语集解》、王弼的《周易注》《论语释疑》等，尝以虚无无为之道诠释儒家的政治伦理和天道观；把自然与名教统一起来，以自然无为的品格改造了儒家的圣人观，把虚静、恬淡视为圣人追求的理想境界；抛弃了汉儒的天人感应神学目的论和烦琐的注经形式，把玄学追求超言绝象的抽象原则和义理学风注入儒家经训，开儒学重于义理的魏晋新风。王弼学术与荆州之学有一定的联系。宋忠所代表的荆州学术，尊崇古文，仍袭章句，崇尚简易，重视义理。这一思想特点和学风，对何晏、王弼等人玄学经学的形成不无影响。汤用彤说："王弼之家学，上溯荆州，出于宋氏。夫宋氏重性与天道，辅嗣好玄理，其中演变应有相当之连系也。"② 由于玄学在风格上重于义理而弱于训诂，这对汉代儒家经学构成了极大的冲击。皮锡瑞说："王弼、何晏祖尚玄虚，范宁常论其罪浮于桀、纣。王弼《易注》，空谈性理，与汉儒朴实说经不似；故

---

① 皮锡瑞：《经学中衰时代》，见《经学历史》，中华书局1959年版，第155页。
② 汤用彤：《魏晋玄学论稿》，上海古籍出版社2001年版，第79页。

宋赵师秀云：'辅嗣《易》行无汉学。'"① 皮氏是站在汉儒立场上批评王、何玄学的，未免偏颇，但至少道出了一个事实，即此时玄学经学确有替代汉儒经学之势。

应该注意的是，即使在玄学风行的魏晋时期，儒学仍每每为统治者所正面提倡。建安八年（203），曹操在诏令中对时下后生不见"仁义礼让之风"的情况"甚伤之"，并"令郡国各修文学，县满五百户置校官，选其乡之俊造而教学之"（《三国志·武帝纪》），说明曹操也注意在战时可能的范围内恢复儒学教育。至明帝即位，朝中诸多人已明确提倡儒学。如高堂隆就说："夫礼乐者，为治之大本也。"（《三国志·高堂隆传》）吴人韦曜也批评"今世之人多不务经术"（《三国志·韦曜传》），主张倡导儒学。至司马晋时期，更明确标榜"以孝治天下"（《晋书·李密传》）。司马炎"应运登禅"，旋即"崇儒兴学"（《晋书·荀崧传》）。晋武帝每以儒学为本，以百家为末，力主"简法务本""敦本息末"。傅玄曾痛陈儒学凋零之况，强调"尊尚儒学，贵农贱商，此皆事业之要务也"，主张儒学应以"王教为首"。（《晋书·傅玄传》）武帝采纳了他的意见，决心兴道崇儒，并着手"经始明堂，营建辟雍"（《晋书·荀崧传》）。西晋"崇儒兴学"的举措之一就是武帝时"廓开太学"，还于咸宁二年（276）立国子学，广延群生，当时太学生曾多达万人。同时，又置博士，"晋初承魏制，置博士十九人"（《晋书·职官志》）。《晋书》卷七五《荀崧传》亦说："太学有石经古文先儒典训。贾、马、郑、杜、服、孔、王、何、颜、尹之徒，章句传注众家之学，置博士十九人。"西晋崇儒的另一举措就是祭祀孔子和重视儒家礼仪的恢复和施行。史载"武帝泰始六年十二月，帝临辟雍，行乡饮酒之礼"（《晋书·礼志》）。行礼乃遵从马（融）、郑（玄）、王（肃）三家义施行。这些礼仪直到武帝咸宁、惠帝元康年间还有实行。

东晋时局动荡，尽管诸帝也力倡儒学，努力恢复儒学教育，但终东晋一朝，儒学教育始终没有形成坚实的基础和较大的规模，也没有真正兴盛起来。沈约在《宋书》中评论说："庠序黉校之士，传经聚徒之业，自黄初至于晋末，百余年中，儒教尽矣。"所讲颇为中的。然东晋于元嘉十六年（439），立"四学"，即将儒学、玄学、史学、文学四学并建，这在历史上

---

① 皮锡瑞：《经学中衰时代》，见《经学历史》，中华书局1959年版，第163页。

还是值得肯定的一件事。又于泰始六年（470）置总明观，立儒、道、文、史、阴阳五部学。① 这也是值得称道的。

东晋偏安后的十六国时期，北方一些少数民族先后入主中原。为了在中原立足，同时也为了迅速缩小胡汉文化的差距，促进本民族的汉化以提高民族素质，他们选择并借助了儒学。如前赵主刘渊及渊子刘聪都能博览汉人的经籍著述，尤好儒学。刘渊曾拜崔游为师，学《毛诗》、《京氏易》、马氏《尚书》、《左氏春秋》等。② 刘聪之族侄刘曜还"立太学于长乐宫东，小学于未央宫西，简百姓年二十五已下十三已上，神志可教者千五百人，选朝贤宿儒明经笃学以教之"（《晋书·刘曜载记》）。前秦苻坚原为氐族人，做皇帝后亦崇儒甚笃，他不仅将"诸非正道典学，一皆禁之"，还亲临太学考其经义。史称"自永嘉之乱，庠序无闻，及坚之僭，颇留心儒学"（《晋书·苻坚载记》）。后秦时一些名贤硕儒于长安大讲儒学，门徒咸集，足见当时儒风之盛。

南朝宋、齐两代，因"江左草创，日不暇给"（《南史·儒林传序》），政治尚未稳定，经学亦显萧条，"是时乡里莫或开馆，公卿罕通经术，朝廷大儒，独学而弗肯养众，后生孤陋，拥经而无所讲习，大道之郁也久矣乎"（《南史·儒林传序》），故难以造成儒学昌兴之势。虽然齐高帝也曾于建元四年（482）诏"修建教学，精选儒官，广延国胄"（《南齐书·高帝本纪》），但不久，高帝驾崩，所诏之事遂止。齐武帝、明帝也曾诏立国学，但终未成气候。"建武以后，则日渐衰废。"③ 故焦循说："迄晋南渡，经学盛于北方，大江以南，自宋及齐，遂不能为儒林立传。"④ 至梁代，武帝深憝儒学不振之弊，他在会通儒、释、道三教的同时，乃"诏求硕学，治五礼，定六律"（《梁书·儒林传序》），力求复兴儒学。天监四年（505）武帝诏开五馆，建立国学，立五经博士，教授皇室胄子，祭奠儒家先圣，亲注儒学典籍，遂改变了经学一蹶不振之状况。经多年倡导，儒学终于出现了"济济焉，洋洋焉，魏、晋已来，未有若斯之盛"（《梁书·本纪六》）

---

① 参见《南史》卷三《宋本纪下》。
② 参见赵翼《廿二史札记》卷八。
③ 赵翼《廿二史札记》引《齐书·刘瓛传》。
④ 引自马宗霍《中国经学史》，上海书店1984年影印本，第73页。

的繁荣景象。

就经学的传述而言，东晋时王弼、杜预与郑玄、服虔并立，王、杜之经学皆有玄学化倾向，而"服、郑虽汉学，亦非博士之绪，后儒谓今文师法由是遂绝者此也"①。皮锡瑞也说："晋所立博士，无一为汉十四博士所传者，而今文师法遂绝。"② 如果说汉代今文师法之终绝，是魏晋之际经学之一大变革，那么，两晋之际经学的最大特点，则是曾盛兴于魏晋之际的王肃经学的淡出，如上所述，东晋所置九博士，合十一人，似无一王学传人。当然这不是说王学已经完全绝灭，而是说王学已成衰退之势。当时所立博士，又多为郑学，如所立《尚书》《毛诗》《周官》《礼记》《论语》《孝经》等皆为郑氏。从某种意义上说，当时经学的走向几近一次汉代古文的复兴运动。

南北朝的情况各有不同。随着政治上南北对峙局面的形成，经学亦有"南学""北学"之分，东晋一度并存的玄学经学、古文经学（汉学）到南北朝形成了分立的局面。《北史·儒林传序》说："大抵南北所为章句，好尚互有不同。江左，《周易》则王辅嗣，《尚书》则孔安国，《左传》则杜元凯。河洛，《左传》则服子慎，《尚书》《周易》则郑康成。《诗》则并主于毛公，《礼》则同遵于郑氏。"显然，南朝重玄学经学传统，北朝重汉儒训诂传统，其崇尚和风格颇有异，皮锡瑞称之为"经学分立时代"。刘宋元嘉建学之初，"（郑）玄、（王）弼两立，逮颜延之为祭酒，黜郑置王，意在贵玄"（《南齐书·陆澄传》）。宋代重玄学经学，尤重王弼《易》注。颜延之论《易》，谓"荀（爽）王（弼）举其正宗，而略其数象"③。除《易》学外，《礼》学亦受重视。皮锡瑞说："南学之可称者，惟晋、宋间诸儒善说礼服。宋初雷次宗最著，与郑君齐名。"④ 至齐，经学不固守一说，"时国学置郑、王《易》，杜、服《春秋》，何氏《公羊》，麋氏《谷梁》，郑玄《孝经》"（《南齐书·陆澄传》），所宗经注，兼杂玄、儒。齐、梁时经学家辈出，除明山宾、严植之、沈峻、贺玚、陆琏在梁代立博士外，

---

① 马宗霍：《中国经学史》，上海书店1984年版，第69页。
② 皮锡瑞：《经学历史》，中华书局1959年版，第160页。
③ 颜延之：《庭诰》，见严可均辑《全宋文》卷三六。
④ 皮锡瑞：《经学分立时代》，见《经学历史》，中华书局1959年版，第170页。

著名学者还有何佟之、伏曼容、崔灵恩、太史叔明、皇侃、张讥等人。其时经说虽不排郑学,但基本上以玄学经学为主。皇侃《论语义疏》所引魏晋经注就不少,对王弼、郭象、范宁、李充等人的经注尤为重视。上述学者大都既习儒典,又善《庄》《老》①,其《易》注更重玄言。及至陈世,儒学虽无足观,然亦稍置学官,博延生徒,但毕竟成就盖寡。

北朝经学由北魏奠基。魏道武帝初定中原,即以经术为先务,立太学,置五经博士生员千有余人。始光三年(426),又起太学于城东,征召卢玄、高允等才学之士,于是"人多砥尚,儒术转兴"。献文帝时又诏立乡学,于各郡置博士、助教、学生等。迁都洛阳后,又诏立国子、太学、四门小学。征召硕学弘儒,以砥砺儒学,时刘芳、李彪即以经书征进。北魏以降,经学家人数众多,而能立宗开派者当为徐遵明。徐对《周易》《诗》《三礼》《春秋》诸经的研习,为当时所尚,诸生多能兼通之。其后能通《礼》《易》者,多出自徐遵明门下。遵明之后能通《礼经》者,多是熊安生之门人。而当时通《毛诗》者,多出自刘献之的门下。河北诸儒能通《春秋》者,亦出自徐遵明之门。张买奴、马敬德、邢峙、张思伯、张雕、刘昼、鲍长暄、王元规等,乃得服氏之精微。周文受命,更"黜魏、晋之制度,复姬旦之茂典"(《周书·儒林传序》),因此朝章渐备,学者向风。周武帝于保定三年(563),乃下诏尊太傅燕公为三老,并"征沈重于南荆""待熊安生以殊礼",由此"天下慕向,文教远覃",出现延学者"比肩"、勤学者"成市"的胜景,儒学乃见"近代之美"的盛况。(参见《儒林传序》,《北史》卷八一)皮锡瑞说,北朝"惟魏孝文、周武帝能一变旧风,尊崇儒术"。北学胜于南学者,正在于其淳尚纯朴,未染玄谈浮华之习,"故能专宗郑、服,不为伪孔、王、杜所惑,此北学所以纯正胜南学也"。②

《北史·儒林传》还把南北学风和特点做了比较,说:"南人约简,得其英华;北学深芜,穷其枝叶。"即南方受玄学经学以义理解经的风气影响较大,说经不拘家法,兼采众说,并能提纲挈领,贵有心得;北学则受汉

---

① 《南史》卷七一《儒林传》谓:太史叔明"少善《庄》《老》,兼通《孝经》《论语》《礼记》,尤精三玄",伏曼容"少笃学,善《老》《易》",严植之"少善《庄》《老》,能玄言"。

② 皮锡瑞:《经学分立时代》,见《经学历史》,中华书局1959年版,第182页。

儒影响较重，说经限于讲明章句，拘谨保守，但较深入、细致。而《世说新语·文学》所引支道林之言"北人看书，如显处视月；南人学问，如牖中窥日"，或为《北史》之所本。

在经籍整理方面，孔安国的《尚书传》、王弼的《周易注》、何晏的《论语集解》、杜预的《春秋左氏经传集解》、范宁的《穀梁传注》、郭璞的《尔雅注》、皇侃的《论语义疏》等，都是对后世影响颇大的经解著述。世传的《十三经注疏》中，除了《孝经》为唐玄宗注解外，其余之注，由汉儒与魏晋儒所为者各居其半。此外，儒学经籍的研究风格也有创新，与传统章句训诂的烦琐经注不同的"义疏"之学，正是在这一时期形成的。从学术倾向上说，此一时期儒学偏重于应用而略于高层次的精神追求，亦即重于实际应用的"外王"之道，而弱于心性修养的"内圣之学"。孔孟以来强调的"修己以安人""存心养性"等注重内在心性修养和道德境界，追求道德人格的完善等"合内外，通上下"的精神，却没有得到整个社会的普遍关注，甚至没有形成发挥这种精神的自觉意识，而备受重视的是儒家《礼》学和《易》学。也许正因如此，这一时期尽管名儒辈出，但终究未能出现一个有重大理论成就、超越先儒的儒学大家，这是我们不能回避的事实。[①]

四、佛教盛传与佛教学术思想

佛教的传入，据较为可靠的记载，是在东汉哀、平之际。《三国志》卷三〇注引《魏略·西戎传》中说："昔汉哀帝元寿元年，博士弟子景卢受大月氏王使伊存口受《浮屠经》。"这可能是最早的关于汉地有佛的记载。后又见于《后汉书·楚王刘英传》，谓英"晚节更喜黄老学，为浮屠，斋戒祭祀"，又说"楚王诵黄老之微言，尚浮屠之仁祠"。当时佛教典籍尚未传入，仅有口授的《四十二章经》流传。到有印度僧人来华，译出大量经典，佛教的面目才显露出来。汉代，佛教大、小乘经典都有传译，小乘典籍多系来自安息的安世高所译，大乘经典多由来自月氏的支娄迦谶所译，支氏所译多为般若部的典籍，其价值在于开启了佛学与黄老之学的互动。

[①] 参阅刘学智《中国儒学史》第3编，赵吉惠、赵馥洁等主编，中州古籍出版社1991年版。

三国时期，曹魏对神仙方术采取羁縻政策，将民间的鬼神祭祀作为"淫祀"屡加禁断。故曹氏与佛教的关系不甚明了。当时佛教最盛兴的是般若学。释朱士行于甘露五年（260）西渡流沙，西行求法，他是我国西行求法第一人，惜其只到了于阗（今新疆和田），在那里得到《放光般若经》（《大般若经》之一部分）胡本。当时重要的译经者，有昙柯迦罗、昙帝、康僧铠等。吴地佛教亦盛传般若空观，主要传扬者是月支人支谦和康居人康僧会。康僧会于赤乌四年（241）①，到达吴都建业（今南京），相传他曾利用佛舍利显灵的神异，说服孙权为其建立佛寺，此即建初寺，这是江南有佛寺之始，据僧史说，康僧会的传教活动也是江南有佛教的开始。孙权支持并为其建立佛寺，也是中国历史上统治者参与佛教活动的开始。《出三藏记集》著录康氏所译经二部，计十四卷，其中最有代表性的是《六度集经》。

西晋时期佛教有了长足的发展，这一方面可能是因为佛教始传时较少社会批判性而不至于引起统治者的关注，从而取得了较为宽松的传播机会，同时也因为佛教般若学的一些概念（如"空"）与当时流行的玄学的一些观念（如"无"）相似，可以与玄学相呼应。据《法苑珠林》卷一〇〇载，西晋二京有寺院180所，译经者有13人，共译73部，僧尼达3700人。《出三藏记集》则记所译佛经167部。佛经翻译家知名者有竺法护、于法兰、于道邃、竺叔兰、帛法祖等，其中以祖居月氏的竺法护最有成就。竺法护曾随师游历西域各国，遍学多种语言，并搜求了大量胡本佛经，带回长安，先后译出佛经150余部，其中多为大乘典籍，故《高僧传》卷一称他"终身写译，劳不告倦。经法所以广流中华者，护之力也"。与竺法护同时在长安传法者还有帛法祖（名帛远，字法祖，俗姓万），他深研佛经，曾在长安设精舍，以讲习为业，也有少量译本。

东晋十六国时期，佛教由于得到一些统治者的支持而迅速发展，名僧辈出，翻译经典增多。东晋孝武帝曾多方征召高僧，供养佛法。在北方十六国中，后赵的石勒推尊佛图澄，前秦苻坚迎名僧道安到长安，后秦姚兴亦迎西域名僧鸠摩罗什到长安，等等，一时北方佛教名僧大德聚集，佛教义学空前。北方十六国中，影响最大的佛僧是佛图澄、道安和鸠摩罗什以

---

① 一说赤乌十年（247）。

及鸠摩罗什的高足弟子僧叡、僧肇等。在东晋，影响最大者有慧远的庐山僧团。佛图澄是以宣扬神异著称的和尚，于晋怀帝永嘉四年（310）来到洛阳，在晋末大乱时，曾受到石勒的礼遇。他成功的佛教宣传活动，使佛教第一次真正得到国家力量的支持和参与，这对佛教的大规模传播极为有利。道安是当时一位颇有影响的僧团领袖，在佛学理论上颇有建树。他博览儒家经籍，又精研东汉安世高一系小乘禅法，但最终以研习和宣传大乘般若学而著称。他是把佛教义学融入中国思想界的奠基者之一，尤其强调佛教要适应中国的情况，这对佛教的传播和中国化有较大的影响。重要的是，道安对此前的佛经翻译做了一次总结，提出了"五失本，三不易"的翻译原则，从而丰富了佛教的翻译理论。其所译佛经，以小乘一切有部为多，由此开创了佛教的"毗昙学"。此外，道安还重视佛教僧团的建立和制度化建设，对僧团的讲经、礼拜、布施等仪轨首次做了较为详细的规定。

后秦弘始三年（401），有一位在后来颇具影响的佛教翻译家鸠摩罗什从西域被迎至长安。鸠摩罗什在长安建立了一个十分庞大的僧团，组织了诸多大型讲经译经的活动，四方义学沙门也因此而云集长安，多时竟达五千余人，长安也由此成为北方佛教义学之重镇。据《祐录》所载，罗什在长安的十余年间，与弟子共译大小经、律、论35部，294卷（《开元录》定为74部，384卷）。其中有些是重译，如《妙华莲华经》《小品般若经》等。另一些则是龙树、提婆所造中观学的论著，如《中论》《百论》《十二门论》（史称"三论"）以及题名龙树所造的《大智度论》等。他所译经论，语句简明流畅，内容精粹系统，更接近原著的思想，在很多方面超过汉魏译本。鸠摩罗什不只是一位翻译家，更是一位佛学理论家。他介绍的中观学说，有着自己的独特理解。例如，他破除"神我"，不主张有独立存在的精神实体，宣扬一切皆空，这与慧远所讲的有神论大相径庭。鸠摩罗什门下人才辈出，其弟子大多能学通内外，既善佛典，亦通道家和儒家的典籍。后世有所谓"四杰""八俊""十哲"等说法，特别是被称为"罗门四哲"的道生、道融、僧肇、僧叡，都是后来颇为有名的佛学理论家。

这里须提及的是僧肇。僧肇（384，一说374—414），京兆（长安）人。通经史，好坟籍，尤对老庄玄微领悟精深。其论著甚丰，著名的有《物不迁论》《不真空论》《般若无知论》和《涅槃无名论》，后编为《肇论》一书。该书构建了一个佛教初传时期较为完整的哲学体系。他把道家、玄学（特别是郭象《庄注》）与般若学思想相融通，讨论了许多当时人们关注的问题，且理论水平达到很高的程度，在中国佛教哲学史上占有重要地位，有"解空第一"的美誉。此外还有僧叡，他是鸠摩罗什译经的得力助手，许多译著都经他之手。同时他又是中国早期的一位佛教思想史学者和评论家。十六国后期还有一位西行求法并取得成功的高僧法显，他于后秦弘始元年（399），与慧景、道整、慧应、慧嵬等四人从长安出发西行求法。法显于晋元兴元年（402）到达了北印度，并游历多国，后于义熙五年（409，一说七年，即411年）自南路回国。法显西行的目的是寻求戒律，他在印度得到《摩诃僧祇众律》，又抄得《萨婆多众钞律》以及一些大、小乘经典，并翻译了不少经典。

受魏至西晋时期谈玄风气的影响，般若学在东晋颇受青睐。东晋时期的佛教仍以般若中观学为主流思潮。由于人们尝用《老》《庄》的固有概念和名词诠解佛学，出现了所谓的"格义"的方法。这种"格义"常常未能准确地把握经文，遂各生新义，于是出现了所谓的"六家七宗"，即本无、即色、识含、幻化、心无、缘会等家，本无宗又分出本无异宗，故称。如果按思想类型，大体可分为本无、即色、心无三宗。据僧肇《不真空论》介绍，本无宗以道安为代表，主"无在元化之先，空为众形之始"，因而被僧肇批评为"情尚于无多"，可看出他把佛教的"空"与玄学之"无"对应起来加以理解；即色宗以支遁（道林）为代表，主"色不自色，虽色而空"，认为"色"由因缘而成，故无自性，无自性所以其本性是"空"；心无宗以支愍度、竺法蕴等为代表，主张"无心于万物，万物未尝无"，此说能保持心的"虚无"状态，不为外物所滞累，但未否认万物的存在。僧肇对上述几派的得失分别做了评论，最后以中观论的方法，对之做了批判性总结，并提出了"即万物之自虚，不假虚而虚物"的重要观点，六家七宗的争论也随之逐渐消解。至晋宋之际，佛教思想又发生了较大的转变，般若学占主导地位的时代后来也随之结束。

慧远所建立的庐山僧团在东晋有较大的影响。慧远对中国传统文化很熟悉，既通六经，又善老庄，后从道安转而习佛学。他久住庐山修戒、行禅、讲经。他不讲般若学，转而信奉"净土"经典，这是后来出现的净土宗的早期形态。慧远最重要的著作是《法性论》，其中提出"法性说"。他觉得中国人常把佛教的基本精神理解为追求"长生"，是不合印度所说的超生死并最终达到涅槃境界的本旨的，遂以"至极"不变的涅槃为根本的体性和最后的目的，说"至极以不变为性，得性以体极为宗"。这种理解更合乎小乘教的原意。慧远学术思想的特点，是以佛来融通玄、儒①，尤能注意将佛教的理论和戒规与当时中华传统观念、习俗结合起来，更有利于佛教的传扬。其表现之一，就是他尽力将佛教与儒家的政治伦理、道德观念以及道家的人生哲学协调起来，主张"内外之道，可合而明"②。表现之二，就是将中国传统的鬼神崇拜与佛教的因果报应、三世轮回等观念融通起来，坚持人"形尽神不灭"。这与此前流行的般若学破除神性的态度迥然有异。他的这种神学观点曾受到鸠摩罗什的批评。③

南北朝时期承继了晋代佛教兴盛的态势且更趋于高涨。其特点是：佛教寺庙增加，僧尼人数剧增，佛教石窟开凿盛况空前；佛教与政治的关系更为密切，统治者自觉地把佛教当作维护自己统治的工具而力加提倡；中外佛教的交流活动更为频繁，天竺及西域僧侣来华与内地高僧西行求法更为活跃；佛教义学多有发挥，佛学师说林立，佛经译介的数量大为增加，是当时中国佛教史上产生译者和译典最多的时期。南北朝佛教的盛兴，为隋唐时期佛教成为时代的主流思潮奠定了基础。

南北朝佛教之所以倡兴，主要原因在于统治者的自觉扶植和大力提倡。对于佛教"有助王化"的社会作用，一些统治者是心领神会的。宋文帝说："若使率土之滨皆纯此化，则吾坐致太平，夫复何事？"④ 有的王朝还设有专管佛僧活动的人员，如魏道武帝曾设"道人统"。时建寺风气极盛，据《魏书·释老志》所记，至魏太和元年（477），寺院就有6800余所，僧尼增至七万七千多人。文成帝时命昙曜开凿的云冈石窟，誉冠中华。献文帝时修建的永宁寺，堪称一绝，菩提达摩目睹后曾赞叹不已。佛教之盛，可见一斑。

---

① 方立天：《魏晋南北朝佛教论丛》，中华书局1982年版，第89页。
② 《弘明集》卷五，见《大正藏》第52册，台北财团法人佛陀教育基金会出版部1990年版，第31页。
③ 参见《大乘大义章》，见《大正藏》第44册，台北财团法人佛陀教育基金会出版部1990年版。
④ 《弘明集》卷一一，见《大正藏》第52册，台北财团法人佛陀教育基金会出版部1990年版，第69页。

从佛教义学看，南朝义学较之北朝更为发达。刘宋时，在建康就形成了以佛驮跋陀罗、求那跋陀罗为核心的译场，涌现了慧观、慧严等一大批学僧。齐梁时，梁武帝萧衍宣布，道有九十六种，但"唯佛一道，是于正道"①，其他皆为"外道"，佛教几成国教。梁武又颇提倡义学，自"制《涅槃》《大品》《净名》《三慧》诸经义记，复数百卷"（《梁书》卷三），还敕名僧撰写经注经疏多种，佛教翻译出现了自鸠摩罗什之后一个极盛时期。传译中心也向多个方向扩散，北方以长安、洛阳为中心，南方以建康为中心，此外还延及广州及沿江一带。据学者研究，大约有四个译经集团：其一，凉州的昙无谶译经集团，有义僧如慧嵩、道朗、道泰等，有三百余人。其二，南朝的佛驮跋陀罗和求那跋陀罗译经集团，此一集团有译者二十二人，著名的有觉贤、慧观、慧严等。其三，为北朝的菩提流支译经集团，以邺都为中心，从译者有僧朗、道湛、僧辩等。仅菩提流支本人，所译佛经就有30余部，计100余卷。其四，南朝的真谛译经集团。真谛的主要译事是在广州完成的。参与其翻译活动的有慧恺、僧宗、法忍、法泰等，其所译大多为大乘有宗瑜伽行派无着、世亲、陈那等人的论著。

值得注意的是，南北朝时期对一些有代表性的佛典，常有僧俗学者专门研习发挥，这些学者被称为"师"，其发挥的学说也被称为"师学"。其中影响较大的有：三论师，主要发挥罗什所译的般若学"三论"（《中论》《百论》《十二门论》），再加上《大智度论》，又称"四论"，代表人物有僧叡、僧肇、昙影等，此一系对隋代三论宗的形成有较大影响。涅槃师，主要研习和发挥《大般涅槃经》及其"佛性说"，其代表人物有僧叡、竺道生、慧观以及道朗、慧嵩等人。道生所倡一切众生都有佛性、一阐提皆可成佛的佛性说，在宋至梁时影响颇大，后来唐代出现的禅宗的佛性说就与此有关。地论师，主要传译《华严经》《十地品》及世亲所造《十地经论》，由菩提流支和勒那摩提弘传此论，由于对《地论》翻译有争议，地论师后分为南道（勒那摩提）与北道（菩提流支）两派，南道派以勒那摩提的弟子慧光为主，北道派以菩提流支的弟子道庞为主。毗昙师，此系以研究《毗昙》著称。公元433年，僧伽跋摩与宝云重译《杂阿毗昙心》，

---

① 《辩正论》卷八，见《大正藏》第52册，台北财团法人佛陀教育基金会出版部1990年版，第549页。

此经为南朝诸多论师所推崇。北方曾有道安研习《毗昙》，在北魏的弘传者有慧嵩，世称"毗昙孔子"。此外弘传毗昙之学者，还有僧韶、法护、智游、志念等。成实师，因弘传《成实论》而著称，其发源地在长安，后又盛传于南方。传扬者多出自鸠摩罗什的门下，如僧导、僧嵩、僧渊等，北方有僧渊及其弟子昙度、慧纪、道登等，南方有僧导等。除了上述诸学派之外，还有摄论、律学、禅学等。总之，此一时期佛教学派纷呈，各师异说，周叔迦将其称为"众师异说时期"，不过，在北魏统一北方之前，南、北佛教是可以交流的，在北魏统一之后，南北则形成对峙的局面，"北方盛弘地论与毗昙，南方盛弘三论与成实"①。

北朝的情况与南朝有所不同，"南朝义理之争多，而北朝发展为毁佛运动"②。即儒、道与佛教之争，从南朝主要限于理论之争，而发展为政治、经济、文化上的错综复杂的矛盾冲突，最终酿成禁断佛教、坑杀沙门的毁佛运动，这就是历史上著名的北魏武帝于太延四年（438）和北周武帝于建德三年（574）发起的大的毁佛事件。北魏的毁佛是朝廷轻信并联合道教共同反佛的结果，而北周则是同时禁断佛、道二教；北魏毁佛与在长安寺庙中发现藏有武器这一政治上的个案有关，而北周的毁佛则与在文化上崇儒汉化的政策有关。但是，这些毁佛事件，均未能从根本上改变佛教进一步发展的势头，到周宣帝时即已开始恢复佛教，隋代又大力扶持佛教，至唐代佛教终于成为占主导地位的社会思潮。

五、道教的成熟与道教经学学术

汉末至魏晋南北朝时期是道教产生、发展并逐渐脱离原始形态而趋于成熟的宗教的时期。

道家思想与儒学的合流，向着理性化的方向发展，形成以本体论为特征的魏晋玄学。几乎在同一时期，道家思想也与神道、仙道合流，最后转化为中国本土的宗教——道教。道教是从最初的两支道教组织发展而来的，即事黄老的太平道和"以鬼道教民""以祭酒为治"的政教合一的五斗米道。五斗米道自称由张道陵而张衡而张鲁（史称"三张"），"雄据巴、汉，

---

① 周叔迦：《周叔迦佛学论著集》上册，中华书局1991年版，第161页。
② 韩国磐：《魏晋南北朝史纲》，人民出版社1983年版，第534页。

垂三十年"①。太平道随着黄巾起义被镇压而消沉下去，五斗米道后被曹操招降，其道徒也被打散到关中、洛阳及邺城一带。魏晋时期的道教基本上是在原五斗米道的基础上发展起来的。道教兴起之初，有两个鲜明的特点：一是具有社会批判性，它崇信自然原则，相信社会将按照阴阳五行和五德终始的运行规则发展；二是信仰神仙，认为人的个体生命通过某种神秘的方术、道术的修炼，可以长生不死，肉体成仙。这些对当时处在战乱中幻想太平和追求生命中美好前景的人们颇具诱惑力，所以在魏晋南北朝时期，道教得到了长足的发展。

汉魏之际，在民间出现了很多杂散的道教组织，也有一些方士大搞淫祠，或以符水治病，以蛊惑民众，于是曹氏政权采取了"禁断淫祠"的政策。曹操统一北方后，仍继续"除奸邪鬼神之事"，于是导致"世之淫祠，由此遂绝"（《武帝纪》裴注引《魏书》，《三国志》卷一）的情况。至曹丕称帝，仍对民间奉老子为神、"妄为祷祝，违反常禁"之事，时加防范。孙吴政权则对道教持宽容的态度，甚至还与之交往。从北方逃到江东的左慈在此传道，初传葛玄，继传郑隐，隐传葛洪，至葛洪，在江东形成颇有影响的神仙道教，亦称丹鼎派，尝以烧炼金丹、以求长生为事务。葛洪在其所著《抱朴子内篇》中，极力宣传神仙可学可致，以还丹金液为主，注重个体修炼成仙的"仙道"学说。葛洪又抨击当时的一些民间道教为"妖道""邪道"，反对种种迷信。由于他的仙道最合于求长生的士族社会的需要，所以一般也称其为"贵族道教"。在道教史上人们常将"二葛"（玄、洪）与"三张"（陵、衡、鲁）并称，可见其对后世影响之深。

道教在东晋南北朝时期发生了一系列重大的变革，促使道教从原始形态发展为较为成熟的宗教教团。最主要的表现，是道教新经典的制作以及寇谦之、陆修静、陶弘景等人对道教从斋醮仪范、修炼方术、组织制度等多方面进行的改造。

东汉以来，属于道教的典籍仅有《太平经》《周易参同契》《老子想尔注》以及《老子河上公章句》等不多的几种，到魏晋，郑隐收集了一些道教经录符记，《抱朴子·遐览》已著录257种，计1179卷。重要的是，由

---

① 《三国志》卷八。又据《典略》，五斗米道实际的创始人可能是张修，称"修为五斗米道"，"后角被诛，修亦亡，及鲁在汉中，因其民信行修业，遂增饰之"。

葛氏和许氏（迈、谧）家族传播的《三皇经》《灵宝经》《上清经》等道经，对后世有较大的影响。《三皇经》大多宣传召神劾鬼、治病消灾等迷信以及沐浴斋戒、存思守一、服食丹药等成仙方术。该书后来在唐代多次被禁绝，后世亡佚。《灵宝经》在葛洪的《抱朴子》中已多次提及，陶弘景《真诰》卷二〇谓："葛巢甫造构《灵宝》，风教大行。"该经可能是由晋末葛氏家族的葛巢甫所造。该经的特点是重讲斋戒科仪、劝善度人，也有诸多修真的方术之类，同时也吸收佛教的三世轮回、善恶因缘、罪福报应、涅槃灭度等观念。《上清经》约出现于东晋中叶。据《云笈七签》卷四《上清经述》《上清源统经目注序》及《真诰叙录》所说，此一经系的诸多经典，大多是由杨、许、葛、华（魏华存）等东晋诸道士合伙造作传播的。《三皇》《灵宝》《上清》三经后来在南北朝经陆修静、陶弘景等人的整合发挥，形成历史上颇有影响的三洞经箓。道教经箓派的兴起，显然是玄学、魏晋神仙道教、佛教以及儒学综合影响的结果。

北朝嵩山道士寇谦之（365—448）对五斗米道的改造，是道教发展史上之重要环节。寇谦之"早好仙道，有绝俗之心，少修张鲁之术"（《魏书·释老志》），曾因献《录图真经》而得北魏太武帝的赏识，加之太常卿崔浩的推尊，遂"首处师位"。寇谦之的突出作为，是"以礼度为首"来"清整道教"，即在教义上吸取了儒家的忠、孝、仁、义等道德规范；同时也注重斋醮仪范的整治，对原来的斋仪加以总结和修补。他主张"除去三张伪法"，如清除"租米钱税及男女合气之术"就是具体做法之一。其所改革之道教称为新天师道（后相对于陆修静所创南天师道，称北天师道）。因崔、寇皆受宠于太武帝，故新天师道显荣于北魏。崔浩奉寇谦之之道，遂更不信佛，此影响到武帝，于是曾发生了道、儒联合而毁佛的举动。不过，后来新天师道还是在佛道的较量中失势，北齐宣帝于天保六年（555），下诏废道，"于是齐境皆无道士"（《佛祖统纪》卷三八）。

继寇谦之新天师道之后崛起于北方的是楼观道。在学术上，把道教与老子紧密联系起来，托老子及其道论以高其位、广其说，并使道教更具理论色彩的，主要是魏晋时崛起于陕西关中的楼观道。此道派充分利用了历史上关于老聃受尹喜之请在楼观写《道德经》的传说，由魏末人梁谌立宗开派，其有影响的人物还有王浮、严达、陈宝炽、王延等。据说，由于声称梁谌造《老子西升经》和王浮造《老子化胡经》，曾使楼观道卷入佛、道之间的绵绵纷争。楼观道在十六国及北魏时期成为北方的重要道派。

在整理道教经典、发展道教教义、完善道教戒律方面做出重大贡献的，是稍后于寇谦之的南朝道士陆修静。活跃于刘宋朝的陆修静，曾广集道书，并以洞真、洞玄、洞神三部分类，编次道书，称"总括三洞"，还撰有《三洞经书目录》。同时，他本人亦修撰道书三十余种。陆修静的思想宗旨是内持斋戒，外持威仪，故特别提倡斋仪，努力完善各种斋醮仪范。曾撰有《道门科略》，强调威仪斋醮的作用。此外，在道教的组织制度建设方面，陆修静也有其特殊的贡献。至此，"道教之兴，于斯为盛也"。后陆氏所倡的以斋仪为主的天师道，史称南天师道。

带有对先前道教总结性质的道教学者是稍晚于陆氏的陶弘景。陶氏一生勤于著述，在丰富和发展道教义理方面尤为突出。所撰的重要典籍有《真诰》《登真隐诀》《养性延命录》和《真灵位业图》等，对道教的早期信仰进行了一次总结，特别是系统排列出一个等级森严的神仙谱系，将"元始天尊"立为最高之尊神。在理论上，以上清经箓为主，同时融通其他道派的道法，并援儒、释思想以入道，具有总括诸派道法、兼融三教思想的特征。在修炼方法上，主张形神双养，内外丹兼顾，所倡修真养性、延命方术等道术，对后世有较大的影响，其所撰《养性延命录》，对道教的养生理论做了系统总结。所创道派称为茅山宗，对后世道教的发展影响巨大。可以说，陶弘景是南北朝道教的集大成者。

六、儒、道、佛的纷争与交融

东晋南北朝时期，儒、释、道三教鼎立纷争的社会思想态势得以形成，三教相互激荡中，儒学在纷争中求发展，并努力保持自身传统品格和正统地位；佛教尽力争取合法地位并得到了传播和长足发展；道教不断吸收佛、儒，丰富和完善着自身。三教之间的撞击和交融，也逐渐从浅层向纵深发展。

关于儒学与佛、道的纷争与交融。儒学对初传佛教的蔑视、排斥，是传统对外来文化的最初响应。初，儒学极力从传统伦理的立场对佛教加以拒斥，而佛教虽然没有直接、简单地对传统加以认同，但大多采取了迎合、妥协的随和态度，在理论上力辩儒、佛宗旨一致而不矛盾，且可以相辅为用。汉末魏初牟子的《理惑论》、东晋孙绰的《喻道论》、东晋慧远的《沙门不敬王者论》等就是这方面的代表作。牟子在《理惑论》中，针对儒家所谓佛教违背尧舜周孔之道和礼乐孝悌之教的说法，予以反驳，力主儒、佛似"金玉不相伤、精魄不相妨"，二者是相融不乖的。三国时僧人康僧会更明确地把儒、佛在思想上沟通起来，说："儒典之格言，即佛教之明训。"（《康僧会传》，《高僧传》卷一）此后，东晋孙绰在《喻道论》中直言："周孔即佛，佛即周孔，盖外内名之耳。……周孔救时弊，佛教明其本耳。共为首尾，其致不殊。"（孙绰《喻道论》，见《弘明集》卷三）认为佛、儒本质上是一样的，如果说有区别，那不过是内外、本末之别而已。东晋著名佛僧慧远主张儒、佛"内外之道，可合而明"，因此，"道法（佛）之与名教，如来之与尧孔，发致虽殊，潜相影响；出处诚异，终期则同"（《沙门不敬王者论》）。这种儒佛"合明"论，至少肯定了儒、佛在社会作用上的一致性和伦理道德上的相通性。事实上，慧远本人也兼习儒学，还曾讲授过儒家的《丧服经》。

  儒、佛关系至南北朝时期有了一些微妙的变化，这主要表现在由外在的社会作用上的认同，走向思想和理论层面上的相互吸收、融合。其表现之一，就是一些佛教学者每每以儒学释解佛典，典型的如北齐人魏收，他曾用传统儒家的"五常"释佛教的"五戒"，说："又有五戒：去杀、盗、淫、妄言、饮酒，大意与仁、义、礼、智同，名为异耳。"（《魏书·释老志》）而又有一些学者努力调和儒、释、道三教，力倡三教同源，力图在思想渊源上把三教挂搭起来，此以梁武帝的《会三教诗》和沈约的《均圣论》为代表。梁武帝说"老子、周公、孔子"都是"如来弟子"（《舍事道法诏》，《弘明集》卷四），并在《会三教诗》中，把太阳譬喻为佛，把儒、道譬作众星，说"穷源无二圣，测善非三英"（《广弘明集·统归》），认为儒、道与佛同源；沈约认为"内圣外圣，义均理一"（《均圣论》，《弘明集》卷五），如此等等。这些均反映了佛教极力融通儒学的努力。

  当然，佛教因为是在中国传统文化（儒、道）的夹缝中，通过不断地争取地位、扩大影响，逐步站稳脚跟，并最终得以发展的，其间与儒、道的冲突与摩擦从未间断。仅就学术思想上说，较大的争论就有儒、佛本末异同之辩，夷夏之辩，佛法与礼法之争，神灭与神不灭之争等。此外还有政治与经济方面的争论。儒者以夷夏之防对佛教加以排斥，刘宋时有道士顾欢，从道教立场出发，力辩佛教是夷狄之法。汉末魏初人牟子撰《理惑论》，对此加以驳斥，指出连儒家崇敬的圣人如禹、舜等也出自夷狄。关于沙门应否敬事王者、礼拜父母的争论，主要发生在世俗统治者、传统儒学与佛教之间，其实质是学术思想上的礼法与佛法之争。咸康六年（340），辅佐晋成帝的庾冰提出"沙门应该尽敬王者"，并代成帝下了诏令，提出"名教有由来，百代所不废"（《代晋成帝沙门不应尽敬诏》，《弘明集》卷一二）。尚书令何充首先反对，认为"五戒之教，实助王化"，认为其戒并非"慢礼敬"（《重奏沙门不应尽敬诏》，《弘明集》卷一二）。为此，东晋慧远写了《沙门不敬王者论》五篇专论，把这场争论引向深入。

关于神灭与神不灭的争论，是南朝刘宋时期的讨论热点问题之一，主要发生在佛与儒、佛与道之间，在佛教内部也有交锋。持儒家立场的何承天在与佛教徒刘少府、宗炳、颜延之的论辩中，较系统地发挥了无神论和神灭论的思想。何著有《报应问》《达性论》等。宋释慧琳著《白黑论》，也抨击幽灵神验之说，宗炳遂著《明佛论》而折之，极力宣扬人死神不灭。齐梁时的萧子良更在宣扬神不灭方面不遗余力。而对佛教神不灭论进行致命打击的是南朝时无神论者范缜。范缜于梁天监六年（507）写成的《神灭论》一文，动摇了佛教的根本理论基础，此论一出，"朝野喧哗"。重要的是，他提出的"形神相即""形质神用"等命题，对一元论的形神观、对精神的本质都做了当时最有理论价值的回答，从而对中国哲学史上的形神关系做了一次光辉的总结。何承天、范缜、荀济等人从理论上反佛，是南朝反佛斗争的一个重要特点。不过从总体上说，这些思想批判的力量还是单薄的，并未能影响到佛教的蔓延，佛教在三教的较量中逐渐占了上风，出现了如郭祖深所痛斥的"天下户口，几亡其半"（《南史》卷七〇）的状况。尽管也有过北魏和北周两次毁佛事件，但仍未能改变佛教日渐盛兴的态势，在隋唐，佛教终成气候。

道教因与儒学有文化上的同根性，遂能在其成长过程中，很容易地吸收儒学以充实自身，基本上不与儒学相抵牾。例如，道教最早的典籍《太平经》就吸收了儒学"三纲六纪"的观念，说："三纲六纪所以能长吉者，以其守道也。"此后，东晋葛洪、北朝寇谦之、南朝陶弘景和陆修静等人，其完善道教理论的一项重要内容，就是大量援儒入道，如葛洪就采取了"道本儒末"的方针，说："道者，儒之本也；儒者，道之末也。"（《抱朴子内篇·明本》）寇谦之等人对道教戒律的改造，仍坚持了"专以礼度为首"的方针。在三教纷争中,儒与道没有发生根本的冲突。

总之,魏晋南北朝时期,儒学虽仍为正统思想,但宗教学术思想占有较大的比重,儒、道、释三教交相辉映,此消彼长。相对于此一时期世俗儒学始终与统治者的政治统治密切相关来说,被指为"方外"的佛与道则在一定的程度上更能适应人们的某种精神需要。从本土文化与外来文化的关系说,儒、道又每每联合而与佛教抗争。三教发生种种错综复杂的冲突与斗争,促使三教之间由浅入深而相互吸收、相互融合,从而深刻地影响了此后中国学术思想的走向和特征。

隋唐儒家学术思想之变迁[①]

经过南北朝的分裂，新建立的隋统治者，在寻求新的治国方略的过程中，清醒地认识到儒学对于国家长治久安的重要性。开皇三年（583）隋文帝下诏，指出"儒学之道，训教生人，识父子君臣之义，知尊卑长幼之序"，号召天下"劝学行礼"（《隋书·高祖纪下》）。炀帝亦继其道，认为"治定功成，率由斯道（儒学）"（《隋书·炀帝纪上》）。隋开国伊始即"崇建庠序""延集学徒"，大力兴办儒学教育。开皇年间，文帝数"幸国学"，进行鼓励和褒奖。于是出现学生"负笈追师，不远千里，讲诵之声，道路不绝"的盛况，故史称"中州儒雅之盛，自汉、魏以来，一时而已"（《隋书·儒林传》）。虽然文帝也曾因对儒学教育流于形式感到不安而表现出"不悦儒术"倾向，曾废国子、四门及州县学，然至炀帝即位，"复开庠序，国子、郡县之学，盛于开皇之初"（《北史·儒林传》）。隋统治者重视儒家经典的研习，其中一件重要的事，就是开皇三年（583）接受秘书监牛弘的建议，遣使搜求天下遗存的儒学典籍，"总集编次，存为古本"，并"召天下工书之士"，"于秘书内补续残缺，为正副二本，藏于宫中，其余以实秘书内、外之阁，凡三万余卷"。（《隋书·经籍志一》）

但因隋代短促，未来得及完成儒家经学统一的任务，这一使命历史地落在了唐统治者身上。唐高祖颇有励精图治之决心，建国之初，即把总结隋亡的教训，重建国家长治久安的基本指导思想放在重要的地位。武德二年（619）下诏申明提倡儒学之意义，指出"建国君人，弘风阐教，崇贤彰善，莫尚于兹"，主张"朕君临区宇，兴化崇儒，永言先达，情深绍嗣，宜令有司于国子学立周公、孔子庙各一所，四时致祭"（《旧唐书·高祖纪上》）。太宗为秦王时，已开始考虑由武功向文治转向的问题，并开文学馆，广引文学之士。贞观之初，唐太宗更是以崇儒尊经、推崇周孔之教、实行

[①] 原文载《中国学术思想编年》之《隋唐五代卷·前言》，陕西师范大学出版社2006年版。

王道仁政为基本的治国指导方针。虽然他亦主张并用佛、道，但此不过是出于安邦治国的考虑而已，重儒学则是其真实的想法。贞观二年（628），他曾对臣下直言不讳地说："朕今所好者，惟在尧舜之道、周孔之教，以为如鸟有翼，如鱼依水，失之必死，不可暂无耳。"（《贞观政要·慎所好》）并于同年"诏停周公为先圣"，主张"以仲尼为先圣，颜子为先师"，并"始立孔子庙堂于国学"。贞观四年（630），又令全国州县立孔子庙。孔子的地位得以重申，儒学的指导地位由是得以确立。唐太宗与大臣们的"贞观论治"，始终贯穿着仁政、爱民、尊贤、慎行等儒学精神，可以说，崇儒学是唐代统治者经过总结历史经验、深思熟虑后做出的自觉选择，这对唐代数百年以崇儒尊经为主的学术思想格局产生了重要影响。

　　隋唐儒学是在汉魏两晋南北朝时期与佛教、道教的相互冲突、纷争的过程中被统治者自觉加以复兴的，而思想交融的客观趋势却不是任何统治者的意志所能阻挡的。所以佛、道与儒学的撞击也使儒学发生着某种新的变化，这就使儒学不能不吸收佛、道的思想因素，在相互渗透中建构新的儒学体系。北朝末年至唐初，曾出现了如颜之推、王通这样以儒为主，融合佛、道二教的思想家。颜之推约卒于隋开皇年间，撰有《颜氏家训》一书，该书以为儒佛"内外两教，本为一体，渐积为异，深浅不同"（《归心》），并以佛教的"五戒"比附儒家的"五常"。隋代讲学于"河洛之间"的大儒王通，有感于"冠礼废""昏礼废""丧礼废""祭礼废"的儒学颓势，发出"王道可从而兴乎"（《中说·王道》）的感叹，并以"仁义"为儒家"教之本"（《礼乐》）。他曾向隋文帝献上"太平十二策"，提出"尊王道，推霸略"的主张，并用多年时间研习儒家六经。但是王通并没有否定佛道二教的作用，且首次明确提出"三教可一"的思想。所谓"可一"，既有学术思想上的三教可相互取长补短、相互融通之意，也有对三教均可起到"使民不倦"的政治教化作用的认同。"三教"皆"有助于王化"，是魏晋以来包括佛教在内的许多学者的共识，但明确提出三教可一，这还是首次，它已大致揭示了当时思想发展的基本趋势。至唐代，儒学家事实上都是吸收佛、道建构自己思想体系的。隋唐之际有经学家陆德明，唐初有孔颖达，中唐以后有韩愈、李翱、柳宗元等大儒。陆德明所著《经典释文》，多依南学玄学经学传统，既谈周孔，又好谈《老》《庄》，表现出儒、道兼综的特征。孔颖达奉诏所撰的《五经正义》，则以儒为主，兼融道家,例如他尝引道家的"自然"和玄学的"无"解释儒家的"道",从而使儒家政治伦理之道在本体论意义上得以升华。儒、佛在韩愈等人的思想中表现出较为复杂的情况。韩愈对佛教的盛兴特别是对当朝统治者的佞佛表现出极度的忧虑,其排佛之举在唐代是颇为有名的,也因此而几乎葬送了自己的政治生涯。韩愈反佛主要是出于维护政治伦理的目的,并从华夷之防出发,指斥佛教为"夷狄"之法。同时也是为了捍卫孔孟之道,以在佛教倡兴的条件下高扬儒学,重新复兴儒学。于是,他仿照佛教的"法统",提出了著名的"道统说",认为"先王之道"有一个远较佛教更早的,自尧舜以至于孔子、孟子的传授统绪,这一脉相承的"先王之道",实际上就是孔孟的"仁义之道"。不过他虽然反佛,但在思想上仍然受到佛教的极大影响。如他提出的"治心"主张,虽是直接承继了孟子的"尽心"说,也不无佛教以心性为本的思想印迹。韩愈的学生李翱所建构的"性善情邪"的"复性说"人性理论,则是将孟子的性善说与佛教的佛性说熔为一炉。李翱吸收了孟子的性善论,又吸收了《中庸》的性情论,提出"性者,天之命也""情者,性之动也"的命题,主张"情由性而生",性"由情以明"的"性体情用"说。同时,李翱又吸收佛教关于人人有佛性,只是因为受情欲之惑而其性不能自明,只有禁欲苦行方能达到成佛境界的佛性说,也认为"情既昏,性斯匿"(《复性说》),要"复性"须"灭情"。李翱还认为,儒家的"性命之学"也有一个"道统",即由圣人传之颜子,颜子传之子思,子思传于孟轲,"轲之门人,达者公孙丑、万章之徒,盖传之矣"。李翱融佛入儒,吸收佛教心性说以改造儒家性命说的路径,实开宋明理学心性论之先声。韩、李在内在的心性理路上与佛、道有相通之处,而在政治伦理上则与之相抵牾。

中唐另一复兴儒学的学者柳宗元则与韩愈表现得很不同,他并不排斥佛教,甚至可以说他"嗜于佛理"。他曾说"吾自幼好(好,一作学)佛,求其道,积三十年"(《柳宗元集·送巽上人赴中丞叔父召序》),说明他早年喜好佛学,并认为"浮图诚有不可斥者,往往与《易》《论语》合。诚乐之。其于性情奭然,不与孔子异道"(《柳宗元集·送僧浩初序》),即认为佛教有与儒家经典《易》《论语》相合之处。他更欣赏佛教超然的人生态度,他"好与浮图游",就是因为在他看来,佛僧"泊焉而无求"。与"世之逐逐然唯印组为务以相轧"的生活态度形成鲜明对照的是,"凡为其道者，不爱官，不争能，乐山水而嗜闲安者为多"（《柳宗元集·送僧浩初序》）。他进而提出"统合儒释"（《送文畅上人登五台遂游河朔序》）的主张。但是，柳宗元在世界观上则与佛教不相类属。他摒弃了宗教的天命观，反对韩愈等人主张的天命论，明确提出天人之间"其事各行不相预"的命题，主张"受命不于天，于其人；休符不于祥，于其仁"（《柳宗元集·贞符》）。说明，此一时期儒与佛、道的交融表现在不同的层面上。

儒家经学从魏晋南北朝到隋唐也发生了两次大的转折，一是由南北朝经学的分立而趋于统一；二是在魏晋南北朝时业已丧失了的独尊地位，至唐代再度恢复，被确立为官方的指导思想，同时又具有了与此前不同的一些新特点。

汉魏以来的儒家经学，随着南朝和北朝对峙局面的形成，先前并存的玄学经学、汉末经学也出现分立的状态。如《北史·儒林传》所说，南朝经学重魏晋玄学传统，北朝则仍恪守汉儒章句训诂传统，皮锡瑞因称其为"经学分立"的时代。这种分立的情况，到隋代初年依然存在。如房晖远所言："江南、河北，义例不同，博士不能遍陟。学生皆持其所短，称其所长，博士各各自疑，所以久不能决也。"（《隋书·房晖远传》）于是，在开皇十三年（593），当文帝命礼部尚书牛弘"议明堂制度"之时，竟出现了"诸儒异议，久不能决，乃罢之"的情况。（见《资治通鉴·隋纪二》）这种经义的歧义与混乱，也许是造成隋文帝"不悦儒术"的另一重要原因。但在融通南北义学以及对经义的阐发方面，也涌现了颇负盛名的大儒，如何妥、刘焯、刘炫、王通等。何妥颇重礼乐，其上表云"乐至则无怨，礼至则不争"，又融通儒道，著有《周易讲疏》《庄子义疏》等。刘焯学通南北，博极古今，对贾、马、王、郑所传章句，"多所是非"，"论者以为数百年已来，博学通儒，无能出其右者"（《隋书·儒林传》）。刘炫对儒家众经，"并堪讲授"，对"史子文集，嘉言美事，咸诵于心"（《隋书·刘炫传》）。开皇二十年（600）文帝令废国子、四门及州县学，炫上表不宜废。炫著有《论语述议》《春秋攻昧》等多部，其融通南北经学之努力，对唐代经学产生了重大影响。唐人为群经作疏，特别是孔颖达所主持编撰的《五经正义》，许多（如《诗》《书》）即本之"二刘"，孔氏称"焯、炫并聪颖特达，文而又儒"，"其于作疏内，特为殊绝。今奉敕删定，故据以为本"（《毛诗正义序》）。隋末大儒王通，弘扬儒学更是不遗余力。他曾用九年时间钻研六经，撰有《中说》《续六经》等，自谓："余小子获睹成训勤九载矣，服先人之义，稽仲尼之心，天人之事，帝王之道，昭昭乎！"（《中说·王道》）其在河汾讲学，名重于时，被誉为"河汾道统"。

隋代享国短暂，未能完成儒学统一的使命。从唐代贞观至永徽间，随着政治统一局面的巩固，这一历史任务也提到日程上来了。撰于北朝末而大约成书于唐武德年间的《经典释文》，即已开始了这种统一的工作。但经学统一的历程也不是一帆风顺的。初，陆德明见于先秦儒经其文字与意义因屡经变迁所出现的阅读困难，遂采集汉魏六朝以来音注二百余家，兼取诸儒训诂，考订异同，编成该书。该书虽重在注音，但亦为此后经义的统一奠定了基础。贞观四年（630），唐太宗"以经籍去圣久远，文字讹谬，诏前中书侍郎颜师古于秘书省考定五经"，此即为贞观七年（633）成书的《五经定本》。《五经定本》功毕，太宗曾诏房玄龄集诸儒"重加详议"，因当时诸儒各传习师说，"舛谬已久"，于是"皆共非之，异端蜂起"，颜师古不得不引晋、宋以来古本予以答辩，诸儒最后虽信服了，但可看出，《定本》是经过激烈争论后才确定下来的。"自《五经定本》出，而后经籍无异义。"贞观七年（633），唐太宗又"以文学多门，章句繁杂"，诏颜师古与孔颖达诸儒，撰定五经义疏，开始了又一浩大的工程，于贞观十六年（642）基本编成，凡一百八十卷，名为《五经正义》。是书"虽包贯异家，为详博，然其中不能无谬冗"。有太学博士马嘉运者，遂"驳正其失，至相讥诋"，于是太宗又诏诸儒"更令裁定"（《旧唐书·颜师古传》），直到孔颖达、唐太宗相继去世后，方于永徽四年（653）颁行天下，"每年明经，令依此考试"（《旧唐书·高宗本纪》）。这是五经之学有史以来经历的最大一次也是官方实施的系统整理和厘定的工作，所依据者乃颜师古的《五经定本》及陆德明的《经典释文》。其注文《易经》主王弼注，《易传》则主韩康伯注，《尚书》主伪孔安国《传》，《毛诗》主郑玄《笺》，《礼记》主郑玄《注》，《春秋左氏》主杜预《注》。在撰写中，虽然注意坚持"疏不破注"的原则，但还是能做到旁征博引，汇集群家经说，努力做到兼采南、北二学，融合儒、道二教，反映了唐代思想交融的特点。不过在学术倾向上，则是以"南学"为主，来统一南北经学"义疏"的。《五经正义》的颁行，是儒家经学走向统一的标志，同时也使其原于魏晋时失落了的独尊地位，再度得以恢复，确立为国家的指导意识形态。

安史之乱后，在朝野普遍有感于儒家传统日渐衰微之际，悄然兴起以研究《春秋》学为主、以经世致用为特征的"春秋经世学"。一些有责任感的士大夫，开始通过维护官方的统治思想即儒家经学，反省时政，以救时弊。于是他们找到了《春秋》学，其代表人物有啖助、赵匡、陆淳（亦称陆质）等，其思想由啖助首倡，赵匡承继，后由陆淳整理，其思想集中表现在由陆淳整理的《春秋集传纂例》等书中。啖助提出，孔子修《春秋》的用意是"救时之弊，革礼之薄"，"从宜救乱，因时黜陟"，其言下之意则是应正视和面对当今礼乐崩坏的现实情况，找寻救时之弊的良药。赵匡更明确提出"《春秋》者，亦世之针药也"，"以史为经，以明王道"，显然有强烈的时代针对性。在学术上，他们则表现出大胆的怀疑精神，对早先杜预、何休、范宁等人的《春秋》学提出异议，对此前一些结论提出质疑，如啖助认为此三家之学，"诚未达乎《春秋》大宗"，提倡新解经意，怀疑《左传》为左丘明所作，等等，此实开后来疑经辨伪之风，对学术思想的发展有积极的影响，也为"永贞革新"做了思想上的准备。陆淳本人亦参加了这一革新运动。"永贞革新"的重要人物如柳宗元、吕温等也受过陆淳的影响。晚唐时的儒学代表是皮日休，他力倡儒家仁政爱民的"民本"之旨，同时反对那种为早期儒家所提倡的"治则进，乱则退"的生活态度，主张在任何时候都应该积极入世，其经世观念至为真诚。

儒家经学在唐代的另一变化，就是儒家经典范围的扩大。初始倡"五经"，后又有"九经"之说，此不过是将《春秋》别出"三传"，《礼经》别出"三礼"，连同《诗》《书》《易》并称而已。后来，于"太和中，复制十二经，立于国学"（晁公武《郡斋读书志》），此即"开成石经"。该石经原刻九经，后增至十二经，加《孝经》《论语》《尔雅》。以《论语》《尔雅》入经，这是一个重要变化，当然这一变化应归功于陆德明的《经典释文》。该书所选定的经注本，除《孟子》外，均为后来延至清末的"十三经"所遵循。还有一个变化，即此一时期《孟子》《大学》《中庸》的地位得以提升。宝应二年（763），礼部侍郎杨绾上疏建议将《孟子》与《论语》《孝经》并列为"兼经"，增为明经考试科目之一，虽朝廷未允，但此已开唐宋间《孟子》升"经"之先声。此后韩愈极推崇孟子，认为"孟氏醇乎醇者也"（《韩愈集·读荀》），并提出儒家"道统说"，孟子被提高到仅次于孔子的地位。到唐咸通四年（863），皮日休再次提出《孟子》的升格问题,强调"《孟子》之文,粲若经传",主张应"以《孟子》为主"(《皮子文薮》卷九)。这为宋代将《孟子》补为儒家十三经之一做了准备。①《大学》《中庸》本为《礼记》中的两篇文章,韩愈在《原道》中将《大学》中的"正心诚意""修齐治平"等思想原则作为儒家思想体系的核心加以倡扬,此对宋儒产生了较大的影响。《中庸》在唐代受到李翱的重视,李翱发挥了《中庸》的"性命"说,并和《孟子》的性善说结合起来,同时又受到佛教心性说之影响,提出了主"灭情复性"的"复性说"。这一动向,既反映了此一时期注重心性论的倾向,高扬了儒家的内圣之学,又抬高了《中庸》的地位。显然,韩、李已将《大学》《中庸》作为儒家独立的、主要的经典加以重视。上述变化,已具有了宋代所称"四书"的雏形。韩、李儒学的心性论动向,实开宋明理学之先河,为儒学重新盛兴于宋元明历朝,起了承前启后之作用。

---

① 参见徐洪业《孟子的升格运动》,载《中国社会科学》,1993年第5期。

心性论:"三教合一"的义理趋向[①]

自汉魏以降,佛教传入,道教生长,中国文化出现儒、释、道三教(这里的"儒"指儒学,不是指所谓"儒教")并存格局以后,三教之间开始了相互作用、相互融合的复杂历程。任继愈说,"三教关系是中国思想史、中国宗教史上的头等大事",而"三教合一"则是唐宋后"中国思想史、中国宗教史的发展过程和最终归宿"。自"三教合一"趋势形成之后,儒道释"三教的地位是平等的"[②]了,但是由于人们的立场、认识的不同,对"合一"的理解和认同常发生一些歧义,从而影响到对唐宋后中国思想文化格局和中国思想文化核心精神的准确把握。这里试对"三教合一"的理念做以历史的考察,对其义蕴进行一些分析,并期揭示中国哲学在唐宋后的基本走向。

一、"三教合一"理念的历史考察

"三教合一"这一概念出现虽然较晚,但是与其相近的理念则出现较早。六朝以降,儒、道、释三教中均有人提倡,但对"合一"的理解,则不尽相同。有谓三教可以"一致"或三教可归向"一致"的,有谓三教思想要素之间可以圆融的,比较流行的看法即是指三教之间出现的相互交融、相互渗透的趋向。上述说法都有一定的合理性,但又都不尽全面,其至少忽略了两点:第一,忽略了历史不同阶段上和不同教派间对"合一"理解的差异;第二,把交融的过程混同于结果本身,因而不能揭示出三教交融在中国思想文化史上的共同趋向和由此表现出的文化精神。

如果我们对三教关系做以历史的动态考察,就会发现三教之间的关系在不同时期有着不同的表现,由此"三教合一"也有着不同的趋向。在魏晋南北朝时期,由于佛教处在初传时期,为得到传统儒学和本土道教的思

[①] 原文载《人文杂志》,1996年第2期。本次收录有改动。
[②] 任继愈:《唐宋以后的三教合一思潮》,载《世界宗教研究》,1984年第1期。

想认同，以争取自身在中土发展的机会，故一再迎合儒、道，力倡"三教合一"。当时一些佛教徒或兼习儒、道的学者如慧远、孙绰、张融、宗炳等都有过类似的主张。其论点大体说来有：其一，主张三教平等、三教义理相通，可以相互配合。如三国僧人康僧会谓"虽儒典之格言，即佛教之明训"（《高僧传·康僧会传》）。东晋慧远亦称"道法（佛）之与名教，如来之与尧孔，发致虽殊，潜相影响；出处诚异，终期则同"（《沙门不敬王者论》）。孙绰《喻道论》更明谓"周孔即佛，佛即周孔"。隋李士谦说："佛日也，道月也，儒五星也。"（《佛祖历代通载》卷一○）五代时僧延寿说："儒道仙家，皆是菩萨，示助扬化，同赞佛乘。"（《万善同归集》卷六）这些说法旨在强调佛与儒没有内外之别、高下之分，三教平等，义理一致。其二，倡三教同源。这是佛教争取平等地位的另一种方式，此说以北周道安、南朝梁武帝萧衍为代表，道安称"佛遣三弟子震旦教化：儒童菩萨，彼称孔丘；光净菩萨，彼称颜渊；摩诃迦叶，彼称老子"（《二教论·服法非老》引《清静法行经》）。此说法还有多种表述，认为儒、道都源于佛。此说虽荒诞不经，但反映出为佛教争取平等地位之良苦用心。萧衍倡三教同源则更加直接：老子、周公、孔子都是"如来弟子"，并作《会三教诗》，将儒、道看成同出于佛。也有主张佛源于道的，这就是《老子化胡经》为反击佛教的道源于佛说而提出的老子"西出化胡"而立佛之说。其三，三教在"导民向善""有助王化"方面的社会作用是一致的。孙绰谓："周孔救极弊，佛教明其本耳。共为首尾，其致不殊。"（《喻道论》）宗炳亦谓三教虽"殊路"，但"习善共辙"（《弘明集》卷二）。由于他们多认为三教所起的作用一样，故当时一些统治者就采取了扶植三教的方针，如梁武帝萧衍。和佛教的做法相近，本土道教由于力量单薄，故在与佛教争高下、在儒家氛围中求生存求发展的过程中，也强调三教可相辅为用，如葛洪在强调"道本儒末"的同时，又主张"仲尼未可专信，而老氏未可孤用"（《抱朴子内篇·塞难》），强调对各家之学可"兼而修之"（《抱朴子内篇·释滞》）。此后隋代的王通虽持儒家立场，但仍是在这一意义上提出"三教可一"主张的。① 隋文帝也有同样的主张，说："法无内外，万善同归；教有浅深，殊途共致。"（《历代三宝记》卷一二）

---

① 《元经》卷五："子（王通）读《洪范谠议》，曰：'三教于是乎可一矣。'"

可以看出，魏晋六朝各家对"三教合一"的理解尚未深入到内在的思想层面。此后，经过晋唐三教之间的交融发展，三教各自在思想上都表露出明显的共趋性或义理趋同性。于是唐宋及其以后三教各方对"三教合一"，在理解和运用上已发生了一些重要的变化。

宋元"三教合一"理念的变化，主要表现于"三教归一"一语的广泛运用。姚振宗《隋书经籍志考证》卷二十八子部五引韩愈《送浮屠文畅序》称："儒名墨行，墨名儒行，以佛为墨，盖得其真。而读《墨子》一篇，乃称'墨必用孔，孔必用墨'，开后人三教归一之说。"认为韩愈已开"三教归一"之先。元人彭致中《鸣鹤余音》卷三称："道释儒门，三教归一。"明人王世懋撰《望崖录》，其卷一内篇"皆谈佛理，自称以三教归一与林兆恩屠隆所见相同"（《四库全书总目》卷一百二十五子部）。清人嵇璜在《续文献通考》卷一百七十六《经籍考》中，指出明焦竑的《支谈》"主于三教归一"。可见，宋代后"三教归一"的说法相当普遍，尤其在佛（禅）、道（全真）中表现得较为突出。佛教以宋天台宗高僧孤山智圆、禅宗云门宗大师契嵩为代表，道教则以全真教初创者表现为著。

孤山智圆（号"中庸子"）有诸多主"三教合一"的言论。他不认为"三教合一"就是要放弃各家门户，而是认为三教各有不同的作用和自己的存在价值，"修身以儒，治心以释"，二者可以"共为表里"，故三教可以鼎足而立（"吾道其鼎乎！三教其足乎！"）（《见《中庸子传上》）。显然，智圆认为三教有相通的、一以贯之的"道"。正因为三教义理归向一致，故他在《三笑图赞》中说"释道儒家，其旨本融"，"厥服虽异，厥心惟同"。并指出"三教者，本同而末异"，强调要"知三教之同归"（谢吴寺丞撰《闲居编》序书），他主张"修身以儒，治心以释"（《中庸子传》上），所以他本人即标榜自己三教皆习："宗儒述孟轲，好道注《阴符》，虚堂踞高台，往往谈浮图。"（《潜夫咏》，《闲居编》卷四八）稍后的禅师契嵩倡"三教合一"亦不遗余力，他认为三教虽"分家而各为其教"，但其"心则一"，即目标一致，这就是"皆欲人为善"（《辅教究编·广原教》）。

金元时期全真教以"三教合一"为立教宗旨，其中三教同源一致、三教一家等说法比比皆是。王重阳说："儒门释户道相通，三教从来一祖风。"（《金关玉锁诀》）丘处机说："儒释道源三教祖，由来千圣古今同。"（《潘溪集》卷一）这些说法强调三教"道相通"，已有合流归一之意。刘处玄则明确提出"三教归一,弗论道禅"(《仙乐集》)。这种义理趋同归一的主张,促使全真教在进行其理论建构时,常常杂用三教经典,而"不主一相,不拘一格"(《重阳仙迹记》)。这种合一三教的努力促进了三教思想的进一步融合,即三教虽各立门户,但已是你中有我,我中有你。从全真教诸典籍中已能看出这种交融有了明显的义理归向。可见,"三教归一"确能代表"三教合一"的时代义蕴,从这个意义上说,"三教归一"较之"三教合一"的提法,在今天的使用上更能减少一些误解,因为"合一"常会被人误认为三教放弃门户,合而为一了。

相对于佛道二氏来说,儒学历来将自己视为中国文化的正宗,因而总是力排佛道。不过,它虽然表面上不承认三教合一,实际上却在许多方面袭用佛、道,并以儒学为主融摄二氏,宋明理学正是这种融合的产物。

总之,在历史上人们对"三教合一"理念因种种原因,在理解上也不尽相同,但大都经过了倡三教平等、三教同功、三教同源到三教可以兼容、思想义理同归的历程。今天我们在使用这一概念时,也应该落在思想义理、旨趣归向同一的意义上。

二、"三教归一":心性论

如果说"三教合一"指三教义理之归同,那么,这个"归同"之点是什么?对此历史上看法也不尽相同。大致说来有以下几种:其一,"合一"有伦理目标归向一致的意思,这点各家无大异议。宗密所谓"惩恶劝善,同归于治"(《华严原人论》),智圆所谓三教"言异而理贯也,莫不化民俾迁善远恶也"(《中庸子传上》),皆认为三教一以贯之的是"导民向善""训民治世"的社会政治伦理目的。其二,谓三教皆由一"道"贯通。张伯端所谓"教虽分之,道乃归一"(《悟真篇》)即此。但所"贯"之"道"各家说法又有不同,宋太初谓"《礼》之中庸,伯阳之自然,释氏之无为,共归一也"(《宋史·宋太初传》),以为"自然""无为"和"中庸"是相通的,是三教一以贯之之"道"。全真教则谓"三教者不离真道也"(《金关玉锁诀》),以"真道"为所归之"一"。张伯端所谓"道乃归一"之"一"则指性命修炼之说。其三,谓三教义理皆贯一"静""中""虚"。李道纯《中和集》谓"三教所尚者,静定也",又以"中"为其所贯之义,说:"不思善不思恶"为"禅宗之'中'";"喜怒哀乐未发谓之中，此儒家之'中'";"念头不起谓之中，此道家之'中'"。其四，认为三教皆贯穿"孝"道。宋契嵩在《辅教编》中专论孝，说"拟儒《孝经》，发明佛意"，又说："夫孝，诸教皆尊之，而佛教殊尊也。"上面几种旨归，其理解虽不无道理，却缺乏对三教总体趋向的整体把握。歧义的出现反映了三教思想的交融是在多层面多角度上发生的。若进一步考之三教发展的动态过程以及各教的较为确定的归势，不难发现，迄唐以降，佛教由禅宗而革命，道教至全真而转向，儒学到阳明乃大变，其寓于变革转化中的思想意趣不越"心性"二字。"三教合一"即伦理目标一致，旨趣归向心性。（尽管各方之心性论并不完全相同）实际上这一点《性命圭旨》作者已经言中，其卷一谓：

> 要而言之，无非此性命之道也。儒曰"存心养性"，道曰"修心炼性"，释曰"明心见性"。心性者，本体也。儒之执"中"者，执此本体之"中"也。道之守"中"者，守此本体之"中"也。释之空"中"者，本体之"中"本洞然而空也。道之得"一"者，得此本体之"一"也。释之归"一"者，归此本体之"一"也。儒之"一"贯者，以此本体之"一"而贯之也。（《人道说》）

又说：

> 儒家之教，教人顺性命以还造化，其道公；禅宗之教，教人幻性命以超大觉，其道高；老氏之教，教人修性命而得长生，其旨切。教虽分三，其道一也。

《性命圭旨》是从核心精神上把握三教同归之旨的，并正确地指出了三教所归指向"心性"。三教这种理念或义理的趋同，是值得研究的一个思想史现象。下面略做分析。

先说佛教。佛教在早期传播中（般若空宗流行时）主要受玄学的影响，而受儒家的心性论影响不大。佛教受心性论影响发生历史性转折，当始于晋宋时的竺道生。道生提出的"一切众生悉有佛性"的佛性说以及"顿悟成佛"的解脱论,已把抽象的佛性实体植根或内化于现实的人性中。这和传统儒家的"人皆可以为尧舜"及"性善论"的思想一脉相通。迄至隋唐,佛教宗派林立,所言佛性虽不尽相同,但有些宗派如天台、华严诸宗仍受其影响,亦用佛性言人性和心性,如华严宗即认为"无一众生而不具如来智慧",即众生都有成佛的根据,只是由于"迷真起妄",佛性不能显现,只要转迷开悟,即可见性成佛。这就事实上已把抽象的本体"真心"落实到具体的人性之中。中唐后以慧能为代表的禅宗南宗兴起,由于它大量融入儒学心性论,故实现了佛教史上的一场革命。南宗主张的"即心即佛""见性成佛""不立文字""直指本心"等,突出了主体的"自心""自性","自心"通过"自性"而与"佛性"相沟通,佛性即人的心性。禅宗认为佛与众生的区别,只在"迷""悟"之间,迷悟主体,唯在"自心"。"自心""自性"即为自我的本质所在。这就把中国传统的内向性思维体现在成佛的途径之中,从而高扬了人的主体性,使人在一定程度上获得了精神的自由。正是这种心性论,才促使禅宗从经院佛教走向世俗化的道路——提出一种既不失超越宗教感情,而又简易直捷的成佛论。禅在中唐以至宋明的影响很大,甚至几成为佛教的代名词,就与这种世俗化品格有关,而这种世俗化道路是以心性论为基础和导引的。可以从一定意义说,佛之归于禅,就是由外在的佛性归于内在心性这一思维路向所达到的。

值得一提的是,禅宗也正是从心性归向上来理解"三教合一"的。《顿悟论》记有中唐禅师大珠慧海关于三教旨归是否一致的一段对话。有客问:"儒、道、释三教,为同为异?"大珠答:"量者用之即同,小机者执之即异。总从一性上起用,机见差别成三。迷悟由人,不在教之异同。"这位把佛性彻底转向心性的禅师,即认为三教皆是一"心性"贯之。可见心性论是佛教在中国化进程中的基本路向,其自身对儒、道、释的基本归向也是这样认同的。

关于道教。汉魏时道教以符箓派为主流,东晋以降则以葛洪的丹鼎派神仙道教为主流,主外丹术。晚唐至两宋,外丹之术渐趋没落,而代之以钟(离权)、吕(洞宾)一系的以内养精、气、神为目标的内丹修炼术,北宋张伯端所撰《悟真篇》是内丹学成熟的重要标志之一。金元之际,全真道崛起,全真道继承了钟、吕内丹之学,同时又融入禅宗的"明心见性",使之与内丹之术相结合,道教遂发生了一次历史性变革,传统的修炼方式被引向了内向心性修养的轨道。《重阳授丹阳二十四诀》谓修仙者应"先求明心，心是本，道即是心"。又，《重阳全真集》谓："识心见性通真正，知汞明铅类密多。""明心"，即明自己本心，"见性"，即见自己"真性"。由此在修炼实践中，尤强调"先性后命""性命双修"的原则，即以明心见性为修炼之首务，养气修身原则为其次，从而突出了心性原则和精神修炼。这种融摄三教义理、突出心性修养所表征的思想归向，使其具有亦道亦禅，"非儒非释"（陈垣语）的特征，陈垣亦将全真教视为"道教中之改革派"①。由于全真道具有如此强烈的包容性，同时又表现出明显的世俗化倾向，故全真道成为金元及其后影响最大的道教道派之一。此外，即便当时一些道教符箓派也未能超越向内在心性转化的时代主调，如元代刘玉所开新净明道，其说也"以本心净明为要，而制行必以忠孝为贵而已"（虞集《道园学古录》卷五○）。关于三教义旨归于心性这一点，明清一些道教内丹家也多已看出。②元明清时"仙源流到全真海"绝非偶然，这固然是三教义理融合归同在道教演化中的表现，也说明主体由外在探索向自心识见的趋向带有某种必然性。

再谈儒学。心性之学是孔孟儒学本有的思想。如果说"仁"在孔子那里还主要是一种道德规范和修身原则，至郭店竹简《性自命出》所谓"性自命出，命从天降"，已在探讨性命之本源。孟子则把它与人的"心""性"联系在一起，以"善"释"仁"，并探寻了道德产生的形而上的根据，以为"善""仁"为天所赋予人的本性，人性与"心"相通，在天人合一基础上讲心性论。此说至《中庸》则进一步系统化，所谓"天命之谓性，率性之谓道，修道之谓教"即是。汉唐诸儒重天道重礼教而罕言心性，这一点被后儒视为圣学失传，"性道微言之绝久矣"（《宋元学案·濂溪学案》）。事实上，此心性之学在汉唐儒学中虽幽隐不显，但其潜在的影响依然存在，并直接影响了佛教中国化的进程。佛教心性论正是传统儒学心性论与玄、佛本体论融通的结果。迄中唐李翱《复性书》出，"以佛理证心"，重倡心性论，传统儒学遂进入道德伦理本体化的体系建构时期。至张

---

① 陈垣：《南宋初河北新道教考》，中华书局1962年版，第2页。
② 如道士张三丰、李西月、王常月、刘一明等对此已有明察。参见任继愈主编《中国道教史》第十七章，上海人民出版社1990年版。

载、二程等大儒出,"阐发心性义理之精微"的"圣学"乃"大兴"(同上)。张载提出"大其心"以"合天心","大其心"即扩充自己本心以"知性""知天",从而达到天人物我一体的境界。二程主"心即性""性即理",强调"养心""居敬""涵养"。此后朱熹虽以理为本,但仍赞同二程的"性即理"和张载的"心统性情",称此"二句颠扑不破"(《朱子语类》卷五)。由于朱熹强调有外在的绝对的"天理"("万一山河大地都陷了,毕竟理却只在这里"),并主张通过"即物究理"来认识"天理",虽然朱熹并未排斥人的心性("穷理中自有涵养工夫"),也主张通过在"即物穷理"基础上的"豁然贯通"来达到"吾心之全体大用无不明"(《补大学格物致知传》),但在陆九渊看来,此还是将"心"与"理"分而为二。陆氏重又把"理"安置在人的"心"中,指出"人皆有是心,心皆具是理。心即理也"(《与李宰(二)》)。此后王阳明则进一步揭破朱子"析心与理为二"之弊,并指出他的"格物"之功难以与"诚意""正心"的伦理实践统一起来,遂以"致良知"深化了陆氏的"心即理"。王阳明从朱熹的"外心以求理"转而为"求理于吾心",并通过主体"致良知""知行合一"的心性修养和伦理实践,使以"心"为本体的道德形上学终于建立起来,儒家要建构的伦理本体论体系也臻于完备。王阳明走的正是融摄三教而归致于心性的路子。其表述亦颇有禅味,故后儒常斥其"近于禅"。明黄凤翔在《田亭草》中说:"文成公之学,三教合一之学也。"(卷一八《与习豫南少司成》)但是由于阳明心学把人的"心"提高到宇宙万物本体的高度,这就给人的"心"赋以极大限度的主动性,从而高扬了人的主体性;同时他以"心"中"良知"为是非之标准,不迷信权威,不崇尚经典,这对人也有精神解放的作用,加之其"作圣之功"简易直捷、开广活泼、新人耳目,故王学这一理学之一翼,在一个时期几乎淹没程朱理学而成为很有影响的儒学学派。

  从佛、道、儒各自的发展道路和三教之间相互交融的思想历程来看,三教各自均归于心性,三教总体上也流归心性。三教这种从外在追求走向内在超越的思维路径,终于把中国传统文化的核心精神凸显了出来。这一点,也许能告诉我们许多东西。当代德国著名哲学家卡西尔(Ernst Cassirer)也已注意到类似的文化史现象,他说:"从人类意识最初萌芽之时起,我们发现一种生活的内向观察伴随着并补充着那种外向观察。人类的文化越往后发展,这种内向观察就变得越加显著。"① "三教合一"所表现出的道德形上学建构中的意义深化,即从外在规范、秩序、道体而深入人的精神生活内在根据的径路,也正是不断把人的"内向观察"凸显出来的进程。显然,三教义理归向心性,是文化自身规律使然。

---

① [德]恩斯特·卡西尔:《人论》,上海译文出版社1985年版,第5页。

儒道释交融与理学的形成及特点①

从一定意义上说，多元文化的交流与碰撞，是新的文化价值体系得以形成的必要条件。古人说"和实生物，同则不继"（《国语·郑语》），性质相同的事物的叠加，只能有量的积累而难以有新质的生成。中国古代文化发展史证明，没有佛教的传入，就没有此后丰富多彩的中国文化。佛教与中国文化的结合，使中国人在思维方式、哲学理念、语言艺术、思想境界上都发生了极大的变化。这里主要从佛儒交融的视角谈谈理学的形成及特点，以期揭示多元文化的交流对于新的文化价值创造的意义。

佛教传入中国后，小乘教以人生"苦"为核心的"四谛"说曾产生过广泛的影响，此后主"空"观的大乘空宗与玄学结合，形成颇具影响的般若学，此以僧肇为代表。继之凸显出来的是佛教的涅槃佛性说，此以晋宋时竺道生为代表，他提出了"一切众生悉有佛性"的佛性说和顿悟成佛说。用佛性问题来讨论众生是否具有成佛之因，就把佛之体性与人之本性联系起来，这是佛教与传统儒学在哲学层面上的较早结合。而竺道生提出的"一切众生悉有佛性"的命题，显然受到了孟子人性本善思想的影响。到了唐代，禅宗则进一步通过"即心即佛""即性即佛""顿悟成佛"的佛性论和心性论把佛教所讲抽象的"佛性"落实到现实的"人性"中，这不仅把佛性与儒家的"善性"相贯通，也把孟子的"尽心知性""求放心"的内省修养方式与佛教"止定"的修行方法相融通。

唐代从哲学层面把佛与儒内在统一的是李翱。李翱在人性论上主张"性善情邪"②，把情欲与人性看成是对立的，说"情不作，性斯充矣"，只有"灭情"才能"复性"。这种观点实质上是佛教心性论的翻版。佛教所

---

① 原文载《多元·融合·发展——多元文化传承与创新》，澳门论坛（2013）文集。本次收录有改动。
② 在隋唐以前，就有人提出类似"性善情邪"的思想，如西魏的苏绰说："人受阴阳之气以生，有情有性。性则为善，情则为恶。"（《周书·苏绰传》）隋代思想家王通也有类似说法，参见《文中子中说·立命》。

说"清净佛性"与"杂染"（情欲）的对立，在李翱这里变成了"性"与"情"的对立；佛教清除情欲"杂染"而显现"清净佛性"的思想，在李翱这里则变成了去除情欲而回归本有的善性。可见援佛入儒是李翱心性论的重要特征。他的"复性"论，成了宋儒"存天理，去人欲"以及"天地之性"和"气质之性"的人性论的直接思想来源。三教归一的趋势，促使儒学在吸收佛、道思想的同时，开始了自身的理论创造和体系重建。当然这只是就发展的趋势而言，实际上不仅在唐代三教尚未"归一"，就是作为三教融合的产物——宋明理学的出现，也没有代替佛、道二教。理学的"归一"是指以儒为主，融合佛、道二教而在义理上归向心性的趋向。[①] 所以，汤一介也认为："宋明无论'性即理'（理学）还是'心即理'（心学）皆心性之学，而佛、道二教同样大讲'心性'，而'心性之学'为三教共同之理论基础，故'三教归一'之说实依于此'心性本体论'。"[②]

理学家在建立其理论体系时，受晋唐以来儒与释、道交融的文化背景和氛围的影响，都自觉或不自觉地吸收或借鉴了佛教、道家和道教的本体论、心性论和思辨方法，并将其融入自己的思想体系之中，这是几乎所有的理学家所共有的特征。事实上许多理学家如张载、二程、朱熹，他们大都经过出入佛老而后归之于儒的心路历程。作为理学开山祖的周敦颐，以援道入儒的方式，奠定了理学发展的思想基础。他的《太极图》即脱胎于道士陈抟的"无极图"，其思想体系则是把道教宇宙论与《易》学阴阳说、儒家伦理观及儒、道的修养论相杂糅的产物。他在《太极图说》中，提出了一个儒道合一的宇宙论模式，其一改孔子不大讲"性与天道"的倾向，而把宇宙论与儒家心性论、道德论结合起来，建立了一个将"宇宙—伦理"相贯通的"天人合一"思想体系。他提出的"圣人定之以中正仁义而主静，立人极焉"（《太极图说》）的命题，即以儒家的"仁义中正"为人生的道德价值目标，以道、佛的"无欲""主静"为道德修养的基本方法，又吸收了汉儒的五行和阴阳动静学说，这些都对此后的理学发展产生过较

[①] 参见刘学智《心性论：三教合一的义理趋向——兼谈心性论与当代伦理实践》，载《人文杂志》，1996年第2期。

[②] 汤一介：《论儒、释、道"三教归一"问题》，载《中国哲学史》，2012年第3期。

大影响。由周敦颐开出的把宇宙论与伦理学结合起来、"合老庄于儒"（《宋元学案》卷一二）的天人合一致思趋向，已大致规定了宋明时期思想发展的基本方向。张载的思想虽是以易为宗、以孔孟为法的，但是其所建构的"太虚即气"的宇宙论就吸收了道家和道教讲得最多的"太虚"和"气"的概念，其所说"至静无感，性之渊源"，其"至静"的思想显然来自老子。而所说"太虚为清，清则无碍，无碍故神"（《正蒙·太和》），这里"无碍"的说法又是受到佛教的影响。朱熹早年曾受学于释大慧宗杲，据说他赴考时还带着《大慧宗杲语录》。同时他也向往道教的内丹术，曾化名"空同道士邹䜣"撰《周易参同契考异》的丹书。① 故明清之际潘平格说"朱子道，陆子禅"，就是说朱熹儒学近于道，而陆九渊之学近于禅。而朱熹的哲学思想往往援佛入儒，如曾借用佛教常用的"月印万川"之喻说明"理一分殊"之理，说："释氏云，'一月普现一切水，一切水月一月摄'，这是那释氏也窥见得这些道理。"（《朱子语类》卷一八）陆王心学也吸收佛教禅宗的佛性说和"见性成佛"的成佛说，建构起自己的心性说和发明本心的道德修养说，走的都是以儒为主、融通三教的路子。王阳明说："二氏之学，其妙与吾人只有毫厘之间。"（《传习录》上）认为儒释道其"大抵养德养身，只是一事"。儒家学者说"戒谨不睹，恐惧不闻"，如果专于此，"则神住、气住、精住，而仙家（道）所谓长生久视之说，亦在其中矣"，认为道教所说看似与儒家异，"然其造端托始，亦惟欲引人于道"。（《与陆原静》）说明王阳明亦持三教合一的立场。通过这些努力，儒学抛弃了汉唐时期比较粗疏的"天人感应"的宇宙论，同时也跳出了汉代以来的章句训诂之学的窠臼，在吸收佛、道本体论、心性论的基础上，促使儒学进一步义理化和心性化，并建立起心性本体论和伦理本体化的新儒学即理学。由此，儒学取代了佛、道二教的地位，重新成为中国人的思想信仰和精神归宿，并全面指导着人们的日常生活。

佛儒的交融也促成了理学思想特征的形成。汉唐以来的儒学基本走的是经学化的路子，总体上说缺乏理论创新，且特别注重"礼"的社会作用和功能，而不太关注人的心性修养，也缺乏深入的本体探讨，故张载斥之为"知人而不知天，求为贤人而不求为圣人"（《宋史·张载传》）。在唐

---

① 陈荣捷：《朱子新探索》，台北学生书局1988年版，第647页。

代，佛教的本体论和心性论、道教的本体论和道性论都与儒学发生了深层的互动互融。理学的产生，使本来注重社会政治伦理的汉唐儒学走向本体化和心性化，从而使儒家伦理获得了宇宙论的根据。于是，理学获得了一些既不同于先秦儒学，也不同于两汉儒学的新特征。总体上说，汉唐儒学关注的是天人关系，此时则演变为以理气、道器、心物、知行、理欲等范畴及其关系所展开的更具哲学色彩的"性理之学"。"性理之学"以儒家的尊天思想、宗法伦理和心性论为核心，同时吸收佛、道二教的本体论、心性论和修养方式，形成了心性本体化和伦理本体化的新儒学。因此可以说，三教合一是理学的重要特征之一。

首先，理学各派无论其以理为本或以心为本，大都与佛教有某种思想上的关联，或受其影响，或直接引入，或加以吸收改造。总之，如果没有佛道二教的影响，儒学在本体论上的升华就难以实现。周敦颐所建立的"宇宙—伦理"相贯通的天人合一体系，其最高的概念"无极"（"太极"）或直接来自道家或道教，或受其影响。张载气论体系中最重要的概念"太虚"，其实是道家和道教讲得最多的概念。① 二程、朱熹讲宇宙万物以理为本，说："理者，实也，本也。"（二程《论道》）认为"宇宙之间，一理而已"（《读大纪》，《朱文公文集》卷七〇），"且如万一山河大地都陷了，毕竟理却只在这里"（《朱子语类》卷一）。这个"理"既不同于孟子所说的"理义"之理，也不同于董仲舒所说的"天理"或"天地之理"，其直接的影响来自佛教华严宗的"理法界"。华严宗将"理法界"与"事法界"对应，主要探讨世间及出世间一切诸法的体性，即宇宙万物的本体。认为理、事是体用、本末统一的关系，即以理为事之体，事为理之用，无理不成事，离事而无理，理事之间"二而不二"。每一事物皆具足理之全体，而理之全体又总要显现为宇宙万物。华严宗尝用"月印万川"（见《永嘉证道歌》）来说明理与事的体用统一关系。朱熹也认为理具有绝对性和唯一性，同时他发挥周敦颐的"太极"概念，认为太极是万物之理的总称："总天地万物之理，便是太极。"（《太极图说》）将太极之理与万物之理视

---

① 如《庄子》："（道）不过乎昆仑，不游乎太虚。"张湛《列子序》："夫含万物者天地，容天地者太虚也。""夫太虚也无穷，天地也有限。"《云笈七签》卷二《混元》："三气混沌，生乎太虚而立洞，因洞而立无，因无而生有，因有而立空。"

为"理一分殊"的关系,这显然受到佛教华严宗"一多相摄"(《华严经旨归》)和"月印万川"思想的影响。而王阳明的"心性"说与佛教的佛性说更有着内在的关联。王阳明所谓"心即理"与禅宗所说"即心即佛"的思路相通,其所谓"心外无物"(《文录一·与王纯甫》),"充天塞地中间,只有这个灵明"(《传习录》下),主张心物合一,而其合一的基础就是个人的"心",这也和禅宗所说的"心生种种法生,心灭种种法灭"(《密庵禅师语录序》)以及万法皆"依心而现"的观点相合。按照王阳明的"良知"说,"良知"即"人心一点灵明",天地万物(包括一切"无情"的东西)皆有"良知",如"草木瓦石"也有"人的良知",故万物皆为"良知"本体的显现(《传习录》下)。其实此前佛教天台宗九祖湛然曾提出"无情有性"说,认为不仅一切有情众生皆有佛性,而且草木瓦石、一砾一尘等无情物也有佛性。王阳明之良知说显然受到佛教思想的极大影响。可以说,王阳明的心学本体论,把儒家追求的"天人物我一体"的境界、佛教(如天台宗的湛然)的"无情有性"说、禅宗的"心生万法"说熔为一炉。总之,理学的本体概念是融合了佛教的佛性论、道教的道性论等而形成的,这是"三教合一"在理学思想中的重要体现。

从人性论上说,先秦以来的人性论,经过魏晋南北朝时期的佛教涅槃学阶段后,在隋唐时期与佛性问题紧密联系在了一起。佛性问题不仅涉及人的本性是什么,而且进一步探讨了人性的最后根据。正如宗密在《原人论》中所说:"外教(指儒、道)宗旨,但在乎依身立行,不在究竟身之元由,所说万物,不论象外,虽指大道为本,而不备明顺逆起灭、染净因缘。"这样,孟、荀曾经争论的人性是善是恶问题,这里则深化为为什么有善有恶和怎样为善去恶的问题。在解决这一问题时,真如佛性(心)被上升到本体的高度,从而开出心性论与本体论相统一的致思路向,使长期以来关于宇宙本体的讨论与人性问题的讨论紧密结合在一起。

佛教如天台宗主"性具善恶"说,认为善恶、净染均为人性本具。天台宗通过三因("中性正因""空性了因""假性缘因")本具的论证,得出心体(正因)非善非恶,缘、了二因具染净、善恶的结论,这类似于二元论的人性论。华严宗则主张一切众生无不具足佛性,无不是"清净圆明体"的体现,说"无一众生,而不具有如来智慧"(《华严经·如来出现品三十七》),而众生所现杂染之身,受轮回之苦,主要是由于"妄想颠倒执着",若能离却妄念,即可悟见自身如来智慧。认为人有净、染二性,去除"杂染",即可显见真如"清净本心"。这一人性论深刻地影响了李翱,李翱主张"性善情邪",即人"性无不善"(这来自孟子),不善者乃是情欲所惑,"情者妄也,邪也"。只有使"妄情灭息",才能使"本性清明"。这种"灭情复性"说几乎是佛教佛性论的翻版,与《坛经》所说"菩提本自性,起心即是妄"的说法如出一辙。李翱这种融合佛儒的人性论,催发了张载所谓"天地之性"与"气质之性"的二元人性论的提出以及理学家"存理灭欲"的理欲观的形成。张载认为,"天地之性"无所偏颇,故是"善"的来源,这是人的"天性";"气质之性"则有偏颇,"恶"的产生与此有关。道德修养就是要在"变化气质"上下功夫。二程接受了张载的"气质"说,认为:"性即是理,理则自尧、舜至于涂人,一也。才禀于气,气有清浊。禀其清者为贤,禀其浊者为愚。"(《河南程氏遗书》卷一八)也就是说,"性禀于天,才出于气",故性为本,无有不善;而受气质(清、浊)影响的"才",则有不善。朱熹既承认人有禀受天理的"天地之性",同时也承认人有因禀气不同而有的"气质之性"。天地之性为天所命,故又叫"天命之性",天命之性是善的;气质之性则受气所累而有不善,禀气之清者为圣为贤,禀气之浊者为愚为不肖。至阳明氏心学出,以"良知"为"心之本体",即人本有的自性实体。此"良知"是融本体论、道德论和人性论为一体的范畴,几乎是佛教禅宗所说"佛性"的翻版。佛教禅宗说"即心即性""即性即佛",在王阳明这里,成了"心即性,性即理"(《传习录》上)。张、程、朱的人性论与佛教天台、华严诸宗的人性论相承,而心学的人性论则和竺道生与禅宗的心性论相通。

其次,从修养工夫论上说,理学家大都主张"主敬""主静""涵养""存心养性"等,最后也都要落脚到"清心""寡欲"的修养工夫上来。无论是周敦颐的"无欲""主静",二程的"持敬""敬以直内,义以方外""涵养未发",朱熹的"主敬涵养",王阳明的"为善去恶""致良知"的工夫,溯其源往往都与佛道二教的修养论相联系或一脉相承。早期儒家所说的修养论,主要是"诚敬""克己""持中""慎独",是"尽心""知性""修身养性"或"穷理尽性"的道德修养,虽然其中也包含着"内省""去欲"的身心修炼工夫,但更多的仍侧重于道德的修养;而道家和道教之修养论,则强调"心斋""坐忘""主静""炼养""去欲";佛教则强调

"止观""定慧""离妄开悟""明心见性"等。总之，佛、道二氏强调的都是通过内省式的"清心""去欲"达到自我身心的调适与精神的安宁。理学吸收了佛、道的修养论，以心性为纽结，将其旨在调适自我身心的修养论上与儒家的道德修养论结合起来，从而形成了理学具有宗教色彩的道德修养理论。在这里，周、程、张、朱的"无欲""主静""涵养""用敬""去欲"显然受到佛教所谓"止观""离妄开悟"和道教所谓"主静""炼养""去欲"等修行方法的影响，而王阳明的"明心见性"几与佛教禅宗、道教全真派的修养论如出一辙。甚至可以说，儒释道三教正是通过心性修养论而终归一致："儒曰'存心养性'，道曰'修心练性'，释曰'明心见性'。"（《性命圭旨·人道说》）此前所谓"儒以治世，道以治身，佛以治心"的不同取向，在修养工夫论上则几近一致，这一点更能体现理学"三教合一"的特征。

但是，需要说明的是，尽管理学有鲜明的三教合一特征，但理学家大都不明确承认这一点，且都以反对或批判佛老相标榜，特别是对于佛教往往避之唯恐不及。而且在相互论辩中，往往讥对方为"近于禅"，或谓某论"出于释氏之门"（《张载集·与吕微仲书》），或谓"释氏最能惑人"（《朱子语类》卷二四），明代关学大儒冯从吾甚至称佛教为邪教，说："白莲元古，清净无为，名虽不同，总之皆佛法，皆邪教也。"（《都门语录》）倒是佛教、道教则能公开而平和地承认这一点，如宋高僧孤山智园在《三笑图赞》中说"释道儒家，其旨本融"，并指出"三教者，本同而末异"，强调要"知三教之同归"（谢吴寺丞撰《闲居编》序书）。全真道更是高举"三教合一"的旗帜，说"儒门释户道相通，三教从来一祖风"（王重阳《金关玉锁诀》），"三教归一，弗论道禅"（刘处玄《仙乐集》）。佛、道一改某些理学家的偏激思维，坦然承认三教在义理、教义之间的趋同倾向，且更为深刻地洞析了三教之间的关系。

总之，三教合一是唐宋时期儒、释、道三教（实为三教四派）在思想义理上相互吸收、互相融合的一种思想史现象与思想发展趋向，这一现象既促成了三教各自新的思想理论成果的形成，也使三教在此一时期各自获得了新的特征。宋明理学的产生及其基本特征的形成，就与三教合一有着直接的关联。研究宋明理学，儒学与佛、道二教的复杂关系不仅难以回避，而且是其题中应有之意。

南传佛教概说①

南传佛教为上座部佛教，又称南方佛教，主要指盛行于南亚、东南亚一带，包括锡兰（斯里兰卡）、缅甸、暹罗（泰国）、高棉（柬埔寨）、寮国（老挝）等五国所流行的佛教。佛教在印度产生后，即向外传播，初分为两支：一支经中亚传至中国、日本、韩国等国，称为北传佛教；而经锡兰传至缅甸、泰国、柬埔寨、老挝等地的佛教，称为南传佛教。其明显区别在于，北传佛教传入之三藏经典以经藏为先，且以梵文书写，其藏经泛称为菩萨藏；而南传佛教之经典则以律藏为主，用巴利文书写，教徒尤重实践，强调戒律至上，其藏经泛称声闻藏。下面仅就南传佛教的部派渊源、主要典籍及思想特点、流布情况特别是近世南传佛教的有关情况等，加以概括性说明。

一、南传佛教的形成与流布

南传佛教上座部主要根据地之一即斯里兰卡（音译僧伽罗，意译执师、狮子，中国古代称师子国。欧洲人称为锡兰，1972年改称斯里兰卡）。据《岛史》记载，相传公元前三世纪时，印度阿育王之子摩哂陀（巴 Mahinda）率郁帝夜（巴 Uttiya）、参婆楼（巴 Sambala）、拔陀（巴 Bhaddasala）等比丘首次将佛教传入斯里兰卡，并得到斯里兰卡国王提婆南毗耶·帝沙（巴 Devanampiyatssa）的支持，并很快度化八千五百人。帝沙在首都阿努拉达普拉（巴 Anuradhapura，又译阿罗陀补罗）之南大眉伽林为其营建了"大寺"（巴 Maha‐vihara）。该国诸王多敬信佛教，且以大寺为基，形成了统一的佛教教团，大寺遂成为斯里兰卡上座部佛教文化及教育中心。佛教经过二百余年的发展，至公元一世纪左右，佛教僧团遂分裂为大寺派和无畏山派。坚持摩哂陀长老正统的僧团即被称为大寺派（巴 Mahavihara‐nikaya）。大寺派长老曾举行了上座部佛教的第四次结集，并首次用巴利文将

---

① 此篇系作者为《哲学大辞书》（台）所撰条目，本次收录有改动。

上座部佛教三藏辑录成册。公元前28年，伐多伽摩尼·阿巴耶王（巴Vatt-agamani）再度嗣位，为报答摩诃帝须长老在他流亡期间给予的帮助，在无畏山为其建立寺庙，即无畏山寺（巴Abhayagiri-vihara）。后摩诃帝须长老被大寺摈出，其门徒也与大寺分离。摩诃帝须遂与印度僧人法喜一起建立无畏山派（亦名法喜派）。这是第一个能兼习大乘的上座部部派。大寺派仍坚持较为保守的上座部教义和仪轨，并以正统派自居。为保存经典，该派将口口相传之经典以巴利文书写于贝叶上，并开始编纂《岛史》。现存巴利三藏即为大寺所传，后传入缅甸、泰国、柬埔寨、老挝等国的佛教，遂奉其为上座部佛教之正统。无畏山派则主张革新，认为传统佛教已趋腐败，并主张容纳大乘教义，该寺亦渐成为大乘佛教之重镇，从此斯里兰卡佛教内部此两派形成长期的对立。至三世纪顷，印度大乘教一支派方等部（巴Vedallavada）传入斯里兰卡。因其传扬大乘之性空思想，遂遭到大寺派的反对，并终为瞿他婆耶王（梵Gothabhaya）所平服。四世纪中叶，斯里兰卡佛教又发生了第二度分裂。起因是无畏山寺派有部分比丘因不满该派引用方等部的言说，乃迁往南山寺（巴Dakkhinagirivihara），称南山寺派。又因其僧众中有一名为"海"的上座比丘，故此派又称海部。此一时期，佛教大乘教势力颇为兴盛，时住于无畏山寺的印度大乘系比丘僧友（梵Sang-hamitra）鼓动大寺派僧众转信大乘，但未能成功。

大寺派因受冲击而南迁，僧友亦将大寺予以摧毁，并在大寺故址另建一座祇园寺（巴Jetavana-vihara），该寺比丘渐渐发展为一支信仰方等部之独立宗派，此即祇园寺派。到吉祥云色王（巴Siri-Meghavanna）即位后，又拥护大寺派，并修复大寺，塑造摩哂陀金像并举行纪念会等。时印度羯陵伽国佛牙城王子陀多（巴Danta-Kumara）携佛牙一颗至斯里兰卡，且供奉于阿努拉达普拉城之塔园寺，并定期在无畏山寺展出。此后，大寺、无畏山、祇园寺三派则形成三足鼎立之势。五世纪，上座部之著名论师觉音（巴Buddhaghosa，又译佛音、佛鸣、佛陀瞿沙）来此地传教，住于大寺，首先完成《清净道论》一书。该书涵容戒、定、慧三学，并多方征引早期佛典，形成百科全书式上座部佛教著作。同时又领导大寺派将斯里兰卡三藏翻译为巴利文，并以巴利文加以注释，遂奠定了上座部大寺派兴盛的基础。此后，佛授、护法等论师又继续佛音注经之事业，南传佛教或南传上座部遂得以形成。

至六世纪末叶，在阿伽普提王朝时期，在王室的扶植下，一度衰落的大寺派重又再度复兴。据北传佛教典籍记载，八世纪上半叶，斯里兰卡曾一度崇奉大乘教，密教也很盛兴。至十世纪以后，上座部在斯里兰卡已门庭冷落，势亦几衰。直到十一世纪，维耶巴忽王即位后，曾遣使赴缅甸迎请精通三藏的高僧来斯里兰卡传授戒律，重建上座部佛教，上座部遂得以再度复兴。大约在十二世纪时，锡兰曾举行佛教第七次结集，以整顿僧团组织，严肃佛教纪律，对巴利文三藏之注释再加疏解。通过这次结集，上座部佛教在斯里兰卡遂臻于成熟。至1359年维耶巴忽王二世时，僧王达摩揭谛二世主持召开佛教僧团会议，上座部佛教再次出现了新的局面。可以说，斯里兰卡曾对南传佛教的形成和发展起过支柱的作用。

上座部在斯里兰卡的发展，奠定了其进一步传播的基础。公元纪年前后，上座部佛教已在斯里兰卡及东南亚一些国家流行，并由斯里兰卡等地相继传到缅甸、泰国、柬埔寨、老挝等地。《太平御览》引《南州异物志》称："林阳在扶南西七千余里，地皆平博。民十余万家，男女行仁善，皆侍佛。"扶南即今柬埔寨。十世纪时，上座部佛教已受到东南亚大部分国家封建领主的推崇和提倡，并加强了与斯里兰卡的联系，通过互派僧侣、译介巴利三藏等，使佛教上座部影响逐渐扩大，并得以广泛传播。

佛教早在纪元前已传入缅甸。据现存最早的斯里兰卡编年史《岛史》记载，早在阿育王统治时期的公元前三世纪，阿育王曾派须那迦（巴Sonaka）与忧多罗（巴Uttara）两位长老到金地国传播佛教。有说金地即今下缅甸的打端地区，或谓今之泰国中部地区。不过此说难成信史。由于当时交通的原因，佛教很可能是从印度自海路先传入斯里兰卡，而后由斯里兰卡再传入缅甸。据骠族（缅甸族之一支）古都卑谬发现的碑文记载，五世纪时斯里兰卡已有佛教上座部流行。而在六世纪后期，佛教密宗的阿利耶教已传入缅甸的蒲甘地区。十世纪以后，始有大乘教和密教逐渐传入。十一世纪中叶，蒲甘王朝阿努陀罗王统一缅甸全境，力排阿利耶教，确立上座部佛教为国教。至1058年创立缅文字母后，才出现了音译的佛教三藏典籍，由此奠定了缅甸上座部佛教的基础。以后虽几经王朝的变迁，但佛教的国教地位一直未能动摇。

除缅甸外，佛教也较早地传入东南亚其他地区如泰国、高棉（柬埔寨）、寮国（老挝）等。这些地区早期传入的是小乘教（一世纪时），后来婆罗门教、大乘教也相继传入,以后大、小乘在这些国家交替兴废,然以斯里兰卡为传承的上座部之势力和影响日渐强大,到十四世纪时,这些国家则已完全以上座部为主了。

泰国古称堕罗钵底(Dvarapati)或社和堕罗钵底等。十三世纪中叶,于湄南河上、中游分别建立了兰那泰王朝(Lanna-thai)和速可台(Sukho-thai,又作素可泰)王朝,两王朝于十四世纪中叶正式统一,建立阿逾陀王朝(Auodhya,又称大城王朝),中国古称之为暹罗。这一地区的居民多为原住中国云南的傣族人,其统一立国之前,佛法已相当盛行。据传,其佛教的传播大约可分为四个时期,即上座部传入时期(约公元前三世纪)、大乘教传入时期(约八世纪)、蒲甘佛教传入时期(约十一世纪)、锡兰佛教传入时期(约十三世纪)。据从那坤巴发掘的佛教文物及有关的寺塔遗址可以证明,早在纪元前佛教小乘教(南传佛教以小乘教为主)已传入该地区,后婆罗门教和大乘教亦相继传入。十一世纪时,阿努罗陀王朝在缅甸崛起,阿努罗陀王笃信小乘,并支持其传播,从而使小乘教一度在泰国北部地区流行。十三世纪中期以后,随着速可台在暹罗地区统治地位的形成,佛教也接受了该地区已流行的大乘教,足见此一时期该国兼扬上座部和大乘教。在锡兰举行第十二次结集后,由锡兰传承的上座部佛教则在泰国得到了长足的扩展,并在那坤室利塔玛罗陀建立起锡兰派上座部佛教的中心。速可台王朝第三代君主拉马康时,曾迎请锡兰僧团来暹罗都城弘扬教义,于是一度广为流行的大乘教退居于次要地位,而锡兰的上座部佛教在泰国遂得以广泛流行。随着其僧王制度的建立,佛教在该国几成全民信仰的宗教,且渗透到民间日常的生活习俗之中。速可台王朝第四代君王黎太王亦笃信佛教,曾一度出家为僧。他曾于1361年迎请锡兰高僧到泰国弘法,并用上座部统一了该国的宗教。其第五代君主立泰王(Thamma=rajaLuthai)在位时,曾通内典,著三界论,并领导铸造佛像。此后虽历经王朝更替,但佛教倡兴之势未减。

在高棉(柬埔寨),早在公元纪年前后,其宗教信仰已受到婆罗门教和佛教的影响,《水经注》所引竺枝著《扶南记》说"扶南(即柬埔寨)举国事佛"即为证明。在五至六世纪时,大、小乘教在该地已很流行。加之与中国经济文化交流的加强,到中国传教、译经的沙门也不乏其人。九世纪时,柬埔寨已成为东南亚佛教的中心。直到十四世纪时,上座部佛教方通过泰国得以传入，并逐渐推行僧王制度，佛教亦被定为国教。

在寮国（老挝），自唐代至元代六百余年间，颇受中、印佛教文化的影响，佛教亦颇为盛行。公元纪年前后流行的是大乘教和婆罗门教，大约在十四世纪中叶，上座部佛教从柬埔寨传入。据说，法昂王（FiaNgoun）幼时曾随父流亡高棉，特受摩诃波沙曼多长老（Mahapasamanta）之教养，他的王后亦为高棉之女。受其影响，法昂王遂恭请高僧，铸造佛像，建立波沙曼寺，该国国民渐转信佛教（上座部）。佛教后渐被尊为国教。

在中国云南的傣族地区流行的亦为巴利语系的南传上座部佛教。有史料可证，大约在七世纪中，南传的上座部佛教由缅甸传入该地区。其传播的初期只以口耳相传，约在十一世纪前后，佛教由猛润（今泰国清边一带）经缅甸传入云南西双版纳，以泰润文书写的佛经也随之得以传入，遂形成傣族地区的润派佛教。以后又有摆庄派佛教等传入。明隆庆三年（1569），缅甸国王曾派僧团携三藏典籍及佛像来传教，并在一些地区兴建佛寺和佛塔，此后，上座部佛教遂在傣族中得以传承。

二、南传佛教的部派渊源

就部派渊源来说，南传佛教与上座系统的法藏部相类似。据《异部宗轮论》："因四众共议大天五事不同，分为两部：一大众部，二上座部。"佛陀逝世100年后，佛教内部对戒律和教义的看法出现了歧义，特别是对阿罗汉果有着不同的看法。照传统的说法，阿罗汉果是佛教徒所达到的一种精神境界，最初佛教将其视为最高（究竟）位，只要达到这一境界就可以断除一切烦恼，不再堕入轮回。当时有一个叫大天（梵Mahadeva）的比丘不同意这种传统的看法，遂提出五条教义（即"大天五事"），认为阿罗汉有五种局限性：其一，"余所诱"，即虽为阿罗汉，只要有生理欲望存在，还有梦遗等事；其二，"无知"，即还为无明所覆盖；其三，"犹豫"，还有对教理和戒律、三宝的存疑；其四，"他令入"，即还需要佛与其他先辈的指示；其五，"道因声故起"，即虽为阿罗汉，有时如不发出"苦"的声音，仍有世无常、苦等痛切的感觉。认为佛才是究竟位。当时保守的一派不同意此说，起而反对，教团"四众"（即所谓龙象众、边鄙众、多闻众、大德众）遂发生分裂。关于佛教内部分裂的原因，北传佛教文献则认为始于在毗舍离举行的第二次结集（亦称七百人结集或上座部结集）。据说由于毗舍离的僧侣违犯了原定的戒律，例如出现了向人乞钱的事，于是为了重新修订戒律进行了此次结集，并确定了"十非法事"。然而毗舍离的僧侣不服，并召集有万人参加的大会（称为大众部结集），决定所谓"十非法事"为合法，于是发生了分裂，形成了大众部和上座部。据说佛灭300年后又从这两个"根本部"中分裂出十八部或二十部。保守的上座部后来又分裂为根本上座部和说一切有部（简称有部）。根本上座部受到有部势力的压迫，后迁至雪山（梵 Himalaya），称雪山部。说一切有部则主要流行于克什米尔一带。说一切有部又分出犊子部，犊子部又分出法上、贤胄、正量、密林等四部，继而又分出化地、法藏、饮光、经量等，上座本末计有十一部。有部势力最大，历史上常将其看作上座部之代表。此一派即于三世纪传入锡兰等地，遂形成南传上座部。上座部后在印度日趋式微。自无著、世亲时代（即五世纪）以降，即把斯里兰卡所传的佛教视为上座部的代表。此即玄奘译本所称之赤铜鍱部。到律天时代（八世纪）更认为整个上座部只存在于斯里兰卡。由于此上座部学说并不纯正，故印度佛教史家将其看作上座部的别传，常用"分别说"来加以区别。

然吕澂认为，"属于分别说范围内的南方佛学，算不得是根本上座"。他提出三方面的论据证明南传佛教与化地部之法藏系有密切的关系：其一是据南传七部毗昙中《论事》（佛教第三次结集重新整理经典时所编）一书所述，当时部派争论最激烈的有十个问题（见下文），对此南方佛教的主张正与从上座部分出的化地部相同，且更接近化地部之法藏部。故亦可将南传佛教看作法藏部之南系。其二，据中国萧齐时僧伽跋陀罗所译的南方律论《善见律毗婆沙》看，其中的戒本很像法藏部的四分戒本，证明南方佛教与法藏部有密切的关系。其三，从佛典的文字和内容上说，上座部也类于法藏部。据真谛《部执异论疏》，其化地部分派的原因之一即是它变更了佛典所使用的语言。佛在世时原不许用梵语传教，只允许弟子自由采用方言，化地部改用吠陀语，确属一大改革。上座系统所使用的语言即是一种介于梵语和讹略的俗语之间的中间语，而法藏部则在书写读诵时也有颠倒解义、颠倒宣说的情况。

法藏部的典籍相对于其他部派来说非但解释不同，各部分的次序也有异。如中国所译大众部与化地部的四部阿含经（中、增、长、杂）其文字和次第都有区别，这应该与南方佛学属于法藏一系的事实有关。从南方所传的论藏看则更为明显。南方七部论书《法聚》《分别》《界说》《人施设》《论事》《双论》《发趣》等，除《论事》外，其余"六论"相传为佛说者，与法藏部的毗昙《舍利弗》相类。故南传佛教之论书大体是由《舍利弗毗昙》的各部分发展变化而来，从中亦可看出南传佛教与法藏部的联系。

三、南传佛教的典籍及根本主张

研究南传佛教的思想学说，依据是其三藏。作为以斯里兰卡为代表的南方上座部佛教，其三藏既有北传的资料，也有南传的资料。北传汉译的，据《慈恩传》所记，玄奘回国时带回的可能属锡兰一系的上座部三藏，仅十四部，汉译保存的"经"有安世高所译《增一阿含》片段（被称为《杂经四十四篇》，附在《七处三观经》之后），它可以与巴利文《增一阿含》相对照。"律"有《四分律》《五分律》以及《毗尼母经》。中国律宗奉行的法藏部《四分律》也与南传属同一系统。南朝齐永明七年（489）由僧伽跋陀罗等译出的《善见律毗婆沙》亦属南传。律宗解释律义常引用《善见律毗婆沙》之说，可见汉地的戒律与南传佛教有着很深的渊源关系。"论"有姚秦时昙摩耶舍、昙摩崛多合译的解释小乘诸法的《舍利弗毗昙》等。梁天监十四年（515）译出的《解脱道论》亦系出于南传，它和南传的《清净道论》相关，且更见南传上座部之面目。南传《念安般经》（中译名《安般守意经》）则发南方定学思想之要。南方巴利文资料，其上座部三藏则保存完整。锡兰所传巴利文《阿含》有五部，除增一、中、长、杂各部之外，尚有第五部《屈陀迦阿含》，然其不过是由前四阿含之文摘分类编辑所成，恐非原本。而南方上座部的思想主张在其"论藏"中有充分的反映。姚秦时所译的《舍利弗毗昙》即是从化地、法藏系统传下来的，应视为研究南方佛教论藏的重要资料。由觉音所编的"七论"即《法聚》《分别》《界说》《人施设》《论事》《双论》《发趣》等七部论书则通常被认为是南传上座部佛学的基本理论著作。其中，《法聚论》提出了122个论的主题（即"阿毗达摩论母"）和44个经的主题（即"经论母"），详细叙述了心与心所，把"心"分为89种，述"心所"（又称心所有法、心所法）为40种，而又把"色"即物质现象概括为12类；《分别论》对《阿含经》中的主要教说如蕴、处、界等概念做了细密的分析；《界说》进一步分析蕴、处、界三个范畴的内涵和外延以及它们之间的相摄与不相摄、相应与不相应的关系；《人施设论》主要论述蕴、处、界、根、谛、人等所谓"六施设"中的"人施设"，用从一种类的"人"到十种类的"人"的增支法来说明142种"人"的不同类别和心理现象；《双论》则是把蕴、处、界等十个范畴各分为二，即成为所谓"双对"，再用这些成对（正、反面）的范畴来分析各种物质和精神的现象；《发趣论》主要说明24种因缘关系，是七论中最大的论书，也称为"大论"。上述"六论"与《舍利弗毗昙》基本一样，此"六论"可能是从《舍利弗毗昙》发展而来的。据传这些论书在第一次结集时已经有了，而《论事》记述的是阿育王统治下举行第三次结集时长老目犍连子帝须的说教，全书以问答的形式批驳了当时流行的219种异见，其中阐明的是上座部较为正统的观点。既为第三次结集时所编撰，出现较晚，可能是后来添加进去的。以后出现了阐述上座部教理特别是其修持方法的重要论书《解脱道论》。该书相传是优波底沙著，大约成书于二世纪左右。主要论述佛教的戒、定、慧三学的含义，阐述修持佛法的诸阶梯，主张持戒摄心，以防身、口、意所做的恶业；再通过止心于一境的禅修，澄心静虑，力除妄念，从而达至佛的智慧和涅槃的境界。该书一向被视为律、经、论的总论。此后，觉音又在《解脱道论》的基础上著《清净道论》，此书约成于五世纪初。该书在体例和内容上虽与《解脱道论》有些相似，但其见解则有不同，即它主要依据南传上座部大寺派的观点对一切物质与精神现象做了分析，更详论戒、定、慧三学之要义，如戒的定义、作用、种类及持戒的种种规定，"定"的定义、种类和方法，慧的定义、种类及修习方法等。涉及佛教关于四谛、五蕴、八正道、十二缘起等基本的理论。一向被誉为三藏典籍和义疏的精要。

南方上座部佛教的典籍丛书即巴利语系的《大藏经》。据说，佛陀入灭后，摩诃伽叶等弟子始结集三藏。佛教传入锡兰后，于公元前29年在马塔勒的灰寺举行第四次结集时，把被信徒一直口传心授的巴利语佛典用僧伽罗文字元音译刻在铜片和贝叶上。现存南传大藏经，各典籍成立之年代尚不能确定，至迟在公元前二至一世纪。至五至九世纪，锡兰多次派遣僧使赴东南亚一带传教，遂出现各种不同文字字元音译的巴利语系佛典，后来逐渐形成以泰文、缅甸文、高棉文、老挝文和四种泰文字元音译的巴利语系三藏典籍。该书按律、经、论及藏外的顺序编排，其中律藏分为分别部

（戒律的条文）、犍度部（有关僧团生活的制度）、附篇（关于戒条的解释）；经藏分为长部（相当于汉译《长阿含经》）、中部（相当于汉译《中阿含经》）、相应部（相当于汉译《杂阿含经》）、增支部（相当于汉译《增一阿含经》）和小部，其阿含部称为五阿含，与北传的四阿含有异；论藏部包括上述《七论》；藏外分为注疏和其他两类。其三藏疏释总称"巴利三藏注疏"，包括《大疏》等古代僧伽罗沙门的著述计28种，系由觉音、法护、近军、佛授、大名等人译编，约成书于五世纪，乃用僧伽罗字母写定的巴利语本。其中律藏注疏2种，经藏注疏19种，论藏注疏3种。其他部分包括锡兰的编年史和佛教史即《大史》《岛史》以及《弥兰王问经》和《清净道论》等四部。其大部分属觉音所作。这些注疏和觉音《清净道论》等书一起，形成了一部完整的上座部佛教疏释丛书，基本上概括和阐发了南传上座部特别是锡兰佛教大寺派的基本教义，是研究南传上座部佛教的重要文献。随着上座部佛教从锡兰传至东南亚各国及中国的云南傣族地区，这些经典及注释也一同得以流传，被写成泰文、缅文、高棉文、老挝文以及傣文字母的巴利语本等，至今仍得以广泛流传。

南方上座部思想的根本主张可以从诃梨跋摩所造《成实论》卷二所列举的十个主题来加以判断。这十个主题为：1. 法（即客观存在）是否实有，过去、未来是否实在？即"二世有无"？2. 一切有无？3. "中阴"有无？即人从生到死有无一个过渡状态（中阴）？4. 渐、顿现观问题，即现观是渐得还是顿得？5. 阿罗汉是否不退？6. 随眠与心是否相应？7. 心性是否本净？8. 未受报应是否还存在？9. 佛是否在僧数？10. 有无人我（补特伽罗）？对此，《异部宗轮论》卷一言化地部"谓过去未来是无现在，无为是有，弥四圣谛一时现观，见苦谛时能见诸谛，要已见者能如是见。随眠非心亦非心所，亦无所入。眠与缠异，随眠自性心不相应，缠自性心相应。异生不断欲贪瞋恚，无诸外道能得五通，亦无天中住梵行者。定无中有。无阿罗汉增长福业。五识有染亦有离染，六识皆与寻伺相应。亦有齐首补特伽罗。有世间正见，无世间信根。无出世静虑，亦无无漏寻伺。若非有因预流有退，诸阿罗汉定无退者。道支皆是念住所摄"。由此可窥见南方佛教之大致主张是：1. 否定二世法有实体（"过去未来非实有体"），即认为过去未来法无体；2. 认为并非一切法都实有；3. 否认有"中阴"，认为一切没有"中阴"；4. 四谛现观可以顿得（"弥四圣谛一时现观"）；

5. 认为阿罗汉不退；6. 南方有时认为随眠与心也可以相应；7. 心性不一定本净；8. 已受报或有或无；9. 关于佛是否在僧数的问题，上座之化地部主张佛在僧数，即认为佛与二乘（声闻、缘觉）同一解脱，同一修道。10. 否定有人我。但南传佛教则反对此说，主张佛与二乘修道不同，此更接近法藏部的主张。如法藏部主张"佛虽在僧中所摄，然别施佛果大非僧，于窣堵波兴供养业获广大果，佛与二乘解脱虽一，而圣道异"（《异部宗轮论》）。天友《部执异论》谓"分别说部"主张"一切所得先业造，增长因果能生业，一切诸苦从业生，圣道由福德得，圣道非修得"。

四、南传佛教的学说及其思想特点

关于南传佛教的思想学说，试从以下三个方面加以说明：

（一）关于"境"即宇宙的实有与假有的问题

原来在原始佛教时期争论的有关人生等问题，到部派时期则扩大为关于一般宇宙现象实有、假有的问题。其主要的分析虽承继了原始佛学所谓"三科"即五蕴、十二处、十八界等，但分析得更为细密烦琐。部派佛教一般把"法"（存在）分为"有为法"（认为一切以因缘而有造作生灭的事物或存在）和"无为法"（认为不以因缘而生灭的事物或存在）两类，再进一步分为若干种。对于这些法的实有与否，上座部一切有部主张过去、现在、未来三世的一切法都有自性，三世都是真实的存在，此即"法有我无论"。所谓"一切法"即色法、心法、心所法、心不相应法、无为法等五类。南方佛教的看法一般主张"法无去来论"，即承认无为法是实有的，而对"有为法"则主张"过去未来非实有体"，即认为一切现象界都依因缘而生灭，过去的已经灭了，故没有实体，未来的尚未生起，也没有实体，只有现在一刹那中（梵 Ksana）才有法体及其作用。《部执异论》谓南方佛教（"分别说部"）主张"一切有为法相待假故立名苦"，即否认有为法的实有。把"心所法"即心所具有的各种心理作用又细分为五十二法。从《舍利弗毗昙》看，南方佛教着重的不是"五蕴"即有关人生的构成等方面，而是重点在"处"，即在说明宇宙现象，并把"法处"也分为五十二种之多，但基本上可概括为"色"与"心"两方面，如《七论》的《法聚论》即是以《心品》和《法品》来概括一切法的。上座部各系一般说有，即把心法与色法都说成是实在的，似有二元论色彩，但其实则是以心法为根本的。

(二) 有我与无我的问题

对于有无独立自在的我体，如果有情的生命是依缘而起且处于不断的演变之中，那么生命有无主体？是谁在造业？谁在受报？对此部派佛教曾发生过激烈的争论。犊子部主有"不可说的补特伽罗"。"补特伽罗"（Pudagala）即"人我"，即主张有"其体与蕴不一不异"的"我"，认为"我"非即五蕴又非离五蕴。经量部主张"胜义补特伽罗"，承认起初的"我"。说一切有部主张"假名补特伽罗"，即否认有"我"，把补特伽罗看成一种假名。南传上座部则主张"有分识"即"恒遍三有的原因识"，亦否定有真实的补特伽罗（我）。

(三) 关于佛性与心性的学说

南方上座部在此理论上有三个基本要点：一是心性本净说；二是佛道不共说；三是佛陀观。关于心性本净说，南方《增一部·一法品》谓："心性本净，为客尘染，凡夫未闻故，不如实知，亦无修心。"又说："心性本净，离尘所染，圣人闻故，如实知见，亦有修心。"即认为人心的自性本是清净的，由于外来的烦恼遂使其清净的本心有所染污。此一说虽为佛家各派所宗，然对于自性清净心与客尘烦恼的内在关系，各派却颇有歧义。诸多部派主张客尘所染的心已杂有染污，解脱则须变染污为清净。南传佛教则主张心性本净，客尘所染不会影响到心之本质，心本为离染，故解脱之时只是不再使染污生起，亦即主张离染而得解脱。与离染相关的问题是，烦恼与心是否相应？对此，上座部做了具体分析。《异部宗轮论》卷一谓："心性本净，客（尘）随烦恼之所杂染，说为不净。随眠非心，非心所法，亦无所缘。随眠异缠，缠异随眠，应说随眠心不相应，缠与心相应。"即认为烦恼应区分为两种，即"随眠"和"缠"。随眠，指烦恼的习气，如人处于睡眠状态，它与心是不相应的；缠，指烦恼的现行，它与心则是相应的。南方上座部认为，不论与心相应或不相应，烦恼的染污都不影响清净心之本质，心尽管与烦恼同时生起，却仍是离烦恼的，这是其心性论之重要特点，此亦与化地、法藏部有相似之处。如化地部主张"随眠非心亦非心所，亦无所入。眠与缠异，随眠自性心不相应，缠自性心相应"（同上书，卷一）。其次，关于佛道不共说。化地部主张"佛与二乘皆同一修道，同一解脱"，二乘即声闻乘、缘觉乘，法藏部执佛与声闻乘等同一解脱而不同一修道，此即"佛与二乘解脱虽一，而圣道异"（同上）。再次，关于佛陀观。不同于大众部以理想化的佛陀为崇拜对象，而以历史上之释迦牟尼佛为主。但此佛陀不止于今生，早已于过去历劫积集菩萨行已具足三十相（巴 Dvattimsamaha – purisa – lakkha）（系佛之应化身所具之三十二种殊相胜容与微妙形象，如足下安平立相、足下二轮相、长指相、足跟广平相等）、十八种不共法（即不共通于声闻、缘觉，唯佛与菩萨特有的十八种功德法，如身无失、口无失、念无失、无异想、无不定心等佛法），并以此来教化众生。此佛陀实为一超然之存在。

（四）重于定学的实践（行、果）方法

南方佛教从"心性本净，客尘所染"出发，遂主张只有去掉客尘，即可恢复清净本性。主张先见（见道）而后修（修道），亦即先明白"四圣谛"（现观四谛），再行修行。其修行的基本方法即禅定。上座部虽认为圣道各有差别，但都注重"四念"，以此为修道之要。说一切有部主张"四念住能摄一切法"，化地部强调"道支皆是念住所摄"（同上），"念住"即"定"。道支内容颇为复杂，而化地部以"念住"为中心，显示出上座部重视禅定的特色。现存能反映南方佛学禅定思想的《清净道论》，亦以戒、定、慧三学为序，然亦以定学为中心。《解脱道论》则以戒、心、慧三学为序，谓："如是学者谓三学：一增上戒学，二增上心学，三增上慧学。如实戒此谓增上戒学，如实定此谓增上心学，如实慧此谓增上慧学。彼坐禅人此三学，于彼事以念作意学之，修已多修，此谓学之令灭身行。"南传《念安般经》对禅修分之颇详，如主张比丘"常修四念处，常修四正断，常修四神足，常修五根，常修五力，常修七觉支，常修八圣道，常修慈悲喜舍，常修不净观，乃至常修无常想定，若如是住，乃为此僧伽之比丘"。并特别强调修四念和修七觉支，谓"四念处数数修习，可令七觉支完成。七觉支数数修习，可令智慧解脱完成"。四念即身念、受念、心念、法念。《解脱道论》云："长出入息所初四处成身念处，知起所初成受念处，知心所初成心念处，见无常所初成法念处，如是修念安般成满四念处。"《念安般经》主张恒于身观身，时于受观受，时于心观心，恒于法观法，做到"热诚精思，常念戒世间之忧虑"，方可令四念处完成。所谓七觉支，南传《安般经》谓念觉支、法觉支、精进觉支、喜觉支、轻安觉支、定觉支、舍觉支等。"觉支"亦称"觉分"，《解脱道论》释谓："云何以修四念处成满七菩提分？修念处时于念成住不愚痴，此谓念觉分。彼坐禅人如是念住，知择苦无常行，此谓择法菩提分。如是现择法行精进不迟缓，此谓精进觉分。由行精进起喜无烦恼，此谓喜觉分。由欢喜心其身及心成猗，是谓觉分。由身猗有乐其心成定，此谓定觉分。如是定心成舍，此谓舍觉分。以修四念处成满七菩提觉分。"认为如此数数修习"七觉分"，可令智慧解脱得以完成。

修习之关键是修四念或称四念住。而身念住则是第一念住。念住除不动心外，上座部还对其做了细密的心理分析。南方上座部《论事》之《法聚论》一书，曾以八十九种范畴对心之好坏、地位、阶段等做了详密的分析。并由此归纳出表现人的心理作用的十二心，进而又概括为九心。唐人所著《唯识枢要》卷五有上座部"九心轮"一段，据考，其为锡兰所存上座部之学说。其谓："上座部师立九心轮。一有分、二能引发、三见、四等寻求、五等贯彻、六安立、七势用、八返缘、九有分心。"

然实但有八心，以周匝而言，总说有九，故成"九心轮"。具体说即：第一，"且如初受生时，未能分别心但任运，缘于境转"。喻如王卧，城门紧闭，诸根寂静，既无缘境，故无分别，此为有分心。第二，"若有境至，心欲缘时，便生警觉，名为引发"。南传教义谓能引发者有二：一是五门能引发，二是意门能引发。合使动念时生起警觉，如同从睡眠中醒来一般，为能引发，亦名为转向心。第三，"其心既于此境上转，见照瞩彼"。即随着五根的五类感觉作用，即起眼识，然其功仅在照瞩，而心智未生，故称见心。第四，"既见彼已，便等寻求，察其善恶"。此为等寻求。等者逢境即缘，即在受前五识所瞩之相，便对境界感觉苦乐，《解脱道论》称之为受持。第五，"既察彼已，遂等贯彻，识其善恶"。由寻求所得诸相而有彻悟，由此分别善恶，即贯彻，亦称分别心。第六，"而安立心，起语分别，说其善恶"。即依贯彻所得，而定一物特有之相，是谓安立，又称令起心。第七，"随其善恶，便有动作，势用心生"。此为势用心，谓知识之大成，既有动作，诸善恶业将从此生，亦名速行心。第八，"动行既兴，将欲休废，遂复返缘前所作事"。此即返缘心，谓倒记前事。假使境界强盛，便继续引起反省或熏习的作用，亦名果报心。第九，"既返缘已，遂归有分，任运缘境"。意即返缘之后，有分心复起，而如有分心停滞，则能引发等复起。从这里仍恢复到平静状态，又叫有分心。"名为九心，方成转义。"

"九心轮"共有十二种作用,它可以体现在一件事上,也可以体现在人的一生的全过程中。人生一开始谓之"结生心",寿命终结谓之"死心",二者之间又有多次"有分心"的轮转。整个九心论都贯穿了禅定的思想。在解脱理论上,南方佛学发展了原始佛学的"人我空",讲三解脱门即空、无相、无愿等,这些都是对禅定方法的发挥和新解。

在定学方面,南方佛教又主张从"十遍处"入手则能达到四种禅定。十遍处(Dasakrtsnaya)又作十一切处、十一切入、十遍入、十遍处定等,意即依胜解作意,观色等十法各周遍一切处无间隙。十法即地、水、火、风、青、黄、赤、白、空、识,观其周遍一切处,其中尤以地遍处为主。此外,还有十不净观、十随念、四梵住、四无色、食厌观和界差别观等,合为四十种业处。

五、中世纪及近世南传佛教

自十一世纪下半叶斯里兰卡维罗巴忽王重建上座部佛教,巴利文一系佛教遂占主导地位。十二至十三世纪时,佛教因斯里兰卡一度受外族入侵而遭到破坏。到1395年维罗巴忽二世时,由僧王达摩揭谛主持召开佛教教团会议,上座部佛教再次出现复兴的局面。1506年,随着葡萄牙殖民者入侵并大力推行基督教,佛教的发展又受到了一次重大的冲击。一些佛教寺庙被毁,僧徒有的也被迫改宗。到1592年,维摩罗达磨苏里耶王即位后,又两次迎请缅甸佛教长老赴斯里兰卡,以重新复兴上座部佛教。此后室利维耶罗辛哈王又从缅甸和暹罗(即泰国)迎请佛教法,暹罗遂派诸多长老来斯里兰卡授戒,并带来了佛典、佛像等,从而使上座部佛教重又在斯里兰卡得以振兴。1866年至1873年间,沙弥瞿那难陀(Mrgertwvatti Gunahanda)又奋起反击基督教,主张恢复佛教之权威,遂使锡兰全岛为之振奋。随后即成立了佛教灵智学会。著名的阿难陀学院、法王学院、摩哂陀学院即创建于此时。此次复兴后,上座部佛教发生了分化,形成了三个主要的派别即阿摩罗普罗派、暹罗派、罗曼那派。各派的大致情况是:第一,阿摩罗普罗派(巴 Amarapura-nikaya),又称上缅甸派。该派系一部分斯里兰卡社会地位较低、被暹罗派所开除的非"瞿维伽姆种姓"比丘于1799—1818年在缅甸的阿摩罗普罗城所创建,并只在僧伽罗族的迦罗婆(渔民)、杜罗婆(肉桂加工者)、萨罗迦摩(酿酒工人)三种种姓的人中授戒。此派后来又分出罗干汀派（巴 Cullaganthi－nikaya）、穆罗旺萨派（巴 Mulavamsa－nikaya）、伐耆罗旺萨派（巴 Vajiravamsa－nikaya）、萨达摩旺萨派（巴 Saddhammavamsa－nikaya）等。各派之首领称为大导师或副导师，僧众一般终身出家。其寺庙多集中在斯里兰卡西部和西南部平原地区。第二，暹罗派（Siam－nikaya），又称优婆哩派。此派为该国佛教复兴领袖萨罗难迦罗（Saranankara，1699—1778）和暹罗僧人优波离（巴 Upali）于 1753 年所建立，故谓其为从泰国迎请的系统，属较保守的一派。其活动以坎底（Kandy）之摩尔伐多寺及阿斯利寺为中心。此派僧数众多，几占全国僧伽数的 65%，信徒多为上层阶级人士。后来亦发生分化，形成摩尔伐多派（Malwatta）、阿斯利派（Asgiri）、拘提派（Kotte）、宾多罗派（Bentara）、迦尼派（Kalyani）等五派，这些派别互不统属，但律仪则完全相同。其僧侣领袖均称为大导师或副导师，其一旦被选出则终身任职。而比丘则均属僧伽罗族之瞿维伽姆姓。在礼仪上则只拜舍利弗而不拜佛像。第三，罗曼那派（巴 Ramanna－nikaya），亦称蓝曼匿派、蒙族派。此派于 1865 年从下缅甸传入，故又称下缅甸派。由于不满对比丘受戒实行种姓制度的限制，在阿摩罗普罗派比丘阿般格梵多印陀沙婆（Ambagahawattaindasabha）的倡导下，于缅甸罗曼那地区创立教派，比丘约有两千人。其活动的寺院在今斯里兰卡的卡卢塔拉附近。该派设有大长老主席一人，统领本派僧人，设副主席四人，下设事务议会和僧伽议会。该派的特点是注重佛学理论的研究，并涌现出不少的学者。该派的比丘终身出家，出家后无种姓的差别。其戒律颇严，如规定外出须持多罗叶以遮太阳，不得进入印度教寺庙，且不许参与其仪式活动，不能到坎佛牙寺朝圣，不得向其他教派比丘布施，不得信奉释迦牟尼佛以外的其他神灵等。此派后来也发生了分化，形成阿古勒沙（Akuressa）、尔利瓦（Elgiriva）、可伦坡（Colombo）等三派。斯里兰卡以上上座部三派虽在戒律和修行方式上有所不同，但在教理上无多大相违，且能和睦相处。十九世纪末，斯里兰卡掀起佛教改革和复兴运动，此后佛教得以广泛发展。

在佛教传入斯里兰卡二百年后，原来以口诵相传的本不成文的上座部佛典，才开始以文字形式记录下来。斯里兰卡现存的上座部佛典有经、律、论三藏以及三藏注疏和一部分藏外典籍。五世纪上半叶，比丘觉音到斯里兰卡，住于大寺。他将上座部佛典三藏的僧伽罗文注释改写成巴利文，并详加疏解。在注解四阿含经时，释长部经为吉祥悦意论，释中部经为破除疑障论，释相应部经为显扬心义论，释增支部经为满足希求论。至此巴利三藏遂臻于完备。其所著《清净道论》亦被视为阐发大寺派所传上座部教义的纲要性典籍。汤用彤谓："锡兰部众以觉音最为精博。觉音著作以《清净道论》最为完善。"①

在十四世纪中叶，泰国由于速可台王朝第四代君王黎汰王的推进，佛教上座部曾统一了该国的宗教。但在1767年大城王朝时，缅甸攻陷了阿瑜陀耶，寺院及所藏经像典籍也遭到毁坏。吞武里王朝建立后，国王郑昭下令收集佛教文献，进行整理保护，后因郑昭被杀而停顿。至曼谷王朝建立，拉玛一世承继郑昭未竟之业，重又开始振兴佛教的事业。1788年召集230名硕学比丘和30名皇家学者，收集、整理和编定三藏典籍，此即为泰国佛教史上的第九次结集。这次所编定的三藏名"结集版三藏"（亦称"皇家版三藏"），计288箧。拉玛四世统治期间（1851—1863），曾对佛教进行了一次改革，遂在上座部出现了一个要求严格遵守戒律的派别，史称"正法派"，而原来传统的佛教则称为"大众派"。两派在对遵守戒律的宽严上有所不同，但在教理上则无大的差别。两派在泰国一直流传至今。此后的诸王朝在保存上座部佛教典籍方面仍做了大量的工作。如拉玛五世朱拉隆功王在位时（1868—1910）曾提出了印行全部藏书的计划，并付诸实施。付印前不仅对泰文做了详尽的校订，且与高棉文、僧伽罗文及孟加拉国文进行了比勘，于1893年正式出版，共39卷，印行一千部之多。创建大舍利学院作为高级佛教研究中心。在十九世纪，南传上座部在泰国、高棉和寮国则分裂为法相应部与大部等派别。法相应部在泰国由蒙骨五创建于1864年，其成员主要限于王族及贵族，其寺院称为皇家寺院，主持由国王任命，主要寺院的主持由王子担任。该派纪律严密，戒律严格，如不收受金钱、不观看歌舞等。1925年拉玛七世继位时，又重编泰文三藏，并收录了原未能编入的八卷小部经，共为45卷，于1928年全部出版。目前泰国佛教徒的90%以上都属上座部。

十一世纪末，佛教在缅甸已成为全国性的宗教。十一世纪中叶，蒲甘

---

① 汤用彤：《佛教上座部九心轮略释》，见《汤用彤集》，中国社会科学出版社1995年版，第1页。

王朝阿努陀罗王统一缅甸全境，建都蒲甘，并排斥阿利耶教。1057年，蒲甘王朝征服打端，请入比丘、三藏圣典、佛舍利、宝物等，又由高僧阿罗汉领导改革僧团，并宣布上座部佛教为国教，并尊阿罗汉长老为国师。至此，原先的大乘教、密教、婆罗门教逐渐消失。锡兰国王毗舍耶婆诃一世亦曾遣使至缅甸，求赐三藏，并请派僧团，于是缅甸一时成为南传佛教的中心。此时锡兰佛教（大寺派）最盛。在十二世纪初，缅甸佛教上座部又形成"缅甸宗派"和"锡兰宗派"，起因是曾在锡兰留学十年且与锡兰佛教关系密切的车波多（巴 Chapata）与同行之锡兰比丘尸婆利（巴 Sivali）等人在锡兰建一锡兰式塔寺（车波多塔寺），并依大寺之戒法传授比丘戒，导致原有教团发生分裂，缅甸原有的僧团称为缅甸宗派，而由车波多创立的僧团被称为锡兰宗派。十二至十九世纪末，又形成僧伽罗僧伽派和末罗姆摩僧伽派，后逐渐发生了分裂，形成善法派、瑞琴派以及门派等。善法派得名于孟云王（Bodawpaya）召开的善法法师会议。敏东王（Mindon）时期称为永派、阿云派、甘派或大众派。后与瑞琴派分裂而成立，至今仍为缅甸最大的宗派。其教义重积德行善及业报，戒律较宽。瑞琴派（Shwegyin）又作瑞景派，是与善法派分裂后形成，于施泊王（Thibaw）时独立。该派1859年由瑞琴（1822—1893）法师在敏东王的支持下于瑞琴地区所创立。其总部设在曼德勒，内部又分为上缅甸和下缅甸两大派。此派有着严密的组织，比丘须随身携带有关的证书，各寺庙的总寺皆有世代相传的比丘名录。其最高权力机构为高僧委员会，设主席一人，加设有分管戒律、公共关系、情报、接待等的部门，下设教派中心、区、总寺等机构。此派有严格的戒律，如需度过七个雨季安居才能成为比丘；要求不得接受钱财；不许穿用化学颜料所染的僧衣；过午不许咀嚼槟榔；不许吸烟等。主张尊崇佛陀的精神而不主张拜佛像，在举行仪式时不得敲打法器。其传承的主要代表有吴耶尼那、吴埃伽达等。此派为缅甸上座派之重要支派。门派（巴 Dvaranikaya），音译达婆罗尼柯耶，又称达婆罗派，亦为上座部之支派。由奥波法师（原名奥干隆）于1855年创建于兴宝塔地区。此派以三门即身门、语门、意门教义代替三行即身行、语行、意行的教义，并皈依佛、法、僧三宝；承认戒律之权威，但不承认世俗政权之权威。其最高首领称为摩诃那耶迦（大导师），其次则为阿努那耶迦（副导师）、中心住持等。此派亦有极严的戒律，如严禁与别派比丘接触或共餐，不许持伞，严禁接触金钱和观看歌舞等。此派有严格的师承体系，其主要代表有奥干隆、马拉、科拉塔温塔等。

在1871年，明顿王朝曾召集各派的长老2400人在曼德里举行了佛教的第五次结集，并重编缅文巴利三藏，为了永久保存，后将全部经典刻在729块大理石碑上。1956年，缅甸联邦政府在举行释迦牟尼涅槃2500周年纪念时，曾举行有缅甸、柬埔寨、锡兰、印度、巴基斯坦、尼泊尔、泰国等国比丘2500人参加的佛教第六次结集，根据各处各种版本和1871年第五次结集的校勘记，对上座部缅文巴利三藏进行了严密的校勘，印行了迄今最完善的巴利语系结集版大藏经51卷。1961年佛教又被其宣布为国教，旋又取消。目前，缅甸的佛教徒已占总人口的80%。今缅甸佛教在南传佛教中占有重要的地位。

十四世纪已传入老挝（寮国）的上座部佛教，后来已相当兴盛，至十六至十七世纪时，该地已成为东南亚的佛教中心。不仅修建了诸多寺塔和佛像，还创办了巴利语学校以及实行了僧侣考试制度。十九世纪末，该地曾沦为法国殖民地，佛教曾一度受到极大的打击，寺塔被毁，经像被劫，僧侣惨遭杀戮。二十世纪以来，佛教又有了新的复兴。老挝所信之佛教，与缅甸、泰国等相同，皆属南传巴利文系统之佛教。其王家图书馆即藏有贝叶本巴利文、泰文等各种佛教典籍。后又整理出版了寮文巴利三藏。与其他诸国南传佛教相比，其僧团戒律不甚严格，如比丘可与家人共进食饮酒，可自妇女手中接受供物，且可与妇女共事等。

把南传佛教视为小乘教或上座部佛教，是学术文献上的传统看法。不过在东南亚流行的佛教不仅有小乘教或上座部佛教，还有大乘教。这其中一个原因是后来传至该地的佛教，不仅有来自印度的，也有来自中国的。如在印度尼西亚，据中国的史籍《宋书》《南史》《梁史》所记，五世纪中叶至六世纪上半叶，在苏门答腊、爪哇及巴利等地，已有佛法广为流行。至七世纪苏门答腊地区建立室利佛逝王国，该地已是大小乘佛教并行，说明大乘与小乘之间的差别已在缩小。八世纪初，后来到了中国的印度高僧金刚智，曾在此地滞留过，高僧不空法师即在阇婆国（今印度尼西亚）拜金刚智为师。八世纪后，佛教从该地向马来半岛发展，不过这时此地流行的不仅有大乘教，密教也很盛行。

中国云南傣族等少数民族地区流传的南传上座部佛教，与北传的小乘教在教义、学说等方面也有很大的不同。其经典内容与南传巴利语系三藏相同。该地流传有巴利语的傣语音译本和注释本，部分重要典籍也有傣族语译本，并流传有大量的传说和佛经故事。现云南地区的上座部佛教按其名称可分为润、摆庄、多庄、左抵等四派，还可细分为八个支派。按其教规，傣族男童到入学年龄必须出家为僧，在寺院学习文化知识，直到近成年时再还俗。个别优秀的可继续留寺中深造，逐步按一定的阶梯升为正式的僧侣。其阶梯一般分为八级，即分帕（沙弥）、都（比丘）、祜巴（都统长老）、沙密（沙门统长老）、僧伽罗（僧王、僧主长老）、帕召祜（阐教长老）、松迪（僧正长老）、松迪阿伽摩尼（大僧正长老）等。自五级以上晋升非常严格，最后两级在整个西双版纳地区只分别授予傣族和布朗族各一个，此即为该地区的最高宗教领袖。

六、南传佛教与中国及汉传佛教之交往

南传佛教与中国及中国汉传佛教系统在历史上曾发生过频繁的交往。约在东晋时代，与当时南传佛教之根据地师子国（斯里兰卡）的交往已经开始。据梁《高僧传》卷六《道融传》载，姚秦时师子国有一婆罗门闻知高僧鸠摩罗什在关中弘扬佛法，遂至长安伺机论难。时有僧人道融挺身而出予以破斥。《高僧传·法显传》载，东晋义熙六年（410）法显曾到师子国参学两年，并亲访诸寺，"更求《弥沙塞律》藏本，得长阿含、杂阿含，复得一部杂藏，此悉汉土所无者"。《宋书》卷九十七谓，刘宋元嘉五年（428），师子国刹利摩诃南王（即大名王）曾"托四道人遣二白衣，送牙台像以为信誓"，"至十二年，又复遗使奉献"。《开元释教录》卷五载，刘宋时有师子国比丘尼铁萨罗等前来，以印度沙门僧伽跋摩为师"继轨三藏"，且续出《摩得勒伽》等五部。《历代三宝记》卷十一载，萧齐永明六年（488），曾有三藏法师（有说为觉音论师）携其所注律藏之作《善见律毗婆沙》至广州，后由其弟子僧伽跋陀罗与僧猗共同译出。《梁书》卷五十四《诸夷传》载，晋义熙初，师子国始遣使者献玉像，经十年乃到达，"像高四尺二寸，玉色洁润，形制殊特，殆非人工"。梁大通元年（527），伽叶伽罗诃梨邪王曾遣使奉表上，称梁武帝"道德高远，覆载同于天地，明照齐乎日月"，"欲与大梁共弘正法，以度难化"。至唐代，与锡兰佛教之往来更为频繁。《贞元新定释教目录》卷十四载，曾游师子国的印度僧人

金刚智，于开元八年（720）携师子国王进献的《大般若经》梵夹本初到东都（洛阳）。又，《册府元龟》载阿目伽跋折罗（即不空藏师）曾于天宝五年（746），携师子国王尸罗迷迦进献的贝叶梵文《大般若经》来华。然此说似有误，疑与前述金刚智携经来华之事相混讹。另，明本《大唐西域记》有关于僧伽罗国（即斯里兰卡）之附记，载有明永乐三年（1405）郑和曾到达锡兰夺取象牙之事。中国佛教与南传佛教之往来可见一斑。

对于南传佛教的情况，早在唐代以前即有中国僧人知晓。法显于义熙六年（410）由印度返国途中，曾经斯里兰卡并住无畏山寺，他称该国"时王笃信佛法"。他到过无畏山寺，见该寺有五千僧，亦称该国三大寺有比丘一万。义净曾对印度及南海诸郡之佛教教派情况有过介绍："摩揭陀，则四部通习，有部最盛。罗荼信度（西印度国名），则少兼三部，乃正量尤多。北方皆全有部。时逢大众，南面则咸遵上座，余部少存。东裔诸国杂行四部。……其四部之中，大乘小乘区分不定。北天南海之郡，纯是小乘。"（《南海寄归内法传》卷一）唐玄奘虽未至斯里兰卡诸国，然亦知其盛兴大乘及上座部。近世以来，对佛教南传上座部的研究有了很大进展。有关南传佛教的研究著作也相继问世，如净海《南传佛教史》、吕澄《略论南传上座部》《印度佛教源流略讲》等。

关于南传佛教的研究机构已有建立，如1881年，英国佛教学者大卫斯（T. W. Rhys Davids）在伦敦成立了专门刊行南传佛教巴利语经典及有关著述之专门研究出版的机构，即巴利圣典协会。

佛教空宗概说[①]

空宗为佛教的一个重要流派。它与一切"有宗"相对，主张万法皆空、般若皆空，亦称空派。大乘般若思想为其代表。其源于印度小乘教晚期与俱舍宗相对应的成实宗，传入中土后，则以与法相宗（承继大乘有宗）相区别的三论宗（承继大乘空宗）为其代表，旨在阐扬诸法性空思想。此宗之性空思想源自印度龙树一系之般若学，由鸠摩罗什在中土加以传扬，由吉藏之三论集大成，成为在中国佛教史上颇有影响的佛教宗派。

一、形成及历史演变

在印度佛教后期的小乘教中，形成了以中印度诃梨跋摩所造《成实论》为所依的成实学派，此宗力破俱舍宗之有部空义，主张"三心"（假名心、法心、空心）、"二谛"（世谛即"有我"、第一义谛即"无我"）、"二空"（人空、法空），此当为小乘教中之空论。至佛教大乘初期，出现了旨在论空、无相、无得之义的《大般若经》，对空论做了初步的阐发。后以龙树、提婆为代表，对空论做了较为系统的发挥，形成大乘空宗的中观思想，亦标志着空观体系的形成。此宗之传承，据三论祖师传集称，释迦牟尼为第一祖，文殊为第二祖，马鸣为第三祖，龙树、提婆为第四、五祖，罗睺罗为第六祖。其实，该宗的实际创始人应是三世纪初的龙树、提婆，而光大其说者是智光。龙树疏解《大般若经》而撰成《大智度论》，主论《般若经》所显实相性空无得之理，其与所著《中论》《十二门论》以及提婆所著《百论》一起，实开空宗之基，为中国三论宗的思想来源。此后，罗睺罗盛赞般若空观理论，梵志青目制长行，解《中论》，又有婆薮开士注提婆之《百论》，佛护释《中论》，无著作《顺中论》，护法作《广百论》，月称作《中论疏》《百论疏》，等等，当时针对论空之《中》《百》诸论，其注释家号称七十师，足见当时空观思想流行之盛。又据《大乘起信论义记》

[①] 此篇系作者在为《哲学大辞书》（台）所撰条目基础上改写而成。

卷上所记天竺三藏日照（地婆诃罗）所说，时那烂陀寺有二大德戒贤、智光弘大乘法，"并神解超伦，声高五印，六师稽颡，异部归诚。大乘学人仰之如日月，独步天竺，各一人而已"。然其所承宗亦有异，且立教互违。戒贤远承弥勒、无著，近宗护法、难陀，以《解深密经》和《瑜伽师地论》等为主要经典，立三时教，以法相大乘为真了义，其判一时"因缘生法，初唯说有，即堕有边"；二时"唯说空，即堕空边"，二者俱非了义。"后时具说所执性空，余二为有。契合中道，方为了义。"此说将空宗判为三时教中之第二时，《大乘起信论义记》卷上："第二时中，虽依遍计所执，而说诸法自性皆空，翻彼小乘，然于依他、圆成，犹未说有，即诸部般若等。"戒贤一系此后形成瑜伽行派。在护法、清辩时，针对论"有"之瑜伽论，曾就"依他起性"展开空、有之论争。其后，戒贤与智光亦就"三时教判"发生争论。智光远承文殊、龙树，近禀提婆、清辩，依般若等经的中观论，以明无相大乘为真了义，形成中观派。所立"三教"即"谓初鹿园为诸小根说于四谛，明心境俱有；次于中时，为彼中根说法相大乘，明境空心有唯识道理"；"于第三时，为上根说无相大乘，辨心境俱空"。力破小乘"实有之执"，以"说此缘生即是性空平等一相"，于是判法相大乘为"有所得"，而第三时为真了义。所说空宗，在印度即指文殊、龙树、提婆及后之智光、清辩一系，主"有为空、无为空、毕竟皆空"之旨，所言"空"乃"性空"而非"相空"，是"理空"而非"事空"。盖佛教哲学在宇宙论方面，一般有实相论与缘起论两种主要观点，与此相关而形成观心与法相二门。护法一系据缘起论而立法相门，以万法为因缘所生故为实有，清辩一系则据实相论而立观心门，主张毕竟皆空。然瑜伽行派也承继了中观学派的空宗思想，不过主张略有不同，即主"识有境无"或"境空心有"。

空宗在中土的传播，肇端于东汉末年月支沙门支娄迦谶传译之《般若经》十卷，名《道行般若经》。三国时代吴支谦又重译此经为《大明度无极经》六卷。另有朱士行自于阗得《二万五千颂般若》，后由无罗叉所译之《放光般若经》，这些是当时汉地对般若部类经典的初步了解。后鸠摩罗什重译出大、小品《般若》，随着宋翔公译《濡首般若》、梁曼陀罗仙译《文殊般若》、陈月婆首那译《胜天王般若》等诸般若陆续译出（有称八部般若者），般若宗性空思想在中国的影响日渐扩大。此后，姚秦时鸠摩罗什所译《中论》《百论》《十二门论》，则成为中土般若空宗所依据的主要经典，史称"古三论"。此外尚有日照于唐高宗仪凤年间（676—678）又传入之清辩、智光二论师之系统。在罗什尚未来中土之前的魏晋时期，曾流行宣扬般若缘起性空理论的学说，因当时玄学思潮颇为流行，故佛教学者亦多以玄学之"贵无"论释佛教之"性空"，加之理解有异，遂形成不同之派别，此即"六家七宗"（心无宗、即色宗、识含宗、幻化宗、缘会宗、本无宗及本无异宗），以"无"释"空"，所言"空"与印度般若学之"空"（虚幻不实）不尽相同。由于罗什系统译出"三论"等般若经典，并主"毕竟空"，遂使空宗愈近大乘性空之理。其弟子僧肇又在充分理解和把握般若经论原义基础上，写了《不真空论》，方对其偏离般若空宗的倾向进行了批判性总结。他依据般若中观方法，提出万物是"非有非真有，非无非真无"的"不真空"论，恢复了般若学以缘起说无自性，无自性即假，假即不真，不真即空的思想，使当时的般若思想更接近大乘中观学说，僧肇遂被称为三论之祖。罗什的高足弟子除僧肇外，还有道生、僧睿、昙影、慧严、慧观、道恒、道标、道融等，道生著有《二谛论》，昙影著有《中论疏》《法华义疏》，道融著有《三论注》及《法华》《维摩》等义疏。此一系后来发展出三论宗。刘宋、南齐之时，《涅槃》《成实》之论相继流行。梁代流行更盛，成实论师多研习小乘学者诃梨跋摩之《成实论》。而罗什门下之《成实》论师，如僧导、僧嵩等，其说更近于大乘。时齐隐士周颙著《三宗论》，主论二谛之义，而黜《成实》师之论，倡言空观。三论之学则为佛教空宗在中国的代表性流派。其中，慧观、道生多弘法于江南，而僧肇、昙影、道融则宣教于关中，遂形成三论学之南北二学。至公元五世纪，南、北两派均趋于消沉。三论之兴，实由摄山诸大师而起。南朝齐梁时，高丽人僧朗（或称道朗）入关事昙济以破小乘，对三论空宗学说钩沉振微，使三论空宗之学有所张扬，然时修习止观者颇受注重，空宗未有大的起色。僧朗之后，有僧诠者出，欲重振三论学风，不过因当时地论、摄论等缘起论影响较大，遂使三论之学的传扬受阻。僧诠门下四大弟子，即"四句（法）朗，领悟（慧）辩，文章（慧）勇，得意（慧）布"（《续高僧传·慧布传》）等所谓"四友"，以法朗为影响最大。法朗于永定二年（558）奉敕入住兴皇寺，大弘四论，此后三论学说的势力乃由"山林"而扩展到"都市"。朗之门下特出者有二十五人，其中吉藏首开三论宗。三论宗因依《中论》《百论》《十二门论》等三部大乘经典而立宗，如以此所崇义旨立名，亦称"法性宗""破相宗""空宗"等。此宗以文殊为高祖，龙树为二祖。龙树下分二派：龙树、龙智、清辩、智光、师子光为传之一系；龙树、提婆、罗罗多、沙车王子、罗什为传之另一系。吉藏的三论宗则上承罗什一系，罗什则被尊为中国三论宗之高祖。道生、昙济、僧肇、道朗、僧诠、法朗相次传承。吉藏从法朗出家，常住嘉祥寺，故又称嘉祥大师，他于隋炀帝大业初年（605）受请于北方，住长安日严寺，在这一时期完成了三论的义疏，此即《中论疏》《百论疏》《十二门论疏》，创立了三论宗，故此宗亦称嘉祥宗。嘉祥以前之"三论"称"古三论"（亦名"北地三论"），嘉祥以后之三论名"新三论"，亦称"南地三论"。吉藏并著有《大品经义疏》《大乘玄论》《三论玄义》《二谛义》《法华玄义》《法华义疏》等论疏数十部，大阐大乘空宗之旨，吉藏遂成为三论宗之集大成者。在他以前的"古三论"，有罗什门下僧肇、道融的"关内义"（亦称关河旧说），有僧朗、僧诠、法朗三世相承的"山门义"，吉藏所传三论学说被称为"新三论"，吉藏尝谓其宗之学承关河旧说。吉藏之后，虽有弟子慧远、智凯、智命、智实高足继起，但未有卓绝之大师，加之唐代法相宗兴起，禅宗盛兴，至唐中叶，三论宗则沦于沉寂，几成绝学。然于法朗门下，另有弟子慧均、硕法师，亦为一代三论硕学。慧均作《四论玄义》（即在古三论之外加《大智度论》），硕法师（行年不详）作《三论疏》等。而倡此宗者有昙鸾等。此外，亦有称禅宗为空宗者，因其倡"诸法无我"，然其旨趣已异于般若空观之论。是宗在中国佛教的判教体系中，于慧观与刘虬所立五教中为"无相教"，于昙隐与自轨所立五教中则为不真宗，贤首所立四教中为"真空无相宗"，宗密《原人论》中为"大乘破相教"，其注谓："天竺戒贤、智光二论师，各立三时教，指此为空教。"

二、空宗（三论宗）的主要思想及其特征

（一）"空"之思想由来及基本含义

"空"是与"有"相对之概念，意谓空无、空虚、空寂、空净等，佛教以一切存在物之无自性、无自体、无实体、无我等为空，其含义是事物虚幻不实或理体之空寂明净。在空的具体意义和对象范围上，佛教诸经典亦有所不同，如有所谓"人空""法空"等区分。在印度佛教之小乘时期，

俱舍宗已提出"空"的思想，然其所言"空"仅为"人空"，而非"法空"。"人空"即意谓在有情个体中无实我之存在，故亦称"我空""众生空""人无我"等。"法空"则是指由因缘所生之一切法无实体之存在，亦称"法无我"。小乘教多主"人空"而不说"法空"。佛灭七百年后，有鸠摩罗陀的弟子诃梨跋摩撰《成实论》，述成实之义，提出"二空"即"人空""法空"，一切皆空。"谓'人空'如瓶中无水，由五蕴和合形成之人，乃为假'人我'；'法空'如瓶体无实，五蕴则仅有假名而无实体。"《成实论》亦将"空"分为"析空"与"体空"，所谓"析空"即将存在之事物分析至最后不可得时所表现之空；"体空"则谓一切事物存在之本身即为空，故不需由分析而得之。小乘教与成实论一般主析空观，此后之大乘教则主体空观，但表明在佛陀时代及小乘教中已有关于"空"的思想。大乘教中有关空观思想出现最早的著作为《般若经》，该经为说空、无相、无得之义的诸部般若集成的经典。其中如《无住品》，即述诸法无所住，也非不住，诸法因缘假合，皆不可说，应以性空观一切法。《辨大乘品》《三观照品》亦谓诸法性空，不生不灭，并将诸法皆空之理细分为内空（以内法之眼、耳、鼻、舌、六根无常、无我为空）、外空（以外法之色、声、香、味、触、法之六境无常、无我，故空）、内外空（指六根、六境皆空）、空空（以不执着内外一切法为空，亦即空亦复空）、大空（指空间方位上之东、西、南、北、上、下、四维等十方皆空）、胜义空（胜义之涅槃亦为空）、有为空（有为之欲界、色界、无色界俱空）、无为空（无生、住、异、灭之无为亦须空）、毕竟空（不执着诸法毕竟不可得）、无际空（无初、中、后际可得，也无往来际可得）、散空（诸法放散弃舍亦为空）、无变异空（诸法无放散弃舍、无亦异）、本性空（一切诸法本来为空）、自相空（一切法之自相其自性皆空）、共相空（共相皆是不可得之空）、一切法空（一切诸法如五蕴、十二处、十八界等皆空，而不执着为空）、不可得空（三界一切法有不可得而不执之为空）、无性空（无少性可得为无性，此无性亦不可得，故空）、自性空（诸法皆因缘和合，故无自性）、无性自性空（无性与自性皆空）等二十空。《大品般若经》卷五亦有"四空"（法相空、无法相空、自法相空、他法相空），同书卷三有"十八空"，《大毗婆沙论》卷八有"十空"等诸说，此外尚有三空、七空、十六空等说法，其中尤以十八空为著。其十八空、十空大多包括在前述二十空之中。这些多强调宇宙万法的当体性空，破除由于假名认识所执着的实在，非如小乘教言空仅限于"人无我"，而大乘则进一步说"法无我"。鸠摩罗什译《小品经·序品》谓："如是色离色性，受、想、行、识离识性，般若波罗蜜离般若波罗蜜性，是法皆离自性，性相亦离菩萨，于是中学能成就萨芸若。所以者何？一切法无生、无成就故。"其中"色离色性""法皆离自性"等，即述大乘关于无自性而空之思想。至龙树、提婆所著《中论》《百论》《十二门论》以及《大智度论》等出，更以中观方法宣扬诸法皆空之"性空"说，空宗思想体系更具新义。《大智度论》卷四三谓："色即是空，空即是色。受想行识空为非识，离空无识离识无空。空即是识，识即是空，乃至十八不共法空为非十八不共法，离空无十八不共法，离十八不共法无空。"此已将色与空、色与识视为相即不离之关系。《中论》有著名的"三句偈"，谓"因缘所生法，我说即是空，亦为假名，亦是中道义"。此表明大乘"性空"思想的基础是缘起说，即认为万法皆为因缘和合而成，其无"自性"故"空"。法藏于《十二门论宗致义记》卷上谓："真空中亦二义：一非空义，谓以空无空相故；二非不空义，谓余一切相无不尽故。是故非空非不空，名为真空。经云：空不空不可得，名为真空。《中论》云：无性法亦无，一切法空故。"亦以法无性为空。宗密《原人论》判空宗为大乘破相教，引《中观论》云："未曾有一法，不从因缘生，是故一切法，无不是空者。"谓万物无自性，皆由因缘而起，故本性是"空"。又引《大品经》云："空是大乘之初门。"

（二）流行于中国魏晋时期的般若空宗对空之"格义"

大乘佛学初传中国，是以《般若经》等理论为基础的。然魏晋时代虽有《道行》《放光》等般若经典译出，但尚未译出《中论》等三论，加之是时清谈之风极盛，故多以中土传统之思想对佛教经典进行"格义"，如以玄学的"有无"之辩释般若学之"色空"，其以虚无释般若之毕竟无所得之性空，已失"空"之实义。流行于此一时期的般若学"六家七宗"即以玄学之有、无来对般若之空、色进行"格义"。唐元康《肇论疏》释陈朝小招提寺慧达《肇论序》中有"或六家七宗，爰延十二"一句，言及六家七宗说："宋庄严寺释昙济作《六家七宗论》。论有六家，分为七宗。第一本无宗，第二本无异宗，第三即色宗，第四识含宗，第五幻化宗，第六心无宗，第七缘会宗。本有六家，第一宗分为二宗，故成七宗也。"序中又言及定林寺释僧镜所作《实相六家论》,其中述及"六家义",云:"第一家,以理实无有为空,凡夫谓有为有。空则真谛,有则俗谛。第二家,以色性是空为空,色体是有为有。第三家,以离缘无心为空,合缘有心为有。第四家,以心从缘生为空,离缘别有心体为有。第五家,以邪见所计心空为空,不空因缘所生之心为有。第六家,以色色所依之物实空为空,世流布中假名为有。"此六家与前昙济所言六家合为十二家。僧肇《不真空论》仅提及"六家七宗"之本无、即色、心无三家。三论宗人吉藏在《中观论疏》卷五中,亦对罗什未至长安之前般若学分派情况做了述论。主本无义者以道安为代表,吉藏《中论疏·因缘品》谓:"安公本无者,一切诸法,本性空寂,故云本无。"其"本无"即般若学之"性空"。本无性空之说此时颇为流行,然持之者,多有异义("空有之谈,纷然大殊,后学迟疑,莫之所拟",见王洽《与支道林书》,载《广弘明集》)。主本无之另一家本无异宗,其代表人物为竺法深。《中论疏》引法深之语说:"本无者,未有色法,先有于无,故从无出有,即无在有先,有在无后,故称本无。"安澄《中论疏记》:"《二谛搜玄论》十三宗中,本无异宗,其制论曰:'夫无者,何也?壑然无形,而万物由之而生者也。有虽可生,而无能生万物。故佛答梵志,四大从空生也。'"此宗以无为万物之所由生,又引"四大从空而生",其似亦偏于空色之法。支道林主即色义,据僧肇《不真空论》"即色者,明色不自色,故虽色而非色也",亦即"色不自色,虽色而空"(慧达《肇论疏》),主色空相即。识含宗之代表人物为于法开,开常与支道林争论"即色"义,所主识含义者,乃比三界于梦幻,悉起于心识。《中论疏记》谓:"《山门玄义》第五云,第四于法开者著《惑识二谛论》曰,三界为长夜之宅,心识为大梦之主。若觉三界本空,惑识斯尽,位登十地。今谓以惑所睹为俗,觉时都空为真。"主幻化义者为壹法师(不详何人,汤用彤谓幻化义或为道壹之说),《中论疏》谓:"壹法师云:世谛之法皆如幻化。故经云,从本以来,未始有也。"又据《中论疏记》,此宗盖但空诸法,而不空心神。心无宗创之者为支度,传之者为道恒、法蕴。僧肇《不真空论》谓:"心无者,无心于万物,万物未尝无。此得在于神静,失在于物虚。"即此宗乃空心而不空物。缘会宗为于法兰之弟子于道邃所说,《中论疏》谓:"第七于道邃,明缘会故有,名为世谛。缘散即无,称第一义谛。"此宗主张万物随缘而起,缘散而空。上述诸宗,以其义理言之,主要为三家，或主万法本性空寂（如本无、本无异、缘会），或主空心不空物（如心无宗），或主空物不空心（如即色、识含），虽尝用玄学"有无"论之，亦有般若之空义，然与大乘中观之学亦不完全相契合，皆有所偏而不即，表明此一时期般若空宗是在与玄学结合中而得以广泛传播的。

（三）三论宗的空观思想

至鸠摩罗什于姚秦弘始年间（399—415）译出大、小品《般若》及《成实论》，空观在中土遂有了较大影响。随着《中论》《百论》《十二门论》等"般若三论"以及《大智度论》（合称"四论"）的译出，空论更近龙树之般若中观之学。罗什本曾习一切有部之说，后弃而从大乘，特尊龙树。在其未译"般若三论"之前，魏晋之世，义僧虽多言色空，然多主虚无，未得深旨，亦常将佛法"无我"以老子"外其身"之义译之为"非身"，及至罗什，"无我"之说始大明。其《中》《百》诸论译出，于识神性空之旨亦大为阐扬。僧睿《维摩序》云："自慧风东扇，法言流咏以来，虽日讲肆，格义迂而乖本，六家偏而不即。性空之宗，以今验之，最得其实。然炉冶之功，微恨不尽。当是无法可寻，非寻之不得也。何以知之？此土先出诸经，于识神性空，明言处少。存神之文，其处甚多。《中》《百》二论，文未及此，又无通鉴，谁与正之？先匠（指道安）所以辍章遐慨，思决言于弥勒者，良在此也。"罗什主毕竟空，其《维摩注》卷三说："本言空以遣有，非有去而存空。若有去而存空，非空之谓也。"其毕竟空者扫一切相，既遣于有，又复空空，既非有非无，亦无生无灭。所言空，正合大乘无常之妙旨。其弟子僧肇在把握般若经论原义基础上，撰《不真空论》等，提出"性空自虚"的思想，准确地阐发了空宗的要义，并对六家七宗中的心无、即色、本无三家集中进行了批评，认为"六家偏而不即"（僧睿语），指出心无宗其"得在于神静，失在于物虚"，即认为心无宗其合理之处在于保持心之虚静，但未领万物虽（假）有而性空之理。即色宗是"直语色不自色，未领色之非色也"，即只看到万法无自性，而未领悟万法本身就是"非色"的空。本无宗则"情尚于无多，触言以宾无。故非有，有即无；非无，无即无"。即过于偏重于无，抬高无的地位。认为寻其佛之本旨，则应是"非有非真有，非无非真无"的"不真空"，并引《中论》云"诸法不有不无者，第一义谛也"。他主张应"即万物之自虚，不假虚而虚物也"（《不真空论》）。其"非有非无""有无双遣"的中观方法之运用，以及其即体即用哲学思辨精神的体现，乃归于大乘体用一如之妙谛，使般若学"六家七宗"关于有无、色空之争趋于沉寂，此亦为三论宗的创立奠定了基础。此后作为印度大乘中观一系的三论宗，则更发挥了性空而无碍于缘起的中道精神，将空宗思想在中国推至峰巅。三论宗之主要理论为：

二谛说。此宗以真、俗二谛为其法相，二谛说遂成三论学之核心。吉藏谓："二谛者，盖是言教之通诠，相待之假称，虚寂之妙实，穷中道之极号。明如来常依二谛说法，一者世谛，二者第一义谛。"（《大乘玄论》卷一）"二谛"说较早由《成实论》提出，《成实论》之《十号品》谓："佛有二种语法，一依世谛，一依第一义谛，如来以此二谛说故所言皆实。又佛不说世谛是第一义谛，不说第一义谛是世谛，是故二言皆不相违。"又卷二《论门品》说："论有二门，一世界门，二第一义门，以世界门故说有我，第一义门皆说空无。"此说在中国的南朝梁陈时颇为流行，尤以江左为甚。弘传此说者有庄严寺僧旻、开善寺智藏、龙光寺道绰等三家。三者或主真假二谛体一而用二（如僧旻），或主二谛同出一源（如智藏），或主二谛相依、相待（如道绰），其共同点是承认实体存在（即"性实"）。南齐有隐士周颙者，著《三宗论》，主论二谛有三宗，以黜《成实论》师之学，诚尊般若空论。吉藏《中论疏》："次齐隐士周颙著《三宗论》，一不空假名，二空假名，三假名空。"《中论疏》对第一宗的解释是："不空假名者，……以空无性实，故名为空，即真谛。不空于假，故名世谛。""不空假名"，即谓法无自性，但有假名，或虽言自性空，而不空假名。《中论疏》释第二宗云："空假名者，一切诸法众缘所成，是故有体，名为世谛。折缘求之都不可得，名为真谛。"谓"空假名"，即诸法假名而有，是俗谛；然体性不可得，故无，是真谛。亦即俗谛假有，真谛空无。周颙主第三宗即"假空名"，谓假名故空，空故假名，空假是相即的。《大乘玄论》："假空名者……虽空而宛然假，虽假而宛然空，空有无碍。"周颙认为其失在于未明二谛相即之理，其所推空论，颇与时流异趣，而与三论空宗吻合。由僧朗振兴，其弟子吉藏立宗开派的三论宗亦以二谛为中心阐述其学说。三论宗认为成实师关于二谛的几种说法，都承认有个体存在，此即为"性实"而与"性空"的精神不合。又，成实师所谓真、俗二谛是在境界与道理上之分别，故难以说明其是相即之关系。三论宗根据《中论·观四谛品》所说"诸佛依二谛，为众生说法，一以世俗谛，二第一义谛；若人不能知，分别于二谛，则于深佛法，不知真实义"，认为二谛之分别应视为因缘相待而有的分别，故只有假名，并无实体，法空是第一义谛，二谛仅属于言教的形式，其核心是要以对缘假说的二谛方便，显示诸法实相的无所得、性本空。言教二谛与实相无得，是三论宗二谛说之宗旨。三论又以中道说二谛，如《大乘玄论》卷四引昙影之说，谓："影公序二谛云：真谛故无有，以俗谛故无无。真故无有，虽无而有。俗故无无，虽有而无。虽无而有，不滞于无，虽有而无，不累于有，不滞于无，故断无见灭，不累于有，故常著冰消。寂此诸边，故名为中。"以诸法缘生，缘生诸法即是假有，假有无所得，真俗二谛依之以立。从俗谛说，不动真际，建立诸法。从真谛说，不坏假名而说实相，故空宛然而有，有宛然而空。有是空之有，空是有之空，非有谈空，非空说有，此宗所言，即以无得为正观，此为该宗二谛说之宗旨。

言教平等之判教与"中观"法门。三论宗破除一切有所得之见解，以无所得为其宗旨，故不于释迦一代之教法立权实真假，分浅深优劣相类，颇有言教平等之精神，诚无上下高低之分别。然因众生根机不同，故仍有二藏（声闻藏、菩萨藏或小乘、大乘）、"三法轮"之分别。"三法轮"：第一即根本法轮，为佛最初所说《华严》，举出一乘根本；第二为枝末法轮，因根本说法不能普遍适用，故有大小乘诸经典，遂由一乘而开出三乘；第三为究竟法轮，此乃为佛最后所说法，即《法华》《涅槃》的会归三乘于一乘。时成实师和十地论师对此多有或抑或扬之教判，三论宗则非从抬高自身地位出发，而以为各种大乘所说无不归于究竟，大、小二乘，显理同一，随机而教则异。盖此宗以破显二门为法用。《中论》正破小乘，傍破外道，《百论》正破外道，傍破其余，《十二门论》并破小乘、外道，皆显大乘深义。由破邪显正之妙门，成下救上弘之大用，故此亦名"破相妙宗"。依《大乘玄论》，有得是邪，无得是正。其破邪，即总破一切"有所得"之见，此约之为四种：第一，破外道实我之见；第二，遣《毗昙》实有之执见；第三，斥《成实》偏空之情见；第四，摧大乘有所得见等。显正，即彰显"无所得"之空理。《广百论》说："真实观一切法，诸法不二相，谛了是空已，则见一切空。"三论宗反对成实、摄论诸师而归于无所得（自性不实）的方法，亦持"破而不立"以反对破外有立之方法，认为小乘或外道多以一切有所得为其本体论，如中国的道家以无为本，"无"是实在的，大乘的地论、摄论诸师主识论，以识为实在，在三论宗看来，此多属假名，其实无得，皆未得究竟法门。通常所谓破邪显正，指破舍邪见，以显取他正，而三论宗则于破邪之外，别无显正，破邪即显正，然对破邪，亦强言显正或寄言谈正。其所显之正乃显四句、绝百非、言亡虑绝之无所得中道，为令众生领悟此无所得之理体，于无名相中，强设名相，而说真俗二谛，真俗二谛即诠显无所得之理之言教。三论宗尝以《中论》"缘起颂"所言"八不"诠释二谛中道之义。"八不"即不生、不灭、不断、不常、不一、不异、不来、不出。吉藏认为此"八不""是诸佛之中心，众经之行处"（《大乘玄论》卷二）。联系二谛、中道来说，即从实生实灭看为俗谛，从不生不灭看为真谛，从假设的生灭看为俗谛中道，此句亦可细说为生灭皆为因缘假名，所以说生，生而不起，说灭，灭而不失，这样理会不生不灭，即是俗谛中道。从假设的不生不灭看为真谛中道，此句亦可细说为和俗谛的假名生灭相待，而有真谛的不生不灭，假名生灭既非生灭，所待的真谛假不生灭也非不生灭，此即为真谛中道。再从非生灭非不生灭两方面结合二谛看二谛合明中道，即俗谛假说生灭，空性真谛不生不灭，两者不离，生灭而不生灭，不生灭而生灭，遂构成非生灭非不生灭。上述常被称为"五句"。另有"三式"，其先看重实法，空实而成假，为第一式；并假亦空，为第二式；不待空空而即假成空，为第三式。此所说"假成空"与肇僧的"不真空"正相类似。此宗认为"一切有所得"之见解，不出"生、灭、常、断、一、异、出、来"等四双八计，破除此八计，以诠显无得之正理，即为八不中道。又吉藏亦别立"四重二谛"，以破外道、《毗昙》《成实》之执。一重二谛为有（俗谛）、空（真谛），二重为有空（俗谛）、非有非空（真谛），三重为空有非空非有（俗谛）、非非空非非有（真谛），四重为前三重之二谛（俗谛）、非非不空非非不有（真谛）。

三论宗之典据及思想特点。《宗镜录》卷三四将相宗之外分别为空宗与性宗，认为三论之一宗，正为空宗；天台以上为性宗，谓"空宗唯破相，性宗唯显性，权实有异，遮表全殊"。如三论已上，均显寂灭之真性，故统名为"性宗"。然就此中阳破诸相为主，而阴显真性，直就显示真性之二门，即"遮诠与表诠之相违，前者名空宗，后者正名性宗"。就经论言之，于般若经四论等，破诸法，而显如实际、实相等之真性，是为空宗；《楞伽经》《起信论》等初显如来藏而说真妄和合之缘起者，是为性宗。《宗镜录》并将空宗与性宗一一对照，提出"十异"之说：其一，法义真俗异。"空宗未显真性，但以一切差别之相为法。法是俗谛，照此诸法，无为无相无生无灭为义，义是真谛。性宗以一真之性为法，空有等种种差别为义。《经》云：无量义者，从一法生。"其二，心性二名异。谓："空宗一向目诸法本原为性，性宗多目诸法本原为心。"其三，性字二体异。即"空宗以诸法无性为性，性宗以虚明常住不空之体为性。性字虽同，而体异也"。其四，真智与真知异。即"空宗以分别为知，无分别为智，智深知浅；性宗以能证圣理之妙慧为智，以该于理智通于凡圣之真性为知，知通智局"。其五，有我与无我异。即"空宗以有我为妄，无我为真；性宗以无我为妄，有我为真"。其六，遮诠与表诠异。"遮谓遣其所非，表谓显其所是……空宗但遮，性宗有遮有表。"其七，认名与认体异。即"谓佛法世法一一皆有名体，且如世间称大，不过四物，如《智论》云：地、水、风、火是四物名，坚、湿、暖、动是四物体。……空宗、相宗，为对初学及浅机恐随言生执故，但标名而遮其非，唯广义用而引其意。性宗为对久学及上根令忘言认体故"。亦空宗认名，而性宗认体。其八，"二谛三谛异"。谓"空宗唯二谛，性宗摄一切性相及自体，总为三谛。以缘起色等诸法为俗谛，缘无自性，诸法即空为真谛。一真心体，非空非色，能空能色，为中道第一义谛"。其九，三性空有异。即"空宗说有，即遍计，依他，空即圆成；性宗即三法皆具空有之义。遍计，即情有理无；依他，即相有性无；圆成，即情无理有"。其十，佛德空有异。即"空宗说佛以空为德，无有为法，是名菩提；性宗一切诸佛自体，皆有常、乐、我、净"。宗密《原人论》判空宗为"大乘破相教"，谓："破前大小乘法相之执，密显后真性空寂之理。"（下注有："故天竺戒贤、智光二论师，各立三时教，指此空教。"）其破法相之执谓："所变之境既妄，能变之识岂真？"并引《中观论》云："未曾有一法，不从因缘生，是故一切法，无不是空者。""因缘所生法，我说即是空。"宗密认为空宗"是知心境皆空，方是大乘实理。若约此原身，身元是空，空即是本"。然在宗密看来，亦有未了之义，乃诘之曰："若心境皆无，知无者谁？又若都无实法，依何现诸虚妄？"并指出空宗"但破执情，亦未明显真灵之性"。且引《法鼓经》云："一切空经，是有余说。"（注：有余者，余义未了也。）盖宗密未明空宗乃空有相即之义也。

三论宗之行果。此宗既以无所得为其本旨，故以一切众生本来是佛，本自寂灭，无迷无悟，故亦无行因证果之说。以为迷与悟、成佛不成佛与否，皆假名耳。从假名说，人之根机有利钝之不同，成佛亦有迟速之差异，如以一念顿起是短，三祇成佛是长，然一念不碍三祇，三祇不碍一念，一念即三祇，三祇即一念。此宗曾立五十二位，以统括大乘行果。此宗以觉即本体，因迷故有生死，只有返本还原，方可拂除客尘，本有觉体宛然即显。对迷立悟，对悟即有迷，悟发则无迷，无迷无悟。无悟无迷，迷悟本无，染净诸法，本来寂灭，此为三论宗在无得正观基础上建立之行果。

三、空宗之影响

自魏晋般若学及成实论流行，迄隋代三论宗出，空宗或空论思想影响中国佛教界数百年。隋唐之时，三论盛行之地主要有：其一，金陵栖霞寺，以兴皇为其重镇，其名德僧有法朗，其弟子分布于各地，南盛于浙江，北盛于关中，影响较著者有慧哲、智炬、明法师、吉藏四人。其二，会稽嘉祥寺，其影响最著者为吉藏。其三，荆襄，罗云、法安、慧哲等在此弘三论之法。其四，长安，为嘉祥大师吉藏晚年讲学之地。其五，蜀部，有安州慧嵩、高丽实公讲学于此地。此五处亦多三论名僧。唐贞观以后，三论日渐沉寂。然亦未绝传习者，如有义褒讲论于京邑，但已多受唯识宗之影响。有硕法师者，著有《三论游意义》一卷，其弟子元康著有《肇论疏》等，弘三论之义。永徽时有那提三藏自印度携大小乘经律论五百余卷，一千五百余部来华，因所学为龙树之般若学，已不为时人所尚，故竟未得译出，足见空宗已渐衰去。

空宗在域外早就有一定影响。南北朝时在朝鲜即有习三论者，宋齐时入华的僧朗本高丽国辽东人，在入华前即远习鸠摩罗什师义，颇熟三论，入华后即师摄山法度，至梁天监年间，梁武帝即遣僧正智寂诸师往摄山就学，人称摄山大师。《高僧传》谓："朗本辽东人，为性广学。思力该普。凡厥经论，皆能讲说。《华严》、三论，最为命家。"《栖霞寺碑》谓："先有名德僧朗法师者，去乡辽水，问道京华。清规挺出，硕学精诣。早成波若（即般若）之性，夙植尸罗之本。阐方等之指归，弘中道之宗致。……天监十一年，帝乃遣中寺释僧怀、灵根寺释慧令等十僧，诣山谘受三论大义。"在日本钦明、推古之朝，由高丽、百济前往日本的贡僧，多为通达三论之学者。如高丽之慧灌，乃为吉藏之弟子，回日本后建立了三论宗。高丽、百济所弘三论显然较早，所习当为古三论。三论亦传入新罗，其由日照传入。元晓从日照习"新三论"，著有《掌珍论宗要》《三论宗要》等。据《三国遗事》卷四载，有僧义湘者，传"新三论"。在新罗亦有"古三论"传习。

空宗在唐初传至日本，推古天皇十年（602）到日本的百济僧观勤，即为三论学者。圣德太子之师高丽惠慈，亦为三论学者。吉藏之高丽弟子慧灌，经高丽将三论宗正式传至日本（625），并建立有三论宗。《元亨释书》卷一载，慧灌曾"入隋受嘉祥吉藏三论之旨"。到日本后敕住元兴寺，"着青衣讲三论"。后慧灌之法孙智藏曾入唐从吉藏习三论学说，返国后居法隆寺"盛唱空宗"，后形成元兴寺、大安寺二大流派。当三论之学传入日本时，法相唯识之学亦颇流行，因与唯识宗之竞争，三论之学亦失其本真，然亦有以三论破唯识者，如勤操、隆海诸师即是。其学亦受到天台诸宗之影响。

第五章

张载及关学的思想特征与宗风

张载及其关学研究的方法论与研究走向探析①

对于张载及其关学的研究,二十世纪以来大体经历三个阶段,相应地也使用了三种方法:

第一,传统的理学方法,将关学定位为"关中理学"的时期。南宋理学家朱熹较早将张载与周敦颐、邵雍、二程(程颢、程颐)等人的思想并列加以考察,此见于《伊洛渊源录》中。明初由宋濂、王祎编纂的《元史》已将关学与其他理学诸派并称为"濂洛关闽"。《元史》卷一七一《刘因传》说:"尧舜而上,道之元也;尧舜而下,其亨也;洙泗邹鲁,其利也;濂洛关闽,其贞也。"明代中后期关中大儒冯从吾于万历三十四年(1606)完成的《关学编》,则明确以"关学"命名,此可视为首部关学史。冯从吾虽明谓"关学"为"关中之学",事实上其所说仍是指"关中理学"。他说:"我关中自古称理学之邦,文、武、周公不可尚已,有宋横渠张先生崛起眉邑,倡明斯学","而关中之学益大显于天下"。(《关学编自序》)此后,黄宗羲在所著《宋元学案》中也在关中理学这一意义上使用了"关学"这一名称,说:"关学之盛,不下洛学。"(《吕范诸儒学案》,《宋元学案》卷三一)总之,张载创立的关学,在南宋至元明清时期一直被视为与周敦颐"濂学"、二程"洛学"、朱熹"闽学"有同等地位的宋代理学四大流派之一,这就基本上确立了张载及其关学在理学史上的地位。

二十世纪初,张载及其关学没有得到广泛的关注,二十世纪中叶开始有学者对其加以研究,其代表就是现代新儒学的一些学者,他们一般承继宋明诸儒的说法,将张载与周敦颐、二程、朱熹一起纳入理学思想体系,将张载仍定位为理学一脉。冯友兰著《中国哲学史》,认为濂溪(周敦颐)、康节(邵雍)、横渠"俱为道学家中之有力分子"②。冯氏称自己"接着(理学)讲",实则是会通理学与西学而加以创造。一如张岱年所说,

---

① 原文载《唐都学刊》,2012年第5期。本次收录有改动。
② 冯友兰:《中国哲学史》下册,中华书局1964年版,第868、869页。

冯友兰在研究方法上"是比较完整意义上的中西结合"①。所以在张载思想的研究中，冯氏虽未脱离理学研究之窠臼，同时又贯穿着中西结合的精神。牟宗三于二十世纪六十年代末出版的《心体与性体》，专章论述张载的道德性命之学，强调张载之学将"天道性命相贯通"的观念"最为精切谛当，亦是濂溪后首次自觉地如此说出者"，认为此一精神是"宋、明儒共同之意识"。②也是将横渠与周、程、朱并立为理学之重要一脉，并指出张载之后的理学家大都沿着张载讲道德性命之学。牟氏研究之特点，着眼于从哲学理论层面将理学与康德哲学相融通，并致力于儒家道德形上学的重建。这是现当代关学研究的早期阶段，总体上说，他们在采用传统理学方法的同时，又贯穿了中西结合的精神。

第二，大陆学者在二十世纪中期，基本上是将张载定位为唯物主义气一元论，认为关学就是对气一元论的承继。中华人民共和国建立前后至六七十年代，人们试图以马克思主义哲学关于哲学基本问题的方法来指导中国哲学的研究，将哲学史界定为唯物主义与唯心主义斗争的历史，这一方法也影响到对张载及其关学的研究。此一时期，人们突破了传统的理学思维，依据唯物主义与唯心主义斗争即"两军对垒"的思维模式，来对理学和张载思想加以审视。许多学者将张载哲学定位为"唯物主义气一元论"或"气本论"。其间围绕着张载是唯物论还是唯心论、一元论还是二元论，曾展开了数年的争论。侯外庐、张岱年等先生在新中国成立前后发表的关于张载的相关论著，论证了张载哲学的唯物论性质。张岱年称赞"张载是宋代伟大的唯物论哲学家无神论者，他的哲学思想在中国古典唯物论的发展史上占有重要的地位"③。这一观点在学术界产生了广泛的影响。其后，任继愈主编的《中国哲学史》四卷本，坚持同样的观点和方法，并提出在宋代以来，有一个由张载到罗钦顺、王廷相、王夫之等坚持唯物主义路线的一系。冯契先生在《中国古代哲学的逻辑发展》一书中也使用了同样的方法。他说："在理学内部也有唯物主义（如张载）和唯心主义（如二程

---

① 王中江、高秀昌：《冯友兰学记》，生活·读书·新知三联书店1995版，第93页。
② 牟宗三：《心体与性体》（上），上海古籍出版社1999年版，第357页。
③ 张岱年：《张载——十一世纪中国唯物主义哲学家》，湖北人民出版社1956年版，第1页。

等）之分。而且从宋到明，始终存在着进步思想家和唯物主义者反对理学唯心主义的斗争。"① 在这一方法指导下，有不少学者认为罗钦顺、王廷相、王夫之等都是反理学的思想家，于是张载作为宋代唯物主义旗帜性的人物或反理学家而受到高度重视和褒扬。这是一个特殊的历史阶段，也相应采用了一种有代表性的方法。

第三，进入二十世纪最后二十年，随着政治上的拨乱反正，"实事求是，一切从实际出发"的思想路线得以贯彻，反映在中国学术思想界，有学者主张回归中国哲学的本来面目，力求跳出唯物主义与唯心主义"两军对垒"的思维模式，避免以西方哲学的思维模式简单地套解中国哲学，强调要从中国哲学的特点和本性出发，从中国哲学自身的特点和规律出发，来研究和审视包括张载及其关学在内的中国古代学术思想。于是张载及其关学的研究又重新回归到理学的定位上。同时，在许多问题上也有了大的进展。表现在：

其一，对张载的气论重新加以认识，对其在张载哲学中的地位给予了新的合理定位。人们对多年来"两军对垒"的思维模式进行了反省，认为这是一种以西方哲学套解中国哲学的简单化、模式化的做法。人们注意到中国哲学本体论是以价值论为特征的境界形上学，张载固然也讲"太虚即气"，但他讲的"气"论最终要回归到人生论和道德心性论，气不仅是宇宙的本原，同时也承载着价值，与人的道德性命相联系，并通过讲"气质之性""变化气质"而走向修养工夫论。他提出的一系列宇宙论的范畴，最终落脚到"知礼成性"的心性修养和经国济世、"民胞物与"等政治伦理上来，正因为如此，他受到包括朱熹在内的许多理学家的高度推崇，可见他是理学的开创者和重要奠基者。重新将张载纳入理学范畴进行研究，是该时期一个重大的理论前进。

其二，对张载的心性论给予了充分的关注。对张载的"天地之性"与"气质之性"的说法以及对他以"成性"为特征的人性论的研究有了新的进展。笔者二十年前在《哲学研究》发了一篇文章，题目是《关于张载哲

---

① 冯契：《中国古代哲学的逻辑发展》下册，上海人民出版社1985年版，第740页。

学研究的几点思考》①，文中提出张载不是"唯气论"，而是重在讲价值论和道德心性论，提出要重视对张载心性论的研究。并强调张载讲学，"每告以知礼成性变化气质之道"，也就是说，他的理论旨趣在于论证"性与天道合一"，在于以宇宙论说明人性论和道德论，在于沟通本体与价值，最终落脚到道德修养论。张载重视心性，这是近年来受到更多学人关注的地方。他虽然也讲心，但他重视的主要不是认知心，而是道德心。所以他最终从追求"物理"走向追求"性理"。他首次提出"天人合一"的命题，但此"天人合一"强调的是主客未见分隔、即形上即形下的建立在心性论基础上的"天人合一"。所以他说"儒者则因明致诚，因诚致明，故天人合一"（《横渠易说》）。

其三，从对其宇宙论的重视，走向对其价值论的重视。赵馥洁先生分析了张载"太虚之气"的价值意蕴，指出张载"以'太虚之气'为世界本原的本体论哲学"，"作为中国传统哲学本体论的一种形态，仍然具有中国哲学将本体与价值相融通、相统一的共性。张载的'太虚'本体中蕴含着丰富的价值品性，体现着深厚的价值意义"。具体地说，其一，"太虚"的价值品性主要体现在"至诚""至善""太和""神化"等概念之中，其中"'至诚'可谓是太虚之'真'，'至善'可谓是太虚之'善'，'太和'可谓是太虚之'美'，而'神化'可谓是对真、善、美的综合概括"。其二，"太虚"价值品性的人文意义，主要在于："太虚"是人性价值的渊源；"太虚"是道德价值的根据；"太虚"是人格价值的标准；"太虚"是理想境界的蓝本。其三，"太虚"的价值实现途径，主要有"寡欲""为学""大心""守礼""行实"诸环节……"它是一个由内到外、由知到行、由学到用的逻辑演进过程。"他认为，"张载的价值实现论体现了儒家重视价值的自觉性、弘扬主体能动性、强调现实实践性的鲜明特征"。②赵先生从价值论视域对张载及其关学的研究，代表了一种新的问题视角，非常有意义。

其四，以"实学"来研究关学，开出关学研究的另一种范式。关于关

---

① 刘学智：《关于张载哲学研究的几点思考》，载《哲学研究》，1991年第1期。
② 以上引文见赵馥洁《张载"太虚"之气的价值意蕴》，见《张载关学与实学》，西安地图出版社2000年版，第49—59页。

学重实的特点，侯外庐学派早已注意到，说"北宋关学的特色在于注重'学以致用'的精神"①。张岂之先生认为，关学"重实际，重传统，重自然科学，重理论思维，重创造，这些在张载身上都有突出的反映"②。赵吉惠先生认为，"张载关学以'致用''崇实'为最终目标"，"'崇实''致用'思想贯穿于他的所有著述之中，并且成为元、明、清实学思潮的学术思想渊源，奠定了实学思潮的思想基础"。③ 葛荣晋先生则主张应以实学为关学研究的新范式，他指出关学研究曾经历了"理学研究范式""两军对垒研究范式"，这些都已经不适合新时代的需要，所以"我们应该及时地代之以'实学研究范式'，恢复张载'关学'的实学面貌"，并主张如果能回归到"实学研究范式"，就可以开创出关学研究的"新的局面"。④他肯定了张载之学属于实学，并指出"明清关学源于张载而又超越张载"，一面承继"气实体论"和固守"'以礼教为本'的经世实学"，又"克服了张载本体论与心性论之间的内在矛盾"，并且"自觉地把关学的经世传统与西学结合起来，赋予明清关学以近代启蒙意义"。⑤ 向世陵认为，张载的"太虚""至实"和气本体的实在性体现了其哲学的实学精神和理路。⑥

从上面几点来看，目前对张载及其关学的研究基本上走出了"两军对垒"的阴影，并能注意坚持从中国传统思想自身的特点和规律出发来看待和研究张载及其关学。由于定位的相对准确和方法的优化及研究视角的转换，所以在许多理论问题上就可能有新的突破。

首先，对"关学"概念及时代的界定，相对准确了些。通常对关学的

---

① 侯外庐：《中国思想通史》第4卷（上），人民出版社1959年版，第547页。

② 张岂之：《深入开展对张载和陕西历史文化的研究——张载哲学思想及关学学术讨论会开幕词》，见《气化之道——张载哲学新论》，陕西人民教育出版社1992年版，第3页。

③ 赵吉惠：《论张载关学与明清实学》，见《张载关学与实学》，西安地图出版社2000年版，第258、259页。

④ 参见葛荣晋《转换研究范式，推动关学研究》，见2008年10月在陕西孔子研究会与眉县政府举办的"中国宝鸡张载关学与东亚文明"学术研讨会上的发言。

⑤ 葛荣晋：《试论张载关学与明清实学的关系》，见《张载关学与实学》，西安地图出版社2000年版，第272页。

⑥ 向世陵：《张载气学的实学精神》，见《张载关学与实学》，西安地图出版社2000年版，第359页。

概念界定大体上有三种说法。第一种，认为关学是张载及其关中弟子的学说。侯外庐学派主张在"北宋亡后，关学就渐归衰熄"①，这样，明清以后就没有所谓的关学史。龚杰也认为：关学"上无师承，下无继传，南宋初年即告终结"②。这里所说关学，基本上是指张载及其弟子的学说。第二种，认为关学是"关中之学"。宋联奎主持编纂的《关中丛书》就是以此为基点的。三是认为关学是"关中理学"。如陈俊民先生认为，"关学不是历史上一般的'关中之学'，而是宋元明清时代关中的理学"③。张骥撰《关学宗传》，即持这一立场，他撰写该书的原则是"以理学为范围"，"诸儒仅以关中为限"；"以地系人，纵讲关中之学"，可见他所说的关学即是关中理学。赵吉惠认为，"关学概念在历史上向来有广义与狭义两种不同理解与用法。广义的关学，泛指封建社会后期的陕西关中理学（儒学）"，而"狭义关学特指北宋时期以陕西关中张载为创始的理学或张载关学学派"。并指出侯外庐主编的《中国思想通史》上册第十一章所使用的"关学"概念多取狭义。④ 四是笔者的看法，也分为广义和狭义，只是认为，广义的关学是指张载之后一直在关中传承着的关中理学；而狭义的关学，是指"与张载学脉相承之关中理学"⑤。无论广义或狭义，关学学脉一直未断是一个基本的事实，如王心敬所说，"关学之源流初终，条贯秩然耳"（《关学编序》）。

其次，对关学史的研究有了新认识。按照外庐学派的观点，如果说关学到南宋就已"衰熄"，就有可能怀疑张载思想和学风在明清时期的传承和

---

① 侯外庐：《中国思想通史》第 4 卷（上），人民出版社 1959 年版，第 545 页。
② 龚杰：《张载评传》，南京大学出版社 1996 年版，第 206 页。
③ 陈俊民：《关学源流辨析》，见《中国哲学》第 9 辑，生活·读书·新知三联书店 1983 年版，第 193 页。
④ 赵吉惠：《论张载关学与明清实学》，见《张载关学与实学》，西安地图出版社 2000 年版，第 283 页。
⑤ 刘学智：《关学宗风：躬行礼教，崇尚气节》，载《陕西师范大学继续教育学报》，2001 年第 2 期。

影响的事实。① 事实上关学有其自身发展演变的历史。我们说关学绵延不绝，并不是说张载的关学是一成不变的。在张载逝世不久，许多关学学者曾为承传儒家道统而投奔程氏门下，关学开始了与二程洛学的交融。即使如此，也还有恪守张载宗旨者，如卒业二程门下的吕大临，其"守横渠说甚固，每横渠无说处皆相从，有说了更不肯回"（冯从吾《关学编》卷一）。明代，虽然有如吕柟者恪守程朱，冯从吾和清初李二曲受心学影响，但张载的心性旨趣、经世传统、务实学风和崇尚气节的宗风依然在承继发扬。况且明以后历代关学学者都认同关学，如冯从吾《关学编》，王心敬《关学续编》，李元春《增订关学编》，贺瑞麟《关学续编》等都认同关学的存在与发展。前人所以认同关学，是有理有据的，绝不会是随意的。

关学研究虽然有了较大进展，但仍有进一步探讨的空间，还可从多角度、多层面进一步深化张载及其关学研究。主要表现在：

其一，张载思想本身还有许多问题需要深入研究，如历代《正蒙》的注释对张载思想的发展，需要进一步整理和研究；许多理论问题也需要进一步深化，如关于张载哲学的本体论问题，到底是"气本""太虚"为本？或者是"天本""心本"？或者是二元论的？这仍是值得进一步探讨的问题，愚以为要解决这一问题，需要跳出传统的思维架构，探讨新的方法加以突破。此外，张载的人性论也是一个颇有争议的问题，等等。

其二，关于关学史。如果认同关学有史，那么其下限在哪里？这个问题涉及关学的概念界定，如果界定为关中理学，那么就必然会肯定关学在张载之后有一个传承、发展和演变的过程。如果仅以张载及其弟子的思想为限，那么关学到南宋后即已"衰熄"，也就不存在研究关学史的问题。愚意将其界定为"与张载学脉相承之关中理学"，这样，就必然认同关学有一个传承、发展和演变的历史。此外，如果关学有史，关学的下限在哪里？即关学在其承传转化的过程中，应该以何人为界标？是"关中三李"，还是刘古愚或牛兆濂？这需要进一步研究。其实下限的划分本来就只有相对的

---

① 作为侯外庐学派的重要传人，张岂之先生对此进行了新说明，他指出："张载后学，如蓝田吕氏等，在张载去世后多归二程门下，如果拘泥门户之见，似乎张载关学发展有所中断，但学术思想的传承往往较学者的理解和判断复杂得多。关学，如同其他学术形态一样，也是一个源远流长、不断推陈出新的形态。关学没有中断过，它不断与程朱理学、陆王心学融合。"（《关学文库·总序》，西北大学出版社 2015 年版）

意义，严格地说，作为一个思想流派，其发展是不可能停止的，它是不断演进的。从这个意义上说，提出下限问题或许缺乏严谨性。不过，从总体上说，理学作为一个特定时代的思潮，它在清末以后已经基本解体，所以，作为与张载学脉相承的关中理学，也就会有一个发展下限的问题。愚以为，以蓝田芸阁学社的创始人、关中大儒牛兆濂为关学下限是较为合理的。牛兆濂是一位处于清末民初转化时期的学人，其思想承传贺瑞麟的思想旨趣，以理学为主，同时又有诸多适应新时代的思想要素。笔者在《关学思想史》中将其定位为"传统关学最后一位大儒"，是否合理，还需要进一步讨论。

其三，关学与异地诸学派的互动关系。关学学者从来没有封闭自己，其产生以后即与周边地区诸学派发生过近七百余年的互动。如关学学者与洛学、闽学、河东学派、东林学派、甘泉学派、阳明心学等都有过广泛的学术交流和思想互动，如吕柟在多地为官，曾与诸多南北方学人有过学术交往。他曾在南都为官九年，与南方学者交往颇为频繁。如他曾与湛若水、邹守益共主讲席，尤与江右学派重要代表邹守益（号东廓）的关系颇为密切，他们二人曾一起被下狱，在狱中又一起探讨《周易》，后又分别被贬广德和解州。不久吕柟由解州升任南京吏部考功郎中，适逢邹守益也从广德迁往南京，于是两人又能在一起探讨学术。吕柟与欧阳德（南野）、王廷相（浚川）、何瑭（粹夫）之间也有密切的学术交往。他们之间发生的学术思想互动及其对关学走向的影响需要进一步研究。再如冯从吾，他与东林学派高攀龙，与南方学人许孚远、邹元标等人在学术上都有过非常密切的学术交往。此外，渭南南大吉在江浙一带为官，曾与王阳明有过重要的学术交往，阳明心学正是因南大吉而传入关中的。明末清初的李颙（二曲）、王弘撰（山史）又与顾炎武等人有过频繁的学术交往，等等。总之，关学学人与异地诸学人这些学术交往活动，对于关学的思想走向和发展进程都发生过较大影响。目前对其互动关系的研究还很薄弱，好在已有学者开始这方面的研究，这对于推动关学学术思想史的研究有着重要的意义。

其四，关学史的文献还没有得到应有的系统整理。自张载之后一直到明清，关学史上的先贤们留下了非常丰富的文献，这些文献对于我们深入研究关中理学的思想发展演变和学派传承有着重要的意义。这一时期的著作，除了张载所著《正蒙》在明清时期有大量的注释疏解之外，其弟子如蓝田"三吕"（吕大忠、吕大钧、吕大临）、苏昞、范育、李复等，也留下了对后世颇有影响的著述,如李复的《潏水集》等。至明代,王恕、王承裕、马理、吕柟、韩邦奇、冯从吾等人,也有诸多的学术著作传世。吕柟一生亦官亦学,著述甚丰,除了有《泾野子内篇》《泾野先生五经说》等经学著述,还有部头浩大的《吕柟先生文集》。此外,王恕的《石渠意见》,马理的《溪田文集》,韩邦奇的《性理三解》《正蒙拾遗》《易占经纬》,杨爵的《杨忠介公集》,等等,都是对关学发展发生过重要影响的著述。而明代晚期的冯从吾,则留下了更为丰硕的著述,其所著《辨学录》《疑思录》《善利图》《关学编》《元儒考略》等,把关学在明代推向了高峰。他的大多数著述被后人编为《冯少墟集》。而李二曲的著述亦相当丰硕,如《二曲集》《四书反身录》等。此外,王心敬、李元春、贺瑞麟等人也有大量的著述,这些都有幸保存下来。但是,遗憾的是,关学史上这些大量文献,却没有得到应有的重视和整理,除少量著作如《正蒙》《冯少墟集》《泾野先生五经说》等被收入《四库全书》(或《四库存目丛书》)之外,大量的著作仍是以古装书或手抄本的形式散存于陕西、北京、上海等地的图书馆或民间。由于长期得不到应有的保护和整理,有的书籍或已成孤本,或已残缺不全,甚至有的还在散佚毁坏之中。好在,西北大学出版社申报了《关学文库》这一宏大而有意义的出版计划,并得到国家新闻出版广电总局的批准,将其列入"十二五"国家重点规划出版项目而予以资助。目前该套丛书已经出版,并与读者见面。①

总之,随着学术研究的深入,学术视野的开阔,研究方法的优化,张载及其关学研究将会开出新的局面,将会促使张载及其关学的研究更向纵深发展。

---

① 《关学文库》已于2015年由西北大学出版社出版,刘学智、方光华总主编。

从张载及关学思想中汲取营养，
努力提升大众人文素质

人文素质是既不同于科学素质也不同于文化素质但又与之相联系的一个概念，就其内涵而言主要体现在人的精神文化和价值领域。"人文"这个词出现得很早，在《周易》中就有，但当时是把它作为与"天文"相对应的一个概念使用的，说"刚柔交错，天文也。文明以止，人文也。观乎天文，以察时变；观乎人文，以化成天下"。这里所说的"人文"，接近我们今天所说的"文化"。相对于"文化"，"人文"的概念更内在、更本质一些。"人文素质"涉及人的精神境界、理想信念、价值认同、道德品质、行为方式、思维方式、人生态度等，其综合起来，可以说明某人之所以为某人的特质。一个人的人文素质是在一定的文化环境、文化土壤中形成和培养起来的，其中文化传统的影响是其重要因素。文化传统是"活着"的传统文化，它"体现着中华民族世世代代在生产生活中形成和传承的世界观、人生观、价值观、审美观等，其中最核心的内容已经成为中华民族最基本的文化基因"[①]。从这个意义上说，今天我们要提升大众的文化素质，需要承继中华民族这些"最基本的文化基因"，需要激活优秀的中华传统文化，从中汲取思想营养。离开这个文化根基，离开这些"最基本的文化基因"，谈所谓提升大众的文化素质，或将成为空谈，或将可能走偏方向。

以儒家为主导的中华传统文化，其突出的特点是重现实的人生，重人文，这为我们人文素质的培养提供了丰富的资源。无论是以孔、老为代表的先秦诸子，还是汉魏后并立的儒、释、道三教，都特别关注人生意义的确立和对人生价值的寻觅，关注精神境界的提升和主体精神的高扬，也就

[①] 习近平：《在纪念孔子诞辰 2565 周年国际学术研讨会暨国际儒学联合会第五届会员大会开幕会上的讲话》，见《儒学：世界和平与发展——纪念孔子诞辰 2565 周年国际学术研讨会论文集》，九州出版社 2015 年版，第 5 页。

是说，都是以其强烈的人文色彩启示着人们的生活世界和精神世界。儒家的"立志弘毅"以求立身成德，"以理节欲"以求成圣成贤，"守死善道"以求正道直行，"义以为上"以倡正义道义，都是对人生意义和价值理想的追求；其"仁民爱物"以育仁爱精神，"诚敬为本"以涵养道德理性，"自强不息"以求积极进取，"厚德载物"以养包容品性，都是对人的道德品德的培育和精神境界的提升；其"为人由己"以高扬主体精神，"中庸知止"以求和谐和合，"谨言慎行"以约自身言行，"敏以好学"以求博知敏行，"知行合一"以求身体力行等，都是在极力告诫人们去追求行为方式的端正和主体精神的弘扬。即使强调"自然无为"的道家也以"尊道贵德"给人以理性生活的启迪，以"清心寡欲""宠辱不惊""淡泊宁静"给人以平常心境和平和心态的境界提升与生活启示。可以看出，中华优秀传统文化有着关于人文素质培育的丰富资源，可以给我们今天进行社会主义精神文明建设，提升大众人文素质提供极为有益的启示。

儒学发展到宋明时期，在"三教合一"背景下形成的理学思潮，一方面把自孔、孟以来的儒家伦理从形上学的高度本体化；一方面沿着唐宋以来"三教合一"的思路把心性论更加突显出来。"三教合一"实质上就是儒释道各家在其发展过程中义理趋同的一种归向，这一归向所指就是心性论。"心性论"表现出来的是在道德形上学建构中的意义深化，是把对外在规范、秩序的追寻转向人的内在精神、生活根据探寻的努力。从张载的"为天地立心""变化气质""大其心则能体天下之物"，二程的"仁者浑然与物同体"，朱熹的"涵养须用敬，为学在致知""即物穷理"，到王阳明的"仁者以天地万物为一体""致良知"等，都是对人生意义和终极价值的追寻，也说明人的内在精神素质是该时期儒家学者关注的重心所在。

宋明理学史上的第一座高峰，就是张载及其创立的关学。张载在思想上的最大贡献，一是沿着韩愈反佛老和崇儒的路向，从哲学思想的深层揭示佛教、道教之弊，从世界观和价值论的高度批判佛老，从而既阻止了佛教空幻虚无思想对人们精神世界的侵蚀，也为新儒学的重建铺平了道路。二是批判地总结了汉唐以来儒学"知人而不知天，求为贤人而不求为圣人"之"蔽"，在"天人合一""心性一体"的进路上为儒学在此后的发展开辟了新的方向，从而成为宋代理学的重要开创者和奠基者。

张载及其创立的关学，以其突出的思想文化特征，为我们今天进行人文素质提升，提供了独特的文化资源和精神启示。这主要表现在：

一、从"四为"获取使命意识和提升精神境界的深度启示

张载在长期的为学、为政生涯中，形成了自己远大的抱负和志向，他将之概括为四句话，即"为天地立心，为生民立命，为往圣继绝学，为万世开太平"。明代贺时泰将其概括为"横渠之'四为'句"，黄宗羲谓其"自任之重如此"，即认为这是张载为自己确立的重大历史使命和责任担当。张载说"为天地立心"，其实，在张载看来，"天无心，心都在人之心"（《经学理窟·诗书》）。宋王应麟说："为天地立心，仁也。"（《困学纪闻》卷三）"立心"就是要立道德"本心"，立"天德良知"。可见，张载主张一切有社会担当和有责任心的志士仁人，应努力为国家和民族确立一个根本的目标和共同坚守的信念，亦即确立起以"仁"为核心的文化价值和精神方向。"为生民立命"，孟子说："夭寿不贰，修身以俟之，所以立命也。"（《孟子·尽心上》）按照朱熹的解释，"立命"即修身以俟天付之"正命"。张载所说"立命"亦作"立道"，即要把引导民众确立正确的生活准则和精神方向作为自己奋斗的目标，以期帮助人们安身立命，确保人民生活得幸福。"为往圣继绝学"，"绝学"，指历史上受异端思想冲击而被中断了的儒家传统，这个传统包括学统和道统。儒家道统相传是指由尧、舜、禹、汤、文、武、周公而至孔子一直传承着的"先王之教""仁义之道"。唐代韩愈指出，这个道统自孟子之后受佛教、道教的冲击而中绝了。张载以崇高的使命意识和无畏的担当精神，欲在"学绝道丧"之时，自觉地承载起弘扬儒家道统和承传文明成果的历史使命。"为往圣继绝学"，既体现了张载的学术使命，也彰显了张载的文化担当。张载"立心""立命""继绝"的终极目的，在于实现一个理想的社会——"为万世开太平"。"太平""大同"等观念，是周公、孔子以来理想的社会愿景。古人认为，只有施行"仁政"和"礼治"，才能达到"大道之行""天下为公"的"太平""大同"社会。张载以更宽广深远的视野，要把这一理想社会状态推之于"万世"，以期为人类谋求永久、安定、太平、祥和的基业，这种胸襟和气度，是和张载对儒家境界的深刻了悟、对儒家情怀的深切体悟密切相关的。

张载的"四为"所体现的强烈的使命意识和责任担当，给当下的人们

以深刻的人文启示,这就是:我们应该提高一种人文素质,即把自己所从事的事业与整个民族乃至人类的命运联系在一起,以天下为己任。特别在当今"地球村"已形成的背景下,它有着更为特殊的人文意义。当今所有的人、民族、国家已成为一个"关系的存在",通俗地说就是形成了一个命运的共同体。在这一共同体中,每一个人、每一个民族都必须承担起自身应尽的责任,不仅为了自己,也为了生活在这个世界中的其他人。只有其他人生活得好,自己的生活也才能得以保障。包括张载关学在内的中华文化的价值,在于特别"推崇互相尊重与相互依存的关系价值"①。从这一"关系价值"出发,我们每个人都不能仅仅从狭隘的视域出发考虑自身的眼前利益,而必须放眼世界,展望未来,像张载那样,从历史的和未来的、民族的和世界的、现实的和哲学的视野思考问题,去"立心""立命""继绝",并立足于"为万世开太平"的理想目标。这正是关学给予我们的最重要的人文启示。

二、从"躬行礼教"的理论与实践中,获得遵纪守法意识的价值论启示

黄宗羲说:"关学世有渊源,皆以躬行礼教为本。"(《明儒学案·师说》)司马光作《横渠哀词》曰:"教人学虽博,要以礼为先。"(见吕本中《童蒙训》卷上)张载笃志好礼、躬行礼教,谓"礼者,圣人之成法也",遂赋予礼以法的含义。张载强调,"不惟于法有不得",即法律规定的东西决不可触犯。不过他谈礼法,更多地是指向以礼化俗、以礼为教和因礼以成德等方面。以礼化俗,强调以文明的礼仪来规范、改变和提升人们的生活习俗;礼以成德,即进一步发挥了孔子所说的"不学礼,无以立"(《论语·季氏》)的思想,强调"知礼成性",主张通过礼来"变化气质",培育人们遵循道义的自觉,以提高人的德性和正义感。同时张载主张教育"以礼为本",即以人的行为规范为基本的教育内容。张载不仅主张"躬行礼教",而且自己能身体力行,时时注意进行礼的实践。张载这一思想深刻地影响了他的弟子,其在蓝田的弟子"四吕"(吕大忠、吕大防、吕大钧、

---

① 参阅安乐哲、田辰山《儒学在世界文化秩序变革中的价值》,见《国际儒学研究》第24辑,华文出版社2017年版,第149页。

吕大临）制定的《蓝田吕氏乡约》，就是对张载礼治思想的一次成功实践。《吕氏乡约》是中国历史上第一部成文的乡规民约，其以"德业相劝，过失相规，礼俗相交，患难相恤"为基本内容的礼治实践，使"关中风俗为之一变"。张载关于"躬行礼教"的理论与实践，给予我们当代人文素质教育之深刻启示在于：遵纪守法和遵守社会公认的行为规范，应是大众基本的人文素质；全面提升法治观念和法律素养的重要举措，就在于要切实将法治教育纳入国民教育体系，形成学校、家庭、社会"三位一体"的法治教育格局和学法、守法的良好法治环境，促使广大民众特别是青少年增强法治意识，养成重法守法的人文基本素养；进行《吕氏乡约》的现代转化，把《乡约》的文化精神融入当今乡村治理和精神文明建设中，以移风易俗、优化乡村社会风气。

三、以"民胞物与"培养仁爱精神，提升人格境界

张载有一篇名作叫《西铭》，是《正蒙》中《乾称篇》中的一段，原名《订顽》，后来程颐将其改为《西铭》。程颐称赞《西铭》"扩前圣所未发，与孟子性善养气之论同功，自孟子后盖未之见"，可见其评价之高。

张载在《西铭》中从天人物我一体谈起，谈及人与人、人与万物的关系，说"天地之塞，吾其体；天地之帅，吾其性。民吾同胞，物吾与也"，意思是说，天地是人的父母，人处天地之间，都是禀受天地之气而生。在天地面前，大家都是同胞兄弟，人与万物也都是同伴朋友。后人把这一思想概括为"民胞物与"。"民胞物与"其价值指向是，人人都应该对他人、对社会、对万物尽自己的一份职责，履行自己的道德义务。这不仅是对孔子"仁爱"、孟子"仁民而爱物"思想的发挥，而且把儒家"仁民而爱物"的思想提高到价值论的高度，认为"爱亲""爱人"以至于爱天下万物，这是最能体现道德价值的表现。这里，张载明确地表达了儒家的忠孝伦理和仁爱精神，其中蕴涵着"视天下无一物非我"的哲学境界，是张载"天人合一"思想的集中体现。《西铭》又说："尊高年，所以长其长；慈孤弱，所以幼其幼。"这里传递的是人间的大爱，强调每个人都有尊重和慈爱他人的义务，也有被尊重和被慈爱的权利。诚如此，不仅人与自然要和谐，而且社会也应是一个和谐的大家庭。这是张载以开阔的胸怀与平和的心态看待宇宙和人生而形成的和谐伦理思想，是张载对和谐的社会人际关系的

向往和憧憬。近年，习近平总书记在多种场合谈及"同心打造人类命运共同体"的问题，这一思想是以和平、发展、公平、正义、民主、自由等价值为基础的，这与张载所追求的"民胞物与""视天下无一物非我"的伦理境界和价值追求相贯通。由孔子"仁者爱人"发端，到孟子"老吾老以及人之老"，至张载的"民胞物与"，儒家仁爱观的视野达到了一个极致的境界。"民胞物与"对于我们提升人文素质的启示在于：具备"仁爱"的品德是一个人之所以为人的最基本的人文素质；如果每个人都有仁爱的品德，生活中的种种乱象就不可能发生，反之，解决时下"个人主义恶性膨胀，社会诚信不断消减，伦理道德每况愈下"[①] 以及社会上存在的坑蒙拐骗、假公济私、贪污受贿等社会现象，最根本的举措是要从培养人们的仁德，坚定人们的理想信念，提升人们的精神境界开始；建立在仁爱基础上的"民胞物与"思想，可以和社会主义核心价值观中的文明、和谐、诚信、友善等相结合而在社会生活中发挥作用；其"视天下无一物非我"的境界追求，可以成为今天在国际关系中打造人类命运共同体意识的重要思想渊源。

四、从"笃实践履"的品格，得到培养求实态度和实践精神的启示

崇真务实，实事求是，笃行践履是儒家一贯倡导的思想和作风，这在关学学派那里进一步得以承继和高扬。张载关学尤其反对空谈，主张"学贵于有用"，这个"用"指如"学古道以待今"，也就是强调古为今用。他总是把自己的所思所想与国家的危难和需要联系起来，把自己的理想与国家、民族的命运联系起来。西夏入侵中原，他研习兵法，并打算组织民团保卫边疆，还写了多篇相关的文章或建议，深论戎毒之害，强调"惟是三秦生齿存亡舒惨之本，莫不系之"，强调要以"攘患保民为己任"；时北宋豪强地主大肆兼并土地，贫富分化严重，张载欲从调整中央和地方利益关系入手解决时弊，提出恢复周礼中关于井田制的设想，并自己"买田一方，

[①] 习近平：《在纪念孔子诞辰2565周年国际学术研讨会暨国际儒学联合会第五届会员大会开幕上的讲话》，见《儒学：世界和平与发展——纪念孔子诞辰2565周年国际学术研讨会论文集》，九州出版社2015年版，第3页。

画为数井",进行井田的实地试验。古人说张载"笃乎行""诚乎言","学古力行"是合乎实际的,所以二程评价"关中之士语学而及政,论政而及礼乐兵刑之学",也说明张载及关学具有经世致用、笃实践履的特征。张载的这一思想特征,深深地影响了其后的关学学者,他们大都承继了这一传统,如蓝田"四吕"关于《吕氏乡约》的理论和实践,曾使关中民风为之一变。又如,明代吕柟"君子贵行不贵言"的理念以及在他贬官解州时的为政实践,清代李二曲的"体用全学",清末牛兆濂的"学为好人",关心民瘼等,都是这种笃实践履作风的真切体现。儒学特别是关学崇真务实、笃实践履、经世致用的思想特征,对于我们的启示在于:求实、务实、笃行、践履,既是一种工作作风,也是一种人文素质。务实、求实的人不浮华,不空谈,不张扬,不虚假;"笃乎行""诚乎言"的人,能诚实守信,言行一致,表里如一。所以,在形式主义严重,浮躁之风盛行,造假售假猖獗的当今,以关学"笃实践履"的精神培育求真、务实、笃行、践履的人文素质,有着突出的时代意义。

五、以关学"崇尚气节"的品性,净化心灵,培养人格节操

自孔孟以来,儒家学者多有坚持真理、不畏权贵,不苟且、不合污的精神节操。孔子的"无求生以害仁,有杀身以成仁"(《论语·卫灵公》)的理想信念,"不降其志,不辱其身"(《论语·微子》)的人生信条,孟子"富贵不能淫,贫贱不能移,威武不能屈"(《孟子·滕文公下》)的大丈夫气节,一直影响、感化和激励着一代代的中国人,并锻铸出无数为国家和民族奋斗不息、视死如归的志士仁人。儒家的这些品格在张载及关学学者身上得以高度凝聚,并被鲜明地持守和光大。

张载强调"大义大节须要知"(《经学理窟·义理》),"气节之士,冒死以有为"(《横渠易说·下经》),主张"欲身行之,为事业以教天下"(《横渠易说·下经》)。他自己平生"于公勇,于私怯,于公道有义,真是无所惧"(《经学理窟·自道》),在公道大义面前,他从不畏惧,而于私,则了无所求。事实确实如此。张载诚心为公道和理想而献身,当理想不能实现时,决不为一官半职而苟且、阿时。他初次被召进京,宋神宗拟委以重任,他推辞了,说:"臣自外官赴召,未测朝廷新政,愿徐观旬月,继有所献。"(《横渠先生行状》)当王安石请他参与新政时,由于改革观念上的

分歧，他没有听从。最后一次赴召进京，亦因与其理想不符而辞官回乡。张载的弟子吕大钧也在自以为"道未明，学未优"时，则"不复有禄仕意"。这种重大义大节的精神，此后形成了关学特有的坚持真理、不畏强权的风骨，刚正不阿、崇尚气节的道德人格和节操。

张载及弟子的精神和节操，后来在明清时期关学后继者身上得到充分的体现，马理、吕柟、杨爵、韩邦奇、冯从吾、李二曲、李柏等关学群体，都表现出刚正不阿的品性和不苟且、不阿贵的节操，形成非常鲜明、影响深远的关学宗风。例如，明高陵吕柟，正德三年（1508）登进士第一，授翰林院修撰。时宦官刘瑾当权，欲与之结交，吕柟不屑与之交往，遂拒绝其贺礼，由此结怨，仕途因而受阻。他一生自守甘贫，"立定跟脚自不移"，历仕三十余年，"家无长物"。虽然清贫，但其感召力即使在退休居家时也未减弱，每当京城有官员来陕，总有人叮嘱他们："凡过高陵毋扰，有吕公在也！"三原学派的杨爵，因据理直谏而多次坐牢，但即使在狱中也矢志不移，与钱德洪等继续研讨《春秋》《周易》，以学共勉。活动于明万历、天启年间的冯从吾，时朝廷腐败，宫廷宦官专权，一些官僚文人往往投靠于他们。冯从吾则坚守其节操正气，拒绝与之往来。他不畏强权，敢于仗义执言。明神宗朱翊钧中年后日日深居宫中，沉湎酒色，不理朝政。面对长期怠政而潜伏已久的社会危机，冯从吾不顾个人安危，冒着杀身的危险，在皇太后长秋节之日上书《请修朝政疏》，把批评的矛头直指皇帝，直陈他"困于曲糵之御而欢饮长夜"，"倦于窈窕之娱而晏眠终日"，并直言"天下之心不可欺"。神宗顿时大怒，立即传旨"廷杖"，后因大臣们出面联保，方幸免于难。在清初，学识渊博、闻名海内的周至李颙（号二曲），因民族情怀和个人精神追求等原因，终生不仕。康熙十二年（1673），陕西总督鄂善以"一代真儒"向朝廷荐举二曲，他以疾固辞。康熙十七年（1678），当局或"大儒宜备顾问"荐，或以"博学鸿辞"荐，皆借故不赴。朝廷催迫紧急，守令至门，敦逼上道，他仍以疾固辞，至此卧病，终不赴。但地方官员不肯罢休，命人欲强行将二曲从当时寓居的富平用床抬至西安，欲强其赴任，二曲遂以绝食抗拒，滴水不入口者五昼夜。康熙四十二年（1703），康熙帝西巡欲召见他，二曲仍以疾固辞，康熙帝无奈以"高年有疾，不必相强"准许，赐御书"操志高洁"匾额赐之。这充分彰显出李二曲的铮铮铁骨与气节！

儒学特别是关学学人的气节和风骨，值得今天的人们去体味和思考。这些人的节操绝不是个人一时一地的境遇所致，而是有如张载所说的"于公勇，于私怯，于公道有义，真是无所惧"的道义精神所支撑。相形之下，时下那些贪官们，为了自己一时的升迁而不惜行贿受贿，贪赃枉法，甚至不顾党纪国法，买官卖官，大搞权钱权色交易。之所以如此，就是因为他们心中根本没有什么"公道""大义"，既无党纪国法的敬畏，也无道德的敬畏，更谈不上气节、操守和境界！这些人的内心世界连古代正直的封建士大夫都不如，更遑论共产党人的理想和操守。所以，我们从关学学人所表现出的气节、风骨和操守得到的深刻启示是：树立理想，坚定信念，秉持公道，节制私欲，是最基本的人文素质。

总之，从张载"四为"获取使命意识和精神境界的深切感悟，从"躬行礼教"的理论与实践获得遵纪守法意识的深刻启示，以"民胞物与"培养仁爱精神提升精神境界，从"笃实践履"的关学特征引发求真务实和实践精神的思考，从关学学人的风骨和气节获得心灵的净化和精神的升华，这正是儒家的文化精神和关学学人的人文情怀给予我们当今提升民众人文素质的最好启迪。

关于张载哲学研究的几点思考①

近年来在张载哲学的研究方面，取得了一些重要收获，出了几本比较好的关于张载哲学和关学学术思想研究方面的专著，论文亦不在少数。这些研究廓清了以往困扰人们的一些理论学术问题，确立了张载在中国古代唯物主义发展史上的地位，明确了关学的思想性质以及张载在理学中的奠基作用。这些对于推动张载哲学乃至宋明理学的研究有着重要的意义。但也有一些问题还需要进一步探讨，还有一些带倾向性的问题需引起注意。

第一，应该重视对《横渠易说》的研究。近年人们在张载哲学的研究中侧重于对《正蒙》的研究，这当然是对的，但有忽略《易说》的倾向。诚然，《正蒙》为张载"历年致思之所得"，是其哲学成熟的标志。不过，也必须看到，《正蒙》只是张载"集所立言"即汇集其一生立言之精华，且为其门人苏昞"略效《论语》《孟子》"而编次厘定，很难从中看出张子思想发展的轨迹，因而难以全面把握张载的哲学体系。张载治学道路，乃先依范仲淹之劝读《中庸》，在"以为未足之后"，又"访诸释老，累年究极其说，知无所得"，然后"反而求之《六经》"（《宋史·张载传》）。但在形式上，张载没有像李翱那样援佛入儒，也没有像周敦颐那样援道入儒，而是采取了地道的原儒方式，尤专于先秦《论》《孟》《庸》《易》等儒家典籍。值得注意的是，他所原之易理，着力于标志着儒家世界观建立的《易传》，以此为"宗"，并涵融《孟》《庸》。显然，《易传》对张载哲学体系的形成发生了重大影响。张载说："君子未尝须臾学不在《易》。"（《易说·系辞上》）王夫之也说："张子之学，得之《易》者深"，"张子之言，无非《易》"。（《正蒙注·序论》）《宋史·张载传》说他"以《易》为宗，以《中庸》为体，以孔孟为法"。这些基本上概括了张载的原儒踪迹和学术取向。事实上，张载的"天人合一"思想是在《易传》天道观的基础上逐渐形成的。他的气论思想不是来自道家黄老系统，而主要是来自

---

① 原文载《哲学研究》，1991年第12期。本次收录有改动。

易学系统。据朱伯崑先生的研究，张载气论源于汉易卦气说，尤其受"孔疏以阴阳二气解易的传统"的影响。①"气"本身是对易理"太极"的解释（"一物两体，其太极之谓欤！"）。此外，他关于"穷理尽性""穷神知化"的道德境界说，也是他把《易传》思想与《孟》《庸》性命说结合后充分发挥了的。和玄学家王弼"想把宇宙观回归到庄、老，而把人生观则回归到孔孟"②的倾向不同，张载则既在宇宙观上同时也在人生观上向先秦儒学回归，并在更高层次上实现了对它的超越。而这些，基本上已在《横渠易说》中奠定了基础。

研究《易说》也能使我们较清楚地看到张载思想的发展历程。《正蒙》中的许多话（尤其是《太和》《神化》《大易》《诚明》《乾称》等篇），基本上是从《易说》中移植过去的；有些是从《易说》中提炼出来的；而有些说法在《易说》中不曾有或不太突出，在《正蒙》中方有了或突出了。例如，他关于"见闻之知"和"德性之知""天地之性"和"气质之性"等说法，在《易说》中就不曾有或不明确，而在《正蒙》中则成为很重要的思想。总之，研究《易说》对于全面把握张载哲学思想，理清其哲学发展脉络，也许是很有意义的。当然，非惟《易说》，他的《经学理窟》《语录》等也应在研究时予以重视。

第二，应该重视张载心性论的研究。近年人们对张载哲学的研究多着力于气论，这本也没有错，但忽视心性论的倾向也是有的。从总体上说，气论无疑是其哲学体系的基础，也最能反映其思想的特征。不过，应该看到，气论并非张载哲学的旨趣所在。我们更要探讨的是，张载的气论是如何承载价值的，如何由气论转向道德心性论、转向解决社会人生之道的。他平生讲学"每告以知礼成性、变化气质之道"（《宋史·张载传》）。可见，张载的理论旨趣，在于论证"性与天道合一"，在于以宇宙论说明人性论和道德论，并着重于社会伦理和人生理想方面。而把气论推向社会人生之道是以"性"为中介，并通过心性问题的展开而实现的。可以说他的理论旨趣在于心性论。张载关于"天道即性""穷理尽性""穷神知化""天

---

① 朱伯崑：《易学哲学史》（中册），昆仑出版社2005年版，第307页。
② 钱穆：《中国思想史》，见《钱宾四先生全集》第24册，台湾联经出版公司1998年版，第116页。

地之性"和"气质之性""变化气质"等思想,在他的体系中占有十分重要的地位。如果我们不否认张载哲学的特征是"天人合一",不否认心性论是他的理论旨趣,那么可以说,张载虽讲气论,但他不是唯气论者。

关于心性论的研究应该开出适合中国哲学特点的新路子。近年来人们每每用现代认识论的范畴和逻辑认知方法研究张载乃至理学的心性论,这种方法看来是不可取的。我们不否认张载讨论过认识论问题,他所说的"心"本身就有"知觉""思虑"的认识功能,他强调"穷理""见闻之知""尽天下之物",主张"人谓己有知,由耳目有受也;人之有受,由内外之合也"(《正蒙·大心》)等,都具有认识论意义。但是,也应看到,他所说的"心"在更多情况下又和"性"相联系,"心性"成为人的道德本体。由此,张载没有去发展那种逻辑的认知理性,而是发展了重体验的道德理性,从追求"物理"走向追求"性理"。张载后来所以十分受到程、朱的推崇,其原因也就在这里。他所说的"见闻之知"和"德性之知"的关系,实际上并不同于我们今天说的感性认识和理性认识的关系,"德性之知"不仅"不萌于见闻",而且还被说成是人得之于天的内在本性。人们只有"大其心",即在道德实践中体验它,保持它,才能"变化气质",才能"尽天下之物",达到"天下无一物非我"的境界。因此,对这种体现道德本位的"心性论",是难以简单用认识论的逻辑方法把握的。否则不仅难得要领,也难免以西学套解中学之嫌。当然,关于心性论的研究,如何走出中国自己的路子,还有待进一步探索。

第三,应改变研究张程、关洛之学"两军对垒"的思维模式。张、程哲学有着明显的分歧,关学和洛学也表现出不同的风格。例如张子以气为本,二程以理为本;张子以"识造化"为先,二程以"识仁"为先;张子主张"先穷理而后尽性",二程主张"穷理""尽性""至命",三者"一时并了,元无次序"。从总体上说,关学以气论涵融仁学,洛学以仁学涵融气论。① 其中无疑包含着唯物主义与唯心主义的区别。但是,他们之间的共同点也很多,尤其在人性论和伦理观方面,例如,他们都推崇《论》《孟》《庸》《易》,都强调"躬行礼教""变化气质""存理灭欲"等,都具有广义"理学"的一些基本特征。只是他们的侧重点有些不同:张载以《易

---

① 李存山:《"先识造化"与"先识仁"》,载《人文杂志》,1989年第5期。

传》的天道观为本，涵融《孟》《庸》；二程则以《孟》《庸》的性命之学为本，涵融《易》理。不过，他们都在为传统伦理提供本体论的根据。正因为如此，张载思想的许多方面都受到程朱的称赞和推崇，尤其是《西铭》。程颐称："《西铭》明理一而分殊，扩前圣所未发，与孟子性善养气之论同功，自孟子后盖未之见。"（《宋史·张载传》）朱熹还写了《西铭论》以开示学者。此外，朱熹推崇张载的"一物两体"，说"此语极精"（《张子全书》卷二），称"气质之说""极有功于圣门，有补于后学"（《朱子语类》卷四），还说横渠"心统性情"一说为"颠扑不破"（《朱子语类》卷五）。这些都成为理学的重要思想。张、程之间的私人交情也很深，还常常相互切磋学术，"共语道学之要"。可见，他们的学术分歧并未发展为相互攻讦、截然对立的"两军对垒"。忽略这一面，就难以理解理学在此后的发展过程，也难以理解张载的弟子如吕大临等曾从学于二程的情况。看来，不要简单地把"斗争哲学"运用于张、程之间的学术分歧。

有一个与张、程的学术分歧相关的问题需要加以澄清。张载认为，汉唐以来学术陷入天人二本，此与佛道二氏的影响有极大关系，因而力辟二氏，指出二氏"略知体虚空为性，不知本天道为用"（《正蒙·太和》）之蔽。但是当时张载在学术思想上的对立面是否是指佛道二氏？张载说："若谓虚能生气，则虚无穷，气有限，体用殊绝，入老氏有生于无自然之论，不识所谓有无混一之常，若谓万象为太虚中所见之物，则物与虚不相资，形自形，性自性，形性、天人不相待而有，陷于浮屠以山河大地为见病之说。"（《正蒙·太和》）问题在于：是谁"入老氏"之"论"？是谁"陷于浮屠"之"说"？又是谁"不识""有无混一之常"？学界常以为张载是指向老子、玄学和佛教等。既然说有人"陷于浮屠"，当然其直接的对立面不是佛教了。那么这里所指"陷于"者是谁？有人说是针对二程，或说这种批评适合于二程，这也是不合实际的。张、程在世界统一性问题上，围绕着理本还是气本确实存在着思想上的分歧，但二程也不同意"虚生气"的说法。程颐明确表示不赞成老庄、玄学和道教的"虚生气"说。他说："一阴一阳之谓道，此理故深，说则无可说，所以阴阳者道，既曰气，则便是二，言开阖，已是感，既二则便有感。所以开阖者道，开阖便是阴阳，老氏言虚而生气，非也。"（《遗书》一五）二程从理本论立场反对"虚生气"固然与张载从气论立场反对"虚生气"有质的区别，但他毕竟不讲

"虚生气",因此,张载的上述批评很难说是针对二程的。以愚见,张载的论战对方是"儒者"营垒的人,也许主要是针对周敦颐。周子被尊为理学"宗祖",首开儒道合一。张载认为周子讲"自无极而为太极",认为"太极"之前有"无极"(虚),然后"太极"因动静而生阴阳,阴阳"二气交感,化生万物",就是一种"虚生气"的观点。这种观点显然与佛道二氏划不清界限,故张载指出他使"儒、佛、老、庄混然一途"(《正蒙·太和》)。

横渠易说与张载的天人合一思想[①]

儒学在汉代被定于一尊。魏晋时期，儒学受到玄学的冲击而日趋衰落，晋唐时期佛、道二教倡兴，儒学依然门庭冷落。中唐以后，韩愈、李翱等力排佛、道，举起儒学复兴旗帜，情况才有了变化。不过，韩愈是以恢复古老"天命论"的形式，宣扬和维护儒家政治伦理的"道统"，恢复儒家的道德人性论，而没有改变汉唐以来儒学"言天者遗人而无用，语人者不及天而无本"（《晦庵集·韶州州学濂溪先生祠记》）的天人二本情况，也没有建立起具有时代精神的儒学新体系，所以无力与佛、道两教相抗衡。李翱既批判佛教，又援佛入儒，把佛教心性说与儒家性命说结合起来，提出"复性说"。他的"性命之学"已表现出融天人为一体，把儒家伦理本体化的新动向。韩、李虽然没有完成重建儒学的历史使命，但他们的努力却给人们提供了有益的启迪，即儒学的重建既不能重新回到古老的天命论，也不能绕过佛、道的本体论和心性论。

周敦颐一改孔子"罕言性与天道"的传统（这一转向在孟子那里已现端倪），援道入儒，把道家（道教）的天道观与儒学伦理结合起来，试图从宇宙论层次确立人的道德本体，这无疑为儒学的勃兴开出了一条新思路。但是，周敦颐没有根本上从道家（道教）中超拔出来，却仍陷入"体用殊绝""天人二本"的窠臼。

寻找失落了的儒家精神，在宇宙论层次重建儒学，必须另辟蹊径。这条途径张载找到了。张载虽然曾"访诸释老"，又"反而求之《六经》"，但在形式上却没有像李翱那样援佛入儒，也没有像周敦颐那样援道入儒，而是采取了地道的原儒方式，尤专于先秦《论》《孟》《庸》《易》等儒家典籍。《宋史·张载传》谓载"以《易》为宗，以《中庸》为体，以孔孟为法，黜怪异，辨鬼神"，基本上概括了张载的原儒踪迹和学术取向。

反映张载"历年致思之所得"的《正蒙》无疑是其哲学成熟时期的代

[①] 原文载《陕西师范大学学报》，1992年第2期。本次收录有改动。

表作。不过《正蒙》只是"集所立言"即汇集了他的立言精华,且由门人苏昞所编次厘定。而他先前所著的《易说》则应看作是其重要的奠基之作。从《易说》到《正蒙》,正说明张载哲学是在《易》学基础上成熟起来的。而张载所原之易理,其实主要是《易传》,他说"观《易》必由《系辞》"。张载选择了标志先秦儒家世界观建立的《易传》,这对他建立超拔汉唐儒学的新体系发生了重大的影响。王夫之说"盖张子之学,得之《易》者深""张子言无非《易》"(《正蒙注》),这是符合张载的思想历程和特征的。吕大临在《横渠先生行状》中概括了张载的理论创见,说"其自得之者,穷神化,一天人,立大本,斥异学",而张子立气为本、合一天人,反经研几,力辟佛老,这些大都是在深研《易传》易理过程中"自得之者"。正是在易理中,张载找到了既能恢复孔孟固有传统,又能超越汉唐儒学的一些关于宇宙、人生的根本观念,从而改变了秦汉以来儒学"知人而不知天,求为贤人而不求为圣人"之"大蔽"(见《宋史·张载传》),使天人合一的儒学新体系得以建立。

张载如何从易理中得到启迪,并以《易》为宗,涵融《孟》《庸》,解决天人、道性合一的问题?又如何建立起天人合一的儒学体系?探讨这些问题,对于了解张载的思想渊源、心路历程,把握其哲学体系的基本特征也许是有一定意义的。

一、"气之生即是道是易"

气本论是张载哲学的重要特征,同时也是其合一天人的思想基础。气论在古代有道家黄老系统和易学系统,大都盛讲元气。而张载的气本论究其源可说主要来自易学系统,但也受到玄学(道家)本体论的影响。《易》学有汉易的卦气说,它把阴阳二气纳入八卦图式,并用阴阳二气的变易解释易理。魏晋时的玄学易学(王弼)又以道家虚无为本解易,而抛弃了汉易的烦琐象数形式。唐孔颖达撰《周易正义》虽然保留了以无为本的玄学宗旨,但却继承了汉易以阴阳二气解易的传统。这一传统对宋初李觏解易发生过影响。张载解易,一面吸收了孔疏、李觏《易》学中阴阳二气的观念,同时又批判了玄学的以无为本。[①] 他从体悟大易生生之旨开始,用

---

① 参阅朱伯崑《易学哲学史》,北京大学出版社1988年版。

"太虚之气"代替了"元气",并赋予气的阴阳对立之本始功能("一物两体者,气也");重要的是,张载又以历史上已有的气的聚散理论解释了"有""无"的矛盾和转化,从而克服了晋唐以来有无之辩表现出的"天人二本"倾向,并通过对大易生生、天地一气、万物一体思想的系统阐发,解决了合一天人的理论难题。所以张载在《正蒙·太和》中也不讳言,他说:"知虚空即气,则有无、隐显、神化、性命通一无二,顾聚散、出入、形不形,能推本所从来,则深于《易》者也。"张载以气合一天人,"推本所从来",是始于对《易》"太极"的解释。他说:

> 一物而两体,其太极之谓欤!阴阳天道,象之成也;刚柔地道,法之效也;仁义人道,性之立也;三才两之,莫不有乾坤之道也。《易》一物而合三才,天地人一,阴阳其气,刚柔其形,仁义其性。(《易说·说卦》)

张载把"太极"释为"一物两体"即兼有阴阳对立双方的统一之气,其表现在"天道"为"阴阳其气";表现在"地道"为"刚柔其形";表现在"人道"为"仁义其性",这就是"《易》一物而合三才",天地人皆统一于"太极","太极"即阴阳二气的统一体。

确立了"气"的本体地位,由此张载认为气能"一有无",统"体用"。他改造了古老的聚散理论,认为气既有自身运动的本性,就必然造成聚散的转化,从而形成隐显、幽明、形不形的区别。但是这种区别绝不是有与无的区别。玄学所谓"无"不过是气散而无形的"太虚"状态,"有"则是气聚而有形的具体物态,它们只是气的不同表现。"气聚则离明得施而有形,气不聚则离明不得施而无形","方其形也,有以知幽之因;方其不形也,有以知明之故"(《易说·系辞上》),气聚有形为"明",气散无形为"幽","幽"既非佛老虚无妙道,也非二程所谓"理",而是"气之本体",是"明"之"因"。"故圣人仰观俯察。但云知'幽明之故',不云知'有无之故'。"(《易说·系辞上》)张载从《易传》中探幽索隐,认为宇宙万物统一于无形之气。由此,他进一步依《易》理批判了佛道二氏,说:"《大易》不言有无,言有无,诸子之陋也。"(《易说·系辞上》)认为二氏将"幽"归于"空"或"无","盖知明而已,不察夫幽,所见一边耳",因而不知"有无混一之常"(《易说·系辞上》),遂导致虚无穷、气有限,体用殊绝的体用分离、天人二本错误。张载正是依据气本论把有无、幽明统一起来了。

张载对大《易》生生之旨的体悟是其合一天人的重要思想基础。张载认为,"易"的本质含义是"生生",气虽无形,却自然存在,生生不已,无使之然者。他在解释《易传》"生生之谓易"时说:"生生,犹言进进也。"释"易无体"时说:"以其生生,故言无体。"(《易说·系辞下》)他也赞成《易传》"天地之大德曰生"的说法。他认为"易"即"生生",也就是认为宇宙万物都体现了阴阳二气变易的法则。气化的过程为"道",而气化的根本原因就是"易",就是一阴一阳的相互对立和推移。其结论就是:"气能一有无,无则自然生,气之生即是道是易。"(《易说·系辞上》)张载正是从"气之生是道是易"的宇宙论开始,转向"识造化"和"穷理尽性",进入了关于社会道德伦理的本体论证。天道、人事皆从气之"生生"之理上论之,正说明气论奠定了张载天人合一体系的基础。

二、"易乃是性与天道"

张载认为天人、道性合一是大易透露的最深邃的思想。张载把《易》"性与天道合一"的主题通过"易即天道""天道即性"和天道"归于人事"的思想逻辑充分加以展开。

首先,"易即天道"。张载认为《周易》就是讲天道即阴阳二气变易的过程和法则的。他说:"易乃是性与天道,其字日月为易,易之义包天道变化。"(《易说·系辞上》)天道之象即日月之运行和变化,日月运行的过程和变化的规律即"道",他说:"道,行也,所行即是道。《易》亦言'天行健',天道也。"(《易说·系辞上》)在张载看来,天道运行不止,万物生生不息,都是阴阳二气变易的自然过程。《易》理就在于阐发气化为道的规律,故"学《易》者见此,谓之见《易》"(《正蒙·太和》)。

其次,"性即天道"。张载由气化过程推向社会人事、合一天人是以"性"这一范畴作为中介和纽带的。"性"来自传统儒学的"性命"说,孟子讲"尽心、知性、知天",把"性"看成是得之于"天"的内在道德本性。《中庸》讲"天命之谓性",也认为"性"来源于"天命"。《易传》讲"穷理尽性以至于命"。这些都是从宇宙本体说明人的道德本性。张载把这些思想与大易生生、气化流行结合起来，把"天"解释为"太虚之气"，于是"天性"变成了气的本性。他说："合虚与气，有性之名"，"性"乃"气所固有"。同时，"性者万物之一源"，气化流行，生生不息，万物"各正性命"，遂有"人之性""物之性"，这叫"体万物而谓之性"（《正蒙·乾称》），"性"上升为与"气"同等的本体地位。《正蒙》的这些思想，其实在《易说》中也有了，或者毋宁说它是在《易说》"易乃性与天道"的思想基础上发展和明确起来的。

《易说》以"天能谓性"（《系辞下》），把"性"视为客观天道的本性。又说"易乃性与天道"（《系辞下》），并强调"不识造化，则不知性命""不知天道，则何以语性"（《易说·系辞上》）。显然，张载在《易说》中也已把"性"看成是与天道同一的、为道所蕴含着的气的固有本性。重要的是，张载尤其强调"言性已是近人言"，他说："《易》一物而合三才，天地人一，阴阳其气，刚柔其形，仁义其性"，"仁义人道，性之立也"。（《易说·说卦》）在他看来，天地人"三才"虽然都为一气之流行，具有气的本性，但"得天地之最灵为人，故人亦参为性，两为体"（《易说·系辞上》），就是说，人和万物一样，也"受于天则为性"（《语录中》），但人之性不同于物之性，人可以与天地相参，"为天地立心"，固人亦"参为性"。这和下面一句的意思是相同的："盖尽人道，并立乎天地以成三才，则是与天地参矣。"（《易说·系辞上》）张载在这里强调了人的主体性，但这种主体性的内在根据则是得之于天而存之于身的"性"，亦称"天德"，由此人性也获得了"仁义"等道德伦理的内涵，"天道"被道德化而成为人性的本体根据。这样，人性就归为太虚之气，归为"生生""造化"的"天道"，人性与天性、主体与客体在本质上就被看成同一的了，道德伦理也被说成人性中应有之事了。《易说》中的道性合一的思想，正是其《西铭》境界的哲学基础。既然人性来源于天道，天人、道性合一，知人知天也就可以沟通和一致起来："天道即性也。故思知人者不可不知天，能知天斯能知人矣。知天知人，与穷理尽性以至于命同意。"（《易说·说卦》）《宋史·张载传》批评的秦汉以来"知人而不知天，求为贤人而不求为圣人"之"大蔽"也就基本上被张载克服了。

由此出发，张载则逻辑地把天道"归于人事"。他认为"易与天地准"，故"得天而未始遗人，《易》所谓不遗、不流、不过者也"。（《正蒙·乾称》）天人本质上属同一系统，《易》既"得天不遗人"，又"得人不遗天"，易理与天地人的规律相同一，故《易》能"弥纶天地之道"，包括了社会人事一切变化。张载认为，"卦本天道"，爻、辞"则归于人事"，人只要按《易》理办事，顺化性命，"躬天德而诚行之"（《易说·乾卦》），就合于天道。为了给社会人事、伦理规范确立宇宙论根据，张载不得不拘于易学的天人系统。

不过，张载虽主天人合一，但也并不是将天人混为一谈。他在评论老子"鼓万物而不与圣人同忧"的说法时，认为这已"分出天人之道"，并指出"人不可以混天"（《易说·系辞上》）。天"鼓万物"是自然发生的过程，不可加上人的思虑；不过天虽"无心以恤物"，而人则需要用思虑以经世。故"圣人成能，所以异于天地"（《易说·系辞上》）。这种天人有分的思想显然受了唐代柳宗元、刘禹锡等人的影响。但是他认为天、人虽不可混同，但可以合一。他不赞成老子"圣人不仁，以百姓为刍狗"的说法，认为圣人"与天同忧乐，垂法于后世"，圣人是与天相通的（"圣人体天地之德"），故"圣人则仁尔，此其为能弘道也"（《易说·系辞上》）。由此，张载强调说：

> 天人不须强分。《易》言天道，则与人事一滚论之，若分别则只是薄乎云尔。自然人谋合，盖一体也，人谋之所经画，亦莫非天理。（《易说·系辞下》）

他认为天道变化是自然而然的，人事谋略则须顺化性命，天人一体，"不须强分"，故天道人事应该"一滚论之"。朱熹批评的秦汉以来"言天者遗人"和"语人者不及天"之"大蔽"，在这里实际上已被克服了。

三、"穷神知化，与天为一"

既然"天道即性"，那么对于气化过程和变易法则就不仅仅有一个认识问题，重要的还有一个道德境界和道德实践问题。关于这一点，张载在"穷神知化"的思想中充分表现出来。值得注意的是，在《易传》以及易学史上，"穷理尽性""穷神知化"并不是十分重要和突出的思想，而在《易说》中则把它提到突出的地位，被看成是人追求的最高境界和道德实践的根本途径。

张载继承了《易传》的说法，也以"神化"来概括气化运动的本性、过程和法则。《易说·系辞下》说："气有阴阳，推行有渐为化，合一不测为神"，"神化者，天之良能"。认为"神化"是事物所固有的属性和作用。气化流行，生生不息，万物恃之以生，人性由之以成。"穷神知化"就是要认识和把握这些过程、法则和道理。受孟子"大而化之之谓圣，圣而不可知之之谓神"（《孟子·尽心上》）以及《中庸》以"至诚"为天性的影响，张载也认为"穷神知化"是很高的境界，他说："直待已实到穷神知化，是德之极盛处也。"（《易说·乾卦》）在他看来，"神为不测"，"化为难知"。（《易说·系辞下》）要达到"穷神知化"绝非易事。张载说："《中庸》曰'至诚为能化'，《孟子》曰'大而化之'，皆以其德合阴阳，与天地同流而不过也。"（《易说·系辞下》）只有道德修养达到"至诚"境界，认识和顺应阴阳二气的变易法则，达到上下与天地同流，才能进入"穷神知化"的境界。

问题在于张载如何把客观的气化规律、事物的变易法则与主体的道德论联系起来，从而使其整个体系从宇宙论过渡到道德论。这是理解张载哲学乃至宋明理学的关键。张载认为，气为万物之本，人和万物皆为一气之流行，气化流行的过程为"道"，而"道"又含"性"，"性"作为气所固有的属性，对人来说则成为人之所以为人的内在本性，成为人的存在本体。而人之所以为人而异于物，在于"得天地之最灵为人"（《易说·系辞上》），人所别于万物之"灵"即是"心"，故"性"与"心"又密切联系，"心性"联结天人、主客，于是就有了从宇宙论说明人性论、道德论，把自然天道归为道德问题，从而也把人的本体提高到宇宙本体的可能性。那么，人们如何在道德实践中完成和实现天人、道性的合一，从而达到"穷神知化"？对此，张载在《易说》中已做了较充分的论述。具体地说，就是：

其一，"识造化，然后其理可穷"。

"识造化"即气化万物的过程和规律。张载认为"先识造化"即认识和把握气化过程和规律，才能穷尽物理。而"识造化"须懂得易理，因为"易所以明道"，"不见易则不识造化"。（《易说·系辞上》）

其二，"穷理尽性"。

"识造化"亦即"穷理尽性",但就具体过程说,应"先穷理而后尽性"。张载认为"穷理亦当有渐,见物多,穷理多,从此就约,尽人之性,尽物之性"(《易说·说卦》)。"穷理"本有由感性而达理性认知的合理因素。"尽性"在于穷其事物乃一气之所化,也有认识事物本质的意义。不过张载没有由此走向实证科学和理性认知,他追求的则是道德理性。他说:"穷理尽性,言性已是近人言也。"(《易说·说卦》)所"尽"之"性",主要指人得之于天的内在本性,"穷理尽性"就是"知天知人"。所以他说:"知天知人与穷理尽性以至于命同意。"(《易说·说卦》)

其三,"穷神知化"。

"穷理尽性"还不是张载追求的最高境界。张载追求的最高境界是"穷神知化",即与天道为一的境界。欲达这一境界,张载认为必须经过"精义入神"和"穷神知化"两个阶段。"精义入神"是"穷神"的初级阶段。张载说:"入神是仅能入于神也,言入如自外而入,义固有浅深。"(《易说·系辞下》)他认为,"义有精粗,穷理则至于精义,若尽性则即是入神,盖惟一故神",即"穷理"达到"精义"方为"尽性",而"尽性"还只是"入神"(而非"穷神"),即进入"神化"境地。达到这一境界仅能预知事物变化,还不能穷尽气化过程和法则。他说:"精义入神,豫而已","豫者见事于未萌,豫即神也"。由"入神"达到"穷神"则进了一步:"穷神则穷尽其神也。"不过,张载认为"穷神"既要以道德修养为条件:"德盛者,神化可以穷尽矣","《易》谓'穷神知化',乃德盛仁熟之致"(《易说·系辞下》);同时,也是道德修养的最高境界:"穷神知化,与天为一,岂有我所能勉哉?乃德盛而自致尔。"(《正蒙·神化》)总之,"穷神知化"是人的主观精神和气化流行之天德合一的境界,亦即天人、物我一体的境界。从"穷理尽性"到"穷神知化",天人合一的思想终于在道德心性论的基础上被做了较充分的说明。

和"穷神知化"相通的另一表述,就是诚明互补、天人合一。在《易说》中,张载针对佛教"乃诚而恶明",不懂"性与天道"之蔽,强调由明而诚,反诚而明,诚明互补,才能达到天人合一。他说:"儒者则因明致诚,因诚致明,故天人合一。"(《易说·系辞上》)这个说法语出《中庸》。《中庸》说:"自诚明,谓之性;自明诚,谓之教。诚则明矣,明则诚矣。"《中庸》认为诚明是互动同一的过程。张载把诚、明做了区别,并认为二者是有一定次序的，他强调的是"自明诚"。这还可以从《语录》得到证明。《语录下》说：

> 须知自诚明与自明诚者有异。自诚明者，先尽性以至于穷理也，谓先自其性理会来，以至穷理；自明诚者，先穷理以至于尽性也，谓先从学问理会，以推达于天性也。某自是以仲尼为学而知者，某今亦窃希于明诚，所以勉勉安于不退。

"自明诚"亦即"先穷理而后尽性"，张载这种说法实际上把孟子"尽心"—"知性"—"知天"的思路颠倒了过来，主张"能知天，斯能知人"（参见《程氏遗书》一〇），认为认识天道，方可尽人之性，从而达到天人、物我一体的境界。张载所谓"自明诚""先穷理而后尽性"的说法其意义在于：他承认达到天人合一境界需要以客观认知作基础，这显然有唯物主义的合理因素。这也许正是朱熹"即物穷理"思想之滥觞。但是张载的侧重点和理论归宿是"尽性"而非"穷理"，是"穷神知化"而不是仅识"造化"，所以他最终仍把本体论、认识论归于道德论，这样就从认识论走向心性论，从真理论走向价值论。

综上所述，张载穷究天人、复兴儒学，采取了穷经研几的原儒方式。这种"原儒"不是直接回到孔孟，而是选择了标志着儒家世界观建立的《易传》哲学作为立足点和出发点。他从《易传》的天道观出发，建立了气本论；并用气论哲学来说明《孟》《庸》的心性论，确立了"性与天道合一"为其哲学的基点和思想主题；然后又通过"气化"即"道"，"天道即性"，"穷神知化"的逻辑展开，使天人、道性、本体论和心性论结合起来，基本完成了"天人合一"的体系建构。《横渠易说》不仅奠定了张载哲学的基础，规定了其哲学的基本特征，而且也几乎规定和影响了宋明理学发展的基本方向和总体特征。

张载与二程之关系略议

张载讲学关中，其所创学派史称"关学"；程颢和程颐昆弟讲学洛阳，其所创学派史称"洛学"。关学和洛学是北宋理学发展时期的两个最主要的学派。二程之学上承宋初周敦颐之濂学，下启南宋朱熹之闽学，形成以"理"为本的一脉相承的思想体系；而张载则讲"气"论，其学虽无师承，但于张载之时其盛况亦"不下洛学"，不过在张载逝世后出现"再传何其寥寥"（《宋元学案·序录》）的景况，其门徒如吕大临、苏昞等又多归于洛学门下，这种动向曾被有学者说成关学趋于洛学化。[①] 关学是否后来洛学化，本书有专文辨析过。关学虽然没有洛学化，但关、洛同归理学则是历史的事实。但是也不能因为关、洛之学同归理学而否认张、程在思想体系上的分野。也不能因为张、程在思想体系上实际存在的分野而否认关、洛之学的相通、相融和一致之处，更不能将二者视为水火不容的学派。由于二者有着许多共通乃至共同的方面，因而同为此后理学家如朱熹等人所宗。可见，张、程，关、洛之学有"同"有"异"，尤其不能忽略其"同"。这可以从张、程之间的广泛的学术交游活动中得以说明。

张载"独以命世之宏才，旷古之绝识"（范育《正蒙序》）而为"关中士人宗师"（《宋史·张载传》）。先生"气质刚毅"，"学有本原"，且"勇于造道"，绝不会因某种干扰而轻易放弃自己的观点，因而能成一家之言。他在与二程的交往中，既能坚守自己的原则立场，也不固执己见，而总能以一个博学强识者的风范与二程平等地切磋学术，论辩是非，"共语道学之要"（同上）。虽然二程的门下多有人编造"横渠之学，其源出于程氏"（《龟山集·跋横渠与伊川简》），更有后来归于程氏门下的张门弟子吕大临有所谓张载见二程后"尽弃其学而学焉"等说法（见《横渠先生行状》），然此说历来学者多不相信，就连程氏本人也曾予以反驳，说："表叔平生议论，谓颐兄弟有同处则可，若谓学于颐兄弟，则无是事"，并斥吕大临的说

[①] 参见陈俊民《张载哲学及其关学学派》，人民出版社1986年版，第11页。

法"几于无忌惮矣"(《遗书》)。也许是由于程子的干预,《行状》另版遂有"乃尽弃异学,淳如也"的说法。《宋史·张载传》遂沿袭后一说。宋代朱熹也认为后一种说法其义"为胜",并指出"横渠之学,实亦自成一家"(参见《伊洛渊源录》)。不过朱熹又拖了一个"其源则自二先生发之耳"的尾巴,足见此种说法尚有一定影响。其实张载对自己的学说是颇为自信的,他曾说:"吾道自足,何事旁求!"

在张载与二程的学术交流切磋中表面化的意见分歧有多处,这里试举一二例以说明之。

一是辩"清虚一大"。张载主张"太虚即气",认为"太虚无形,气之本体,其聚其散,变化之客形尔",又说"太虚不能无气,气不能不聚而为万物,万物不能不散而为太虚",故"太虚即气则无'无'"。(《正蒙·太和》)张载以气论"太虚"、统"有无",一"体用",遂破佛老"空""无"之论,立"虚一气"为本之说,把中国古代气论哲学推到一个新的阶段。张载以"清虚一大"之"气"为本,这点曾受到二程的批评。据《伊洛渊源录》载:"渠初云'清虚一大',为伊川诘难,乃云'清兼浊,虚兼实,一兼二,大兼小'。渠本要说形而上,反成形而下,最是于此处不分明。"二程又说:"子厚以'清虚一大'名天道,是以器言,非形而上者。"在二程看来,"气"是形而下者,张载是在"形而上"的"道"之外另立"清虚一大"之"气",本来是要说形而上,却因引入气论而使之降为形而下。二程遂把"太虚"释为"理"。对此,深得张载"气"本之旨的范育在《正蒙序》中对二程委婉地提出了批评,说"若清虚一大之语,适将取訾于末学,予则异焉"。并指出张载"此言与浮屠老子辩,夫岂好异乎哉?盖不得已也"。张、程"清虚一大"之辩,暴露出二者在"理""气"何为本问题上的意见分歧。

与此相关,张载认为"太虚至清,清则无碍,无碍故神。反清则浊,浊则有碍,碍则形窒矣"(《正蒙·太和》)。意思是说,太虚之气至清,故有神妙的作用,而形成具体形质之后,则反清为浊,于是就失去了神妙的作用了,即只有太虚之气有神妙的作用。说明张载给太虚之气赋予了形而上的意义。二程则不同意此说,说:"神气相极,周而无余,谓气外有神,神外有气,是两之也。清者为神,浊者何独非神乎?"(《二程粹言·心性》)意即神与气是相即不离的,如果以为气外有神,神外有气,是把二者分而为二了，所以，无论气之清与浊，都有神妙的作用。二程仍是在批评张载的"清虚一大"，以为清兼浊，浊兼清，他把太虚说成"理"，而则把气视为形而下者。

二是辩"明诚"。张载发挥了《中庸》关于"诚明"互补的思想，主张"因明致诚，因诚致明，故天人合一"（《易说·系辞上》。并说："须知自诚明与自明诚者有异。自诚明者，先尽性以至于穷理也，谓先自其性理会来，以至穷理；自明诚者，先穷理以至于尽性也，谓先自从学问理会，以推达于天性也。"（《张子语录·语录下》）认为"自明诚"与"自诚明"是两个既有区别又有联系、相互补充的过程，前者是由认识而达于尽性，这是一般人的修养进路；后者则是由尽性而直达于对天道的认识，这是圣人的进路。二者遵循的都是天人合一的理路。对此，二程并不完全赞同。据朱熹《伊洛渊源录》载，"问：'横渠言由明以至诚，由诚以至明，如何？'伊川曰：'由明至诚此句却是，由诚至明则不然，诚则明也。'"并指出"横渠之言不能无失若此"。也就是说，张载认为"穷理""尽性""至于命"是有先后次第的，二程则认为三者是一回事，"'穷理尽性以至于命'，三事一时并了，元无次序"（《程氏遗书》），故诚则明矣。张载虽然把人的认知过程与人的价值实现过程看成是合而为一的过程，但毕竟把二者区分为不同的次第，而二程则把二者看成是同一的过程，从而使认识过程等同于价值实现过程，使认识论从属于心性论。这说明二者在认识与价值实现的进路上有着明显的分歧。

此外，如张载思想的逻辑起点是"识造化"，二程思想的逻辑起点是先"识仁"；张载反佛主要是针对其世界观上"略知体虚体空为性，不知本天道为用""以山河大地为见病"即否认世界客观性的思想，二程虽也排佛，但主要是针对佛"逃父出家，便绝人伦"的"自私"，限于伦理方面；张载主"心统性情"，认为"心"为"性""情"的主宰，二程没有沿用这一说法，而认为心之未发属"性"，心之已发属"情"，心与性情是"似一而二，似二而一"的同一关系，而不是统与被统的关系，等等。这些也反映了二者在思想体系上的分歧。

但是这些分歧乃至对立并未使张、程发展为"两军对垒"，他们是友好相处、平等切磋且有诸多共同点并同属理学系统的两个学派。张载所主"气"论，二程虽不赞同，但仍然吸收了"气"的思想，只是把它作为

"形而下"者看；张载提出的"天地之性"与"气质之性"，"见闻之知"和"德性之知"，"天理人欲"等命题和范畴，二程不仅赞成且大多被袭用，对"变化气质"之说尚多有发挥。尤其是张载所著《西铭》更为二程等所推崇。《伊洛渊源录》卷六："《西铭》，颢得此意，只是须得他子厚有如此笔力，他人无缘做得。孟子以后未有人及此。得此文字，省多少言语。"又，"问：'《西铭》何如？'伊川先生曰：'此横渠文之粹者也。'"并指出"《西铭》明理一而分殊，扩前圣所未发，与孟子性善养气之论同功，自孟子后盖未之见"（《宋史·张载传》）。但是二程对张载的《西铭》则大加肯定。此后理学的集大成者朱熹亦很推崇张载，如赞赏张载关于"天地之性"与"气质之性"的说法，谓"气质之说，起于张、程，极有功于圣门，有补于后学"（《朱子语类》卷四）。亦赞《西铭》"首论天地万物与我同体之意"（《西铭注》）。朱熹还称赞张载"心统性情"一句为"颠扑不破"，"乃不易之论"。可见，张载的学说确有对理学的奠基之功，他确立的"性与天道合一"思想后来成为理学的思想主题。当然，程氏的后学出于对其师的偏爱，在《伊洛渊源录》中以"濂洛关闽"为序，将张载列于二程之后，这显然是不公正的。不能否认，张、程在把人的伦理本体与宇宙本体、本体与工夫相贯通，使儒家伦理本体化这点上是一致的、相通的，二者都是以此为归宿的。

当然，二程对张载虽多有批评，不过丝毫没有表露出对张载的不尊。在张载逝世后，程颢还作有《哭张子厚先生》诗，诗云："叹息斯文约共修，如何夫子便长休！""寝门恸哭知何恨，岂独交亲念旧游！"程颐亦作有《论遣张载按狱》，称"载经术德义，久为士人师法"，等等。张载对二程也有过评论，直接的评论见于《经学理窟·学大原上》："学者不可谓少年，自缓便是四十五十。二程从十四岁时便锐然欲学圣人，今尽及四十，未能及颜闵之徒。小程可如颜子，然恐未如颜子之无我。"张、程直接的交谈也很多，张载绝不以年长者自居，其交谈是坦诚而平等的，在学问上也是相互启发，相互尊重的。《宋史·张载传》记载：张载曾在京师坐虎皮讲易，一日二程来与之论《易》，第二天张载即对人说："比见二程深明《易》道，吾所弗及，汝辈可师之。"张载对二程之易颇为钦佩，发现自己在易理上不及二程，乃"撤坐辍讲"，并虚心地劝告弟子们向二程学易。又如，张载罢礼官归秦过洛阳时，曾与二程相见，在谈到他在礼院"请依品秩"而"定龙礼衣冠"之职事时，程子说到"若使某当是事，必不如此处置"，并说："某当辩云：大河之塞，天地之灵，宗庙之佑，社稷之福与吏士之力，不当归功水兽。龙，兽也，不可衣人衣冠。子厚以为然。"（《二程遗书》卷十八）张载赞成二程的说法。张载再召入京师，过二程处，对二程说："往终无补也，不如退而闲居，讲明道义，以资后学，犹之可也。"意思是说，再入京为官最终没有多少补益，二程则劝他说："何必然？义当往则往，义当来则来。"意思是说，何必要这样看！如果从合乎道义上说，当来则来，当往则往。

从张、程的学术交游中，可以看出他们交往之密、情深之切！我们不能以今人曾有过的"斗争哲学"的思维模式人为地把张、程，关、洛简单地对置起来，应客观地分析其中之"同"和其中之"异"，以恢复历史的本来面目。

关学"洛学化"辨析[①]

张载创立的关学与二程创立的洛学,是北宋时期两大重要的理学流派,后世将其与濂学、闽学并列为宋代理学的四大流派,称"濂洛关闽"。有学者认为关学后来已经"洛学化"了。关学后来是否已"洛学化"了,这是一个重大的理论是非问题,需要辨明。诚使如此,那么,关学在此后就不成其为一个有地域特色的独立学派了,也就没有关学可言;而所谓的"濂洛关闽"的提法也就要加以修正了。本文试就这一问题予以辨析,以就教于同仁。

一、后张载时代关学的传承与关学的"洛学化"问题

张载从熙宁二年(1069)返归关中,身居横渠,以讲学教授为业,时弟子云集,如全祖望所说:"关学之盛,不下洛学。"(《吕范诸儒学案序录》,《宋元学案》卷三一)吕本中说:"伊川先生尝至关中,关中学者皆从之游,致恭尽礼。伊川叹:'洛中学者弗及也。'"(《童蒙训》卷上)可见当时关学之盛。然而,熙宁十年(1077)张载逝世后,关学一度失去领军人物,甚至其"其再传何其寥寥"(《吕范诸儒学案》,《宋元学案》卷三一),关学陷入寂寥不振的景况。在这种情况之下,关学诸弟子如蓝田"三吕"(吕大钧、吕大忠、吕大临)及苏昞、范育等,为求道传道皆投奔二程门下。其中最有代表性的是吕大临,他是张载的大弟子,又是载弟张戬的女婿,他后来还成为程氏门下的"四先生"之一。程氏称赞他"深淳近道""有如颜回",其所写《中庸解》,被小程子赞为"得圣人心传之本矣"(《宋史·吕大临传》)。也许因这一学术趋向,学者视其为关学的洛学化。

所谓关学的"洛学化",包括南宋吕本中、明冯从吾等人,皆未谈及。《宋元学案》卷三一案语中黄宗羲仅谓横渠"其门户虽微有殊于伊洛,而大本则一也"。"其门户"可能是就其学派分野而言,"大本则一",可能谓

[①] 原文载《中国哲学史》,2016年第3期。该文发表时有删节。

其皆为理学之属。全祖望只是说"三吕之与苏氏""曾及程门",并未说关学已经发生洛学转向。清人柏景伟说:"自宋横渠张子出,与濂、洛鼎立,独尊礼教……然道学初起,无所谓门户也,关中人士多及程子之门。"(《柏景伟小识》)可见当时张载弟子入程氏之门,旨在学道受业,并无门户之见。近人侯外庐在《中国思想史》(第四卷)中提及"就多数关学中坚来看,并没有与洛学合流",他举出三条证据:

和叔(吕大钧)常言:"及相见则不复有疑,既相别则不能无疑。"(《河南程氏遗书》第二上)

巽之(范育)凡相见须窒碍,盖有先定之意。(同上)

吕与叔守横渠学甚固,每横渠无说处皆相从,才有说了便不肯回。(《河南程氏遗书》第一九)

侯外庐通过以上文献得出一个很有见地的结论,说:"南宋以后多以三吕等列为二程弟子",这"是与事实不符的"。[①]这样看来,说关学洛学化是一个值得进一步讨论的问题。

如果要追"关学洛学化"说法之源,或许可追到全祖望,他在《宋元学案》中谈及洛学的传播情况时,说:

洛学之入秦以三吕,其入楚也以上蔡司教荆南,其入蜀也以谢湜、马涓,其入浙也以永嘉周、刘、许、鲍数君,而其入吴也以王信伯。(《宋元学案序录》,《宋元学案》卷首)

这虽然不是直接说关学洛学化了,却说三吕之学是洛学入秦后在秦地传播的产物,意即洛学传入关中才有了诸吕之学。全氏这一说法很不客观,事实上割断了三吕之学与张载关学的联系。今人言及关学洛学化的是陈俊民先生,他在其《张载哲学思想及关学学派》中谈到"关学的'洛学化'"

[①] 侯外庐:《中国思想通史》第4卷,人民出版社1959年版,第570页。

问题，说：

> 往日时贤以为"北宋之后，关学就渐衰熄"（《中国思想通史》第四卷上）。我以为"衰落"了，但没有"熄灭"，而是出现了两种趋向："三吕"的关学"洛学化"和李复的关学"正传"发展。①

> 这是以"三吕"和苏昞为代表的向洛学转化的趋向，其中吕大临最为典型。……他受二程的影响也很深，本来他是以"防检穷索"为学，大程以"识仁且不须防检，不须穷索"开导他，使他豁然明白了"默识心契，惟务养性情"的理学旨趣，写出了《中庸解》，曾被朱熹取用。他还赋诗自诮："学如元凯方成癖，文到相如始类俳。独立孔门无一事，惟传颜氏得心斋。"被小程称赞为"得圣人心传之本矣"（引证略）。由此，关学赢得了洛学"涵泳义理"、空谈心性的特点，却日渐丧失了它的"正而谨严""精思力践"的古朴风格，开始"洛学化"。②

从上面所谈，其认为关学已经洛学化的理由有二：一是如吕大临，放弃了一些个别的观点，接受了二程的心性修养的"理学旨趣"；二是关学赢得了洛学"涵泳义理""空谈心性"的特点，却日渐丧失了其"正而谨严""精思力践"的古朴风格。诚如陈先生所说，吕大临受二程的影响，接受了二程的一些观点，对先前的观念有所改变，如先前"以防检穷索为学"，后明道语之以"识仁"，且以"不须防检，不须穷索"开导他，最后终于"默识心契"，明白了心性之学的要旨，遂作《克己铭》以见其意。问题在于，接受了某些个别观点，是否就是已经放弃了自己学派的风格？这需要进一步讨论。重要的是，吕大临所赋那首自诮的诗，其实是在张载在世时已经有了。吕本中《童蒙训》说："吕与叔尝作诗曰：'文如元凯徒称癖，赋若相如止类俳。惟有孔门无一事，只传颜氏得心斋。'横渠读诗，诗云：

---

① 陈俊民：《张载哲学及其关学学派》，人民出版社1986年版，第11页。
② 陈俊民：《张载哲学及其关学学派》，人民出版社1986年版，第13—14页。

'置心平易始知诗。'"说明颜氏心传的心性之学,亦是张子所立,且在进入程门之前已经如此。关于第二个理由,说关学赢得了洛学"涵泳义理""空谈心性"的特点。联系陈先生对"洛学化"的解释,即"实质就是在洛学的影响下,关学思想自身的进一步义理化"①,这意味着关学是不重义理或至少是义理性不强的;二是洛学是"空谈心性"的。如果认为关学是不大讲义理的,这未免太笼统和空泛了。其实,张载批评汉唐儒学之弊就在于"知人而不知天,求为贤人而不求为圣人"(《宋史·张载传》),指出其缺乏本体和义理的深入探求。张载"以易为宗,以孔孟为法,以《中庸》为体",就是着重发挥其义理的。只是张载在解经时更注重发挥经学的本来义蕴,而不像程子那样以"理"解经。张载多次讲到义理的重要性,如说:"时中之义甚大,须是精义入神以致用,始得观其会通以行其典礼,此方是真义理也。"又说:"'精义入神以致用'谓贯穿天下义理,有以待之,故可用。"(《横渠易说·系辞下》)并强调"博学于文以求义理"(《经学理窟》)。张载与二程都属于理学之属,理学的重要特点就是重义理。所以,如果仅以张载弟子从学于二程,就说使关学"进一步义理化"从而"洛学化",无论从事实上还是逻辑上都是讲不通的。至于说洛学"涵泳义理"是"空谈心性",更是根据不足。黄宗羲说:"先生(程颐)为学,本于至诚,其见于言动事为之间,疏通简易,不为矫异。"(《伊川学案上》,《宋元学案》卷一五)其"至诚""简易"绝非空谈心性,而是真正的实学。他讲天理,是以理为实的,只是不如关学那样重礼教而已。

二、从蓝田"三吕"看关学"洛学化"问题

需要进一步辨明的是,在张载死后投入程门的弟子,是否真的已使关学"洛学化"。对此还得从较早投入程门的蓝田"三吕"以及苏昞、范育说起。

史称吕大临"修身好学",无意于仕进,此说大致可以概括"三吕"的基本倾向。大临从学二程是在神宗元丰二年(1079),也就是在张载逝世后的第二年。先后入洛的还有大临兄弟大忠、大钧以及张载的弟子苏昞、范育等。

---

① 陈俊民:《张载哲学及其关学学派》,人民出版社1986年版,第14页。

第五章　张载及关学的思想特征与宗风

　　吕大临为学的历程中可以分为关学时期与洛学时期。程颐总结吕大临为学的特点是"深潜缜密",且不盲从。这一点即使在跟随张载的关学时期,也有所表现。所以张载曾说:"吕与叔资美,但向学差缓,惜乎求思也褊,求思虽似褊隘,然褊不害于明。"(《张子语录·语录下》)意思是他天资聪颖,但其思尝有独立见解,有时未免偏隘。从现存吕大临的著作来看,关学时期完成的居于多数,如"在吕大临著作中占有极为重要的地位"的《易章句》,"可以断定这是吕大临早年受学于张载时期的著作"。① 而被陈俊民先生视为"几乎包含了吕大临所有最重要的理学思想资料"② 的《礼记解》,也可以断定是吕大临早年师从张载时期的重要著作。至于《论语解》《孟子解》,陈俊民先生也认为是吕大临的前期著作。到洛学时期吕大临最重要的著作《论中书》,其中记述了吕大临与二程有关于心之"已发""未发"等心性问题的讨论。而所著《中庸解》的情况要复杂一些,因为该书原收录在《河南程氏经说》卷八中,因而尝有人误其为程颢所作。后朱熹对此做了辨析③,认定是吕大临早年所为。胡宏在《题吕与叔中庸解》中又记一件事,说张栻曾闻二程弟子侯师圣纠正以程明道作《中庸解》的误传,说:"何传之误!此吕与叔晚年所为也。"④ 看来,《中庸解》为吕大临所作是无疑的了。问题在于,此为大临早年还是晚年所著,这对于本文所论至关重要。对此,陈海红做了较翔实的辨析:

　　　　吕大临在太学博士任上,为太学生讲《中庸》。此《中庸解》现放置于《礼记解》中,是作为《礼记》中的一篇来处理的,我们称为前《中庸解》……此《中庸解》与《礼记解》一道是吕大临关学时期的作品,而讲学太学时已经投在程颐门下是洛学时期。查单独本《中庸解》与前《中庸解》不论在篇幅上,还是在文字上表述上都有不同。显然单独本《中庸解》是吕大临在前《中庸

---

① 陈海红:《吕大临理学思想研究》,浙江工商大学出版社2013年版,第14页。
② 陈俊民:《关于蓝田吕氏遗著辑校及其〈易章句〉之思想》,见《蓝田吕氏遗著辑校》,中华书局1993年版,第17页。
③ 朱熹谓他曾亲闻于杨龟山之婿几叟,几叟说:"以某闻之龟山,乃与叔初年本也。"(《朱子语类》卷九九)
④ 胡宏撰,吴仁华点校:《胡宏集》,中华书局1987年版,第189页。

解》(即《礼记解·中庸第三十一》)基础上重新编辑的本子。①

看来,胡宏所闻说此为吕大临晚年所为的说法,是忽略了《中庸解》有一个演变的过程,可以看出,从根本内容上说,其应该视为大临的早期著作。此外,吕大临还有《东见录》《蓝田语要》,这两种是或与二程谈话,或闻二程所说内容的记录,当是在洛学时期所写无疑。总体上说,吕大临的著作以关学时期的居多。当然这虽然并不能充分说明吕大临的思想没有被"洛学化",但是至少可以看出其思想中主导的方面是怎样的。

关键在于,吕大临及诸吕氏兄弟于入洛后与二程论学的过程中,其思想某些转变是否足以改变关学的学术走向?从现有资料来看,他基本上忠实于张载关学的宗旨。表现在:一是坚持了关学"躬行礼教""重礼践行"的传统。程颐说:"横渠之教,以礼为本也。"(吕本中《童蒙训》卷上)关学以礼为教,以礼为本这一点,吕大临也是充分肯定的,所说"学者有问,每告以知礼成性变化气质之道",就是对张载重礼教的肯定。这句话见于吕大临为张载写的《行状》中。但笔者发现,《行状》中有一大段肯定和表彰张载学行的话,也见于《蓝田语要》中,而《蓝田语要》主要是记述大程的语录,说明二程肯定了张载的这一思想,吕大临后将其写入《行状》,说明吕大临是认可的。《行状》还记述了张载对近世丧祭等礼仪不严乃至混乱无章的担忧,并尽力倡导古礼,遂使风俗为之一变的情况。吕大临对礼的重要性也有充分的认识,说:"国之所以为国,人道立也;人之所以为人,礼义立也。"(《礼记解·冠义第四十三》)并特别强调要把礼与人的德性培养联系起来,说:"德以道其心,使知有理义存焉;礼以正其外,使知有所尊敬而已。"(《礼记解·缁衣第三十三》)认为道德是从心内开发人的善性,而礼则是从外部匡正人的行为,二者相互结合,从而使人的德性得以培养。受张载的影响,吕大钧"与兄进伯、微仲、弟与叔率乡人,为乡约以敦俗"(《关学编》卷一),率先制订了《吕氏乡约》以敦俗。故黄宗羲说:"横渠之教,以礼为先,先生条为《乡约》,关中风气为之一变。"(《吕范诸儒学案》,《宋元学案》卷三一)范育在给吕大钧所写的《墓表铭》中说:大钧"信先生之学本末不可踰,以造约为先务矣。先生

---

① 陈海红:《吕大临理学思想研究》,浙江工商大学出版社2013年版,第19页。

既没，君益修明其学，将援是道推之以善俗，且必于吾身亲见之"。谓其"本末不可逾"，且在张载逝世后仍"修明其学"，并将其道推之于改变社会风俗的行动："始居谏议丧衰麻敛奠葬祭之事，悉捐习俗事尚，一仿诸礼，后乃寖行于冠昏、饮酒、相见、庆吊之间，其文节粲然可观，人人皆识其义，相与起好矜行，一朝知礼义之可贵。"（范育《墓表铭》）说明躬行礼教的关学宗旨，"三吕"在投入程门后仍然坚守，只是吕大临受二程的影响，更注重从心性论的内在视野去学礼、知礼和践礼，认为这样才能把外在的礼变成人的内在的道德自觉。

二是承继了张载重气的哲学传统，同时又吸收了二程关于理为万物本原的思想。众所周知，张载在世界的本原上是持虚气为本的，说"知太虚即气，则无'无'"（《正蒙·太和》），而"理"是从属于气的："天地之气，虽聚散、攻取百涂，然其为理也顺而不妄。"（《正蒙·太和》）吕大临也说："理之所不得已者，是为化，气机开阖是已。"（《礼记解·中庸第三十一》）这里所说，显是以理从属于气，认为理是气不得已的必然性即规律，基本同于张载。

其三，在人性论和修养工夫上，张载认为"天地之性"和"气质之性"，人只有通过"大其心"以"尽心""知性"的工夫才能"善反其性""变化气质"，以达到"视天下无一物非我"的天人合一境界。吕大临接受了张载的"为学大益，在自求变化气质"的说法，说："君子所贵乎学者，为能变化气质而已。"（《礼记解·中庸第三十一》）也同意张载的"大其心"以"尽心""知性"的工夫论，说："'尽其心者'，大其心也……大其心与天地合，则可知思之所及，乃吾性也。"（《孟子解·尽心章句上》）在这方面，吕大临与张载的理路是相通和相近的。

其四，吕大临及吕氏兄弟仍然保持着关学力行践履、重于实践和经世致用的特点和宗风。吕大钧无论在从学张载还是投入程门之时，皆"务为实践之学，取古礼绎其义，陈其数，而力行之"。这不仅得到张载的表扬："横渠叹以为秦俗之化，和叔与有力焉，又叹其勇为不可及也。"（《宋元学案》卷三十一黄百家案）《宋史·吕大钧传》："大钧从张载学，能守其师说而践履之。"冯从吾《关学编》谓大钧其"治经说，得于身践而心解。其文章不作于无用，能守其师说而践履之"。"能守其师说而践履之"这一点，不仅体现在吕大钧的言行中，也在吕大临那里有突出的表现。他在

《礼记解》中不仅对礼有系统的阐发,且重视礼的践行,只是因受到二程的影响,更多注重从内在心性修养方面进行道德的践履。他认为,"此人之所以为人,必在乎礼义也"。又说:"君子所以异于禽兽者,以有仁义之性也。"在吕大临看成来,"仁义之性"与"在乎礼义"都是人之所以为人的本质特性。所以,尊礼义与行仁义的操存践履工夫是人的两个既有异而又相联系的基本道德实践,显然他一直保持和遵循张载关学重实行、重践履的风格和宗旨。

吕氏兄弟在投入程门之后,一面坚守早年从学张载时期的关学宗旨,同时也尽可能地适应新的学术环境,在思想上方法上在与二程求学和相互讨论中做出相应的调整。这里仅就三个最突出、最有典型性的问题加以考察。

首先,是关于"防检"与"识仁"问题。许多文献都谈及这一思想的转变。此引《宋元学案》卷三一《吕范诸儒学案》:

(大临)初学于横渠,横渠卒,乃东见二程先生,故深淳近道,而以防检穷索为学。明道语之以识仁,且以"不须防检,不须穷索"开之,先生默识心契,豁如也,作《克己铭》以见意。

程颢的《识仁》对这个问题交代得更明确一些:

学者须先识仁。仁者,浑然与物同体。义、礼、知、信皆仁也。识得此理,以诚敬存之而已,不须防检,不须穷索。若心懈则有防,心苟不懈,何防之有?理有未得,故须穷索。存久自明,安待穷索?此道与物无对,大不足以名之,天地之用皆我之用。

也就是说,吕大临在东见二程之前,是持守"防检穷索为学"的,即仍然坚持张载关学所提倡的"变化气质"、养气成性以达仁的境界的工夫论理路。程颢以"学者须先识仁"来开导他,强调人都有仁的道德本心,义、礼、智、信都是仁德的体现,心即理。只要识得此理,以诚和敬的内省工夫加以存养,就可达到天人合一的境界,所以不需要有"防检""穷索"的过程。一个人如果"心懈"即本心被放遗掉了,那才需要有"防检"

"穷索"的过程,如果进行内心的体认,把天赋的道德本心加以发现和保持,有什么要"防"要"索"的呢?并指出这样达到的境界就是"道与物无对"的天人合一境界。受到程颢的开导,吕大临对程颢的话"默识心契",加以领会,遂写了《克己铭》"以见意"。《克己铭》说:

> 凡厥有生,均气同体,胡为不仁?我则有己。立己与物,私为町畦,胜心横生,扰扰不齐。大人存诚,心见帝则,初无吝骄,作我蟊贼。志以为帅,气为卒徒,奉辞于天,谁敢侮予?且战且徕,胜私窒欲,昔焉寇雠,今则臣仆。方其未克,窘我室卢,妇姑勃磎,安取其余。亦既克之,皇皇四达,洞然八荒,皆在我闼。孰曰天下,不归吾仁?痒痾疾痛,举切吾身。一日至之,莫非吾事;颜何人哉?晞之则是。

不过,若仔细查看《克己铭》的内容,关学的痕迹依稀可见。他说:"凡厥有生,均气同体,胡为不仁?"即有生之物皆一气之所生,天地之性万物皆具,故何能不具有仁的本性?这显是在张载气论的基础上讲人性。"立己与物,私为町畦,胜心横生,扰扰不齐。"说人受气质"攻取"之性所致,为私欲所累,往往不能存其本心,有了天人、物我之隔。只有君子大人能"存诚""养性",方可达天人境界。"志以为帅,气为卒徒,奉辞于天,谁敢侮予?"即只有主体以心体为统帅,以志御气,"胜私窒欲",方可达仁者与天地万物为一体的境界。这样,如能"既克之",则"孰曰天下,不归吾仁"。可以看出,虽然程颢是以内心体认和直觉了悟心性本体来开导吕大临的,而吕大临则仍然是从关学克己之私、变化气质的修养工夫上来讨论达至天人境界的途径的。说明吕大临在养性克己这一根本点上,仍持守从学张载时形成的思想。

其次,关于理与气的关系。二程不赞同张载的"太虚即气"的说法,甚至不承认有"太虚",程颐说:"皆是理,安得谓之虚?天下无实于理者。"(《河南程氏遗书》卷三)他虽然也承认气生化万物的作用,但认为气仅是形而下者:"若如或者以'清虚一大'为天道,则乃是以器言而非道也。"(《二程遗书》卷一一)关于理与气的关系,在张载之时尚不够明晰,在大多数情况下,理都有从属于气的规律的含义,如所说的"天地之气,虽聚散、攻取百涂,然其为理也顺而不妄"(《正蒙·太和》),"万物自然之理"(《易说·序卦》)。有时也有宇宙本体的意义,如说:"万事只一天理","大抵众所向者必是理也,理则天道存焉"。(《经学理窟·诗书》)吕大临显然受到张载的影响,所以对于上述两种含义,在早期也没有加以严格的区分。如在《易章句》中说:"故天下通一气,万物通一理,出于天道之自然,人谋不与焉。"(《横渠易说·系辞下》)又说:"夫诚者,实有已矣。实有是理,故实有是物。"(《礼记解·中庸第三十一》)这种表述依然含混,但大体说来是已有了理与气不可分离,气为物之质,而理为气之本的观念。如果说《易章句》《礼记解》确是吕大临在投入程门之前所作,这些看法显然在从学张载时期已基本形成了。但是,也应该看到,在吕大临入程门之后,受二程的极大影响,关于理为万物之本、气为万物之具的思想则更为明晰、更深化了一些。《河南程氏粹言》卷一有一段二程与吕大临关于"理"的对话:

或问:"诚者,专意之谓乎?"子曰:"诚者实理也,专意何足以尽之?"吕大临曰:"信哉!实有是理,故实有是物;实有是物,故实有是用;实有是用,故实有是心;实有是心,故实有是事。故曰:诚者实理也。"

这里,吕大临听到程颐谈及"惟理为实"的思想,在发出"信哉"感叹的同时,还做了许多发挥,这似乎可以肯定吕大临对理本论思想的接受,有学者亦据此而认为吕大临已完全倒向了理本论[①]。但是,如前所述,"实有是理,故实有是物"这句话,其实在《礼记解·中庸第三十一》中已经出现,我们既已断定《礼记解》是吕大临入洛学之前所作,也就是说,这一思想早在吕大临从学张载时期便已经有了。理气关系出现这种思想朦胧混杂的情况,对尚处于理学奠基时期的张、程及吕大临来说完全是可能

---

① 葛荣晋:《中国实学文化导论》,中共中央党校出版社2003年版,第64页。

的。① 事实上这一思想确实是在南宋朱熹那里才逐渐明朗起来了的。从这个意义上说，如果以是否承认"理"之本为界标来做关学是否"洛学化"的判断，其价值是极为有限的。

其三，是关于"中"与"赤子之心"的讨论。这是吕大临在洛学时期与二程的一次颇有思想史意义的讨论。吕大临在《论中书》中说：

> 喜怒哀乐之未发，则赤子之心。当其未发，此心至虚，无所偏倚，故谓之中。此心应万物之变，无往而非中矣。……故大人不失其赤子之心，乃所谓"允执其中"也。大临始者有见于此，便指此心名为中，故前言中者道之所由出也。今细思之，乃命名未当尔。此心之状，可以言中，未可指此心名之曰中。所谓以中形道，此意也。

吕大临认为，"赤子之心"是"喜怒哀乐之未发"的状态，心"未发"则"至虚""无所偏倚"，故为"中"；"中"是道体，故"以中为大本"；心之未发是指心之状态而言，心本身不可名为中。而程颐则明显不赞同此说，他说：

> "喜怒哀乐之未发之谓中。"赤子之心，发而未远于中，若便谓之中，是不识大本也。

> 赤子之心可谓之和，不可谓之中。

程颐认为，赤子之心只能说是发而未远离"中"，不可说赤子之心为"中"；赤子之心是"喜怒哀乐之已发"，是"和"，不可谓之中。吕大临在得知程颐的批评后，说了一段语重心长的话，他说：

---

① 陈海红已注意到这一点，并说："吕大临师事二程之前的思想是非常混杂的。而在洛学时期，只不过强化了这一理有物先的思想。"见陈海红《吕大临理学思想研究》，浙江工商大学出版社 2013 年版，第 156 页。

> 此义，大临昔者既闻先生君子之教，反求诸己，若有所自得，参之前言往行，将无所不合。由是而之焉，似得其所安，以是自信不疑，拳拳服膺，不敢失坠。今承教，乃云已失大本，茫然不知所向。（《论中书》）

吕大临表白自己的观点是过去闻先生（可能指张载）之教，加之自己反复思考，将其所"自得"参考前言往行而形成的，故对此论"自信不疑，拳拳服膺"。今闻程颐说此"已失大本"，遂觉"茫然"，但他仍以对先生的恭敬之心，极谦恭地称自己"辞命不明，言不逮意"，谦虚地"求益左右"，仍以坚定的求真态度进一步阐发了自己的原则立场：

> 大临以赤子之心为未发，先生以赤子之心为已发。所谓大本之实，则先生与大临之言，未有异也。但解赤子之心一句不同尔。大临初谓赤子之心，止取纯一无伪，与圣人同（一有处字）。恐孟子之义亦然，更不曲折。一一较其同异，故指以为言，固未尝以已发不同处为大本也。先生谓凡言心者，皆指已发而言。然则未发之前，谓之无心可乎？窃谓未发之前，心体昭昭具在，已发乃心之用也。此所深疑未喻，又恐传言者失指，切望指教。

吕大临指出，其与程颐的不同之处在于，己"以赤子之心为未发"，而伊川"以赤子之心为已发"，但从心之"大本之实"来说，都是或从体或从用讲心，二者无大异。不过，如果仅以"已发"为赤子之心，那么"未发之前"的心难道"无心"吗？并指出"未发之前，心体昭昭具在，已发乃心之用也"。也许受吕大临的启示，程颐本人思想也有所转变，说："心一也，有指体而言者，寂然不动是也；有指用而言者，感而遂通天下是也。在人所见如何耳。"这里，吕大临提出了一个非常有价值的论点，即心有体用之别，未发为心体，已发为心用。这一观点，事实上开启了理学史上绵延持久的关于未发已发、心体心用的争论。朱熹的"中和新说"或许正是受了吕大临的启示而形成的。①

在吕大临从学于二程的洛学时期,他们之间的思想交流比较频繁,虽然他跟随二程的时间并不算长(仅十二三年),其成就亦相对较大,但是,二程对他有肯定有批评,而对其批评似较其他人为多。试举几例:

> 子曰:与巽之语,闻而多碍者,先入也。与与叔语,宜碍而信者,致诚也。(《二程粹言·圣贤》)

> 子曰:与叔昔者之学杂,故常以思虑纷扰为患。而今也求所以虚而静之,遂以养气为有助也。……其从事于敬以直内,所患则亡矣。(《二程粹言·心性》)

程颐对范育的批评似较严厉,认为他因有先入之见故听到教诲每有抵触,相对地说吕大临虽亦有所抵触,但经过思考而信从,说明他能以诚对待之。也指出吕大临早年学术驳杂,常为较多思虑所纷扰,缺乏虚静之心态。他在另一处也说:"吕与叔尝言,患思虑多,不能驱除。"(《河南程氏遗书》卷一)但是吕大临能通过养气而虚以静之,且能做到"敬以直内",原先的思虑纷扰也就随之消失。

从上述分析可以看出,吕大临对待张载关学和二程洛学,分别采取了自觉地坚守与理性地吸收并将二者加以综合的态度和做法。从吕大钧的"信先生之学本末不可踰",到先生殁后"君益修明其学,将援是道推之以善俗"(范育《墓表铭》),以及程颐所说"吕与叔守横渠学甚固,每横渠无说处皆相从,才有说了,更不肯回"(《伊洛渊源录》卷八)。又说:"关中学者,以今观之,师死而遂倍之,却未见其人,只是更不复讲。"(《附东见录》,《遗书》卷二下)这都可以说明吕氏兄弟对张载关学是自觉地坚守且态度明朗的;对于二程所说乃以张载是否"有说"来做抉择,并将其与前说加以综合(如对理与气)。即使程颐批评吕大临以赤子之心的"中"为"大本"、为体是不合适的,但是他仍持己说,反复论辩,似无退却之

---

① 陈海红已经注意到这一点。参看其所著《吕大临理学思想研究》,浙江工商大学出版社2013年版,第69页。

意。吕大临对其师张载的崇敬以及对关学的持守，在他《与程伯淳书》中有鲜明的表白：

> 昔在京尝得走见，今兹累年忧病居家，久不治问。每闻动止，以慰瞻仰。比日时寒，伏惟奉亲养德，福禄宁止。某自闻横渠见诲，始有不敢自弃之心。乃知圣学虽微，道在有德。不能千里往见，有愧昔人，然求有余师，方惧不勉。但执事伯仲与横渠始倡此道，世俗讥讪，和者盖寡。虽自明之德，上达不已，而礼乐之文，尚有未进，学士大夫无所效法。道将兴欤，不应如是之晦，此有道者当任其责。尝侍横渠，每语及此，心实病之。盖欲见一执事，共图振起，不识执事以为然乎？未获侍坐，敢祈自爱以道。（《吕大临文集·文集佚存》）

信中明确表露"某自闻横渠见诲，始有不敢自弃之心"；程颢与师张载始倡道学，但因世俗之讥，却"和者盖寡"，表示自己愿与先生一起担当起振兴道学的责任。并再次提起，以往在侍横渠先生之时，每谈及复兴道学之事，总是心头之痛。并说明写此信的目的，是愿与先生"共图振起"道学，其对二位先生的崇敬之心溢于言表。从这个意义上说，牟宗三先生所谓"严格地说，与叔不能算是二程门人"①的说法确为的论。

从以上分析可得出如下的结论："三吕"在张载卒后改而师事二程，绝无背离关学改换门庭之意，实乃出于求师和推动道学的使命。在对待张、程等师之所授，"三吕"的情况有所不同，如吕大钧"信先生之学本末不可踰"，张载卒后更"益修明其学"，且"务为实践之学"；吕大忠"笃实而有光辉"，而在理论上则未进行深究；然立志于"修身好学""深淳近道"且"深潜缜密"的吕大临，则在"涵泳义理"的洛学氛围中采取了对关学的自觉坚守和对洛学的理性吸收，并将二者加以综合和创造，然而其对气论和以礼为教的坚守，对关学"天人合一""性与天道合一"以及"体用不二"的致思路向的坚守，可以说虽有洛学的影响，但绝无自觉或不自觉地让关学"洛学化"的企望和结果。

---

① 牟宗三：《心体与性体》（中），上海古籍出版社1999年版，第5页。

三、从范育、苏昞及后期诸张载弟子看关学的"洛学化"问题

张载卒后,其从学于二程的弟子除蓝田"三吕"之外,还有苏昞以及范育、游师雄。另有一些弟子如李复、张舜民、田腴、潘拯等,没有投入程门。讨论这些弟子后来的学术倾向,对于关学在后来的发展走向至关重要。

范育是先从张载后入程门的一位能善于独立思考且有见解的学生。他在入程门后仍能坚守张载学说,故程颐说他"闻而多碍者,先入也"(《二程粹言·圣贤》)。张载以气论"太虚"、统"有无"、一"体用",遂破佛老"空""无"之论。对他以"清虚一大"之"气"为本的思想,程颐曾有过诘难。据《伊洛渊源录》载:"渠初云'清虚一大',为伊川诘难,乃云'清兼浊,虚兼实,一兼二,大兼小'。渠本要说形而上,反成形而下,最是于此处不分明。"又说:"子厚以'清虚一大'名天道,是以器言,非形而上者。"认为"清虚一大"的太虚之气是形而下者,张载是在"形而上"的"道"之外另立"清虚一大"之"气",是错误的。对此,深得张载"气"之本旨的范育在《正蒙序》中对二程委婉地提出了反驳,说:"若'清虚一大'之语,适将取訾于末学,予则异焉。"并指出张载"此言与浮屠老子辩,夫岂好异乎哉?盖不得已也"。张、程"清虚一大"之辩,暴露出二者主"虚气"为本与主"理"为本的分野。显然,范育是维护张载关学的。在入程门十年后的元祐二年(1087),范育应苏昞之邀为张载《正蒙》写序,他竟然"泣血受书,三年不能为一辞"(范育《正蒙序》)。其序中称《正蒙》"有六经之所未载,圣人之所未言"(范育《正蒙序》)。说张载《正蒙》"本末上下贯乎一道",是言其体系性;对其过之则为"狂言",不及则为"卑说",谓其思想颇具中道的特性;又谓其有广泛的适应性,无论对于宇宙间"有形""无形""至动""至静"之物皆"无不包""无不尽""无大可过""无细可遗",称该书"言若是乎其极矣,道若是乎其至矣,圣人复起,无有间于斯文矣"。而这已是元祐五年(1090)即张载卒十三年后的话了。足见其服膺张载之心之敬了。

苏昞,《关学编》卷一称其"同邑人游师雄,师横渠张子最久",在张载卒后又与"三吕"皆东向从学二程,且"卒业于二程子"(范育《正蒙序》)。从其师张载"最久",后又同师二程并卒业于程门来看,苏昞和游

师雄是张载较早的弟子。张载把《正蒙》交由他"编次而序之",绝非随意而为,他也"自谓最知大旨"(《关学编》卷一)。今本《正蒙》析为十七篇,即苏昞所为。苏昞一生以处士著称,不求仕进,其学"德性纯茂,强学笃志",颇有张载遗风,故吕大临称其"为门人之秀,秦之贤士大夫亦多称之"(《代伯兄荐苏昞状》)。熙宁九年(1076),张载过洛阳,与二程子论学,他"录程、张三子语,题曰《洛阳议论》,朱文公表章之,行于世"。说明他深度参与了张、程的学术活动。

苏昞在从学二程期间,与程颐有多次讨论,其中一是关于未发与已发的讨论。苏昞认为喜怒哀乐之中为未发,而二程则认为:"求中于喜怒哀乐,却是已发。"因苏昞是"以'求'字为问,则求非思虑不可,此伊川所以力辨其差也"。意思是说,既然如果"求"中于喜怒哀乐之未发,已经是在思虑了,就不可能是未发而是已发了。所以程颐"力辨其差"。当苏昞再次追问"静坐时乃说未发之前"的问题时,程颐则没有正面回答,而以祭祀"前旒、黈纩"答之,意即说祭祀时,只是"恭敬之心,向于神明",这里尚"未有喜怒哀乐",所以"唤做已发,不得",他实际上肯定了苏昞的看法,以为静坐是心未发。对于苏昞尝谓自己"患思虑不定,或思一事未了,他事如麻又生",程颐则批评说"不可。此不诚之本也。须是事事能专一时,便好。不拘思虑与应事,皆要专一"。(《朱子语类》卷九六)认为这是不诚的表现,强调无论思虑或应事,都应该专一。这种思想上的交流是正常的,不过可以看出,苏昞在虚心学习的同时,又总是在独立思考,决不盲从。这里一点也看不出关学被洛学化的趋向。

至于苏昞的同邑人游师雄,则因"从之(张载)游,益得其奥,由是名振一时"。虽然他师事张载最久,也曾从二程学,但是后来基本是在事功上发展,故《宋元学案》说师雄之学,"以经世安攘为主,非琐琐章句,蒙瞳其精神,以自列于儒者之比也。故其志气豪迈,于事功多所建立"(卷三一《吕范诸儒学案》),游师雄发扬了关学力行实践、经世致用的传统,洛学"涵泳义理"之风对他的影响很小。

需要说明的是,在未入洛学的张载弟子中,李复、田腴、潘拯等则是能发展张载关学的重要传人。李复为张载晚年的弟子,为关内一代名儒。他留下一部著作《潏水集》,四库馆臣谓该书"在宋儒之中,可谓有体有用者矣"(《四库全书总目提要》卷一五五)。在思想上,他受到张载"气"

论的影响，以此论及宇宙本源的问题，如说"万物生芸芸，与吾本同气"（《滴水集·物吾》）等。《滴水集》卷三存《答张横渠》一文，记载他与张载探讨"宗子之法"之实，这与张载晚年授学重"礼"的倾向一致。而田腴则是被黄宗羲视为"盖其守关学之专"（《吕范诸儒学案》，《宋元学案》卷三一）的人。《宋元学案补遗·序录》也说："田诚伯守关学最专。"又，《伊洛渊源录·龟山志铭辩》云："子弟之于父兄，居则侍立，出则杖屦，服勤至死，心丧三年，若子贡、曾子之于仲尼，近世吕与叔、潘康仲之于张横渠是也。"足见其弟子对其师横渠的忠诚。惜其著作未能流传下来，不过吕本中《童蒙训》中记有个别的片段，从中可以看出，田腴为学一是学风笃实。从横渠学，"每三年治一经，学问贯通，当时无及之者"。二是不喜佛教，专事圣学。三是在方法上主张"博学而详说"，由博返约。经书子史，博学通览。这些都与张载学风相通。其弟子张舜民在张载卒后，曾"为之乞赠于朝"以为之谥。

此外，张载的关学弟子还有薛昌朝、邵清等人。他们多是由全祖望从散见的文献中"淘"出来的关学弟子。他们因未及程门，也没有关于接受洛学思想的记载，尚谈不上使关学"洛学化"的问题。但是可以看出，已及洛学之门的"三吕"及范育、苏昞、游师雄等尚未能使关学"洛学化"，这些未及洛学之门的弟子几与关学的"洛学化"无缘。

综上，所谓关学在张载卒后而发生"洛学化"的说法，是难以成立的。

朱熹"中和新说"与关学关系探微①

《中庸》最早提出"喜怒哀乐之未发,谓之中;发而皆中节,谓之和"的命题,这一命题在宋代理学中曾引起关于"未发"和"已发"与心之关系的热烈讨论,甚至延及明代。这场讨论最初虽然主要是在程、朱及与其友人、弟子之间展开的,但朱子在这一讨论中形成的所谓"中和新说",则与关学学者有较大的关联。吕大临在与程颐论"中"的讨论中直接启发了程颐,而程颐又影响了朱熹,尤其是影响到他的"中和新说"的形成。此后,朱熹在阐发张载的"心统性情"说时,又进一步发挥了"心分体用"以及"未发为心体、已发为心用"的思想。本文拟对这一过程做简要分析,试从一个侧面揭示程朱理学与关学的内在关联。

一

吕大临与程颐关于论"中"的讨论,《河南程氏粹言·论道》记录了其起因:

> 吕大临曰:"中者,道之所由出也。"子曰:"非也。"大临曰:"所谓道也,性也,中也,和也,名虽不同,混之则一欤?"子曰:"中即道也。汝以道出于中,是道之于中也,又为一物矣。在天曰命,在人曰性,循性曰道,各有当也。大本言其体,达道言其用,乌得混而一之乎?"大临曰:"中即性也。循性而行,无非道者。则由中而出,莫非道也。岂为性中又有中哉?"子曰:"性道可以合一而言,中不可并性而一。中也者,状性与道之言也。犹称天圆地方,而不可谓方圆即天地。方圆不可谓之天地,则万物非出于方圆矣。中不可谓之性,则道非出于中矣。中之为义,自过与不及而立名,而指中为性可乎?性不可声容而论也,

---

① 原文发表于《哲学研究》,2015 年第 12 期。

率性之谓道，则无不中也。故称中所以形容之也。"①

吕大临提出了"中者，道之所由出"的观点，意在表明"中"是道所以产生的根源。又说："所谓道也，性也，中也，和也，名虽不同，混之则一欤？"吕大临这一说法的根据是《中庸》"率性之谓道"一章，他认为"所谓道也，性也"，"中即性也"，道即性，亦即"中"。故他说："所以言道之所由出也，与'率性之谓道'之义同。"（《与吕大临论中书》，《吕大临文集》）这样，道、性、中、和"名虽不同，混之则一"，都是在本体论意义上说的。二程则不赞成这种说法，谓此"非也"。程颐认为"中"仅是道的表现，二者不处于同一层次，"性道可以合一而言，中不可并性而一"。在他看来，"中也者，状性与道之言也"，即中只是道、性的形容词，是描述道、性的，故可以说"中即道"，但不能说"道出于中"，更不可"指中为性"，否则会误认"中"为本体，从而混淆性、道与中的体用关系。由于对"中"的地位的理解不同，在进一步说明《中庸》所说"喜怒哀乐之未发，谓之中；发而皆中节，谓之和。中也者，天下之大本也；和也者，天下之达道也"这句话时，就产生了对"心""未发"与"已发"关系的不同理解。

吕大临在《与吕大临论中书》中说：

> 喜怒哀乐之未发，则赤子之心。当其未发，此心至虚，无所偏倚，故谓之中。此心应万物之变，无往而非中矣……故大人不失其赤子之心，乃所谓"允执其中"也。大临始者有见于此，便指此心名为中，故前言"中者道之所由出"也。今细思之，乃命名未当尔。此心之状，可以言中，未可指此心名之曰中。所谓以中形道，此意也。（《吕大临文集》②)

吕大临认为，"赤子之心"是"喜怒哀乐之未发"的状态，心"未发"

---

① 见《二程集》，中华书局1981年版，第1182—1183页。
② 此文所引《吕大临文集》，皆见于曹树明点校《蓝田吕氏集》，西北大学出版社2015年版。

则"至虚""无所偏倚",故为"中";"中"是道体,故"以中为大本";心之"未发"是指心之状态而言,此可言中,然心本身不可名为中。吕大临认为"中"是"喜怒哀乐之未发"时心的状态,并借用孟子之语称之为"赤子之心",联系到《尚书·大禹谟》的"允执其中",他进一步阐发了心、性、中、道为一的思想。而程颐则明显不赞同此说,他说:

> "喜怒哀乐之未发之谓中。"赤子之心,发而未远于中,若便谓之中,是不识大本也。(《与吕大临论中书》,《吕大临文集》)

> 赤子之心已发,发而去道未远也。圣人之心如明镜,如止水。(《与吕大临论中书》,《吕大临文集》)

> 赤子之心可谓之和,不可谓之中。(《与吕大临论中书》,《吕大临文集》)

程颐认为,赤子之心只能说是已发而非指未发,其发而未远离"中",但不可说赤子之心为"中";赤子之心是"喜怒哀乐之已发",是"和",不可谓之中。"赤子之心"与"圣人之心"不同,"圣人之心"是守其本体的,故"如明镜,如止水"。若以"赤子之心"为"中"、为"未发",则是"不识大本"。这一批评是相当严厉的。吕大临在得知程颐的批评之后,说了一段语重心长的话,他说:

> 此义(即以赤子之心为未发、为中——引者),大临昔者既闻先生君子之教,反求诸己,若有所自得,参之前言往行,将无所不合。由是而之焉,似得其所安,以是自信不疑,拳拳服膺,不敢失坠。今承教,乃云已失大本,茫然不知所向。窃恐辞命不明,言不逮意,致高明或未深喻,辄露所见,求益左右。卒为赐教,指其迷谬,幸甚。(《与吕大临论中书》,《吕大临文集》)

吕大临表白自己的观点是过去闻先生(指张载)之教,加之自己反复思考,将所"自得"再参考前言往行而形成的,故对此论一直"自信不疑，拳拳服膺"。今闻程颐师说此"已失大本"，遂觉"茫然不知所向"。但他仍以对其师的恭敬之心，极谦恭地称自己"辞命不明，言不逮意"，并谦虚地"求益左右"。不过他却仍以坚定的求真态度进一步阐发了自己的原则立场：

> 大临以赤子之心为未发，先生以赤子之心为已发。所谓大本之实，则先生与大临之言，未有异也。但解赤子之心一句不同尔。大临初谓赤子之心，止取纯一无伪，与圣人同。恐孟子之义亦然，更不曲折。一一较其同异，故指以为言，固未尝以已发不同处为大本也。先生谓凡言心者，皆指已发而言。然则未发之前，谓之无心可乎？① 窃谓未发之前，心体昭昭具在，已发乃心之用也。此所深疑未喻，又恐传言者失指，切望指教。（《与吕大临论中书》，《吕大临文集》）

吕大临指出，他与程颐的不同之处在于，自己"以赤子之心为未发"，而伊川则"以赤子之心为已发"，但从心之"大本之实"来说，都是或从体或从用讲心，二者无大异。然必须说明的是，"未发之前，心体昭昭具在，已发乃心之用也"，由此吕大临进而反问："先生谓凡言心者，皆指已发而言。然则未发之前，谓之无心可乎？"意思说，如果以赤子之心为"已发"，那么"未发之前"的心难道"无心"吗？在这里，吕大临提出了一个非常尖锐且有价值的论点，即心有体用之别，未发为心体，已发为心用。也许受吕大临的启示，程颐本人的思想后来发生了转变，说："心一也，有指体而言者，寂然不动是也。有指用而言者，感而遂通天下之故是也。"（《与吕大临论中书》，《吕大临文集》）显然，程颐后来事实上接受了吕大临的"心分体用"说，主张"未发"为心体，"已发"为心用。

程颐之后，杨时、胡宏十分重视关于心的未发与已发的讨论，只是二者多从工夫论的路向加以关注。杨时强调要体验"未发"，当他谈及《中庸》的"喜怒哀乐之未发谓之中，发而皆中节谓之和"时说："学者当于

---

① 此句，《吕大临文集》所记与《二程粹言》有异。《二程粹言·论道》作"然则夫子以赤子之心为已发者，而未发之时，谓之无心可乎"，不过其大意相同。

喜怒哀乐未发之际以心体之，则中之义自见，执而勿失，无人欲之私焉，发必中节矣。"（《答学者其一》，《龟山集》卷二一）强调对于"未发"要"以心体之"。而胡宏则强调要在"已发"上用功，主张"心无不在，本天道变化，为世俗酬酢"，心体活动没有一个限度，故在工夫上强调要"求放心"（《知言疑义》）。朱熹早年受到胡宏的影响，认为每个生命个体其心总不是寂然不动的，任何时候都是处于"已发"的状态，这样，"未发"就不是指一般的"心"，而是指"性"。他说："据其已发者，而指其未发者，则已发者人心，而凡未发者皆其性也。"（《答张钦夫》，《朱文公文集》卷三十）就是说，心是已发，而性是未发，此所表述的，是以性为体，以心为用的观点。这是朱熹于乾道二年（1166）37岁时在与张栻的讨论中确立起来的所谓"中和旧说"。显然此时朱子尚未注意到程颐在未发、已发与心之体用关系上的思想转变。

至乾道五年（己丑，1169）朱熹40岁时，他与蔡元定讲学论辩，言及未发、已发问题时"忽自疑"，对其早年"旧说"发生怀疑并有了新的了悟，于是思想发生了重大转变。朱熹回顾了这一思想转变的历程，说：

> 余早年从延平李先生学，受《中庸》之书，求喜怒哀乐未发之旨未达，而先生没……闻张钦夫得衡山胡氏学，则往从而问焉。钦夫告予以所闻，予亦未之省也。退而沉思，殆忘寝食。一日喟然叹曰："人自婴儿以至老死，虽其语默动静之不同，然其大体莫非已发，特其未发者为未尝发尔。"自此不复有疑，以为《中庸》之旨，果不外乎此矣……乾道己丑之春，为友人蔡季通言之，问辨之际，予忽自疑：斯理也，虽吾之所默识，然亦未有不可以告人者。今析之如此其纷纠而难明也，听之如此其冥迷而难喻也，意者乾坤易简之理，人心所同然者，殆不如是；而程子之言出其门人高弟之手，亦不应一切谬误，以至于此。然则予之所自信者，其无乃反自误乎？则复取程子之书，虚心平气而徐读之，未及数行，冻解冰释，然后知性情之本然，圣贤之微旨，其平正明白乃如此。而前日读之不详，妄生穿穴，凡所辛苦而仅得之者，适足

以自误而已。(《中和旧说序》,《朱文公文集》卷七五①)

朱熹说,自己先从其师李延平处读《中庸》,希望弄清喜怒哀乐未发之旨,但尚未达而其师先逝,后从张栻处知胡宏曾谈及此便往学焉。但是自己还是没有认真省思,因程子有"凡言心者,皆指已发"的说法,于是对性为未发,心为已发的说法不再怀疑,以为此即是《中庸》本旨。后到乾道五年(己丑,1169),他再与蔡元定论辩之时,受蔡氏的启示②,遂始怀疑原先的观点。于是再次取出程子之书平心静气地仔细阅读,终发现是自己原先理解有误,并对自己往日之误非常自责。朱熹又担心其说"为害之大",遂"又窃自惧",乃"亟以书报"张栻,张栻复信"深以为然",表示认同。继之他给张栻复信,进一步阐发了自己的心得,这就是乾道五年(1169)寄给张栻的《已发未发说》,其中说:

> 《中庸》未发已发之义,前次认得此心流行之体,又因程子'凡言之者,皆指已发'之云,遂目心为已发,而以性为未发之中,自以为安矣。比观程子《文集》《遗书》,见其所论多不符合,因再思之,乃知前日之说,虽于心性之实未始有差,而未发、已发命各未当,且于日用之际欠却本领一段工夫。盖所失者,不但文义之间而已……据此诸说,皆以思虑未萌、事物未至之时,为喜怒哀乐之未发。当此之时,即是心体流行,寂然不动之处。而天命之性,体段具焉。以其无过不及、不偏不倚,故谓之"中"。然已是就心体流行处见,故直谓之"性"则不可。吕博士论此大概得之。特以中是性,赤子之心即是未发,则大失之,故程子正之。(《朱文公文集》卷六七)

---

① 本文所引《朱文公文集》,皆引自朱杰人等整理《朱子全书》,上海古籍出版社、安徽教育出版社2002年版。
② 束景南《朱子年谱长编》按:"朱熹之悟中和新说,亦受蔡元定启发,《庆元党禁》:'熹尝讲《中庸》已发未发之旨,以为人自婴儿至老死,虽语默动静之不同,然大体莫非已发。元定不以为是,独引程氏说,以为"敬而无失,便是喜怒哀乐未发谓之中"。后十年,熹再与元定辨论,始悟其说而释反之,由是益奇元定。'云后十年,乃非。"(华东师范大学出版社2001年版,第407页。)

> 向来讲论思索，直以心为已发，而所论致知格物，亦以察识端倪为初下手处，以故缺却平日涵养一段功夫。……程子所谓"凡言心者，皆指已发而言"，此却指心体流行而言，非谓事物思虑之交也。然与《中庸》本文不合，故为以未当而复正之，固不可执其已改之言而尽疑论说之误，又不可遂以为当而不究其所指之殊也。（《朱文公文集》卷六七）

朱熹在信中表露了自己的心路历程，即最初对程子所说"心皆指已发"的观点，"自以为安"；当进而再读程子有关著作时，发现其所论前后多有不合，也与《中庸》"本文不合"。再加思考，发现往日之说"未发、已发命各未当"，由于原先多是从心之"已发"出发，故所论格物致知，多是以"察识端倪"的工夫为下手处，而"缺却平日涵养一段功夫"，即在工夫论上虽能注意在"已发"上用功，却忽视"未发"时的涵养，有失于偏。他特别指出"吕博士论此大概得之"，即承认吕大临对此颇有心得，曾赞扬说："吕氏'未发之前，心体昭昭具在'说得亦好。"（《朱子语类》卷六二）当有人问及"吕与叔云：'未发之前，心体昭昭具在；已发乃心之用。'南轩辨昭昭为已发，恐太过否"的问题时，朱熹明确说："这辨得亦没意思。敬夫（张南轩）太聪明，看道理不子细。伊川所谓'凡言心者，皆指已发而言'，吕氏只是辨此一句。"朱熹进而指出，程颐所说"凡言心者，皆指已发而言"，"此语固未当。心一也，有指体而言者，'寂然不动'是也；有指用而言者，'感而遂通'是也"（同上注）。他不仅肯定了吕大临的说法，而且明确将其思想概括为心一也，有指体而言者，有指用而言者。不过他亦如程子，认为大临"以中为性""赤子之心即是未发"是"大失之"。在他看来，"中"只是"所以状性之体段"，即表征心未发的状态，而其本身并非指性，所以程子才予以"正之"。从其心路历程看，朱子虽不赞成吕大临以中为性的观点，却肯定了吕大临关于心有未发、已发的思想对程子的影响。他说："昭昭然者属性；未发理具，已发理应，则属心；动发则情……吕云：'未发时心体昭昭。'程云：'有指体而言者，有指用而言者。'"（《朱子语类》卷五）只是出于维护程子地位的需要，他强调在方法上不能抓住程子已改正的说法而怀疑其他所论，也不要抓住他改正处之"当"而忽略其具体之所指。

以未发为心体,已发为心用,这就是朱子的"己丑之悟",史称"中和新说"。由于朱子接受了心有体有用的观点,由此确立了自己生平学问之大旨,此即"涵养须是敬,进学则在致知"(《已发未发说》,《朱文公文集》卷六七),于是乎其人生修养论有了全新的表述,即既讲主敬涵养,又讲格物致知。①朱熹后来对心分体用之说不但有明确认识而且坚定持守,如说:"只是这个心自有那未发时节,自有那已发时节。谓如此事未萌于思虑要做时,便须是中是体。及发于思了,如此做而得其当时,便是和是用,只管夹杂相滚。若以为截然有一时是未发时,一时是已发时,亦不成道理。"(《朱子语类》卷六二)即认为在心"思虑未萌"时,情未发,即为"心体";思虑已萌时,情既发,此为"心用"。强调不能把心之未发、已发"截然"分开。

二

重要的是,朱熹在阐发张载的"心统性情"说时,进一步发挥了心有未发、已发的思想,一方面使心有体有用的思想更为明晰,另一方面也以此澄清了心性论中诸多概念之间的关系。

首先,朱子对张载的"心统性情"从"中和新说"的角度做了充分的肯定。朱熹说:"横渠'心统性情'一句乃不易之论。孟子说心许多,皆未似此语端的。"(《朱子语类》卷一〇〇)又说:"心统性情,二程却无一句似此切。"(《朱子语类》卷九八)并赞扬"心统性情,语最精密"(江永《近思录集注》卷一引)。他所以如此肯定和称赞"心统性情"的说法,在于他认为此说揭示了心有体有用的观点。他说:

> "心统性情。"性情皆因心而后见。心是体,发于外谓之用。孟子曰:"仁,人心也。"又曰:"恻隐之心。"性情上都下个"心"字。"仁人心也",是说体;"恻隐之心",是说用。必有体而后有用,可见"心统性情"之义。

---

① 参阅陈来《宋明理学》,辽宁教育出版社1991年版,第172页。

意思是说，"心统性情"一说，强调了心、性、情的统一，仁之性是心体，发之于外表现出的"恻隐"之情则是心之用，而"必有体而后有用"，这正是"心统性情"所揭示的深义。他进而在分析孟子所说"仁义之心"与"恻隐之心，羞恶之心"的关系时说，"仁义自是性"，"恻隐、羞恶自是情"，这二者皆由心统摄之，故他称赞说："盖性即心之理，情即性之用。今先说一个心，便教人识得个情性底总脑，教人知得个道理存着处。若先说性，却似性中别有一个心。横渠'心统性情'语极好。"（《朱子语类》卷五）

其次，朱子对张载"心统性情"从心之体用关系上做了进一步的解释与发挥。他在给弟子解释张载的"心统性情"时，很自觉地引程颐的"心一也，有指体而言者，有指用而言者"来说明，并强调"伊川此语，与横渠'心统性情'相似"（《朱子语类》卷九五）。《朱子语类》卷九八又谓：

> 先生取《近思录》，指横渠"心统性情"之语以示学者。力行问曰："心之未发，则属乎性；既发，则情也。"曰："是此意。"因再指伊川之言曰："心一也，有指体而言者，有指用而言者。"

> 问"心统性情"。曰："性者，理也。性是体，情是用。性情皆出于心，故心能统之。"

这里，朱子非常鲜明地以性体情用、性情皆统一于心的关系来解释张载的"心统性情"。在他看来，"心统性情"揭橥了心、性、情之间的体用关系。其"心统性情"含义有二：一是"心兼性情"。朱子说："心统性情，统，犹兼也。"（同上注，卷九八）"性、情字皆从'心'，所以说'心统性情'。心兼体用而言。性是心之理，情是心之用。"（同上注，卷五）即性是体，情是用，心则兼体用而言。二是"心主性情"，亦即心统摄、主宰性情。朱子说："性者，理也。性是体，情是用，性情皆出于心，故心能统之。统，如统兵之'统'，言有以主之也。"（同上注，卷九八）又说："性以理言，情乃发用处，心即管摄性情者也。"（同上注，卷五）"统，主宰之谓。性者，心之理；情者，心之用。心者，性情之主也。"（《近思录》）总之，朱子对心、性、情之间的体用、动静、未发已发等关系做了明白的表述。在他看来，性是体，情是用，性为"未发"，情为"已发"。由此，作为统摄性情的"心"也有体有用，亦即未发为性，指心体而言；心已发为情，指心用而言。

再次，朱子以"中和新说"释张载"心统性情"，其学术大旨有了全新的面貌，许多心性论概念之间的复杂、模糊关系也得到了明晰的说明。《朱子语类》卷五谓：

> 旧看五峰说，只将心对性说，一个情字都无下落。后来看横渠"心统性情"之说，乃知此话有大功，始寻得个"情"字着落，与孟子说一般。孟子言："恻隐之心，仁之端也。"仁，性也；恻隐，情也，此是情上见得心。又曰"仁义礼智根于心"，此是性上见得心。盖心便是包得那性情，性是体，情是用。

朱熹思想受到过胡宏的较大影响，他再看胡宏关于心性的说法，发现胡氏只是以"心"对"性"而言，未及"情"字。后来仔细体会张载"心统性情"之说，"乃知此话有大功"，即"情"有了"着落"，因为"心便是包得那性情，性是体，情是用"，心、性、情之间的关系一下子豁然开朗。故当有人"问性、情、心、仁"的关系时，朱熹脱口而出："横渠说得最好，言：'心统性情者也。'"（《朱子语类》卷五）为了更形象地说清楚性、情、心、仁之间的关系，朱熹又以张载的"心统性情"并结合未发、已发，辅之以生动的比喻来说明，他说："性是未动，情是已动，心包得已动未动。盖心之未动则为性，已动则为情，所谓'心统性情'也。欲是情发出来底。心如水，性犹水之静，情则水之流，欲则水之波澜，但波澜有好底，有不好底。"（同上注）不过，他讲到心之体用时，还特别强调在方法上不能过分死板，二者也是相对而言的，他说："'心统性情'，故言心之体用，尝跨过两头未发、已发处说。仁之得名，只专在未发上。恻隐便是已发，却是相对言之。"（同上注）

总之，可以看出，朱子对张载"心统性情"说的肯定和发挥，使之所主"中和新说"的立场更加坚定、观点更为鲜明。由此，他在工夫论上就"既涵养，又省察，无时不涵养省察"，其学术大旨更为明晰。

三

从朱子"中和旧说"至"中和新说"的转变过程来看，朱熹先是对程子的"凡言心者，皆指已发"之说深信不疑，且"自以为安矣"；后于乾道己丑（1169）之年，在与蔡元定论辨之时，受蔡氏的启示①，对先前"旧说"产生了怀疑。关于受蔡氏影响的情况，《庆元党禁》有一个记载："熹尝讲《中庸》已发未发之旨，以为人自婴儿至老死，虽语默动静之不同，然大体莫非已发。元定不以为是，独引程氏说，以为'敬而无失，便是喜怒哀乐未发谓之中'。"后"熹再与元定辩论，始悟其说而悉反之，由是益奇元定"。不过，蔡氏乃告之其受程颐的启示，于是朱熹方再"虚心平气"地去读程子的《文集》《遗书》，发现程子所说原已将心分体用而言，以未发为心之体。认为自己以往只讲"已发"，在工夫论上虽然能注意到在"已发"工夫上用功，却忽视未发时的涵养。由此他接受了程子的未发是心体、已发是心用的观点。但是，问题的关键在于，二程并不是一下子达到这一高度的，他曾与关学学者吕大临进行过论"中"的讨论，因受到吕大临"先生谓凡言心者，皆指已发而言。然则未发之前，谓之无心可乎"（《与吕大临论中书》，《吕大临文集》）疑问的启示，最终发生了这一思想的转变。这一点，朱熹是清楚的，如他所说"吕博士论此大概得之"。朱熹显然是在重温程颐著作时，方悟得"前日之说，虽于心性之实未始有差，而未发、已发命各未当"，从而完成了从"中和旧说"到"中和新说"的转变。此后，朱子在对张载"心统性情"说的阐发过程中，发现张载其实早已注意到性体而情用，心统摄性情这一点，从而更坚定了其心分体用的理论立场。可见，朱熹"中和新说"的形成，与关学学者的探讨有着密切而内在的思想关联。

---

① 束景南："朱熹之悟中和新说，亦受蔡元定启发。"（束景南：《朱熹年谱长编》卷上，华东师范大学出版社 2001 年版，第 407 页。）

吕柟的经学思想及其关学精神[1]

吕柟，字仲木，号泾野，陕西高陵人，生于明成化十五年（1479），卒于嘉靖二十一年（1542），是明代中期关学的代表学人之一，史称"关中之学自横渠张子后，惟先生为集大成"（《关学编》卷四）。

吕柟早年问学于渭南薛敬之，始得周、程、张、朱之理学正传。薛敬之受业于秦州周蕙（号小泉），而周小泉又曾听学于兰州段坚，段坚私淑河东薛瑄，并直接受学于薛瑄门人阎禹锡，故《四库全书总目提要》卷一七六称："柟之学出薛敬之，敬之之学出于薛瑄，授受有源，故大旨不失醇正。"吕柟一生亦官亦学，尤勤于讲学。在第一次引退之后，他即在家乡营造了东郭别墅，每日聚徒讲学其间，四方学者慕名云集而来者众。后因别墅不能容纳，旋即筑东林书屋，讲学的规模和影响愈来愈大。史称"时先生讲席，几与阳明氏中分其盛，一时笃行自好之士，多出先生之门"（《明儒学案·师说》）。在贬为解州判官期间曾于当地建解梁书院，为政之余即致力于讲学。在南都任职的九年中，吕柟与当时著名的学者进行了广泛而频繁的学术交往和论辩，其《泾野子内篇》中的《柳湾精舍语》《鹫峰东所语》等，都是这一时期讲学的记录。在致仕回归至逝世的四年中，他仍孜孜讲学于北泉精舍。他是阳明心学尚在上升时期能恪守程朱、融通关闽的学者之一。

吕柟为学，重于经学，故时陕西学政杨一清称赞"马生（理）、吕生（柟）之经学，皆天下士也"（《明史》卷二八二）。其一生著述甚丰，而相当部分是经学方面的。据张骥《关学宗传》和冯从吾《关学编》载，其经学著作有《周易说翼》《尚书说要》《毛诗说序》《春秋说志》《礼问》及《四书因问》等。前五种诸经说，早在明嘉靖三十二年（1553）谢少南即

---

[1] 原文载《唐都学刊》，2016年9月第5期。

已汇集成《泾野先生五经说》梓行①。吕柟对经典的诠释，与他的理学思想相联系，既重视朱子的格物穷理，又强调张载的躬行践履，而"其践履最为笃实"（《四库全书总目提要》卷九三）。在他的经学思想中，既表现出融通关、闽之学的特征，又体现出鲜明的关学精神。但是，由于吕柟非专门的经学家，所以其经注既有其自身特点，也不可避免有其致命的弱点。

一、吕柟的经学思想

其一，重视经学，以为"经学是士子之堤坊"。重视经学本是张载关学的一个重要特征。张载对读书的重要性和意义有许多论述，但他并不认为读书就是毫无目的的泛观博览，他对读什么书、如何读书是有明确指向的。张载曾说："若史书历过，见得无可取则可放下。""《文集》《文选》之类，看得数篇无所取，便可放下，如道藏、释典，不看亦无害。"（《经学理窟·义理》）即认为史书、文集、文选之类用处不大，可以少看，而佛道典籍则全无是处。"唯六经则须着循环，能使昼夜不息"，学者应当将精力集中于《诗》《书》《礼》《易》《春秋》，"少一不得"（同上），而且要反反复复地看，当然，对《论语》《孟子》这些了解圣人之学的最切要之书，更要涵泳。张载对经学的重视，如同他"以礼为教"一样，也深深影响了后来的关学学者。从明初的张杰到三原学派的王恕、王承裕父子，从吕柟、马理、韩邦奇、杨爵到晚明蓝田的王之士，都无不重视经学的学习并有相关的研究著作。而吕柟则对经学更为重视，他说："经书是平天下梁肉，未有舍经而能致治者。"并对于后世舍经而偏用法律的做法提出异议，说这是"失开设学校之初意也"（《柳湾精舍语》，《泾野子内篇》卷七）。吕柟所说的经书，既包括《五经》，也包括《四书》，他认为二者无高下之别，都同等重要，都是治疗社会之病的"药石"、纠正士风的良药。他说："士习易于趋卑，犹水之易于就下，何也？盖各就其性之所近，以为所好而进耳。

---

① 关于《泾野先生五经说》，《四库全书》文渊阁本未见著录。今齐鲁书社出版的《四库存目丛书》著录有：《周易说翼》三卷，《尚书说要》五卷，《毛诗说序》六卷，《春秋说志》五卷，《礼问》二卷，总计二十一卷。此皆据明嘉靖三十二年（1553）谢少南刻本影印。清道光丙午（1846）年，李锡龄（？—约1849）又搜集五经说，编入《惜阴轩丛书续编》中，亦为二十一卷，乃据明关中正学书院本翻刻，版藏宏道书院。此版最初来源，仍为嘉靖三十二年（1553）谢少南刻本。

是故高者耽玄，卑者溺俗，治词者忘物，荣名者废实，喻利者损义。此五者，多士之病也。其药石皆具于六经。是故经学者，士子之堤坊也。"（《赠张惟静提学序》，《泾野先生文集》卷七）他指出"士之病"者五：不从实际出发的"耽玄"者，极力媚俗者，沉溺于辞章的"忘物"者，图虚荣的"废实"者，求一己之私的损伤道义者。而治疗士之疾的药石"皆具于六经"，由此他提出经学乃"士子之堤坊"的思想，足见其对经学关于致治、关于人修身的重要性有足够的认识。张载特别强调，政事与学术不可分而为二，吕柟也是如此，他主张治经必须与纠正现实士风结合，强调与"致治"结合，此正体现了关学的传统精神。

其二，"治经"之关键在于"求道""治身"。吕柟重提"经明则行修，士醇则政良"的古训，目的是要纠正时儒治经往往脱离修身而喜发新奇议论之浮虚。当有学生问及何以要治《六经》时，他说："此皆圣贤精义妙道所在，学者非徒以资辩博也。"主张治经在于领悟圣贤于六经中所寄意的"精义妙道"，不能仅仅将其视为"辩博"的工具。在他看来，即如孔子之道，也不是讲那些"异说奇行"，而是"斟酌二帝三王之道，以为人伦日用之常耳"（《陕西乡试录后序》，《泾野先生文集》卷二），即都是讲切近于社会人事的道理，其中《礼》是最切于日用伦常的，《易》则专言正心、修身、齐家、治国的道理，而非后世所说的卜筮之学，因为"《易》之理只是变易以生物，故君子变易以生民"（《泾野子内篇》卷一三）。至于《春秋》所记录的日食、雨雹、水旱、霜雪等，也都是为了说明人世间的道理，而不是纯粹在讲天地变化，所谓"言人即言天也，言天即言人也"（《泾野子内篇》卷三），离开人事而求之于渺茫的天道、鬼神，并不是圣人的本意。重要的在于，他认为，"六经尽时务也"，即六经不是脱离现实的空言，而是可以为社会现实服务的。而今之那些"不知时务而好谈经者"，不过是一些不切实用的"腐儒"而已。（《云槐精舍语》，《泾野子内篇》卷一）强调读经者要依此为准的，"议论是非，关系政体"（《太学语》，《泾野子内篇》卷二三）。懂得了这一点，人们就不敢轻视经书乃至背叛经书。总之，读经者应"以明经为重""以守经为贵"（《送费振伯语》，《泾野先生文集》卷三三）。

读经不仅要结合时务，切于人伦日用，还要与"治身"相结合。他说："今人读经书，徒用以取科举，不肯用以治身，即如读医书，尚且用以治身，今读经书反不若也。"(《鹫峰东所语》，《泾野子内篇》卷八）不能仅以读经为换取科举的敲门砖，而应该用以"治身"，与自己的身心修养相结合。张载曾主张，相较于其他"治物"来说，"治身当在先"(《经学理窟·学大原》），吕柟显然也贯穿了这一精神。他也强调"治身"的重要，并认为"治身"的关键在于学求仁的工夫，他特别注重"克己"与"孝弟"等日常道德伦理实践，说："学者切要工夫只在克己。克己之要，须自家密察此心，一有偏处即力制之，务有以通天下之志。故曰'一日克己复礼，天下归仁'。"(《鹫峰东所语》，《泾野子内篇》卷十）这与张载所说的"克己要当以理义战退私己""变化气质"思想相通。

其三，强调治经的目的在于"力行"。他主张讲经只有做到"逐渐讲明逐渐去行始得"，不可能等到五经四书"尽博学了而后行之"。对于经书义理的实行，其实每个人经过努力都能做到，关键在于是否真的用力。所以他说："我未见力不足者，只看人用力不用力耳。"他对于"只论心论性"而"不论行"者持批评的态度，如认为陆象山所说"六经皆我注脚"这等议论，虽然"尽是高明"，"但却未曾如此行耳"。(《鹫峰东所语》，《泾野子内篇》卷一五）由此，他本人治经讲学的一个重要特点，就是不尚章句，尝采取以自己的实际体会和生活经验，采取"开示"的方式，力求"证诸躬行，见诸实事"，如他讲到《论语》"八佾舞于庭"章时，就指在座门人衣服华靡者，说"此便是僭之类"，这样讲"皆开示亲切。不徒为训诂空谈"。(《四库全书总目提要》卷三六）在他看来，义理的探究不比力行更具优先性，关键是要体认躬行，见诸实践，这样就不能仅以读了多少书为标准，而要"以砥行为先"，故冯从吾说，吕柟"重躬行，不事口耳"(《关学编》卷四）。所以黄宗羲说："先生之学，以格物为穷理，及先知而后行，皆是儒生所习闻。而先生所谓穷理，不是泛常不切于身，只在语默作止处验之；所谓知者，即从闻见之知，以通德性之知，但事事不放过耳。"(《河东学案下》，《明儒学案》卷八）"在语默作止处验之""事事不放过"，正说明他是以于日用伦常中体验和力行为重的。在吕柟看来，读经与习行如同车之两轮、鸟之双翼，是相互作用、相辅相成的，他指出："看经要体认玩索，得之于心，见之于行才是。若只读了，却是记诵之学，虽多亦奚以为！"(《泾野子内篇》卷二七）

其四，"治经"一定要"求之于心而放之于行"。针对当时学者读经或用来获取科举功名，或议论经书的不是而另创新奇之说等，他认为这都是不肯按经书所言之理去修身、去实践。吕柟指出当时种种"乱经"的表现："今之乱经者又多矣。以权者假，以术者贼，以功利者叛，以辞赋者荒，以章句者支，以记诵者浅，以静虚者玄，以俗者卑，以名者袭，故治经求之于心而放之于行者鲜矣。"（《送崔开州序》，《泾野先生文集》卷二）即认为以权、术、功利、辞赋、章句等态度和做法去治经，就可能出现虚假、戕害、背叛、荒芜、支离、浅薄、玄虚、卑俗、因袭等"乱经"现象，从而违背或影响对经义的准确把握。所以他提出治经的关键是既要"求之于心"，即不受权力、功利等世俗观念的影响，而能独立思考，尽力阐发自己对经义的理解，又要"放之于行"，即要使对经义的理解与个人的修身践履、生活实践相结合，不可空谈，要通过自己的身心体验，去真切地把握经的内在意蕴，而不必拘泥于具体事件，这在他所著《五经说》中也能看得出来。吕柟说："且学圣人，须师其意，不必泥其迹。"（《泾野子内篇》卷一九）同时，他特别强调读经要"体认玩索得之于心"，即不能仅限于"记诵之学"，如果只是读了、记了，而不能验之于心，"虽多亦奚以为"；而"玩索体验"，就要做到"心之所存、言之所发、身之所行也"（《礼部北所语》，《泾野子内篇》卷二七），即心之存、言之发、身之行要统一起来，而以存心更为重要。所以他进一步说："君子习文不如习行，习行不如习心，习心以忠信，而文行在其中矣。"（《云槐精舍语》，《泾野子内篇》卷一）

其五，要对读经有正确的态度和方法。吕柟反对那种"专务于高谈"而不认真读经书者，并诲之以"读五经"。当时陕西有位喜好高谈阔论的秀才，把读经书仅视为"记诵之学"，认为不值得效法。吕柟批评了这种说法，指出"心存方能记得与圣贤通"，即只有熟记了才有可能与圣贤通。所以他说："横渠亦曰：'五经须常放在面前，每年温诵一遍，况学者乎！'"（《柳湾精舍语》，《泾野子内篇》卷七）即对经书只有温故方可知新。在读经的选取上，吕柟主张"读经者不可不读《十三经注疏》，其书皆汉儒所作，其源流皆自孔门传授"。在他看来，其书所载皆先儒所说的话，且"去古未远，渊源传授多从圣门来者"。当然，五经四书是不可少的。除此之外，其他诸子如"周程张朱四子俱不可不看"，因为在他看来，"经书之后，舍数子将谁与归？"（《太学语》，《泾野子内篇》卷二三）显然他把周程张朱之学视为学习六经之阶梯。在读经的方法上，他主张一方面，读经要"心有主"，所谓"心有主"就是要做到"心与理一"，这样则"客邪不能入"，即心中有正道正理，错误的东西就不可能侵入。否则，如果"心无主"则会"客邪交侮"。要做到"心与理一"就要"心好义理"，否则即使你读《六经》《四书》再多，也"不能入胸中矣"。（《东林书屋语》，《泾野子内篇》卷三）强调"心有主"是读经首先要坚持的态度。另一方面，也要辩证地对待经典。如同张载一样，他也认为在所有的典籍中，"经"是最为重要的，不过他认为经书不可不信，亦不可尽信，他说："学者只当信经史，则不可尽信。"例如，《诗经》中的"变风变雅"之类，就不可尽信，这些之所以存之于经中，是因为"圣人存之以为后戒耳"（《礼部北所语》，《泾野子内篇》卷二七）。同时，他也认为明经、守经并不意味着要固守经说不变，或者不用读其他的书了，而是主张"博取之功亦不可缺"，"与比之义亦不可废"，即要博学多闻和懂得变通。

二、吕柟治经特点试析

吕柟治经学，既有其与关学精神相关联的一些突出特点，也有其明显的不足。概括地说：

其一，重义理阐发而不重训诂。所著《五经说》基本上是吕柟与门人"论书之说"，其特点在于注重阐发义理而不看重训诂。如四库馆臣谓柟之《周易说翼》"专主义理，不及象数"（《四库全书总目提要》卷七），《续文献通考》引杨时乔的话说，时当阳明心学盛行之时，柟宗程朱，欲"辨之不能胜，乃一著诸经"，其说易的方法则是"于易理与象数兼收"，其论《系辞》则"于象理时事相合者论注之"（《经籍考》，卷一四四），大体而言其重义理阐发而不太重训诂。所著《尚书说要》其内容是与"门人论书之说，诠次成帙"，其所说与时论间有出入。由于他不重名物训诂，尝以"推寻文句"的方式解经，故"虽间有阐发"，然不免暴露出"以私意揣摩"之嫌，其解释亦不免有"臆度之辞"之弊，这一点尝为四库馆臣所诟病。（参见《四库全书总目提要》卷一三）在《毛诗说序》中，"其名物训诂，亦皆弗详"，其说解多"标举大意"，其目的仅止于"疏通毛义"，而对于历史上诸多注疏之异同，则"皆不置辩"，故其"疏解未免太略"（《四库全书总目提要》卷一七）。至于《春秋说志》，四库馆臣认为与其他书"率笃实近理"的特点不同，该书则尝"务为新说苛论"，其间尝"假他事以发之，而所书之本事，反置不论"，故有"褒贬迂刻，不近情理"之嫌。可见，吕柟的经说有得有失，然相较于专精的经学注疏，作为一位亦官亦学者的经学说解，窃意以为不可苛求。

吕柟之所以不重"训诂"，非惟其学养工夫所致，也许更多地与他对训诂的认识有关。他尝视"训诂""诗赋"之学为"异端"。他说，汉文景之时，尽管其"治术不一"，但"天下称治"，而武帝用董仲舒"表章六经"之策，虽思想统一，但海内却"不免虚耗"。至唐宋诸朝，又多不及文景之时，其原因不在于孔子之道，而在于"异端"作祟。何为异端？他认为，黄老、佛教、训诂、诗赋是也，而其中"训诂"和"诗赋"其危害则更大更重。他说："故论异端于汉、宋，黄老为小，训诂为大；异端于晋、宋、齐、梁、陈、隋、唐，佛为轻，诗赋为重。"即认为在历史上对于孔子之道、经学之术的危害，汉宋时，"训诂"之学远大于黄老之学；晋以下迄隋唐，"诗赋"的危害又远甚于佛教。他对训诂和诗赋持如此激烈的看法，这对于其经说经注发生了深刻的影响，这样，上述四库馆臣所指出的"私意揣摩""臆度之辞""疏解太略"等不够严谨的情况也就必不可免。因他对"诗赋"亦持如此激烈的批评态度，所以其《文集》中没有诗集，也就可得到合理的解释了。

其二，注重"证诸躬行，见诸实事"的"开示"方式。在有些情况下，吕柟之说经尝能因循古义，文中常引"郑注""孔疏"，以为辩述。所著《礼问》一书，其内容是"杂论冠昏丧祭之礼，皆与门人问答之辞"，其中有些解释"持择颇为有见"，然亦有诸多纰漏，总体上说该书"多循旧义，少所阐发"（《四库全书总目提要》卷二五）。《四书因问》，是记吕柟门人"质问《四书》之语"。该书的特点是"多因《四书》之义，推而证诸躬行，见诸实事"，四库馆臣认为其所言"皆开示亲切，不徒为训诂空谈"（《四库全书总目提要》卷三六），即其解经讲经，多因袭《四书》本义，不多阐发，故在讲论时尝引证实事，证诸切身躬行之体验，这种方式，虽开示亲切，但其学理根据则换之薄弱。虽然在四库馆臣看来，书中有诸多纰漏不当之处，但客观地说，不宜将其与那些专精学问的经学家一样去苛求。其经说之价值也是应该肯定的。《方山先生文录》卷十四则对其诸经说有很高的评价，谓吕柟所著诸经说，"皆仁义之精华，孔颜之正脉，有非迁、固以来文人词客所能与者"（明嘉靖东吴书林刻本），《西园闻见录》卷七亦称其"足以发前圣之奥旨，正后贤之偏识，指来学之迷途。若斯人者谓不有功于圣门可乎"（民国哈佛燕京学社印本），这或许有溢美之嫌，但不能因其经注有瑕疵而否定其经学的价值。

总体上说，吕柟的经学在明代中叶代表了一个不同于阳明心学的独特方向，即恪守程朱的方向。故史称"时天下言学者，不归王守仁，则归湛若水，独守程、朱不变者，惟柟与罗钦顺云"（《明史·吕柟传》）。但是相较于程朱之经说经注，吕柟的经学还是显得粗疏一些。不过，在心学盛行的情况下，吕柟对传统经学的坚守，使其仍不失为一位有特色的经学家。他在经注中以"求道"为目标，以"力行"为归宿，重视实践而反对空谈，以及对修身的关注，都表现出鲜明的关学特色。故冯从吾谓："关中之学自横渠张子后，惟先生为集大成云。"（《泾野吕先生》，《关学编》卷四）

敦本尚实，学贵自得——冯从吾的关学学风①

冯从吾，字仲好，号少墟，西安府长安（今陕西西安）人。生于明嘉靖三十六年（1557），卒于明熹宗天启七年（1627），为关学在明代重要传人。万历己丑进士，改庶吉士，后改御史。又起工部尚书，不久以疾辞。阉党败后，诏复官，易名恭定。一生多事讲学，曾在长安创办关中书院，又在京城创办首善书院，"一意探讨学术源流异同"（王心敬《关学续编·少墟冯先生传》），其学时"与邹元标、高攀龙鼎足相映"（《少墟先生行实》，《冯少墟续集》卷五），世推"南邹北冯"。同时又是被誉为"与张横渠、吕泾野鼎足关西"的学者（陈继儒《冯少墟先生集叙》），甚至有学者认为他与王阳明"先后相望，而并为明儒宗""薄海内外，诵法孔氏者之指南也。"（韩梅《池阳语录·序》）。这些说法或有溢美过当之处，但仍可窥见冯从吾在当时之影响与学术地位。著有《疑思录》《辨学录》《订士编》《善利图》《关学编》等，后人编为《冯少墟集》二十二卷。另有《续集》五卷，与前合编为《冯恭定公全书》。②

关学自张载于北宋初始创，后因朱子学兴起，迄南宋及金元日趋消沉，然至明代，因有吕泾野（柟）诸君重振之功，关学遂有勃兴，至晚明由冯从吾总其成，冯从吾遂为泾野之后关中之第一人。李二曲说："关学一派，张子开先，泾野接武，至先生（少墟）而集其成，宗风赖以大振。"（《答董郡伯》，《二曲集》卷一七）故研究明代关学，冯从吾之思想是不能绕过的。然"以礼教为本"和崇尚气学的张载关学，其学脉在张载卒后则几经变化，先有诸吕卒业于二程门下，后"关中人士"亦"多及程子之门"；继有朱子学之北传，北方有许鲁斋衍朱子之绪，关中学人如高陵诸儒"与

---

① 原文载《中国哲学史》，2002年第3期。原题为《冯从吾与关学学风》，本次收录有改动。

② 本文所引《冯少墟集》（与《续集》合编，名《冯恭定公全书》），为康熙癸丑年（1673）重刻本，有洪琮序。冯从吾的著作，据《四库全书总目提要》著录，另有《元儒考略》，是集未载。

相唱和，皆朱子学也"；至明代，阳明学崛起东南，渭南南元善传其说，此为关中有王学之始。经数十年之传播，"王学特盛"，如吕泾野从学于湛甘泉，切琢于王门弟子邹东廓（守益），足见关中士人多向心学。冯从吾受学于许浮远（敬庵），受其影响既主"格物"，又信"良知"，遂能"统程、朱、陆、王而一之"（以上见《柏景伟小识》，载《关学续编》），走出自己的学术之路。黄宗羲将冯列于"甘泉学案"，但由张载所开躬行实践、崇尚气节的关学宗风则在冯从吾身上有着深刻的印迹。冯从吾所面对的是晚明王学空疏学风日渐泛滥的学术局面，遂能以救时弊为己任，且形成自己独立的学术风格，并开明末西部学术向实学转向之先。

本文所指学风乃广义的学风，既关涉冯从吾新的问题意识和学术方向、学术精神的转向，亦涉及其形之于外的为学态度、精神气质和人格境界以及当时学坛的风气。① 冯从吾之学风，概言之，即主张敦本尚实、崇真尚简，反对追末务虚、饰伪空谈；主张崇正辟邪，力斥异端邪说；主张学术有"主"，贵有"自得"，反对支离与空泛；尚不苟之节操，重躬行之实践，等等。试分述之。

一、"敦本尚实"，斥浮虚以倡实学

明代中叶，心学极盛。然言心学者，浙东一系，以王龙溪为代表，倡先天正心说，力阐良知现成，因其重本体而略工夫，遂渐蹈于"猖狂无忌惮"之浮虚一偏；江右一系，以邹守益、罗洪先等为代表，纠正龙溪之偏，主体用不二，遂以归寂主静之修养功夫补其说。至晚明，王学末流直向猖狂无忌惮一路发展，使朱子格物穷理之学日渐遮蔽。于是有顾宪成、高攀龙等东林一系，反对阳明后学只在先天良知上用力，背离王门笃实功夫的

---

① 林乐昌认为：学风"不是泛指作为特定学派外在表现形式的学术风格，或作为某一时代学坛普遍状态的学术风气，而应当指与一定学术思潮或学术派别有关的学术风尚的形成、盛衰和陵夷，包括新的学术范式的构造，新的学术方向的开拓，新的问题意识和话语系统的确立，新的思想方式、行为方式和学问传播方式的形成，以及学者的为学态度、治学方法、精神气质和人格境界，等等"（《张载答范育书三通与关学学风之特质》，载《中国哲学史》，2002年第1期）。本文所指学风，则是广义的学风，既包括学术风尚、学术方向、思想方式、行为方式的转换以及学者的为学态度、治学方法、人格境界、精神气质等，也包括学派外在的学术风气。

倾向，于是起而调和朱、王，兼重先天良知与后天功夫，以正明末学术之失。冯从吾与东林学派处同一时代、同一学术背景，有着共通的问题意识，于是，他以弘扬"圣学"为己任，自觉地担当起挽救学术之偏的时代责任，成为晚明中国西部"痛惩末世废修言悟，课虚妨实之病"（姜士昌《少墟集序》）的代表。《行实》称其学"一禀孔孟心性为本体，以诚敬为功夫，以万物一体为度量，以从心所欲不逾矩为极则"，此一评论可大略标示出冯氏合程朱陆王为一的学术方向和反对"废修言悟，课虚妨实"的实学旨趣。冯从吾为关中书院所书"允执堂屏"谓：

> 纲常伦理要尽道，天地万物要一体，仕止久速要当可，喜怒哀乐要中节，辞受取与要不苟，视听言动要合礼。存此谓之道心，悖此谓之人心。惟精，精此者也；惟一，一此者也。此之谓允执厥中，此之谓尽性至命之实学。（《行实》）

此段文字所贯穿的对本体与功夫、修与悟、价值与境界、道体与礼法之体用一如、相融不二关系的理解以及"尽性至命"的道德取向，是把握其哲学思想和实学学风之关键。从中可看出他以朱子格物致知之工夫弥补王学末流忽略工夫而纯任本体的致思方向。

冯从吾如东林学者一样，痛切地指出王学末流堕于猖狂无忌惮之偏，同时也指出其弱于本体而泛论工夫之失，他说：

> 近世学者，多驰骛于虚见，而概以规矩准绳为循迹，其弊使人猖狂，自恣流于小人而无忌惮，此关系于人心世道……（《答逯确斋给事》，《少墟集》卷一五）

> 世之学者，止知本体之一物不容，而不知本体之万物皆备，此所以各堕于虚无之病，而无实地之可据，令人猖狂而自恣也。（《关中书院语录》，《少墟集》卷一二）

> 近世学者，病支离者什一，病猖狂者什九。（《答杨原忠运长》，《少墟集》卷一五）

冯从吾认为,当时学者或只重工夫不论本体,而陷于支离;或悬空谈本体不着修养工夫,遂陷于"猖狂",其源盖"起于本体工夫,辨之不甚清楚",他强调本体要与工夫合,本体即工夫,工夫即本体,相反,"若论工夫而不合本体,则泛然用功,必失之支离缠绕;论本体而不用工夫,则悬空谈体,必失之捷径猖狂"(《论学书》,《明儒学案·甘泉学案》)。此说拈出阳明后学纯任本体而忽略工夫之空疏病根,遂将朱子学的"格物穷理"与阳明的"致良知"结合起来,认为"吾儒之学,以至善为本体,以知止为工夫,……必格物而后能知止也"。如果弃格物于不顾,而"别求知止之方,此异端悬空顿悟之学,非吾儒之旨也"(同上)。以朱子"格物"以矫正阳明后学之先天良知说,是晚明学风由虚而返实之动向在冯从吾身上之体现。高攀龙评价说:"修而不悟者,徇末而迷本;悟而不彻者,认物以为则。故善言工夫者,惟恐言本体者之妨其修;善言本体者,惟恐言工夫者之妨其悟,不知欲修者正须求本体,欲悟者正须求之工夫。无本体无工夫,无工夫无本体也。仲好之《集》,至明至备,至正至中。"此正是从吾"《集》中示人最切者"(《冯少墟集序》)。

当时学风浮虚的又一表现,是不事讲学,或虽讲学却是"讲非学之言"。所谓"非学之言",即或"谈玄说空"之言,或不能"收心静养",未能绝"一切声色货利"之言,或"看书作文时务",不能在"潜心体验"处"发挥道理"之言,或不能绝"奔竞营为之念",只驰逐功利,而未守"恬澹"之言,或似是而非之言,等等,其核心是"非吾儒进德修业之学"(《池阳语录》,《少墟集》卷一一)之言。"非学之言"正是冯从吾对当时讲学风气的概括。冯从吾将矫正此一学术风气视为自己的学术责任,他说:"战国时,杨墨之言盈天下,得孟子辞而辟之;从汉至宋,佛老之言盈天下,得程朱辞而辟之;至于今日,非学之言盈天下,倘有辞而辟之如孟子、程朱其人乎?余窃愿为之执鞭。"(《宝庆语录》,《少墟集》卷七)并发出"吾儒之道,何时而明,天下之弊,何时而已"的慨叹。(《疑思录》,《少墟集》卷三)为了不至于"以学术杀天下后世",冯从吾认为还应从讲学开始。他曾引吕泾野所说"学不讲不明",以及邹东廓所谓"学之不讲,圣门所忧"的话来强调讲学的重要性,并指出讲学应"以修德为下手处"(《学会约》,《少墟集》卷六),"格物即是讲学,不可谈玄说空"(《明儒学案·甘泉学案》之《疑思录》)。当时有些学者常讲玄虚,而不尚躬行。有人怀疑讲学能否医治此病,冯从吾说:"药元(玄)虚之病者,在躬行二字,既学者多讲玄虚,正当讲躬行以药之可也。而反云学不必讲,何哉?"并指出此说是在"左袒元(玄)虚之说而阻人之辨之者也"。(《宝庆语录》,《少墟集》卷七)

为了端正学术风气,冯从吾先从正乡学开始。万历二十四年(1596)秋,冯从吾与诸君子立会讲学于长安宝庆寺,制订了后来在关中影响深远的《学会约》。翌年(1597)十二月,冯从吾又主持制订了《关中士夫会约》。值得注意的是,在《学会约》中不仅明确规定了"其言当以纲常伦理为主"的讲学内容,还特别提出了树立"崇真尚简为主,务戒空谭,敦实行"的实学学风的问题。所谓"空谭",在冯从吾看来,"谈空论无"者为空谭,虽言但"不躬行"者亦为空谭;好议他人而自己不实行者为空谭,"好对人夸自家"但自己又"不躬行者"亦为空谭。"敦实行",方可"戒空谭"。所以冯从吾讲学,总是"以躬行相劝勉",并发出"呜呼!为学不在多言,顾力行耳"的呼唤。(《学会约·附答问二则》,《少墟集》卷六)冯从吾强调:"学者须要脚根踏得定,彻头彻尾,才得有成。"(《池阳语录》,《少墟集》卷一一)戒虚华,不浮躁,戒空谭,敦实行,是冯从吾《学会约》中最切实处,他自己亦能以身作则。故王心敬说:"其于一切翰苑浮华征逐,概谢绝不为。"(《关学续编·少墟先生》)

当时一些学者流于"空谭"而不"实行",还有一个原因,这就是学问常常不得要领,不能抓住根本,陷于支离。冯从吾认为这亦与不能"敦本"的学风有关。他认为"本体源头处一不清楚,此所以后来流弊无穷"(《池阳语录》,《少墟集》卷一一),所以关键是要追"圣学之本",探"圣学之源"。他强调"学问之道,全要在本原处透彻,未发处得力,则发皆中节,取之左右,自逢其原,诸凡事为,自是停当;不然,纵事事检点,终有不凑泊处。此吾儒提纲挈领之学"(《明儒学案·甘泉学案五》)。冯从吾认为此"本"不是别的,应该是理学。时关中有所谓"四绝"的说法,即王端毅之"事功",杨斛山之"节义",吕泾野之"理学",李空同之"文章"。冯从吾认为惟"理学"为根本,说:"夫事功、节义、理学、文章,虽士君子所并重,然三者乃其作用,理学则其根本也。根本处得力,则其作用自别。"(《渭滨别言赠毕东郊侍御》,《少墟集》卷一六)然理学之"本"又是什么？按冯从吾的理解，就是"以心性为本体，以学问为功夫"。所以他总是抓住孟子的"善"、《中庸》的"诚""未发"、程朱的"理"、王阳明的"良知"等核心概念，力加琢磨。在冯从吾看来，"圣贤学问总在心上用功，不然即终日孳孳，属枝叶耳"（李维桢《辨学录序》）。如孟子所说"先立乎其大者"，即应先在本体上用功，不在末事上务求。他说："若丢过此心，不去'精一'，而徒欲喜怒哀乐中节，视听言动合礼，此真舍本而务末。"（《关中书院语录》，《少墟集》卷一二）不可避免要陷入佛老异端"悬空之学"。总之，"敦本"才不至于"务末"，从而方见提纲挈领之功；"尚实"才不至于"悬空"，从而与佛老之玄虚立异，使"吾儒修德之学"见着实效。可见，冯从吾虽服膺心学，但与王学末流大为不同。后者"逐末而迷本"，他则主体用一如，本末不二。

二、学"有主"、贵"自得"，方能"深造以道"

冯从吾曾做过侍御史，后辞官在家，闭关九年，足不出户，精思力践。讲学二十余年，终有所悟。他认为"近世学者"所以混佛老与儒于一途，因"多驰骛于虚见"，陷于"空虚"，坠于"猖狂"，或"逐末而迷本"，陷于"支离"，或以"似是而非"之论乱人之心，或人云亦云，等等，其源盖起于本原处不明。而本原不明，又与学无自主、不贵"自得"、不勇于"造道"的虚浮风气有关。反对"空虚"和"支离"，强调"自得""造道"，是冯从吾最用力处。

首先，他强调学贵"有主"。他说："学问功夫全要晓得头脑主意。"（《关中书院语录》，《少墟集》卷一二）所谓有"主意"，一是要有"主见"，即在对学术对象全面深入了解并融会贯通的基础上，一旦形成某种自认为正确的理解或认识，就要坚持主见，一般不为外在的因素所左右。正如洪翼圣评价冯从吾《善利图》时所说"学问最患不痛不痒，两头牵制"，而冯从吾"学问则一切两断，切骨入髓"（《善利图说序》之《附柬》，《少墟集》卷八）。二是要知"本"，"本"不明而徒用功夫，则终无所成，冯从吾说："学问晓得主意，才好用功夫。……不晓得主意，则功夫亦徒用矣。此空虚之学与支离之学，皆圣道不载也。"（《关中书院语录》，《少墟集》卷一二）学"有主"，方可杜心学末流之"空疏"，绝徒用功夫之"支离"。三是学问要明确"宗旨"，抓住核心，如冯从吾多次告诫诸生，应明吾儒之学"宗旨",以"心性为本",而心性之学,又以"诚敬"为本,而最终则归于性体之"至善"。故毕懋康说:"窃观先生学贵有主,不贰以二,不参以三,用贵实践,掺贵祇敕,不为虚恢偷纵者所借,托夫有主,则历千变而不惑,实践则究必到而不可欺。"(《冯少墟集序》)相对于张载"学凡数变"、王阳明"悔二十年错用其心"来说,冯从吾确有过人之处。杨鹤在《辨学录序》中说:"先生清明在躬,志气如神,然终日正襟危坐,俨乎若思,应事接物,如执玉如捧盈,此心未尝一刻放下,先生有主之学于是可见。昔横渠学凡数变,阳明亦悔二十年错用其心,先生过人远矣。"

其次,学"有主",是建立在"自得"和"深于造道"基础上的。强调学"有主"不是要固执己见,而是通过"自得"而"造道"。其实张载学凡数变,王阳明悔"二十年错用其心",也是学术"有主"的另一种表现,若"无主",则只能人云亦云矣,无所谓修正和悔悟自己。问题在于,冯从吾始终将"有主"作为自己学术的自觉意识。"自得"是他在对孟子思想发挥的基础上,针对当时学风之弊而提出来的。孟子说:"君子深造之以道,欲其自得之也。"(《孟子·离娄下》)此"自得",是指经过自己深入学习理解所得的独到体悟。他认为,如果"厌深造以道、博学详说之功",是绝不能有所"自得"的。"造道"是学术的灵魂,"自得"是学术的境界,"学不到自得,终是支离,终不能取之左右逢其原。"(《关中书院语录》,《少墟集》卷一二)关于"自得""有主"与"造道"的关系,冯从吾说:"学问功夫全要晓得头脑主意,深造以道,主意全为自得。博学详说,主意全为反约。博学详说,正是解深造以道,反约正是解自得,以自得为主意,以深造以道为功夫,以左右逢源为自得之妙,此孟子生平学问大得力处。"(《关中书院语录》,《少墟集》卷一二)即"深造以道"要在"博学详说"基础上"反约",而"反约"才会有"自得","自得"方可有"主意",故曰"主意全在自得"。亦即有"自得"之处,方达"造道"之时。冯从吾所以能自成一家,在于他能处理好博与约的关系,所以才能在许多问题上有"自得"之处。他对一些人不能"详博"而动辄要"自成一家"的浮躁风气提出了批评,并说:"论学譬如为文,必融会贯通乎百家,然后能自成一家。若只守定一家,恐孤陋不能成家矣。"(《宝庆语录》,《少墟集》卷七)然博学还须反约。冯从吾对历史上儒学家思想的理解,皆能由博而约,抓住要领,如他认为孔门标一"仁"字,孟子标以

"仁义",曾子标以"慎独",子思标以"未发",宋代诸儒标"天理"二字,朱熹标"主敬穷理",王阳明标"致良知"等,但从道体来说,这些都是相通的——"论道体,则千古之门户无二论"(《宝庆语录》,《少墟集》卷七),直将儒家一以贯之的道体一语道破,没有博学反约之功是难以达到的。因其由"自得"而学"有主",故其讲学"不立异,亦不蹈常,不事元(玄)虚,亦不涉卑近,要以抒所自得,敷明宗旨,说详反约"(《善利图说》,《少墟集》卷八)。例如,他推崇王阳明"致良知"说,乃出于"自得",他批评王阳明"无善无恶性之体",也是出于"自得"。他指出,"致良知"一说肯定了本体之"至善",而"无善无恶"之说则从本体上否定"善",二者相矛盾。"既知善知恶是良知,可见有善无恶是心之体。今曰'无善无恶心之体',亦可曰'无良无不良,心之体'邪?"(《杂著·别李子高言》,《少墟集》卷一六)辨"无善无恶"心体之非,是当时学界的热门话题,东林顾宪成、高攀龙曾拒之不遗余力。从吾所辨,抓其性体"至善"这一核心立论,绝非人云亦云。他在时儒热烈讨论的"先天"与"后天""未发"与"已发"以及孔门"从心所欲不逾矩"等诸多理论问题上,皆有自得之处,特别是其所著《善利图说》,以善、利分殊圣凡,乃发前人所未发。盖因其学有自得,其讲学多"率出己意",故颇为诸生推崇,认为是横渠、泾野诸夫子之后"一人而已"(崔凤翥《恭定冯少墟先生传》)。

三、崇正辟邪,力变风气

对于学问,不为异端邪说所迫挟,敢于坚持正义正见,是每一位学者应有的学术良心;面对不良的学风、士风、乡风,敢于抵御与抗争,是每一位学者应有的道德责任。可以说,在这方面冯从吾勘为晚明关中之楷模,极有功于"圣学"。故《行实》谓:"崇正辟邪,秦风丕变,海内道学一振。"

"崇正辟邪"是冯从吾在道德责任心驱使下认定的学术态度。他在为自己所作的《自赞》中,明确表白"佛老是距,邹鲁吾师"。可见,其所崇之"正",核心是"以心性为本体,以诚敬为功夫"的"孔曾思孟、周程张朱"之儒学。所辟之"邪",有"二氏"异端之说,有时儒"沦于空谈说寂"之"流弊",有学界不端之风气等,"其于岩端是非之界,则辨之不遗余力"（王心敬《关学续编·少墟冯先生》）。然此并非他"好辨"，实出于"不得已"。在当时"淫辞邪说，荧惑天下"的情况下，他"欲正人心"，必须"就其蔽锢关切之所在而剖决挽回之"（李维贞《辨学录序》）。其所著《辨学录》，所辨多为儒学与释道之异，其目的在于明"吾儒之正传"，故能对"凡世儒所易惑处，辄为道破"，更不至于使"佛氏之流弊"以"塞其源"（涂宗睿《辨学录序》）。值得注意的是，"力辟二氏"虽然是自张载以来宋代关学乃至理学学者的共同所向，然张载所破斥者乃佛氏"以心法起灭天地""以山河大地为见病"之"虚无"说，以确立"太虚即气"的宇宙本体论。冯从吾所拒斥者，乃是佛氏的心性论。他认为，当时人心种种之迷惑，"皆起于学之不明，学之不明，起于心性之不明"。王阳明认为儒与"二氏"并无"二见"，"二氏之用皆我之用"，"圣人与天地民物同体，儒、佛、老、庄皆吾之用"。（《年谱》，《王阳明全集》）遂在心性问题上，认为禅之"明心见性"与儒之"尽性至命"相通。其后学如王龙溪则径认先天本体，而略于后天省察克己之功，使王学日渐流于空疏，这也许是冯从吾于晚明力辨佛儒的重要原因之一。他多处提到王阳明谓"释氏与吾儒只是毫厘之隔"，他则独辨其宗旨决然不同，如说"吾儒之学以理为宗，佛氏之学，以了生死为宗"；儒之"尽心知性"与释氏"明心见性"，二者"若相同而实相远"（杨鹤《辨学录序》），释氏之蔽正在于未明"善"之本源为"理"；"吾儒"所谓"直指人心"，是指的"惟微"之"道心"，佛所谓"直指人心"指的是"惟危"的"人心"；"吾儒"所谓"见性"，是见本体之"善"性，佛氏所谓"见性"，见的是"气质之性"。此说虽不一定正确，但其目的是明确的，即要通过辨佛、儒之异，来探寻王学末流空疏学风之思想根源。他多次论本体与功夫相即不离，批评时儒"空虚之学"，显然有学风上的针对性。

"崇俭德以敦素风"，也是冯从吾所致力的重要方面，故他尝把讲学与端正士风民俗联系起来，多为秦地士风之日下而慨叹。其与学风相关的乡风之最典型者，如相互"争讥""诋毁"，不能"成人之美"；"怕人责备"，是非不分，不能坚持正义；喜议论他人之非；讨论学术，或自以为是，或自足自满，或不能"虚己下人"，"过于激辨"，等等。对于秦人不能成人美之俗，冯从吾深有感触，他说："世间最有功德事，莫大于成人之美。南人每见人行一好事，大家必称赞之，羽翼之务底于成。秦俗则争讥笑之诋毁之务，底于败，如此则师复受其益，而弟子多受其损。"师弟之间，要相互尊重，成人之美，而不要相互诋毁，否则只能两败俱伤。他还举一例来说明："王阳明、吕泾野皆我明之真儒也。阳明门人几半海内，而泾野则否。虽于二公无损，却于关辅无光。"（《正俗俗言》，《续集》卷二）冯公深为秦地此种士风之弊所患，遂在《关中士夫会约》中规定，"彼此争构，吾辈所无觉。万一有之，大家务要尽心劝和，勿令因小忿以伤大体"。并希望大家"出入相友，守望相助，疾病相扶"，以形成良好的士风乡俗。他特别厌恶士人中的乡愿之气，如对于"敬""肆"之是非不敢坚持，就是一例："秦俗明知敬之是，而百方嫉忌之，百方吹求之，使敬者必至于无所容。明知肆之非，而百方狎溺之，百方左袒之，使肆者益，至于无忌惮……"（《正俗俗言》，《冯少墟续集》卷二）不敢坚持真理和正义，是非不分，造成的结果只能是敬者"无所容"，肆者"无忌惮"，风气每况愈下，此风"秦俗尤甚"。在对待学界友人的过失上，冯从吾又能采取宽容的态度，他说"人非圣贤，孰能无过"，如对待君子、小人的态度和方法，主张要因不同情况而异："论交与，当亲君子而远小人；论度量，当敬君子而容小人；论学术，当法君子而化小人。"（《池阳语录》，《少墟集》卷一一）他最反对不负责任的背后议论："余每见朋友中背后多议人过失，当面反不肯尽言。"他认为"此非独朋友之过，或亦彼此，未尝开心见诚"。于是他在《学会约》中，以"过失相规"四字相约。对于论辩，冯从吾强调："务要平心易气，虚己下人。即有不合，亦当再加详玩，不可自以为是，过于激辨。"而"以自是为自信，主意一定，无复商量"，此"近世学者多坐此病"，从吾告诫"吾辈当共戒之"。（《学会约》）正如陈继儒所说："凡向来讲学之流弊，士大夫积习之膏肓，悉从公道眼觑破，亲手拈出病根，已净然后与之粱肉。"（《冯少墟先生集叙》）

此外，提倡"崇真尚简"也是冯从吾力变风气的一个重要方面。《学会约》规定"会中一切交际，俱当谢绝，此正崇真尚简处"，即要求学者正常的交往应该是纯真的、朴实的而非饰伪造作的，此即"崇真"；杜绝种种奢靡之举和交往中的种种烦冗礼俗，此即"尚简"。所订《关中士夫会约》中所列诸条，多是对交往之礼节加以限定或重申，其中大都朴实无华，切实可行。字里行间流露着冯从吾对那种非出于自然真情的饰伪、矫揉造作之风的切肤之痛。该《约》后来"传之四海，慕为盛举"，故此《约》

出十余年后,周司农在《关中会约述》一文中评论说,此约"皆萃涣之良箴,而协德之宝训也。盖崇俭德以敦素风,酌往来以通交际,严称谓以尊古谊,绝告讦以警薄俗,周穷约以厚廉靖,恤后裔以慰先德。敦本尚实之念,维风善俗之规,溢于言表"。"崇俭敦素""敦本尚实""维风善俗",为冯从吾针对晚明虚浮风气所提出的补偏救弊之方,也是其所倡实学学风的重要体现。

四、践履严明,不易节操

躬行实践,崇尚气节,是关学的宗风。冯从吾承继张载关学躬行实践、经世致用之传统,"以出处辞受一介不易为风节"。他尝谓"为学不在多言,顾力行如何耳"(《学会约·附答问二则》),如果"能言而行不逮,此正学之所禁也"(《讲学说》,《少墟集》卷一四)。其所说"躬行",既指对国计民生要关切,又指道德践履要笃实,同时包括做人要有不易之节操,从中可看出他的精神气质和人格境界。

冯从吾"生平所学,惟毋自欺,实践妙悟,卓有深诣。诚不忍人心世道之江河,慨然以兴起挽回为己任"(《行实》)。他曾借批评杨朱"无君""为我",说:"丢过亲与民物而只为我,视天下国家事全与我不相干,成何世界?故曰'无君'。"(《善利图说》)他亦以自己的行动实践了这一宗旨。明神宗时,朝讲浸废,"酒后数毙左右给侍",于是他斋心草疏以谏,其中有"困曲蘖而欢饮长夜,娱窈窕而宴眠终日"等语,神宗震怒,传旨廷杖。恰逢长秋节,为辅臣救免。此事使他声震天下。(参见《少墟冯先生》,《关学续编》卷一)冯从吾目睹熹宗即位后之时局——"内则旱荒盗贼,连绵纠结",士大人却"日惟植利结党为汲汲";"外则辽左危急,祸且剥床及肤",将帅则或弃城而遁,或"各自结党,互相排陷,不知和衷共济之道"。于是毅然"挺身而出,冀以直道大义挽回其间"。凡遇可说话的机会,他都能"明目张胆,纠弹不避,以一身彰宇宙之公道"(同上),为了国家,不顾个人安危,真是光明磊落,大义凛然!在当时的情况下,虽然他的呼唤是微弱的,但他仍在做不懈的努力,如曾与邹南皋、钟龙源等讲学城隍庙,"欲借此联络正人同志济国也"(同上)。当有人怀疑其讲学能否济国之时,他怆然说:"正以国家多事,士大夫不知死,抱头鼠窜者踵相接。宜唤起亲上死长之心,讲学何可置也。"(《行实》)故邹南皋谓:

"冯子以学行其道者也。"（同上书）从冯从吾身上，我们不难看出一脉相承之关学躬行实践、经世致用的实学传统和学风，亦可窥见他坚持正义、刚直不阿之节操。正如他自己所说："学者须是有一介不苟的节操，才得有万仞壁立的气象。"（《疑思录》，《少墟集》卷三）陈继儒评价说：从吾"终日讲学，而若未尝讲学；终日聚徒，而若未尝聚徒。不分门别户，不插标树羽，不走时局，不握朝权，不招射的，逍遥环墙之中，超然免于言论之外，非践履严明，涵养精洁，何以有此"（《冯少墟先生集叙》）。确实，没有严明的道德节操，没有"精洁"的涵养功夫，是诚难达此学术境界的。总之，从冯从吾的学术之路，可以窥见晚明关学的实学特征以及中国学术向实学转化的动向。

李二曲的思想特征：心学义趣，关学学风[①]

李二曲，名颙，字中孚，号二曲，人称二曲先生，陕西周至人。生于明天启七年（1627），卒于清康熙四十四年（1705）。他"坚苦力学，无师而成"（顾炎武《亭林文集》卷六），"其言以躬行实践为基，反本穷源为要"（许孙荃《四书反身录·序》，《二曲集》卷二九），被学者誉为清初"关中钜儒"。全祖望将其与北方孙奇逢、南方黄宗羲诸大儒并称。他以"悔过自新""明体适用"立说，又承继关学"躬行实践""身体力行"之务实传统，后儒因谓其"最有功于后学"，遂为"关中士人宗师"。但对于他的思想特征，历来众说纷纭。有谓他为"清初关学"者[②]，有谓他为折中朱王、调和心学与理学者。后者则是比较流行的看法。这些说法虽不无道理，但前者有进一步说明阐发之必要，后者则须加以辨析。窃谓李二曲与北宋张载的关学在学旨上确实有所不同，但是仍可视为关学之属；其学术思想并非是骑墙于朱、王之间，而是有着明确的理论立场；其思想确有心学倾向，但又承继了"以躬行礼教为本""经世致用""躬行实践"、崇尚气节的关学宗风。本文将对此略做分析。

从表面上看，李二曲学术颇有折中朱、王的意味，他自己也说："姚江考亭之旨，不至偏废，下学上达，一以贯之。"主张二者"两相资则两相成，两相辟则两相病"。（《富平答问》，《二曲集》卷一五）但从其思想实质上看，二曲之学又确实表现出浓烈的王学义趣。

李二曲主要活动于清康熙年间，时朝中虽仍在鼓吹程朱理学，但王学之遗风犹存。他说，"当嘉、隆间"，凡"天下言学者，不归王则归湛"。（《体用全学》，《二曲集》卷七）他承继王学力辟程朱"支离锢蔽之陋"的路向，同时又痛斥王学末流"空谈性命""作口头圣贤、纸上道学""谈

[①] 原文载《孔子研究》，1997年第2期。原题为《心学义趣，关学学风——李二曲思想特征略析》，本次收录有改动。

[②] 参见陈俊民《张载哲学思想及关学学派》，人民出版社1986年版，第48页。

本体而略工夫"之时弊,以"阐明学术、救正人心为己任"(《二曲集》卷四),开始了自己的学术生涯。他曾从儒学史的角度,由孟氏而宋儒而阳明,至东林顾(宪成)、高(攀龙)及关中冯(从吾)等人对王学末流的清算,再谈至当时"吾人通病",从而指出了"振廉耻""兴纲常""救世济时"为"当务之急"。他说:

> 孟氏之后,学术堕于训诂词章,故宋儒出而救之以主敬穷理。晦庵之后又堕于支离葛藤,故阳明出而救之以致良知,令人当下有得。及其久也,易至于谈本体而略工夫,于是东林顾、高诸公及关中冯少墟出,而救之以敬修止善。若夫今日,吾人通病在于昧义命,鲜羞恶,而礼义廉耻之大闲多荡而不可问,苟有真正大君子,深心世道,志切拯救者,所宜力扶义命,力振廉耻,使义命明而廉耻兴,则大闲借以不逾,纲常赖以不毁,乃所以救世而济时也。当务之急,莫切于此。(《南行述》,《二曲集》卷一○)

他认为,程朱之学至此已"堕于支离",阳明之"致良知"却有补偏救弊之功,但王学末流又空谈本体而略于工夫,故当务之急是"力扶义命,力振廉耻",但这既不能重蹈程朱"支离葛藤"之旧辙,也不能舍弃王学本体之说,而在于以程朱的"主敬穷理"补王学末流"空疏虚寂"之偏,以完善阳明"致良知"之本体说。于是,李二曲从宋儒以来理学与心学之分野及其特征的分析入手,进而指出了理学与心学互补互动以救时弊之必要,他说:

> 周、程、张、朱、薛、胡、罗、吕、顾、高、冯、辛乃孔门曾卜流派,其为学也,则古称先,笃信圣人;陆、吴、陈、王、心斋、龙溪、近溪、海门乃邹孟学派,其为学也,反己自认,不靠见闻,亦不离见闻。吾儒学术之有此两派,犹异端禅家之有南能北秀,各有所见,各有所得,合并归一,学斯无偏。(《肘后牌》,《二曲集》卷一五)

此说大体展示了宋以降儒学之学脉暨理学与心学之分野,指出前者颇重古人遗训，而后者则主"反己自认"，反求诸己，二者"各有所见，各有所得"，只有"合并归一"，则可"学斯不偏"。不过，质言之，李二曲更推崇的是陆王心学。他在评论陆九渊《象山集》时说：

> 先生在宋儒中，横发直指，一洗诸儒之陋，议论剀爽，令人当下心豁目明，简易直捷，孟氏之后仅见。（《体用全学》，《二曲集》卷七）

对阳明的"致良知"说，李二曲更是极为推崇：

> 先生始拈致良知三字，以泄千载不传之秘，一言之下，令人洞彻本面，愚夫愚妇咸可循之以入道，此万世功也。（同上）

> 若夫良知之说，虽与程朱少异，然得此提唱，人始知契大原敦大本，自识性灵，自见本面，夫然后主敬穷理，存养省察，方有着落。（《肘后牌》，《二曲集》卷一五）

他认为，王阳明之"致良知"比程朱之"主敬穷理"更重要、更根本。如果诚如程朱末流"惟以闻见渊博、辩订精密为学问之极"，那么，"劳罔一生而究无关乎性灵"（《富平答问》，《二曲集》卷一五），他甚至认为，"晦庵之学"不过使人"茫昧一生而已"（《书牍上·答张敦庵》，《二曲集》卷一六），这对于朱学已几近诋毁了。值得注意的是，李二曲实际上指出了如王阳明所曾揭破的程朱理学"析心与理为二"，把"格物穷理"与"诚意正心"分割为二之弊。他认为，只有"识得本体"，才"好做工夫"；"做好工夫，方算本体"。也就是说，"尊德性不容不道问学，道问学乃所以尊德性"（《肘后牌》，《二曲集》卷一五）。重要的是，以"良知为学问"方可做"头脑自身主人"，否则只讲"主敬穷理"，那"主敬是谁主敬？穷理是谁穷理？"难怪他称王阳明的"良知"之说是"直指人心一念独知之微""令人洞悟本性，简易痛快，大有功于世教"（《富平答问》，《二曲集》卷一五），是"千载绝学也"（《李二曲集录要》卷二）。他没有把程朱与陆王绝对对立起来，主张"致良知"又不可舍弃"格物"

工夫，而应由考亭格物工夫入手方可上达"良知"本体。可见，虽然他终生以复归儒学精神为目标，但他实际上只是达止"切己自反"的阳明心学。

仅仅列举李二曲对阳明心学的认同和褒扬，还不足以确认二曲思想的心学义趣，因此，我们需要对其思想本身做进一步的剖析。其学"自得"之处乃在于"悔过自新""明体适用"说，质言之，二说皆是从"致良知"说引发出来的，是对阳明学的精辟发挥和准确点睛。

先看"悔过自新"说。《南行述》谓李二曲"其学以静为基，以敬为要，以返己体认为宗，以悔过自新为日用实际"（《二曲集》卷一〇），"悔过自新"是李二曲所主张的在伦常日用间自反省察、反身内求，存心复性，直探本原的作圣工夫，其与王阳明的"格物正心""为善去恶""致良知"一脉相承。其"悔过自新"说是以唐宋以来的二元人性说（佛之"净""染"、李翱之"性善情邪"、宋儒之"天地之性"与"气质之性"）为出发点的。李二曲说："此性之量本与天地同其大，此性之灵本与日月合其明，本至善无恶，至粹无瑕，人多为气质所蔽，情欲所牵，习俗所囿，时势所移，知诱物化，旋失厥初。"（《悔过自新说》，《二曲集》卷一）人性本善，只是为情欲所蔽，不曾发见，故"苟留心此学，必须于起心动念处潜体密验，苟有一念未纯于理即是过，即当悔而去之"，其具体过程是"必且先检身过，次检心过，悔其前非，断其后续，亦期至于无一念之不纯，无一息之稍懈而后已"。（同上）这与王阳明所谓使"此心纯乎天理，而无一毫人欲之私"，必须通过"痛加刮磨一番"的"省身克己之功"何其相似乃尔。由此他也如王阳明一样重视"静坐""定心"等。

次看"明体适用"，这是李二曲最成熟亦最有价值的思想。他认为"道学即儒学"，而"儒者之学，明体适用之学也"（《周至答问》，《二曲集》卷一四）。此说本是针对考亭"外心以言学"而发，犹王阳明斥朱熹"外心以求理"，因而处处奉王阳明"良知"之说以为圭臬。他说："孔子曰'学而时习之'，孟子曰'学问之道无他，求其放心而已矣'，若外心而言学，不是世俗口耳章句博名谋利之学，便是迂儒徇末忘本、支离皮毛之学。"（《授受纪要》，《二曲集》卷一五）他主张为学不能"舍却自己身心切务"，要在身心上用功，若"假令辩尽古今疑误字句，究与自己身心有何干涉"（《书牍上·答顾宁人》，《二曲集》卷一六）。因此他反对将体用割裂，主张体用一源，"明体适用"。他说："言体言用者固多，然皆就指事言事，拈体或不及用，语用则遗夫体。"认为只有"明道存心以为体，经世宰物以为用，则体为真体，用为实用。……苟内不足以明道存心，外不足以经世宰物，则体为虚体，用为无用"。何谓"明体"？何为"适用"？他说："明德是体，明明德是明体，亲民是用，明明德于天下作新民是适用。"（《四书反身录·大学》，《二曲集》卷二九）而他所谓"明德"原与王阳明之"良知"并无分别，他所说的"体"就是王阳明的"心体"亦即"良知"。他说："曰明德，曰良知，一而二，二而一也。"（同上）又说："'经纶天下之大经'，由于'立天下之大本'。本者何？即心中一念灵明固有天良是也。"（《中庸》，《四书反身录》卷二）说："识得良知便是性，依良知而行，不昧良知，便是率性，便是道。"（同上）这显然与王阳明所谓"良知者，心之本体""良知即是道"（《答陆原静书》）的说法相互发明。在他看来，"人人有是心，心心具是理"，只是"人多昧理以疚心"，如果人人明其心体，"肯反身实践，则人欲化为天理"（《二曲先生读四书说》，《二曲集》卷二九）。总之，李二曲的"明体"即"明道存心"，正与陆象山之"先立乎其大"、王阳明之"致良知"、湛甘泉之"随处体认"等"内圣""为己"之学自成一脉。

李二曲所谓"适用"即"明明德于天下作新民"，亦即经世宰物、康济群生。他特别反对那种"纸上道学"和仅仅滞于寻章摘句而不切世务之徒，强调"应将经世事宜，实实体究，务求有用"，如果只"寻章摘句，以文字求知，章句之外，凡生民之休戚，兵赋之机宜，礼乐之修废，风化之淳漓，漠不关心，一登仕途，所学非所用，所用非所学，无惑乎国家不得收养士之效，生民不得蒙至治之泽也"（《论语》，《四书反身录》卷三）。"明体"和"适用"是内与外、本与末相统一的关系，"明体而不适于用，便是腐儒；适用而不本明体，便是霸儒"；"既不明体又不适用""便是俗儒"。（《二曲先生读四书说》，《二曲集》卷二九）可见，"明体适用"正是被儒家一直视为目标的"内圣外王"的另一种说法，只是更有着清初时代和关中地域的特殊内涵。不过，虽然他自称"内外本末必一齐俱到"，其实还是有次序的，即"先内而后外，由本以及末"（《论语》，《四书反身录》卷六）。总之，"穷理致知，反之于内，则识心悟性，实修实证；达之于外，则开物成务，康济群生，夫是之谓明体适用"（《周至答问》，《二曲集》卷一四）。以"识心见性"为本、为先，突出"内圣"工夫，然后推之于"开物成务，康济群生"的"外王"之道，"体用一源""天人无二"，此正与王阳明所力倡之"清源端本"的内圣外王之道相得益彰。

可见，李二曲的心学"脉络原自井然"（张珥《〈学髓〉序》，《二曲集》卷二），无怪乎清人赵兆熙称他"生平宗旨本于姚江之致良知而不悖乎"（《李二曲集录要·序》），杨瑀亦谓李二曲"其学多推许阳明子之言也"（《南行述》，《二曲集》卷一〇），近世学者梁启超将李二曲视为清初"王学后劲"，这些说法颇为切实。不过，李二曲虽摈弃宋儒"支离"之说，但又十分敬重程朱，不遗程朱之为学工夫。确切地说，李二曲之学是以陆王心学为体、为本，以程朱之学为工夫、为末，力图会通朱王且自成一家，但阳明心学则是其主要的学术渊源和思想主干。

关于李二曲与关学的关系，全祖望在《二曲先生窆石文》中称他"上接关学六百年之统"，其实，他虽然也很敬重乃至推崇张载，但二者在学术思想上联系是并不多的。张载关学在其身后发生了一些变化，先是蓝田三吕所表现出的关学洛学化倾向，其后关学"再传何其寥寥"。至明代中叶以迄明末，吕泾野、冯少墟在关中崛起，关学曾为之一振。吕之"仁心说"、冯之"善心说"，在向先儒回归途中虽以"恪守程朱"为"标帜"，亦受到阳明心学的影响，但张载的气论则未得到充分的阐扬，关学在学理上遂发生了某种转向。不过，由张载确立的"天人一本""体用不二"的学旨以及"躬行实践""经世治用"的实学学风，则一以贯之，终未变化。吕、冯之后，"六十年来，提倡无人"（《答许学宪第五书》，《二曲集》卷一七），关学一蹶不振。至清初，李二曲"倡正学"于关中，讲学术于大江南北，通过彰明关中学者冯从吾（少墟）、张舜典（鸡山），而再次使关学立足海内。也如同吕、冯，李二曲在学理上与张载亦并无多少共同之处，他不言气本，不辩一两，不辟二氏，只是在学风上，与张载标示的"躬行实践"、切用务实的关学学风一脉相承。个中的原因也许是因为他与张载面对的历史任务不同：张载是要清算佛、老"虚无"之陋，他则要清算明末"空谈性命"之蔽。不过他们都以反对体用不一、知行分裂为目的，都有着"存心复性"的伦理要求。这样，他遂以"悔过自新""明体适用"标示着关学一个新时期的到来。由于身处清初这一与整个世界发展相比已明显落伍的时代，加之他本人特殊的个人气质特别是他身上那种质朴有余而开拓不足的阙弱，使他难以找到"救世济时"的新的良方，因而仍只能苦苦地在传统里为救世寻找出路。虽然李二曲也已开始注意到科学的应用，但和当时已表现出近代启蒙色彩的一些思想家相比，其学说不免显得落伍甚至带有几份迂阔。可以说，二曲之学虽可称为"清初关学"，但其旨归与早期关学有所不同，唯在学风和精神方向上还保持着浓郁的关学传统。

由上所述，二曲学术思想的特点就是以阳明心学为本，同时又不遗程朱，试图以宋儒之"主敬穷理""涵养省察"为补充，以期"内外本末必一齐俱到"，然其主干和实质则是阳明心学。不过在学风上则不能不受关学传统的深刻影响。所谓李二曲"折中朱王"等说是不确切的。李二曲以复归王学而兴儒，以兴儒来清算清初王学末流之弊，在关中这一重礼教修持、躬行实践、切用务实而少玄虚、弱思辨的地域文化背景下，能有他这种以心学思辨为之补充，应该说这是关中学术史上一次难得的转向。

从关中"三李"看关学宗风①

张载于关中创理学一脉,遂"与濂、洛鼎立"(《柏景伟小识》),世称"关学之鼻祖"(《王心敬关学编序》)。然张载之后,其"后进蔽于习尚,其才俊者急于进取,昏塞者难于领解,寂寥无有和者"(《关学编·和叔吕先生》)。有"三吕"(大忠、大钧、大临)者曾初学于横渠,然又卒业于二程门下。又有苏昞、范育、游师雄等,"师横渠张子最久",而后虽"卒业于二程子"(同上《季明苏先生》),然他们并未放弃张载宗旨,况李复、田腴、昭彦明、张舜民辈,能"笃信师说而善发其蕴"(同书《巽之范先生》),颇推崇张子《正蒙》,可谓关学传人。但其后学门人,皆无史可考。有学者断言,关学上无师承,下无继传,南宋初年已告终结。② 于是,有一重要问题提了出来,即如何认识古代学派和学派的传承?是否学派一定是代代相接,恪守原旨?愚以为,学派,顾名思义,即学术派别之谓也。只要学术思想、学风相通、相合、相类或因其某一地域、某一时代所限者,皆可谓同一学派,其可以直接相承相继,亦可间接沿袭、传续,不一定非有师承门户不可。历史上,孔子的学说,由孟子承继,然孟子上距孔夫子一百多年,且未有师承,他"未逮为孔子徒",仅"私淑诸人也",然"孔孟之道",自成一脉。荀子上距孔子二百多年,其所倡礼学虽与孔子异趣,然其学脉仍相沿续。至于后来的董仲舒、扬雄、韩愈等,虽已在理论上与原始儒学有很大差异,然后世无不以儒学称。孟子、荀子、董子等儒学,多能随时代之变化或改变或发展,皆未能做到恪守孔子儒学"原旨"不变,也未有直接师承关系,由此看来,谓关学至南宋而"终结",恐未安。

当然正如学者们所指出的,关学(与张载学脉相承之关中理学)自张

---

① 原文载《陕西师范大学成人教育学报》,2001年第1期。原题为《关学宗风:躬行礼教,崇向气节——从关中"三李"谈起》,本次收录有改动。

② 参见龚杰《张载评传》:"所谓关学,就是指由北宋张载创建的一个理学派别,它上无师承,下无继传,南宋初年即告终结。"(南京大学出版社1996年版,第206页。)

载之后，关中士人多及程子之门，亦为事实，但道学初起并无严格门户，所以，如"三吕"者虽师事二程，却仍恪守张载关学传统，这一点二程也是承认的。伊川说："与叔（大临）守横渠说甚固，每横渠无说处皆相从，有说了，更不肯回。"（《关学编》卷二）南宋之后，朱子学传之甚广。关中沦于金、元铁蹄之下，有许鲁斋（衡）等，更加倡明朱子，时朱子学遂盛。明中叶阳明心学崛起东南，渭南南元善（南大吉，号元善）等又传其学，王学又在关中兴盛起来。这确是当时思想之大背景，张载之关学"寂寥无有和者"诚为事实。不过，在这种情况下，也不能否认关学宗风代有承传者。冯从吾撰《关学编》，其目的虽旨在"识吾关中理学之大略"（《关学编自序》），将张载后关中之理学家尽皆列出，但其中不乏承继张子宗风者。据《关学编》载，明初，高陵吕泾野（柟）为一代宗师，"关中之学益大显明于天下。若夫集诸儒之大成而直接横渠之传，则宗伯（吕泾野）尤为独步者也"。三原马理亦能"得关、洛真传，为当今硕儒"，其学"以主敬穷理为主"，虽受朱子影响，然"其执礼如横渠"，颇有张子遗风。朝邑韩邦奇，其"论道体乃独取张横渠"，而其"少负气节""躬行心得"，正与张载气质特征相续。此后，冯少墟（从吾）有志振兴关学，曾与蓝田秦关（王之士，号秦关）等于许敬庵所开正学书院"讲切关、洛宗旨"，颇为敬庵器重。后又创立关中书院，专俟讲明理学。明代集关学之大成者实为冯从吾。

明清之际，关中人文颇盛，有隐逸之心（时称"关中隐逸"）又不忘经世济民者，代不乏人。而当时雅重，"尤以三李为尊"（《吴怀清自序》）。"周至二曲先生、富平天生（因笃）先生及眉县雪木（李柏）先生，并称'关中三李'。"①"关中三李"者出，遂开清初关中学术新风。其学虽均以昌明关学为己任，然又各有异趣。李二曲宗姚江"致良知"之说，颇重理学；天生则"恪守考亭"，潜心经学；而李雪木则以"必学古人"立志，更著诗文。然张子关学道脉仍依稀可见。其主要表现则是保持着张载关学

---

① 见贺瑞麟《清麓文集祠堂记》。然对于"三李"，史颇有异说。如王渔洋《居易录》以李楷（叔则）、李柏、李因笃为"三李"；据《关中三李年谱》，又有以二曲、河滨及天生为三李者；又有以河滨、雪木及天生为三李者；又有以二曲、泾阳李念慈与天生为三李者。然史多以二曲、雪木、天生三者为正。

躬行礼教、崇尚气节的宗风，正如黄宗羲在《明儒学案》中所说，关学学者"多以气节著，风土之厚，而又加之学问者也"。清贺瑞麟亦谓："关中之地，土厚水深，其人厚重质直，而其士风亦多尚气节而励廉耻，故有志圣贤之学者，大率以是为根本。"（《关学续编·清贺瑞麟识》）

关学自冯从吾后，"寥寥绝响"，自李二曲起，遂"特振宗风"。李二曲学不由师，全赖自己发愤读书，"自六经、诸史、百家、列子、佛经、道藏，天文、地理，无不博览"（《国史·儒林传》）。时间久了，则有所了悟，于是独尊圣贤之学，遂"潜心濂、洛、关、闽、陆、王之学，以上溯孔孟之心传"（同上）。张载尝以"知礼成性，变化气质"为教育宗旨，李二曲亦非以学为学，更"以反身实践为事"，尝谓"孔、曾、思、孟立言垂训，盖欲学者体诸身，见诸行。充之为天德，达之为王道，有体有用，有补于世"（同上）。李二曲在躬行礼教、实行孝道方面，堪为楷模。其父李可从战死襄城，时李二曲仅十六岁，其母尝以忠孝节义督之，其"事母孝，饥寒清苦，无所凭借，而自拔流俗，以昌明关学为己任"。其母去世，遂庐墓三年。李二曲早年即有求父遗骸之打算，因母老而未能成行。母殁后，乃徒步两千里赴襄城为父立祠，这些正贯穿了他"以尊德性为本体"之旨，亦与张载重实践之风相沿。崇尚气节，是张载倡导的关学宗风。张载于宋神宗熙宁年间曾被召至京师，欲委以重任，载竟以方"自外官赴召，未测朝廷新政所安，愿徐观旬月，继有所献"为由而辞。欲倾心于道，不苟安于世，表现了其高远的气节。后虽任职同知太常礼院，亦能坚持自己关于礼制的意见。因其弟张戬坐事，遂西归，乃屏居横渠讲学。无独有偶。二曲之学"上接关学之传"，时与容城孙奇逢、余姚黄宗羲鼎足，"由是海内三大名儒，虽儿童走卒熟悉之"（《国史·儒林传本传》）。早在康熙十二年（1673），陕督鄂善以隐逸荐，"有诏起之，固辞以疾"。后又有博学鸿儒力荐，加之礼部亦以"海内真儒"荐，有官吏至其家，促其起身，李二曲竟"绝粒六日，至拔刀自刺"，竟使"大吏骇去"，终不赴。（《二曲先生年谱》卷二）。康熙四十二年（1703），皇帝西狩至山西、陕西，欲召李二曲"至关中相见"，他竟以老病卧床为由而辞，亦不赴。然康熙仍称他"读书守志，可谓完节"，并赐御书"操志高洁"及诗幅"以奖之"，最终亦不得不以"高年有疾，不必相强"为由，仅索其所著《二曲集》《四书反身录》而去。刘宗泗称李二曲"气节高迈，其于出处去就、辞受取与之间尤严"(《二曲先生年谱》卷三)。他"自誓终身不仕"(《二曲先生年谱》卷三),其叙不仕之理由盖有三:一是认为自己学问不备,不想"纯盗虚声";二是出于孝道,因感于其母彭氏"守寡鞠颐,艰难孤苦","形影相吊,未尝获一日之温饱,竟以是亡",遂不忍"远离坟墓,独冒其荣";三是认为仕与不仕,此不属个人之事,而"关风俗盛衰,故尤不可以不慎也"。在他看来,己既隐,"若以隐而叨荣,则美官要职可以隐而坐致也。开天下以饰伪之端,必将外假高尚之名,内济梯荣之实,人人争以终南作捷径矣",他"实不忍以身作俑,使风气由颠而坏"。(以上见《周至李征君二曲先生墓表》)这也许是其不仕的真正原因。显然,李二曲并非不关切国计民生,实有其苦衷。其道德风节,可谓尚矣。

眉县李柏(雪木),亦以"必学古人"之志,研习诸子百家,并能博采贯通,遂成关中一大儒。如李因笃所说,其"学业文章,诚足羽翼六经,发蒙振聩"。李柏既有济世之志,亦形隐逸之态,曾隐遁太白山十余年,故自称"太白山人"。他颇推崇张载,曾访横渠张子祠。其躬行礼教,尤重孝道,"事母至孝,备历艰辛,而色养不衰"(《国史·儒林传》)。母卒,亦如李二曲庐墓三年。生平大半归隐,追求旷达,尤尚气节。遇事光明磊落,"不投时好处","若时下之龌龊委琐之态,二三巧诈之态,则毫厘不以缁",从不奴颜婢膝,更恶种种媚态,"虽贵人前,必伸其意之欲言"。文如其人,其文总是"率出自胸臆,不蹈袭前人"。(王心敬撰《墓碣》)故,其学不为唐宋"八家"之囿,而"自成一家之言"(萧柳庵《槲叶集叙》)。虽宗程朱,而不专习程朱之书,不袭程朱之语。所著《槲叶集》,被人称为"皆大为表章于正学缺微之日,此关学再起之一机也"(高熙亭《重刊〈槲叶集〉叙》)。一生以求道为最大乐趣,更求"其心之所安"。虽"布衣终身泊如也",然"先生学道得力,抗节孤高,足维名教,视世之撄情华脧、初终易操者,固高出万万"(《王仙洲重刻槲叶集序》),人谓其"石骨木颜"(钱仪古《太白山人传》)。真可谓"志洁行芳,皎然绝俗",与二曲、天生之节操风骨相类,与横渠之实践躬行、崇尚气节之遗风一脉相承。

富平李因笃(天生)曾发愤读六经及濂、洛、关、闽诸大儒之书,其思想"恪守考亭,不参异见"。时李二曲倡良知之说,关中士人多从之游,李因笃虽与二曲友善,但仍各尊所闻,"不为同异之说"。然在躬行礼教、崇尚气节方面，俨然一如张载、二曲。虽博学但更高尚其志，故隐归乡里，"山居奉母，布褐是甘"，不与世俗同流。康熙十七年（1678），诏诸儒纂修《明史》，大臣力荐李因笃，无奈启程，十八年（1679）三月，授翰林院检讨。但到任未满两月，以母老多病，即上疏辞职归养。疏言及"求贤虽有国之经，而教孝实人伦之本"，恳言其母"年逾七旬，屡岁多病"，如"自忘其母"，"即永为名教之罪人"，所言至切。疏上，有旨放归，以乞终养。后"奉母家居，晨夕不离左右"。（江藩《宋学渊源记》）母殁后，仍坚卧不复仕。此事既可见其践履孝道，亦见其即使在权贵面前亦不轻易改其初心的气节。同时，李因笃又能急人之所急，如顾炎武（亭林）在山左被诬陷，他竟步行几千里"泣诉当事"，而使其终脱其难。故有所谓"平生高气节，急人之难"的评说。（同上）真乃"关中豪杰也"。

与崇尚气节之风格相关，关中"三李"都有一种隐逸的思想情趣。但这种"隐"与道家的"遁世"之隐异趣，应属有"造道之深，操志之洁"的儒者之"隐"。一如张载，"三李"皆心有济世之志，但不愿苟安于世；面对龃龉之徒，不愿折节事权贵，更守气节做逸贤。虽为硕儒，又归隐乡里，此权称为"儒家之隐者"。李二曲讲学关中，康熙初"以隐逸荐，后以鸿博征，皆称疾力辞"。其虽名噪关中，然自谓"不幸有此名，乃学道不醇，洗心不密，不能自晦所致"。遂"杜门断交接"，诚以隐者自居，堪为人伦之楷模。"三李"之一的雪木（李柏）亦尝读书躬耕养母，母卒后即入太白山中，"布衣蔬食，极人之所不堪"（《墓碣》），虽贫贱，但"有主于中，不动于外"（《国史·儒林传》）。每年于太白山巅一游，其目的是"登山之巅，为之尘眼空；对池之清，为之尘虑净"。并说："生平快事，孰过于是?"（《太白山人雪木李先生墓碣》）显然他这样做，主要是为了陶冶情志，故他平生最爱者陶渊明，于陶渊明之诗嚼咀尤熟。其"性郁孤愤，与世龃龉不合"（《眉县志》），这也许是其归隐的原因之一。以气节而归隐，王心敬称其"晚年高风逸韵，风动关中"（《太白山人雪木李先生墓碣》）。又，天生（李因笃）于"山居奉母"之时，有上谷陈上年者颇服天生之诗品，遣其子具车马奉书币至其家欲起用之，天生大怒，说："吾山居奉母，布褐是甘，安用此璀璨者，牵吾作裾容!"挥之使去。虽后来因太孺人之劝出而受聘，仍"岁必两省"。在职雁门之时，常有儒者因闻其名而至舍求教。后为了清静，虽屏居西安以北二百里之北山下，然"凡军机密议待决于公（天生）者，邮使相闻，络绎不绝"。对此，天生甚为厌烦，遂避地凤翔，又去了延安。他尝叹曰："名之累人，有如此夫！"（朱树滋《李文孝先生行状》）"三李"之隐虽有别，即如二曲之隐，为正风俗而隐；雪木之隐，因孤愤而隐；天生之隐，则为去名累而隐，然皆为不尚近名、崇尚气节而隐矣！

横渠、二曲、天生、雪木，皆归隐乡里，著书教授，先贤典籍，无所不博。又经世济民，关切世事，遵行孝道，奉养老母，既有经世之大略，又多淡泊之情怀，不为权贵所胁，更无奴颜媚骨，关学道脉，有见于斯矣！真关中学者之气象，实中华学人之风骨！此正与当今那些为求一官半职而不惜出卖灵魂，阿谀奉承，曲意逢迎，甚至行贿买官，极尽卑劣之能事，更无一丝廉耻心者，形成强烈的对照。故，言关学之道统，非仅以"气本"等学理论之，亦应注意其所尚之风格，这或许也是我们探讨关学源流的一个重要途径。

明清实学的思想渊源和基本特征[①]

在宋明理学之后和近代新学之间,曾兴起过实学的思潮,这既是历史的事实,也为学界所承认,学者们主张在宋明理学与近代新学之间应补上'明清实学'。[②] 不过,还应补充一句,所谓"明清实学",实指明清之际(明末至清乾嘉时期,大约为公元十六世纪中叶至十九世纪初)之实学,在时间上不宜过分延展。但对何谓实学,实学的思想渊源和特征是什么,仍然众说纷纭。或如颜元所谓"实习、实讲、实行、实用"之学,或如朱熹所谓"实理"之学,或如顾炎武所谓"修己治人"之学,或如方以智所谓"质测之学"等。既有以自然科学家为实学者[③],也有言理学乃至心学为实学者,亦有言佛教禅宗为"实学"者等[④]。其实,"实学"原本是一个相对的概念,亦即相对于"虚学"而言。然而所有的思想家都不会认为自己的学说是"虚学",否则他们就不会去"思想"。这就是我们所以能在包括许多讲玄理的思想家如程朱、陆王的论述中看到其标榜"实学"的原因。如果仅从其相对意义说,那么,几乎所有的学说都是实学了,"实学"也就失去了其确定的内涵,从而也就失去了其研究的意义和价值。看来有必要探其渊源,原其本体,明其特征,特别是要将实学与理学、实学与自然科学、实学与考据学等关系弄清楚,否则将其泛化就难以避免。

一、实学成因:远源与近因

实学之远源,实可追溯于《六经》和先秦诸子哲学的经世传统与外王

---

① 原文载葛荣晋、赵馥洁、赵吉惠主编《张载关学与实学》,西安地图出版社2000年版。

② 葛荣晋:《中国实学研究的回顾与前瞻》,载《开封大学学报》,1998年第4期。

③ 董光璧:《李时珍及其〈本草纲目〉》,见《明清实学简史》,社会科学文献出版社1994年版。

④ 黄德昌:《试论佛教禅宗的实学思想》,载《开封大学学报》,1998年第4期。

之学。早期《六经》中有经世的思想是人所共知的事实,无须考辨,如《尚书》所谓"知之匪艰,行之惟艰"的说法即有此义。清人章学诚所谓"古人未尝离事而言理,六经皆先王之政典","六经所以经世"(《文史通义·内篇一》),即道出了六经经世致用的思想特征。先秦诸子大多有经世的思想,这在孔子、墨子、孟子、荀子的思想中表现得非常明显。即使被视为超然物外的老庄之学,也仍然不离经世之旨。故司马谈《论六家要指》谓:"夫阴阳、儒、墨、名、法、道德,此务为治者也。"被后儒列入《四书》的《大学》,更以"修身、齐家、治国、平天下"之"内圣外王"之学为成圣之要。万斯同所说"知救时济世,固孔孟之家法",正是对先秦诸子以来经世思想之认同,而儒家之"外王"之道则更是儒者经世、治世思想之滥觞。

诚然,"实学"家都讲"实",与虚学相对,实学确实具有反"虚"学之道而行的相对意义。但不同的时代有不同的"虚"的表现,如汉代有经学章句之虚,魏晋有"清谈老庄"之虚,唐代有佛老"空""无"之虚,宋元明有空谈"心性"之虚等。在每一"虚"学泛滥之后,总会有一些有识之士起来批判其"虚",返"虚"为"实"而走向"实"学。当汉代谶纬风靡,"虚妄之言胜真美"之时,遂有王充因"疾虚妄"而求"情实"之《论衡》出现。当汉代空疏、烦琐的章句之学几成流弊,"一经说至百万余言"(《汉书·儒林传赞》),说经者"碎义逃难,便辞巧说","蔓衍支离,渐成无用之学"(皮锡瑞《经学历史》),迄至汉末,"章句渐疏,而多以浮华相尚,儒者之风盖衰矣"(《后汉书·儒林传》)之时,遂有以王符、崔寔和仲长统为代表的以针砭时弊、敦本务实为特征的社会批判思潮涌现。仲长统反对"慕名而不知实"(《全后汉文》卷八九),遂提出"名理者必效于实"(《考绩》)的主张。魏晋之世,文人士大夫或绝经世之志而起厌世之心,或斥虚伪的名教而寄情于老庄之虚无,于是玄学盛行,清谈成风,儒家经学传统日见凋敝。迄南北朝,佛教昌盛,道教日兴,至隋唐之世,儒、道、佛三教并存纷争,谈空论无,几成时尚。就儒学来说,"有思想者,与玄学佛学合流;无思想者,则仍守其碎义逃难之旧"(吕思勉《隋唐五代史》下),于是,隋末有如王通者以倡王道政治的经世儒学出现,中唐后约八世纪左右,又有杜佑、啖助、陆质以及韩愈、刘禹锡、柳宗元等人的经世学风之兴邦济世的精神,来挽救社会的政治危机和思想危机。先有啖助、陆质等人的经世《春秋》之兴起。在佛教的"色空"特别是禅宗"明心见性"等玄虚思想广泛影响到士大夫,社会思想出现危机之时,一部分有远见的政治家和儒学家纷纷起来救弊求治,以务实的态度使传统儒家经学兴起,继之有受其经世思想影响的柳宗元、刘禹锡、吕温等参加王叔文旨在惩治贪官、整顿财政、抑制割据、打击宦官以改革旧政的"永贞革新"的经世实践。吕温曾说:"夫学者,岂徒受章句而已,盖必求所以化人。"(《与族兄皋请学〈春秋〉书》)也强调不恪守章句而以经世为要。史学家杜佑更是批评那种脱离实际、远离现实的空疏学风,主张史学要与政治相结合,强调史学应发挥经世致用的功能。他所以在所著《通典》一书中,深入翔实地记录了历代的典章制度及其沿革,其目的正是要探寻其规律,总结其教训,以使其著作"将施有政"。故李翰在《通典·序》中概括此书"以为君子致用在乎经邦"。其《春秋》经世的思想渊源有自,其实本之于孔子《春秋》"窃取"之义,如章学诚所说:"史学所以经世,固非空言著述也。且如六经同出于孔子,先儒以为其功莫大于《春秋》,正以切合当时人事耳。""夫子曰:'我欲托之空言,不如见诸行事之深切著明也。'此《春秋》之所以经世也。"(《文史通义·内篇五》)所倡史学经世传统跃然纸上。在佛、道"空无"思想泛滥的情况下,重新以复兴儒学为旗帜,极力排佛而最激烈者,莫过于韩愈。韩愈认为佛老虽讲"治心",但"外天下国家,灭其天常"(《原道》),其追求"清静寂灭"亦与儒家正统治世精神相悖;老子虽讲道德,却"去仁与义言之",都不能经国治世。于是韩愈重倡儒家政治伦理理念,并提出儒家"道统说"以对抗佛教的法统。他自己亦走上儒家先贤所谓"修、齐、治、平"的"内圣外王"之道,入仕治民,建功立业,以经世致用为其主要的价值关切。总之,中唐后儒家的经世致用思想是对佛、道空无玄虚思潮泛滥的批判性响应,也是传统儒家积极入世进取精神和外王之学熏陶的必然产物。其经世致用的精神取向无疑对其后的中国思想界产生过影响,这些可看作此后明清实学的远源。须注意的是,这里只是将其视作实学的思想渊源,而没有也不赞成说他们已属于"实学"。

需要说明的是,秦汉以来儒学的这些有经世精神的思想家,其反佛老之空虚无用尚在表层,而未深入到内在的思想层面,表现在其主要是仅从社会人事方面出发,而没有确立起哲学本体论的基点,这一点已被宋儒看破，强调应"得天而未始遗人"。真正能从思想上反对佛老空、无本体论的是北宋初的著名思想家张载。张载曾"访诸释、老，累年究极其说，知无所得，反而求之六经"（《宋史·张载传》），其所以杀回马枪，在于他发现了佛、老所以陷入空寂虚无的真正失足之处，在于其以"有无为二"，将"体用殊绝"。于是，他以"太虚即气"的虚—气"体用不二"哲学来"统有无"、一"体用"，从而从根本上动摇了佛、老的理论根基，将其学说建立在体用统一的基础上。他说："有无隐显，神化性命，通一无二。"（《正蒙·太和》）认为有无只是气的聚、散；隐显只是气的形与不形；神化性命则是气的属性和功能。他指出老氏的"有生于无"、玄学的"以无为本"以及佛教的以"空"（无）为真、以"有"为幻是"不识""有无混一之常"，遂有了"有无之分"，并批评说："诸子浅妄，有有无之分，非穷理之学也。"（同上）同时他更进一步指出，按照老氏"有生于无"的说法，"无"出现在"有"之前，物质世界本来不存在，而是由"无"产生的（"虚生气"），这实际上是把"虚"看成无限的（"虚无穷"），而把"气"看成是有限的（"气有限"），从而把体用割裂开来了（"体用殊绝"）。佛教也犯了类似的错误，只知"体虚空为性"（即以虚无为本），而不知"本天道为用"，结果反"以山河大地为见病"（《正蒙·太和》），把世界视为空无本体之幻相。佛、老都将体与用相割裂，二者之区别只在于"庄、老言虚无，言体之无也；浮屠言寂灭，言用之无也"（王夫之《正蒙注》）。张载则以"体用不二"的方法，将被佛、老虚无化了的世界厘正为实有。重要的还在于，张载针对汉唐诸儒"知人而不知天，求为贤人而不求为圣人"（《宋史·张载传》）的"天人二本"之蔽，为解决"性与天道合一"的问题，乃超越了汉、唐儒学，而回归到先秦的儒学原典即《论》《孟》《庸》《易》，以求经世儒学之实、之真。

张载对佛、老虚无本体的批判精神，为二程、朱熹所继承，其所开出的诚、明互动的"天人合一"致思方向，亦为程、朱等宋代理学家所遵循。程颢批评"释氏无实"（《遗书》卷一三），程颐也说"学者须是务实"（《遗书》卷一八）。朱熹亦批评"释氏便只是说'空'，老氏便只是说'无'，却不知道莫实于理"（《语类》卷九五），并强调说"释氏虚，吾儒实"（《语类》卷一二六）。程、朱以"理"为实，以"性"为实，也没有否定外部世界的真实性，这就从体用两方面与佛、老寂灭、虚无之说区别开来。他们以"理"为体，以万物为用，讲"理一分殊"，所建立的新的体用关系，为封建的伦理道德提供了本体论的根据。他们讲实理、实用、实行，主张"穷理尽性""诚意正心"，以达"修齐治平"，重建起新儒学经世致用的价值系统和道德系统，使中唐以来的经世儒学建立在思辨哲学的基础上。在批判程朱理学中崛起的以陈亮、叶适为代表的浙东事功派，力排理学的空谈性理，主"实事实功"，遂开宋代经世致用之先河。宋代张载以来理学家的求实精神，是当时力排佛老的时代精神的反映，也是自唐代韩愈、李翱重倡儒学和回归原典儒学精神方向发展的必然结果，从而也成为明清实学的重要思想渊源。

当程朱将"即物穷理"与道德论的"诚意正心"沟通起来纳入一个理论体系，试图通过"格天下之物"以达到"诚意正心"的伦理目的时，矛盾出现了：如何通过"格"外物之"理"来"明人伦"，以达"仁义礼智"之道德目标？这一点，被陆九渊、王阳明发现了。王阳明说："先儒解格物为格天下之物。天下之物，如何格得？且谓一草一木亦皆有理，今如何去格？纵格得草木来，如何反来诚得自家意？"（《传习录下》）在王阳明看来，导致这一理论矛盾的症结在于朱熹"析心与理为二"，解决这一矛盾，正是阳明心学的逻辑起点。王阳明通过"心即理""知行合一""致良知"的思辨论证，使宋代理学的以"气"或以"理"为实的观念走向以"心"为实的心学方向。心学本来试图通过以"心"为体的本体论和"体用不二"的方法论来"破心中贼"，以解决如何在人们的思想中真正确立起儒家伦理的基本观念，并能切实地在生活中身体力行。程朱以"理"为实，陆王以"心"为实，且都主经世、力行，这正是明清实学学者或宗程朱（如王夫之、顾炎武），或宗陆王（如黄宗羲），或二者兼宗（如孙奇逢）的原因。但是，由于程朱理学之"理"有被悬空化的倾向，陆王心学也"本能地"对人的主体意识加以强化，并受到禅学"明心见性"的影响，遂在其发展过程中又逻辑地走向玄虚和清谈。至理学末流之蔓延，遂成流弊。明清实学正是在这种思想背景下，加之明朝灭亡的现实刺激，从清算和反思理学或心学末流空疏学风，反对清谈道德性命出发，终于走向对宋明理学（包括心学）的全面审视，这正是自理学到明清实学发展的思想逻辑，由黄宗羲、顾炎武、王夫之、颜元等为代表的经世致用学风遂成风气。自张载以来在批判佛、老空寂虚无中发展起来的经世求实的精神和理论，正是明清实学的近源；明清实学是宋元明理学发展的一个必然结果，是对理学末流空疏学风的一次反动，这是明清实学兴起的内因；而实学家们常将明亡的原因归之于理学家的空谈心性，于是，明清之际民族矛盾的尖锐化就成为实学思潮兴起的外因或诱因。由此，"实学"也就超越其相对的意义，而成为中国特定时期（明清之际）的具有确定意义的（反对理学末流空谈心性）、有着确切内涵和价值（主张经世致用）的思想学术思潮，其本质上属于中国封建社会的一次自我批判，但亦带有某种思想启蒙的性质。脱离此一旨趣而泛化实学，会使对实学本身的研究也陷于无意义的"清谈"。

二、实学的基本特征

明清之际的实学家如黄宗羲、顾炎武、王夫之、颜元等人，大多都曾入理学之营垒而又出其垒，且都带有对理学末流乃至宋明理学的反思的性质。从上面有关实学思想发展逻辑的分析可以看出，实学既不是独立的学派，也不是一种社会思潮，而是中国特定时期（明清之际）出现的一种思想学术思潮。就其学派渊源来说，它既非佛也非道，而是传统儒学发展的一个特殊的形态，本质上属于儒学，属于人文学科的范围，所以此一时期的一些自然科学家其实证求是的精神虽应作为背景而予以重视，但他们本质上不属于实学思想家。当然自然科学家也有人有其思想，但他们多是在重复别人的思想，而少有建立自己的思想体系者。清代中期兴起的考据学（朴学）承继了实学的实证求是精神，但由于特定的社会政治文化氛围，其中大多已丧失了实学的经世功能，可以说考据学是实学的变种或转化形态。愚以为，明清实学具有以下基本的思想特征：

首先，实学家都反对空疏清谈，主张经世致用。经世与反对空疏学风是相联系的。明清之际的实学家，大多继续反对佛、老之空虚并进而批评理学之空疏，而倡导经世致用。明人罗钦顺以张载的气论哲学为出发点，从反对佛禅的"空落境界"而走向主张"经世宰物"之实学，认为佛教"以山河大地为幻，以生死为轮回，以天堂地狱为报应"（《困知记》卷上），是"外于伦理"，故"不足以开物成务"（《困知记》续下）。他追求"实理"，认为从分殊中把握作为万物之本的"理"即是"博约"，谓"此博约所以为吾儒之实学"（同上），并反对佛教的"明心见性"。王廷相提出"士惟实学可以经世矣"(《王氏家藏集》卷二二),并批评程朱陆王之学为"空寂寡实之学"。张履祥批评王学"言矜骄无实",以求"经济之学"(即经时济世之学)。清初大儒顾炎武从总结明亡之教训出发,认为此时之儒者多为"清谈儒学"("昔日清谈谈老庄,今日清谈谈孔孟"),批评心学末流"以明心见性之空言,代修己治人之实学"(《日知录》卷七),主张学术必须关注社会,济世利民,强调要以"国家治乱之源、生民根本之计"为怀。他谈自己写《日知录》之目的,即是要"明学术,正人心,拨乱世以兴太平之事"(《初刻日知录自序》,《亭林文集》卷二)。王夫之虽然宗程朱,然尤推崇张载的"为生民立道""为万世开太平"的胸怀与气度,并把批判的锋芒指向陆王心学,他在清算其空疏之弊时,"欲尽废古今虚妙之说而返之实"(其子王敔语,见《大行府君行状》)。李二曲从"明道救世"的目的出发,提出"明体适用"主张,说:"明道存心以为体,经世宰物以为用。"(《二曲集·答顾宁人先生》)他反对口头圣贤、纸上道学,主张学问要达到"开物成务,康济群生"(《二曲集》卷一四)。除强调以"明道"治世者以外,也有主张以"明经"而治世者。前者主张回归孔孟的内圣外王之道,后者则主张恢复两汉经学传统,其核心都是在经世。经世的一个表现即要"救时",立足当世,针砭时弊,具有强烈的批判精神,如李贽所谓"治贵适时,学必经世",张居正所谓"究心当世之务";经世的另一表现即强调务求"实政",要打破因循,革除弊法,呼唤改革,如高拱所谓"挽刷颓风,修举务实之政";经世的第三个表现即志在救国卫民,如陈第所叹"志在经世,何论戎马经术";此外,经世之学大多改变了传统儒家的重义轻利偏向,而重视功利,如陈第所说"义即在利之中,道理即在货财之内",追求功利乃"春秋经世之道"(《一斋集·意言》)。经世之学,定要有用,无用不可以经世,以黄宗羲、万斯同、全祖望、章学诚为代表的浙东学派倡导注重史料、通经致用的风气即如此。章学诚所谓"史学所以经世",万斯同反对学者"疏于经世"及"学术与经济""判然分为两途"等皆由于此。所谓"实事实功""实用实效""实心实政""济物利民""康济群生"等都表达了这种经世的观念,这是实学的首要的和基本的特征,不经世不足以为实学。

其次,实学都反对空虚假谬,主张实证求是。经世须以"实理""实是"亦即以对事物本质的认识和真实的把握为前提,所以实学家都强调以

"实证"以"求是",崇真而黜伪。实学之求实、求是有两个方面:一是求自然、社会事物之实,所谓"真知""实理";一是求经学学术之实,所谓"实心""实学"。从第一方面说,如黄绾在对阳明心学"致良知"说"久而验之"之后,"方知空疏之弊,误人非细",遂指斥它皆由于禅——"故至今日,禅说益盛,实理益失",以之治世,"必将有害"。(《明道编》卷一)罗钦顺、王廷相、王夫之等皆强调没有悬空孤立之"理"(王夫之"事外更无悬空孤立之理"),"理"皆在事中。吴廷翰更明确指出在"物上见得理方是实",只有"验之于物得之于心乃为真知",追求事物的"真知""实理",反对"虚理"是其思维的基本取向。高攀龙不赞成王阳明"格物"即"正心"的说法,而主张"格物"即"格"自然万物之理,"一草一木""鸟飞鱼跃"等"亦皆有理,不可不格"(《高子遗书》)。此"理"并不神秘,也不空泛,即如流寓日本的学者朱之瑜所说,是"明明白白,平平常常"的"现前道理"(《朱舜水集》)。修正程朱的理事、理气观,是实学家几乎共通的做法。正由于此,实学家大多重视关乎百姓日常生活、国民生计的可切用于世的诸种技艺,如陆世仪所说"天文、地理、河渠、兵法之类,皆切用于世,不可不讲",并批评"俗儒不知内圣外王之学,徒高谈性命,无补于世"(《思辨录辑要》卷一)。顾炎武亦强调"士当求实学,凡天文、地理、兵农、水火及一代典章之故,不可不熟究"(《亭林余集·三朝纪事阙文序》)。从这一意义上说,实学已突破儒家思、孟以来建立在道德心性论基础上的"天人一体"观念和直觉思维,表现出主、客二分和对象化认知的理路。即使力主复兴汉学的清代考据学,其经世传统虽已失落,但也仍有主以学术用世者,如汪中则仍坚持考据为实,治学惟用之实学宗旨,谓"有志于用世,而耻为无用之学"(《述学·别录》)。

第二方面即求学术之实,集中表现在"经世""求实"的学术观上。在宋代庆历之后,诸儒治经不太重文字训诂而偏重于义理,有的乃至排斥先儒传注,自造文字、删经、改经以成己说,遂使先儒纯朴的注疏实证之风为之改变而流为空疏。如皮锡瑞所说:"宋人不信注疏,驯至疑经;疑经不已,遂至改经、删经、移易经文以就己说,此不可为训者也。"[1] 这样,

---

[1] 皮锡瑞:《经学历史》,中华书局1959年版,第264页。

强调学术的客观性、实证性就尤为迫切。于是有陈第、黄宗羲、顾炎武、毛奇龄、万斯同、全祖望、汪中、章学诚等学者出，反对史学、经学学术之空疏，主张经世求实的学术之风。黄宗羲主张"言性命必究于史"（章学诚语），谓"学必原本于经术"，"必证明于史籍，而后足以应务，元元本本，可据可依"。（全祖望《鲒埼亭集外编》卷一六）顾炎武认为理学、心学皆"不知本"，乃提倡"务本原之学"，即主张回归传统"修己治人"的经学，并提出"经学"即"理学"。毛奇龄更反对"以空言说经""以己意说经"，强调注经"必藉实据"。陈第虽亦求经学之实，但表现则不同，他自己"读书不读传注"，而要"以己意论断经书"，他认为读后人之注不但不一定准确，反而会形成"先入之见"，影响自己对经典原文的独立理解，但其基本精神仍在求实。清代考据之朴学因囿于特定的社会思想文化氛围而弱化了经世的功用，步入了烦琐的考据，但仍保持实证求是的实学学风，如清代考据学之集大成者阮元亦谓："余之说经，推明古训、实事求是而已。"（《研经室集·自序》）以上两方面，均表现出唯物主义的精神方向，只是前者是反对佛、老之玄虚和理学之空疏的必然结果，后者则是清算空疏章句之学和纠正理学空泛义理之偏的当然归宿。"求实"是明清之际之学旨，诚如梁启超所说："要之清学以提倡一'实'字而盛，以不能贯彻一'实'字而衰，自业自得，固其所矣。"（《清代学术概论》）

再次，实学都反对浮虚空谈，主张笃行实践。实学承继孔孟儒学身体力行、笃行实践的传统，特别反对理学末流之虚谈风气。针对王学末流之清谈，明人焦竑指出"如何学道只是口说？口说不济事，要须实践"（《崇正堂答问》）。主张要立"实心"、行"实政"，须身体力行。陈第亦谓"坐而玄论，曷若起而力行"，若"能言不能行，余所羞也"，主张"贵行不贵知"（《一斋集》）。倡以实学救国的东林学派创始人顾宪成、高攀龙在王学空言之蔽泛滥、论空谈玄之风蔓延的明代中后期，力抨其浮华学风，提倡学问要与"百姓日用"相联系，并能"躬行实践"。号称"兼采朱王"的学者孙奇逢主张为学要"躬行实践，舌上莫空谈"，并批评那些只空谈身心性命，而一遇事"便束手"的人是"腐儒曲士之流""理学之诟厉"（《中州人物考》）。黄宗羲对理学家不切世务、空谈性理的浮虚风气更是深恶痛绝，指斥理学"其所读之书，不过经生之章句；其所究之理，不过字义之从违"（《南雷文定·留别海昌同学序》）。此外，朱之瑜所谓"学问之道，贵在实行""圣贤之学，俱在践履"（《朱舜水集》），傅山亦谓"不发空言，见诸实效"（《行医招贴》手迹）。这些都与张载"学贵有用"学风一脉相承，表现出实学笃行实践、身体力行的特征。值得注意的是，实学家的笃行，已经突破儒家传统的纯粹道德践履，而在很多情况下已包括生产和社会实践，如颜元已重视生活实践的"习行"在认识中的作用，指出理学家的"致知"乃"不过读书讲问思辨已耳，不知致吾知者皆不在此也"（《四书正误》卷一）。他对"格物"进行了新的解释，认为"格即手格猛兽之格，手格杀之格"，"格"即亲自去实行、实践，"手格其物而后知至"（同上）。陈确也强调力行出真知，说"所谓行到然后知到"，"能立志，能用力，而真知出矣"。（《陈确集》）可见实学之笃行实践既有学以致用的意义，又有在社会生活中认识事物、实践思想的认识论意义。

总之，从远源和近源说，实学既是儒家经世务实传统的延续和继承，更是理学在哲学思辨层面上再造这一传统，同时又由于其哲理深化的极端化而走向反面所导致的必然结果，所以，理学特别是宋儒实的观念，是明清实学的一个重要思想渊源，但不应将理学说成实学、将理学家说成实学家，因此对实学，既不能在时间上向两极延展，也不能在形态上加以泛化。实学的基本特征是经世致用、实证求是、笃行实践，一般地说，这些特征是相互联系、相互贯通的，经世者多为能求实、力行之人，反之亦然。当然这些特征在明清之际一些实学家那里表现得并不平衡，所以，那种重于实证求是而弱于经世（如清代考据学中的一部分人）者，也应属实学之列。但有一点须说明，那种只求身心养炼而不切世务、超然物外者（如佛教、道教徒），或只重实证而不经世的单纯的自然科学家，则很难以其入实学之属的。有学者试图挖掘佛禅的实学思想或自然科学家的实学思想，虽不无启迪，但未免有将实学泛化之嫌。

张载及关学的历史地位、精神境界和人格节操①

关学开派，肇自横渠。北宋时期，在陕西关中形成了一个以张载为核心、以其创立的新儒学为特征的有全国性影响的地域性学术流派，史称关学。张载（1020—1077）一生大部分时间在陕西眉县横渠镇度过，并长期在关中讲学，人称"横渠先生"，其所创立的关学为孔孟儒学在宋代的重建奠定了坚实的理论基础，张载也因此而成为宋明理学的重要开创者之一。后人常将张载创立的关学、周敦颐的濂学、二程（程颢、程颐）的洛学以及后来朱熹的闽学并称为"濂洛关闽"，被视为宋代理学的四大流之一。

一、张载是理学史上的第一座思想高峰

理学产生于北宋，但它是长期以来佛道泛滥背景下儒学复兴运动的产物。钱穆说："治宋学必始于唐，而以昌黎韩氏为之率。"② 也就是说，理学所代表的儒学复兴运动及其所表现出的基本思想取向，可以在自韩愈以来的新儒学运动中找到它的渊源。钱穆又说："韩氏论学虽疏，然其排释老而返之儒，昌言师道，确立道统，则皆宋儒之所滥觞也。"③ 韩愈虽然没有建立起一个系统深刻的儒学思想体系，但他确立的排释老而返之儒，推崇《孟子》、高扬心性的精神方向，则开宋明理学之先河。韩愈思想的重要特点和贡献，是"反佛"和"崇儒"。不过，其反佛基本上还处于政治伦理以及夷夏之辨的层面，而没有达到思想的深层。这一点连他的学生李翱也有微词，如说对佛教"排之者不知其心，虽辨而当，不能使其徒无哗而劝来者"④，即认为他虽反佛，但却未悟佛教的心性论，自身的理论又无法与佛教相抗衡，所以达不到反佛并把人们引向正确方向的目的。其"崇儒"

---

① 原文载《陕西日报》，2017 年 6 月 29 日，第 006 版。本次收录有改动。
② 钱穆：《中国近三百年学术史·引论》，商务印书馆 1997 年版，第 2 页。
③ 钱穆：《中国近三百年学术史·引论》，商务印书馆 1997 年版，第 2 页。
④ 李翱：《去佛斋论》，见明沈寿民《闲道录》卷三，清雍正刻本。

则主要是提出了"道统"论,认为儒家的"先王之教""仁义之道"有其远较佛教更为久远的传授系统,旨在说明儒学才是中国思想的正宗文脉。"道统"论不失为反佛的一个有力武器,同时在理论上也大体勾勒出儒家的核心思想是"仁义之道",这对恢复儒家传统有其重要的价值。但其弊端也显而易见,正如有学者所说,其"有强烈的宗派性和排他性,漠视儒释道三教共弘的事实,甚至也未能公正界定思孟学派之外的儒家各派的历史价值"①。建立新的足以与佛老相抗衡的思想体系的任务,历史地落到了宋儒的身上。而在北宋,真正接过韩愈"反佛"和"崇儒"之双重任务并对其有实质性推进的,是北宋时关学的创始者张载。

就反佛来说,张载是把佛教与道教捆绑在一起,抓住"二氏"都以世界为虚幻或虚无这一共同本质来进行批判的。他以"太虚即气"为其本体论基础,以体用统一为方法,直指佛老的空无之论。他说:"若谓虚能生气,则虚无穷,气有限,体用殊绝,入老氏'有生于无'自然之论,不识所谓有无混一之常;若谓万象为太虚中所见之物,则物与虚不相资,形自形,性自性,形性、天人不相待而有,陷于浮屠以山河大地为见病之说。"②这句话虽然不是直接指向佛道二教,但他深刻地指出了佛老的"体用殊绝""有无混一"都把虚与气的体用统一关系割裂开来了,于是"略知体虚空为性,不知本天道为用"③,从而否定了世界的真实存在。这就从根本上驳斥了佛老的虚无世界观。张载从哲学上对佛老进行的批判,为此后理学家确立了基本的理论立场。同时他指出:"万物皆有理,若不知穷理,如梦过一生。释氏便不穷理,皆以为见病所致。庄生尽能明理,反至穷极亦以为梦。"④此说也为理学"穷理尽性"的认识论和人生修养论奠定了思想基础。

就"崇儒"而言,张载经历了一个曲折过程。他先是听从范仲淹之劝读《中庸》,虽然"翻然志于道",但仍不觉满足,"又访诸释老,累年尽

---

① 冯天瑜、邓建华、彭池编:《中国学术流变·序言》,华东师范大学出版社2003年版,第7页。
② 张载:《正蒙·太和》,见《张载集》,中华书局1978年版,第8页。
③ 张载:《正蒙·太和》,见《张载集》,中华书局1978年版,第8页。
④ 张载:《张子语录中》,见《张载集》,中华书局1978年版,第320页。

究其说，知无所得反而求之《六经》"①，也就是说，他是曾访诸释老而后归之于儒的。后又与二程"论道学之要"，对儒学更有充分的自信，说："吾道自足，何必旁求！"②但张载对儒学不仅仅是"继承"，而是"勇于造道"③，他深刻反思了秦汉以来儒学"知人而不知天，求为贤人而不求为圣人"之"大蔽"④，没有走以注疏为主的汉唐经学之路，而是主要通过对《易》《论》《孟》《庸》"俯而读，仰而思"⑤的艰苦力学，遂直接向先秦孔孟"内圣外王"的义理之学回归。他接受并阐发了秦汉以来易的宇宙论架构、孔子的礼论和以"仁"为核心的伦理思想、《中庸》的"道性"论和孟子"尽心知性知天"的心性论，沿着孔曾思孟的路子以求其"自得"，建立了"以易为宗，以《中庸》为体，以孔孟为法"⑥的贯"性与天道合一"⑦的思想体系。活跃于北宋庆历、熙宁时期的所谓"北宋五子"（周敦颐、邵雍、张载、二程），都不同程度地影响了理学的形成和发展。一向被视为理学开山祖的周敦颐，以援道入儒的方式，为理学的形成起了重要的奠基作用。他在《太极图说》中，一改孔子不大讲"性与天道"的倾向，而把道教的宇宙论与儒家心性论结合起来，确立了将"宇宙—伦理"相贯通的"天人合一"思想模式。由周敦颐开出的"合老庄于儒"的天人合一致思趋向，已大致规定了宋明时期思想发展的基本方向。不过，周敦颐的思想受道教的影响较大，其系统的新儒学体系并没有严整地建构起来。邵雍以讲先天象数学著称，他的"先天学"渊源于道教方士的"先天图"，只是他将其与汉代易学象数体系结合起来，以易的八卦说为基础，以其象

---

① 冯从吾著，刘学智、孙学功点校整理：《冯从吾集》卷二一《关学编》，西北大学出版社2015年版，第415页。

② 冯从吾著，刘学智、孙学功点校整理：《冯从吾集》卷二一《关学编》，西北大学出版社2015年版，第415页。

③ 黄宗羲原著，全祖望补修：《宋元学案》卷首，中华书局1986年版，第3页。

④ 朱轼康熙五十八年本《张子全书序》，见《张载集·附录》，中华书局1978年版，第396页。

⑤ 吕大临：《横渠先生行状》，见《张载集·附录》，中华书局1978年版，第383页。

⑥ 朱轼康熙五十八年本《张子全书序》，见《张载集·附录》，中华书局1978年版，第396页。

⑦ 张载：《正蒙·诚明》，见《张载集》，中华书局1978年版，第20页。

数的数量关系推演天地万物，把象数视为最高的法则。他的这套烦琐复杂的象数体系在理学的形成过程中有一定的影响，但并不占主导地位。二程是与张载并时的学人，他们之间交往比较密切，相互之学术切磋也比较多，他们曾在京师相会，"共语道学之要"。张载与二程在哲学本体论上有所不同，二程主张"理"为最高范畴，张载则以"太虚一气"为最高范畴，对此二者也有过多次思想的交锋。张载、二程的思想都深刻地影响了南宋的朱熹，朱熹建构的"理本气末""即物穷理""心统性情""涵养主敬"的理学体系，显然受到张、程的影响，但受二程的影响更大一些，加上师承上的关系，史上常将"程朱"并称，以其为理学的正宗。相较于"北宋五子"中的其他几位，张载的思想体系是严整而深邃的。从一般的意义上说，宋明理学的一些基本范畴和重要命题，在张载那里已经提出或见其端倪；理学心性论的基本理论框架在张载那里已见雏形；张载批判佛老的态度成为理学家的基本理论立场；张载提出的"天地之性""气质之性"的人性论和"变化气质"的工夫论，"德性之知""见闻之知""心统性情"和"立诚""尽性"的认识论和道德修养论，也多为包括二程、朱熹在内的理学家承继和阐发。张载《西铭》所阐发的"民胞物与"的伦理境界，也为宋明诸儒力加推崇。故冯从吾评价张载说："其学以易为宗，以中庸为体，以礼为的，以孔孟为法，穷神化，一天人，立大本，斥异学，自孟子以来，未之有也。"① 可见，他在北宋时所达到的理论高度，不仅孟子以降无人及之，也把北宋理学推向峰巅。他的思想在宋明理学史上独树一帜，成为理学的真正开创者和奠基者。如果说宋代张载、朱熹和明代的王阳明是理学史上三座高峰，那么张载就是理学史上的第一座高峰。

随着张载理学思想学说的日渐成熟，在他的周围逐渐形成了一个有独特风格的学术团体，此即关学。吕公著在向神宗举荐张载时说："张载学有本原，西方之学者皆宗之。"②宋胡安国说："关中有张载，皆以道德名世，公卿大夫所钦慕而尊师之。"③清人张伯行也说"其学当时盛传于关中"，且

---

① 冯从吾著，刘学智、孙学功点校整理：《冯从吾集》卷二一《关学编》，西北大学出版社2015年版，第416页。
② 冯从吾著，刘学智、孙学功点校整理：《冯从吾集》卷二一《关学编》，西北大学出版社2015年版，第415页。
③ 《二十五史·宋史》，上海古籍出版社、上海书店1986年版，第1464页。

"自成一家之言"①，且出现"当令洙泗风，郁郁满秦川"②的盛况，可见关学在张载去世时已成规模。只是因张载去世过早，其弟子为弘扬道学，有的投奔二程门下，关学曾一度陷于低潮，但到元明后则出现"中兴"，之后直到清末，关学统绪一直未有中断。

"关学"绝非一般意义上的"关中之学"，而是指张载以来的关中理学。在史家看来，"关中有横渠出，若河南二程、新安朱子后先崛起，皆以阐圣真、翼道统为己任，然后斯道粲然复明"。此"道"即自先王以迄孔孟以来的儒家道统，此一道统经宋儒周程张朱的阐释，后之关中诸儒，"虽诸君子门户有同异，造诣有浅深，然皆不诡于道"。③ 所以，从广义上说，关学是指由张载开创及其后一直在关中传衍着的理学的统称；而狭义的关学，则指张载及其后在关中流传的与张载学脉或宗风相承或相通之关中理学。事实表明，关学是一个有本源根基、学脉传承、学术宗旨，风格独特而又开放包容的多元的地域性理学学术流派。

二、张载"四为"的使命意识

王夫之说："张子之学，上承孔孟之志，下救来兹之失，如皎日丽天，无幽不烛，圣人复起，未有能易焉者也。"④这是对张载思想价值的充分肯定。而这一切的取得，都是建立在他强烈的使命意识基础上的。

关学在其传衍的过程中，虽然其学术观点或旨趣屡有变化，但其文化精神则前后一贯，且一脉相承。赵馥洁先生曾将其概括为"立心立命"的使命意识、"勇于造道"的创新精神、"崇礼贵德"的学术主旨、"经世致用"的求实作风、"崇尚节操"的人格追求、"博取兼容"的治学态度等六个方面⑤。而最有特色的则是关学学人的"立心立命"的使命意识和"崇尚节操"的人格追求。

---

① 张伯行康熙四十七年本《张横渠集序》，见《张载集·附录》，中华书局1978年版，第3964页。
② 司马光：《又哀横渠诗》，见《张载集》，中华书局1978年版，第388页。
③ 冯从吾著，刘学智、孙学功点校整理：《冯从吾集》卷二一《关学编》，西北大学出版社2015年版，第410页。
④ 王夫之：《张子正蒙注·序论》，中华书局1978年版，第3页。
⑤ 赵馥洁：《关学精神论》，西北大学出版社2015年版，第6—18页。

第五章　张载及关学的思想特征与宗风

最能体现张载博大胸怀、精神气象和学术使命的，是他的著名的"四为"句，这就是："为天地立心，为生民立命，为往圣继绝学，为万世开太平。"① 黄百家所以称其"自任之重如此"②，即认为这是张载为自己确立的重大的历史使命和责任担当，此点尤开显了儒家广阔的胸怀和宏大的气度。

"为天地立心"体现了张载宏大的理想、抱负，张载主张一切有社会担当和有责任心的志士仁人，都应顺应宇宙万事万物的规律，自觉肩负起为社会确立精神方向和价值系统的历史使命。在张载看来，"天无心，心都在人之心"③。是说，天地本无心，但人要为天地立心。人为天地所立之心，就是"天理"之心、仁心。张载说："大抵言'天地之心'者，天地之大德曰生，则以生物为本者，乃天地之心也。"④故《宋元学案》谓："人者，天地之心也。仁，人心也。人而不仁，则天地之心不立矣。为天地立心，仁也。"⑤ 可见"为天地立心"，既是一个宇宙论的命题，也是一个价值论的命题。张载思想的特点是"天人合一"，从"天人合一"的意义上去理解"为天地立心"，一方面要立"认知心"（明），强调人要充分发挥自己的认识能力，去认识和把握宇宙万物的本质和规律；另一方面要立"道德心"（诚），"天地之心"就是善的天德良知，就是仁心。"为天地立心"，就是要努力为社会建立一套以仁义礼智信、孝悌忠恕等道德伦理为核心的价值系统。

"为生民立命"，是张载要为民众提供做人的基本准则、精神方向和价值目标。"生民"指民众。"立命"即"立道"。"立命"一词出自《孟

---

① 此句史籍所见有异。《宋元学案》卷一七《横渠学案上》、卷八三《斛峰书院讲义》所引作此，清朱轼康熙五十八年本《张子全书序》同此。《拾遗·近思录拾遗》、南宋《诸儒鸣道》本所收《横渠语录》、南宋末吴坚刊本《张子语录》则作："为天地立心，为生民立道，为去圣继绝学，为万世开太平。"元儒真德秀《西山读书记》"立命"作"立极"。
② 黄宗羲原著，全祖望补修：《宋元学案》卷一七，中华书局1986年版，第664页。
③ 张载：《经学理窟·诗书》，见《张载集》，中华书局1978年版，第256页。
④ 张载：《横渠易说》，见《张载集》，中华书局1978年版，第113页。
⑤ 黄宗羲原著，全祖望补修：《宋元学案》卷八五，中华书局1986年版，第1861页。

子·尽心上》：“存其心，养其性，所以事天也。夭寿不贰，修身以俟之，所以立命也。”按照汉赵岐的解释：“修正身心，以待天命，此所以立命之本。”①强调人要修正身心，养性事天。就是说，张载把引导民众确立正确的生活准则和精神方向作为其奋斗的目标，以便帮助他人安身立命，确立起生命的意义。在这里，张载是要通过自己的努力，给人们寻找一个精神的家园，使之有一个安身立命之所。"为生民立命"体现了张载崇高的精神追求。

"为往圣继绝学"，"往圣"，指历史上的圣人。"绝学"，指历史上受所谓"异端"思想（主要指"佛老"）或杂学冲击而被中断了的儒家传统。这个传统包括学统和道统。儒家道统相传是由尧、舜、禹、汤、文、武、周公以至孔子一直传承着的"先王之教""仁义之道"。唐代韩愈曾指出，这个道统自孟子之后受佛教、道教的冲击而中绝了。张载以崇高的使命意识和无畏的担当精神，要在"学绝道丧"之时，承载起传承和弘扬儒家道统和学统的历史使命，通过"立大本，斥异学"，建立起"一天人、合内外"的足以与佛老相抗衡的新儒学体系。故王夫之称赞道："往圣之传，非张子其孰与归！"②"为往圣继绝学"既体现了张载的学术使命，也彰显了张载的价值追求，同时也为此后理学的发展指明了精神的方向。

张载"立心""立命""继绝"的最终目的，在于实现终极的社会理想："为万世开太平。""太平""大同"等观念，是周公、孔子以来的社会理想。即认为只有施"仁政"和"礼治"，才能达到"大道之行""天下为公"的"太平""大同"社会。古人认为到了"大同"时代，社会政治清明，人们诚实守信，邻里和谐相处："选贤与能，讲信修睦。"同时人都能以仁爱之心对待他人："不独亲其亲，不独子其子，使老有所终，壮有所用，幼有所长，矜寡孤独废疾者，皆有所养。"社会公平，财富均等，社会秩然有序："男有分，女有归，货恶其弃于地也，不必藏于己"，"谋闭而不兴，盗窃乱贼而不作，故外户而不闭"。（以上引《礼记·礼运》）这种理想化的社会状态虽然在古代并不曾有过，但是作为一种理想总能给人树

---

① 李学勤主编：《十三经注疏·孟子注疏》，北京大学出版社1999年版，第351页。

② 王夫之：《张子正蒙注·序论》，中华书局1978年版，第4页。

立一种努力向往的目标。张载和孔子一样，非常憧憬"三代"那样的行"仁政"和"礼治"的社会。在他看来，通过实行井田制，以实现"足民""均平"的社会诉求，天下就会长治久安。所以张载一直以恢复"三代"为自己的政治理想。重要的在于，张载以更宽广深远的视野，把这种理想的社会状态推之于"万世"，以为人类谋求永久太平、安定、祥和的社会为愿景，这种胸襟和气度，是和张载对儒家理想的坚信不疑、对儒家情怀的深切体悟分不开的。

总之，张载的"四为"句，反映了士人对民众生活原则、精神价值、生活意义、学统道统传承、政治理想的不懈追求，表现了张载宽广的胸襟与博大的情怀，也彰显了关学学人的文化精神，故一直以来为关学学人和历代士人所尊奉。

三、"民胞物与"的胸怀和境界

张载把《正蒙》第十七篇《乾称》开头的一段话抄录在西边的窗户上，称《订顽》。程颐将其改为《西铭》，对其备加推崇，甚至将之与《论语》《孟子》等相提并论。程颐称赞说："《西铭》明理一而分殊，扩前圣所未发，与孟子性善养气之论同功，自孟子后盖未之见。"①张载在《西铭》中说："乾称父，坤称母；予兹藐焉，乃混然中处。故天地之塞，吾其体；天地之帅，吾其性。民吾同胞，物吾与也。"② 意思是说，天是我的父亲，地是我的母亲，人都是天地所生，和万物一样生存于天地之间，在宇宙间其实是很藐小的。人"皆得天地之理以成性，得天地之气以成形，我与民物，其大本乃同出一源"③。所以，天下的人都是我的同胞兄弟，天地间的人和物都是我的同伴朋友，我们对他人都应该像兄弟一样去对待，对万物也应像对人一样去关爱。张载在"万物一体""天人合一"思想基础上，提出的"民吾同胞，物吾与也"的思想，被后世学者概括为"民胞物与"。明代徐渭说："坐观蚁穿鸟啄之惨，竟何民胞物与之仁？"④这是将张载上述

---

① 《宋史·张载传》，见《张载集·附录》，中华书局1978年版，第378页。
② 张载：《西铭》，见《张载集·附录》，中华书局1978年版，第62页。
③ 曾国藩：《曾国藩家书》，华龄出版社2002年版，第187页。
④ 徐渭：《杂著》，见《徐文长文集》卷三〇，明刻本。

说法概括为"民胞物与"的较早文献。清曾国藩也说:"后世论求仁者,莫精于张子之《西铭》。彼其视'民胞物与',宏济群伦,皆事天者性分当然之事。"①以"民胞物与"为天赋予人的道德本性,并认为这是《西铭》的核心思想。徐、曾二人均将其视为孟子之后论仁求仁的精华思想而加以赞许。

"民胞物与"的哲学基础,是儒家"万物一体""天人合一"的思想。在张载看来,之所以天地是我们的父母,世间民众是我们的兄弟,万物是我们的同伴,就在于包括人在内的宇宙万物,都因气化而有生,同禀气而成性。显然,张载以为万物禀赋的气决定人性和万物之性。这样,从禀赋之气所承载的价值意义上说,所有的人与物都是平等的,都应该共享应有的公平,因此就必须以"民胞物与"的态度,看待和处理人与人、人与物的关系。"民胞物与"包括"民胞"和"物与"两个方面。就"民胞"来说,作为每一生命个体的人,既生于天地间,就必须自觉地"与天地合其德,与日月合其明"(《周易·乾卦》),应该尽自己的伦理责任,履行自己的道德义务,对他人尽忠,对亲人尽孝;同时也要以仁爱的德性,关爱社会上生存状态各异的族群,特别要关爱那些弱势的群体。故张载在《西铭》中说:"尊高年,所以长其长;慈孤弱,所以幼其幼。""凡天下疲癃残疾、惸独鳏寡,皆吾兄弟之颠连而无告者也。"②强调既要尊长慈幼,还要关爱那些"疲癃残疾"和"惸独鳏寡"的人,把天下残疾孤苦、受苦受难、无处申告的弱势群体,都视为自己的兄弟姐妹。就"物与"来说,就是要以仁爱的德性对待宇宙间的万物,将其视为人类的同伴而平等地予以关照。既如此,就要引物为同类,秉持人与自然共生共存的理念,而不应为了自身的生存无限度地征服自然,甚至以牺牲其他物类的生存为代价。张载把自然万物视为人类同伴的观点,在当前环境污染、生态失衡等严重制约着社会全面、协调、可持续发展的情况下,对于遏制不尊重自然、不注意环境保护而一味向自然索取的做法,对于共同营造和谐宜居的人类家园,无疑具有积极的导向意义。可以看出,张载的"民胞物与"是从"万物一体""天人合一"的宇宙论出发来论仁求仁的。

---

① 曾国藩:《曾国藩家书》,华龄出版社 2002 年版,第 187 页。
② 张载:《西铭》,见《张载集·附录》,中华书局 1978 年版,第 62 页。

张载的"民胞物与"在儒家传统中有其深刻的思想渊源。《论语》说"泛爱众,而亲仁","四海之内皆兄弟",《孟子·尽心上》说"亲亲而仁民,仁民而爱物"。孔、孟主张要广泛地爱众人,把四海之内的人皆视为兄弟;要推己及人,"老吾老以及人之老";要关爱天地间禽兽草木等物,对其"取之有时,用之有节"①。儒家先贤的这些主张,已蕴涵着张载所说"民胞物与"的理念。《礼记·礼运》所说的"以天下为一家,以中国为一人""大道之行也,天下为公"的理想社会,也鲜明地包含着公平、平等和博爱的观念,其所说"人不独亲其亲,不独子其子;使老有所终,壮有所用,幼有所长,矜寡、孤独、废疾者皆有所养",就是强调要给包括所有弱势群体在内的人们以各自所需要的关爱,这里已有了鲜明的博爱情怀。唐代韩愈说"博爱之谓仁"②,把儒家的仁爱观提升到博爱的高度。到张载提出"民胞物与",已从宇宙论和价值论相统一的层面,在"万物一体""天人合一"的意义上讲一体同类,从而把人间大爱传递和扩展到广泛的人际和物类。传统儒家那种建立在血缘基础上的仁爱,也就被深化为以禀气而成性为基础的博爱,儒家的仁爱思想被向前大大地推进了一步。二程也说"仁者浑然与天地万物同体"③,王阳明讲"仁者以天地万物为一体"④等,其所包含的博爱思想,都与张载所说"民胞物与"相通。

张载的"民胞物与"思想,一直影响着历代中华儿女,成为人们以仁爱之心处理人己关系、人物关系的境界追求和方向指引,是中华民族和谐发展的重要价值理念,更是当今打造人类命运共同体的重要思想渊源。只有坚持"民胞物与"的理念,把乾坤宇宙看作一个共同的家园,视"天下一家",才能把世界各国人民对美好生活的向往变成现实。正如习近平所说:"中华民族历来讲求'天下一家',主张民胞物与、协和万邦、天下大

---

① 朱熹:"爱,谓取之有时,用之有节。"见《四书章句集注·孟子集注》,中华书局1983年版,第363页。

② 韩愈撰,马其昶校注:《韩昌黎文集校注》,上海古籍出版社1987年版,第13页。

③ 《湛甘泉先生文集》卷七:"'天下非身外也'一句甚好,甚得《西铭》理一及程子'仁者浑然与天地万物同体'之意。"清康熙二十年黄楷刻本。

④ 王守仁撰,吴光、钱明等编校:《王阳明全集》卷一,上海古籍出版社1992年版,第25页。

同，憧憬'大道之行，天下为公'的美好世界。"① 可以看出，张载的"民胞物与"是当今在国际关系中"同心打造人类命运共同体"理念的重要思想资源。

四、关学学人的独立人格和气节操守

张载开创的关学学脉一直没有中断，关学学风也持续被承传弘扬。较早受学于张载之门者，有蓝田"三吕"（吕大忠、吕大钧、吕大临）以及范育、苏昞、游师雄等，他们中的许多人终身恪守张载的学术宗旨。吕本中说："伊川先生尝至关中，关中学者皆从之游，致恭尽礼。伊川叹'洛中学者弗及也'。"②全祖望也曾说："关学之盛，不下洛学。"③张载可考见的弟子除上述外，还有潘拯、薛昌朝、李复、邵清、田腴、张舜民等，其中吕大钧、吕大临、苏昞、范育等人对关学的形成与发展起了重要的作用。在张载诸弟子身后，关学在师承上虽不像洛学那样有一个绵延久远的授受序列，但张载思想及其关学精神则一直代代承传。元代有杨奂、杨恭懿、萧维斗、同恕等；明代有王恕、王承裕、薛敬之、吕柟、韩邦奇、马理、冯从吾、张舜典等；清代有李二曲、王心敬、王建常、李元春、贺瑞麟、柏景伟、刘古愚、牛兆濂等，牛兆濂可视为传统关学最后一位大儒。从《关学编》及《关学续编》等关学学术史著作可知，关学统绪延绵不绝，其"源流初终，条贯秩然耳"（王心敬《关学编序》）④。随着时代的变化，关学的学术旨趣虽有所变化，但"横渠遗风，将绝复续"⑤，关学精神，世代相承。

关学学人都有一个鲜明的特征，那就是重视礼仪教化，主张身体力行。前者造就了关中文化隆礼重仪的古朴雅韵，后者使关中文化涌动着鲜活的生命力。那种"敦善行而不怠"、坚持真理、不畏权贵，不苟且、不合污的

---

① 2017 年 12 月，习近平总书记在中国共产党与世界政党高层对话会上的主旨讲话。参见《光明日报》2018 年 2 月 23 日《兄弟同心，其利断金》一文。

② 吕本中：《童蒙训》卷上，明刻本。

③ 黄宗羲原著，全祖望补修：《宋元学案》卷三一《吕范诸儒学案序录》，中华书局 1986 年版，第 1095 页。

④ 王美凤整理编校：《关学史文献辑校》，西北大学出版社 2015 年版，第 61 页。

⑤ 王美凤整理编校：《关学史文献辑校》，西北大学出版社 2015 年版，第 3 页。

精神节操，"无求生以害仁，有杀身以成仁"的理想信念，"不降其志，不辱其身"的人生信条和"富贵不能淫，贫贱不能移，威武不能屈"的大丈夫人格，一直使儒家的优良传统闪烁着熠熠光芒。这里要特别提及的是，在张载身上所凝结的坚持真理、不畏强权的风骨，刚正不阿、崇尚气节的道德人格和节操，在历代关学学人身上依然鲜明地得以持守和光大。

神宗熙宁二年（1069），因时为御史中丞的吕公著的推荐，宋神宗召见了张载，并与他讨论治国之道。张载在阐述自己以"三代之治"为目标的政治理想时，强调经济上要调整好分配关系，不要两极分化，还提及对民众的教育等问题。神宗听后非常赞赏，准备委以重任，但他却推辞了，说"臣自外官赴召，未测朝廷新政所安，愿徐观旬月，继有所献"①。以后王安石又找到他，请他参与新政，大概因为在改革观念上的分歧，他没有听从。后来，其弟张戬因上书反对王安石变法而被贬职，他感到很不安。本来他做官是为了实现自己的政治理想，既然理想难以实现，于是他便决定退隐，辞官回乡。张载一直强调"大义大节须要知"②，"气节之士，冒死以有为"，主张"欲身行之，为事业以教天下"③。他自己平生"于公勇，于私怯，于公道有义，真是无所惧"④，在公道大义面前，他从不畏惧，而于私，则了无所求。张载诚心为公道和理想而献身，当理想不能实现时，决不为一官半职而苟且、而阿时附势。这种重大义大节的精神，在此后形成了关学特有的坚持真理、不畏强权的风骨，刚正不阿、崇尚气节的道德人格和节操。并一直影响了历代的关学学人。试举二例：

长安冯从吾（号少墟），在他生活的明万历、天启年间，朝廷腐败，宫廷宦官权势很大，一些官僚文人往往向他们投靠。冯从吾则保持其节操，拒绝与之往来，且不畏强权，敢于仗义执言，被人戏称为"吃生猪肉"者。明神宗朱翊钧中年后日日深居宫中，沉湎酒色，不理朝政。面对长期潜伏的社会危机，冯从吾不顾个人安危，冒着杀身的危险，在皇太后长秋节之日上书《请修朝政疏》。这份奏疏把矛头直指皇帝，指斥神宗"倦于窈窕

---

① 冯从吾著，刘学智、孙学功点校整理：《冯从吾集》卷二一《关学编》，西北大学出版社2015年版，第416页。
② 张载：《经学理窟·义理》，见《张载集》，中华书局1978年版，第272页。
③ 张载：《横渠易说》，见《张载集》，中华书局1978年版，第130页。
④ 张载：《经学理窟·自道》，见《张载集》，中华书局1978年版，第292页。

之娱而晏眠终日，不然，何朝政废弛至此极也"，规劝他："勿以天变为不足畏，勿以人言为不足恤，勿以目前之晏安为可恃，勿以将来之危乱为可忽！"并直言："天下之心岂可欺乎！"① 神宗顿时大怒，立即传旨"廷杖"，后由于大臣们出面联保，方幸免于难。然终因他不愿结交权贵，不愿和腐败势力同流合污而被罢官。冯从吾回到长安后闭门谢客，专心致力于著述和讲学。在他的努力下，关中书院应运而生。明熹宗时，宦官魏忠贤专权，大肆镇压东林党人和正直的士人，冯从吾遂受牵连，但他决不屈服。天启六年（1626），魏忠贤下令毁天下书院，派爪牙到陕西拆毁关中书院，冯从吾痛心疾首，饮恨而死。

明末清初的周至李颙（号二曲），学识渊博，闻名海内，连皇上也非常仰慕他。但他因民族情怀和个人精神追求等原因，终生不仕。康熙十二年（1673），陕西总督鄂善以"一代真儒"向朝廷荐举二曲，二曲以疾固辞。康熙十七年（1678），兵部主政房廷祯又以"大儒宜备顾问"荐举，抚军亦以"博学鸿辞"荐，朝廷催迫紧急，守令至门，敦逼上道，他仍以疾固辞，至此卧病，终不赴。但地方官员不肯罢休，命人欲强行将二曲从当时寓居地富平用床抬至西安，欲其赴任，二曲遂以绝食抗拒，滴水不入口者五昼夜。地方官见势不可强，只好作罢。康熙四十二年（1703），康熙帝西巡，欲召见他，二曲仍以疾固辞，康熙帝无奈以"高年有疾，不必相强"准许，赐御书"操志高洁"匾额，并制《金山诗》一幅赐之。这充分彰显出李二曲的铮铮铁骨与气节！王阳明说："关中自古多豪杰。"② 诚哉斯言！

张载创立的关学绵延八百余年，作为理学的重要一脉，在其漫长的历程中，以其鲜明的特色，为中华民族的智慧宝库增添了浓墨重彩的一笔。其思想学说和精神境界不仅在历史上发生了重大的影响，而且在今天的现实生活中仍有着重要的价值，是陕西历史上极其珍贵的精神财富和文化资源。关学的文化精神，不仅在历史上影响了一代代关中士人的风格、品行和节操，而且以其在社会生活中的丰厚遗存和深刻影响，仍然在塑造和培

---

① 冯从吾著，刘学智、孙学功点校整理：《冯从吾集》卷二一《关学编》，西北大学出版社2015年版，第361—362页。

② 王守仁撰，吴光、钱明等编校：《王阳明全集》卷六《答南元善》，上海古籍出版社1992年版，第211页。

育着当代关中人的精神风貌和行为方式，培育着关中乃至陕西人纯朴、质实、耿直、坚韧、诚信的文化性格，也对关中乃至陕西人形成求真务实、勇于担当、恪守正道、博取包容的品格和精神风貌有着重要的影响。

张骥《关学宗传》的学术史意义[①]

关学自北宋张载创立之后，其学脉传承八百余年绵延不绝。但对关学史的记述和研究，直到明冯从吾方开先河。冯氏因对关学诸贤"私淑有日"，于是借"山中无事""取诸君子行实，僭为纂次，题曰《关学编》，聊以识吾关中理学之大略"，其所搜关学至明万历岁学人行实仅33人。其后有清代王心敬、李元春、贺瑞麟、柏景伟等人对冯从吾之后至清末杨损斋等多位学人的行实进行了续补、增订，于是出现了数个在内容上交互出入的《关学续编》。这些关学史文献为厘清关学源流及传承谱系，提供了重要的文献资料。但是，上述关学史文献其不足在于：一是对关学学人收录的原则不太明确，同时也有诸多遗漏；二是重学人的行实，而对其思想文献未能以必要的形式加以展现；三是对关学传承的宗脉关注和体现得不够，看不清楚关学学人之间的内在传承关系。令人感慨的是，沿着前人的足迹前行，尽力克服上述不足的，不是一位关中学人，而是一位四川籍双流学人，他叫张骥。这一方面说明关学当时有全国性的影响，另一方面也说明四川学人张骥有强烈的担当意识。

民国初年，四川成都双流人张骥侨寓关中，颇"留心关学"，他洞察到在中国向近代社会转型的背景下，"关学之式微久矣"的景况，不过他并不认为关学在明清以来的发展传承无"坠绪之可寻"，无"文遗之足录"，他深悟王阳明所说"关中自古多豪杰"的评说，又坚信关学学人"流风余韵，犹有存者"，于是决心在前人研究的基础上撰写《关学宗传》，以彰显"关学之兴替，大道之存亡"。他注意到《关学编》及诸《关学续编》等关学史著作，"卷帙寥寥，搜罗未广"，又特别忧虑"诸儒学说都付阙如，后学问津，茫无把握，关学奥义未窥，邹、鲁之渊源何接"，于是，他以强烈的社会担当意识，慨然以道自任，"东游二华，北过三原""西望凤翔，南

[①] 原文载《湖南大学学报》，2017年第4期。本次收录有改动。本文所引张骥《关学宗传》文，见王美凤整理编校《关学史文献辑校》，西北大学出版社2015年版。

瞻周至","遍访荆门之故墟,问石渠之旧侣"(以上见《自叙》),在广泛搜集资料的基础上,效仿周海门《圣学宗传》、孙夏峰《理学宗传》的编纂体例,采集书籍一千三百余种,历时三寒暑,撰成《关学宗传》一书。该书收录了从宋代张载以迄清末柏景伟、刘古愚等在内的二百四十余位学人的传记及学说,成为迄今收录关学学人最多的关学史文献。

张骥的生平,因文献缺乏,我们知之甚少。《关学宗传·自叙》末署"辛酉秋双流张骥",知其成书于民国十年,即1921年,作者为双流人。又从他所说"吾寓关中",说明他曾侨居关中。另据1992年四川省双流县志编纂委员会编纂的《双流县志》,张骥字先识,生于1874年,卒于1951年,光绪年间中举,曾游宦陕西,在米脂(今陕西米脂县)、肤施(今陕西延安市)等地任过知县。民国年间,张骥回到成都,弃政从医,开设"义生堂"治病济世,故县志所载其著作多为医药类,如《内经药钥》《内经方集注》等,而未提及《关学宗传》。这一方面说明《关学宗传》为其早年著述,且流传不广;另一方面也说明他后来在医学上的成就远超过其思想史方面的成就。不过,仅此一部思想史著述,也说明了蜀学与关学曾发生过交往的关系。

《关学宗传》一书的特点及学术史意义在于:

第一,《关学宗传》的编写有着明确的指导思想和严谨的体例。一是关于选入原则。宋以来关中历史上学人众多,何人可入"关学宗传"?这是关乎对关学概念如何理解的关键问题之一,这一问题至今仍有争议。可喜的是,张骥当年已对此有过明确的界说。如果广泛地把儒学学人尽皆选入,该书就不可能是一部"关学"的宗传;如果把一些从政的、文学的儒学学人不予选入,又可能把其中个别"学术深纯"的"粹然儒者"拒之门外。看来如何选择学人,张骥确实费了一些心思。他最后确定的原则是"以理学为范围",这就与冯从吾《关学编》所说为了"识吾关中理学之大略"(《关学编·序》)的想法相一致。就是说,他们明确地把关学界定为张载以来的"关中理学"。同时也说明,他理解的关学,不是一般意义上的"关中之学",而是张载以来的"关中理学"。只是他虽坚持以理学为范围,但是对于个别主要精力在政事、文学方面的学者,从孔子"圣门四科"的分类原则出发,灵活地加以处理,如事功方面的南大吉(瑞西元善)、文学方面的文祥凤(文青)等人,书中亦"并及之"。其二,他以"关中理学"

为限，确定其选入者必须是关中人氏，所以他确立了"以地系人"（《例言》）、"在关言关"（《自叙》）的原则，所以即使如三吕、冯从吾、李二曲等曾因在各地讲学，虽"及门半天下"，但其门下若不是关中"此邦之人"，亦不予选入，如曾把张载关学传之南方的周浮沚、沈彬老等"虽横渠再传"者，"亦不敢附入"。由此，如极推崇张载《正蒙》且称要"希张横渠之正学"的王夫之，也无缘进入。其三，其撰写的原则是"以本传为经，学说为纬，立传则以本事为凭，录语则以全书为据"（《自叙》）。文中对每一位学人的介绍，其生平以本传为经，以学说为纬，其立传又以正史所述本事为凭据。对于正史无传者，如二程之舅侯无可、可之好友申颜，则"博采诸书，分别增入"。所录语录、文录则以各自全书为依据。其撰述原则之明确，撰写体例之严谨，学术态度之严肃，堪称典范。

第二，《关学宗传》体现了作者对关学史发展脉络较为准确的把握。张骥认为关学在由张载创立之后，其发展在不同时期因与当时学术思想流派相融合，从而表现出不同的特点。其先与洛学、闽学的理学派相融合，继之又与陆王的心学相融合，反映出关学的开放性、包容性特征。张骥指出，关学在宋代，基本上是传扬张载"师旨"的，他说："昔横渠氏关中崛起，开门授徒，分濂、洛之席，绍邹、鲁之传，一时蓝田、华阴、武功诸儒，阐扬师旨，道学风行，学者称初祖焉。"这是对张载之学在其身后于宋代传播情况的概说，即蓝田有"三吕"、武功有苏季明等，尽力阐扬张载学说，其学虽与濂、洛之理学不同，但都是传承孔孟之道学，故张载被学者视为关学"初祖"。到金元之时，关中沦陷，此时关学以萧氏维斗、同氏恕为代表的奉元一脉"不绝如缕"；继之三原之学兴起，"石渠公（恕）唱道三原，康僖公（承裕）缵承家学，学风丕变"（《自叙》）。张骥把冯从吾视为明代关学中兴的代表，说："冯侍御予告还乡，提倡绝学，可谓中兴。"他对出于河东之学的吕柟（泾野）则未加关注，但却对渭南南大吉兄弟在关中初传阳明心学并导致关学的心学化特别加以说明，不过他认为这是"稍稍乎门户分矣"，即关学此时有所分化。对于清代关学，张骥有比较明晰的分梳，说："李二曲以坚苦卓绝之身，肩程、朱、陆、王之统，至精至粹，无党无偏"，"迄于李桐阁，以贤圣自期，尊崇正学，而省斋、清麓，亲业其门；沣西、古愚，闻风而起"。（《自叙》）指出李二曲在当时学界关于程朱与陆王之争中，各取其精华，无所偏颇，在思想上能统摄程朱陆王之学于一，这确实抓住了李二曲思想的特点。而朝邑李元春出，则恪守程朱门户，其"亲炙其门"的弟子贺瑞麟，亦坚守其学术倾向不移，形成二曲之后清代关学又一走向。清麓之后，中国社会内忧外患更加剧烈，社会处于向近代的转型期，西学大量输入，清廷已处于风雨飘摇之中，于是有沣西柏景伟、咸阳刘古愚"闻风而起"，一面承传传统经学，一面吸收阳明心学，并介绍和学习西方的科学技术，其"讲学不分门户，而以致用为期"，决心革故鼎新，救亡图存，关学有了新的时代气息。值得注意的是，张骥对关学的下限已经做了很有意义的探索。以往学界在关学下限问题上分歧不小，有的以李二曲为下限，有的以刘古愚为下限，张骥在宗传中虽终结于刘古愚，但是因他的体例有"生存者概不录"的限制，所以对清末民初的关中大儒牛兆濂没有立传。不过，他在《自叙》中对此有所交代，说："高陵白悟斋（即白遇道），蓝田牛梦周（即牛兆濂），恪守西麓（指贺瑞麟）之传，皆关学之晨星硕果。"显然他是把牛兆濂作为传统关学最后一位大儒看待的，这事实上就对关学的下限有了自己明确的看法。张骥对张载之后至明清的关学史流变基本上做了明晰而合乎实际的揭示，这是继柏景伟《关学编后序》之后首次对关学史的明晰分疏。

当然作为首次对关学史的系统分疏，其间也不免有误。其一，在张载身后弟子中，提到了"蓝田、华阴、武功诸儒，阐扬师旨"，蓝田（"三吕"）、武功（苏昞）所指无误，惟"华阴"不知何指？窃谓张骥可能指华阴侯仲良。侯仲良确是华阴人，但非张载亲炙弟子，他是二程的舅舅侯无可之孙，尝"从二程先生游"，故他"言必称二程"，并非阐扬张载思想之学者。疑其将三水范育误为华阴侯仲良。冯从吾《关学编序》所说"当时执经满座，多所兴起，如蓝田、武功、三水，名为尤著"，此可为证。其二，对源于河东之学的吕泾野、薛敬之一系，未能充分关注。而吕泾野则是关学在明代中兴的重要学人。不过从总体上说，张骥对关学史的脉络做了较为明晰的梳理，这在关学学术史上是极为重要和有意义的。

第三，《关学宗传》较之之前的诸《关学编》，对关学史上学人有较大补充，并在"文录"或"附录"中保存了许多珍贵的文献资料。

就入选关学学人而言，冯从吾《关学编》立传者自张载至王之士共计33人，王心敬《关学续编》又补入明至清初自冯从吾、张舜典至王心敬等8人。李元春《续编》再补入学人游师雄、王建常、马相九等17人。贺瑞麟《续编》再补入刘鸣珂、王承烈、张秉直、李元春、杨树椿等学人7人。这些续编所收学人固然互有交叉重叠者，但总计不下60人。而张骥《关学宗传》为之立传者则达240余人，较之前诸编多出170余人。这多出的学人虽然有个别人不一定都是关学学者，但基本上能翔实反映出关学发展的面貌。即使宋代一些关学重要学人，如张载的重要传人李复（潏水），冯从吾、王心敬、李元春、贺瑞麟诸《关学编》及《续编》皆未收录，《宗传》则补入。张载弟子潘拯（康仲）、张舜民（芸叟）原编亦皆未收录，《宗传》补入。这是极其重要的补充，且与全祖望所说大致相合。张骥《宗传》对明清时期关学学人，则挖掘得较为充分。明代补充了106人，清代补充了89人。其中明代补充了王恕、马自强、南逢吉等重要学人；清代补充了"关中三李"中的李柏、李因笃以及王宏撰、贺瑞麟、柏景伟、刘古愚等重要学人。这些对于系统全面了解和研究关学学术思想史有着极为重要的文献价值。

就其"文录"所录资料看，有相当一些文献都是失传了的，部分资料能借此书得以保存，确属珍贵。还有一些资料虽传中有记载，但是确实难觅。如明代嘉靖年间有位学人，即关中学人进入内阁的仅有两个人之一的马自强（马文庄公），史虽记载其有著作，但传世者极为少见。《宗传》于《文录》中录有马文庄公《复曾督学书》《尧舜其心至今在论》《正风士策》及《经筵讲章》等，颇为珍贵。特别是《尧舜其心至今在论》一文，对张载"为天地立心"一句有独到的理解，说："圣人何以为天地立心也？天地生民物，凡可以为之所者无不欲为也，而其势不能也，于是乎生圣人而畀之以道，而寄之以心。圣人以道存之而为心，又以其心运之而为治，以尽民物之治，以成天地之能。是天地无心，以圣人之心为心。圣人有心，而实体天地以为心。是心也，以道为体者也。得之天地之本然，而又与天地古今相为流通者也，故能为天地之心也。"所说"圣人以道存之而为心"，"是天地无心，以圣人之心为心"，此心即"以道为体者也"（卷一九），这就是他所说的"千圣一心""万古一道"！这些非常重要的文献，尝借此而得以保存和传扬。从其所录文中，也可看出马氏之学宗二程、薛文清和吕柟，乃承传河东一脉。再如清时曾任关中书院主讲的孙景烈（西峰），史称其"经明行修"，著述颇丰，但存世者不多。《宗传》录其文多篇，如《关中书院策问》《兰山书院策问》《关中书院课讲》《兰山讲义》

等，很有价值。特别是《与陈榕门论学书》，辨"学问皆所以求放心"之误，很有见地。此外，还有一些如杨损斋、王铁峰等人的文献，也借此得以保存或得以传扬。[①]

总之，张骥的《关学宗传》，在很大程度上弥补了冯从吾《关学编》，王心敬、李元春、贺瑞麟等《关学续编》的不足，对关学及关学史研究有着重要的价值，值得重视。

[①] 本文参阅王美凤《〈关学宗传〉的内容及其学术价值》，载《唐都学刊》，2016年第5期。

关学思想史要略[①]

北宋时期，在陕西关中形成了一个以张载为核心、以其创立的新儒学为特征的有全国性影响的地域性学术流派，史称关学。张载所创立的关学为孔孟儒学在宋代的重建奠定了坚实的理论基础，张载也因此而成为宋明理学的重要开创者之一。

南宋学者吕本中最早提到"关学"这一概念，朱熹在《伊洛渊源录》中将张载的"关学"与周敦颐的"濂学"、二程（程颢、程颐）的"洛学"并列加以考察。明初宋濂、王祎等人纂修《元史》，将宋代理学概括为"濂洛关闽"四大派别，可见关学在当时思想领域中的重要地位及其影响。不过，"濂洛关闽"四大流派的说法，实际上是程朱一系有意抬高周敦颐而贬低张载的做法。张岱年先生早就指出："周敦颐在北宋本来没有建立自己的学派，他曾做过二程的家庭教师，但是二程却不推崇他。""朱熹编选《近思录》《伊洛渊源录》，推崇周敦颐为道学的创始人，而把张载列于二程之后，实际上是按照自己的意图涂抹历史。"[②] 如果就地域性传承来说，濂学未成体系，也没有在当地承传发展。洛学在其后的发展中，一支经过杨时（福建人）传到南方，包括上蔡永嘉之学等，后来产生了以朱子为代表的闽学；一支在中州传播，出现中州传人如谢良佐、尹焞、何瑭、高拱、王廷相、吕坤、孟化鲤等，但思想比较驳杂，所以，洛学在当地没有得以持续传扬。相对于后三个学派来说，唯有关学能称得上源远流长、一脉相承，在张载之后关中八百年的历史上得以持续传扬，没有中断。

一、关学史概说

"关学"不是一般意义上的"关中之学"，而是指在宋代关中出现的新

[①] 参见刘学智《关学思想史·前言》，西北大学出版社2015年版，第1—5页。本次收录有改动。

[②] 张岱年：《关于张载的思想和著作——中华书局新编〈张载集〉代前言》，见《中国哲学发微》，山西人民出版社1981年版，第402页。

儒学——理学的一个重要的地域性学术流派。关学由张载开创,受学于张载之门者如蓝田诸吕等,基本上恪守张载的学术宗旨。但在张载逝世后,关学一度失去领军人物,其弟子为承继张载"继绝学"之志,又多从学于二程,黄宗羲遂有"关学再传何其寥寥"的感叹。张载诸弟子之后,关学在师承上虽未像洛学至闽学那样有一个绵延久远的学派传承和转化的序列,但张载关学的思想精髓、文化精神和学脉虽几经演变,还是以其独特的关学形式,在元、明、清诸代被关中学人承传下来。

不过,关学其传衍发展的过程又相当复杂:既有师承的直接传衍,又有思想上的间接承传发展;既有学脉上的一贯性,又在不同时期表现出其特殊性;既有张载学说在关中的发展,也有关学在与异地学派的学术交往中发生的互动与交融,从而使自身的学术思想发生了顺应时代的某些变化。关学正是在这种"常"与"变"、"一"与"多"的矛盾冲突中,即在其学术宗旨和思想特征的明晰、恒定与顺应时代所发生的变化及由此而呈现出的理论特殊性的矛盾冲突中,演绎出一部既有时代普遍性又有地域特殊性,既有低谷又有高潮的波澜起伏的关学思想史。

在宋代,张载可考见的弟子有吕大忠、吕大钧、吕大临、苏昞、范育、游师雄、种师道、潘拯、李复、张舜民等。其中蓝田"三吕",武功苏昞、游师雄,三水范育及长安李复等人对关学的形成与发展起了重要的作用。如张骥所说:张载身后"一时蓝田、华阴、武功诸儒阐扬师旨,道学风行,学者称初祖焉"(《关学宗传》)。在张载逝世后,关学诸弟子为承张载"继往圣绝学"之志,有不少人先后投奔二程门下,不过此惟为传道授业,绝无门户之见。所以从师承传授方面说,关学似乎并不像洛学。但是,明万历年间,由冯从吾广泛搜求并汇集宋、金、元、明时期关中儒家学者行实所著成的《关学编》,则大体上还原了一个清晰的关学流传脉络。冯从吾所彰明的关学演进的序列,后又被清代王心敬、李元春、贺端麟等加以承续,他们累次对《关学编》加以补缀修订,搜集了明清之际的著名关学学者续补其中。从表面上看,这些关学史文献所祖述的关中理学家,受全国学术或"左朱右陆"或"是朱非王"或"是王非朱"等学术大势的影响,其门户之见"亦所不免",其体系亦或有不同,然总体上看,元明时的关中大儒尝以承传濂洛关闽之学为己任,而非专祖述横渠。也就是说,张载关学的传承演进,是在与当时无法回避的濂、洛、闽、金溪之学以及后起的阳明心学的互动交融中前行的。

金元时期的关学虽然处于低谷，但此时因许衡在关中"衍朱子之绪"，关学发生了一个重大的转向，就是从先前的传承张载之学，而转向笼统地传扬濂、洛、关、闽之学，关学在保持自身特质的同时，也汇入全国性的学术潮流之中，这也是不容忽视的事实。

明代关学一改金元关学的冷清局面，使关学出现了前所未有的中兴态势，同时关学与异地学派的交流更趋活跃，其思想交融也更加深入。在明代前期，由王恕、王承裕父子与马理、杨爵、韩邦奇等共同形成的旨在阐扬程朱而又修正程朱的三原学派引领风骚。中期又有旨在传衍薛瑄河东之学的薛敬之、吕柟，他们的努力推动了关学在明代的中兴。同时又有在关中首传阳明心学的南大吉。明代中后期涌现出被称为"关西夫子"的冯从吾，能"统程、朱、陆、王而一之"，遂开启关学之新风，关学出现了心学化的动向。冯从吾的思想又影响了清初李二曲以及王心敬等人，李二曲尤"以坚苦卓绝之身，肩程、朱、陆、王之统"，他与眉县李柏、富平李因笃，并称"关中三李"。足见"横渠遗风，将绝复续"（《关学编》）。在关学的传衍中，虽然曾形成不同的学派，各个时期也有不同的学术指向，但是，张载"为天地立心"的志向，"继绝学""立命""开太平"的学术使命和社会理想，辟异端、弘正学的学术宗旨，行"先王之道"、躬行礼教、笃行实践、崇尚气节的关学宗风，已被吸收到由其弟子及其后关中诸儒所阐扬的理学思想体系中，作为理学的重要一支得以继续发扬光大。诚如明李维桢所说："洎其后也，鹅湖、慈湖辈出，而周、程、张、朱之学日为所晦蚀，然关西诸君子尚守眉县宗指。"（《关学编序》）可见中国学术出现的新动向并没有影响关学的存在和发展，正说明关学是一个有本源根基、学脉传承、学术宗旨，风格独特而又包容开放的学术思想体系。张载开创的关学学脉没有中断，关学学风也一直在被承传弘扬。因此，关学从广义说，是指张载之后在关中流传的各种儒学的统称，而从狭义说，则指由张载创立及其后在流传中与张载学脉或学风相通之关中理学。明清时期的著名儒者刘宗周、黄宗羲、全祖望等在《宋元学案》《明儒学案》中亦将张载及其以后的关中理学称为"关学"。可见，将张载之后的关中理学特别是与张载学脉及学风相通之关中理学称为关学，已是明代直至近代学人的基本共识。

第五章　张载及关学的思想特征与宗风

张载及其关学，无论是在宋明理学史上还是在中国文化史上，都占有重要的地位。在宋明理学史上涌现出许多思想家，其中以张载及其创立的关学、朱熹及其创立的闽学、王守仁及其创立的阳明学，代表了宋明理学史上的三座高峰。在这三位学人中，张载是理学的真正开创者和奠基者，朱熹吸收张、程，建立了宋代集大成的理学体系，而王阳明则是修正程朱并把理学又一次推向高峰的重要学者。张载在理学史上之所以居于开创者和奠基者的地位，是因为：宋明理学的一些基本范畴和命题在张载的思想体系中大多已提出或见其端倪；理学的基本框架在张载那里已现雏形；张载在中国古代思想史上首次提出"天人合一"的命题，把本体论、伦理学、认识论和道德修养论相贯通，力破汉唐儒学"天人二本"之弊，确立了"性与天道合一"的理学主题，此基本上成为后来理学发展的基本思路和理论旨趣；张载批判佛老，这成为理学家的基本立场，而张载在批判佛老的过程中提出的"太虚即气"命题，开出理学中颇具唯物主义倾向的气论思想一系，此与程朱的理学、陆王的心学鼎足相埒；张载提出的"天地之性"与"气质之性"的人性论、"变化气质"的工夫论以及"德性之知"与"见闻之知""心统性情"的认识论和道德修养论，也多为后儒所继承和阐发。朱熹指出，张载的诸多说法"极有功于圣门，有补于后学"，特别是《西铭》所阐发的"民胞物与"的命题，对后世产生了极大的影响。程颐说："《西铭》明理一分殊，扩前圣所未发，与孟子性善养气之论同功。"张载提出的"为天地立心，为生民立命，为往圣继绝学，为万世开太平"的"四为"说，涉及社会和民众的精神价值、生活意义、学统传承、政治理想等，表达了张载的胸襟与情怀，彰显了这位大儒的器度与宏愿，展示了他对人类最高理想的向往，所以一直为历代士人所传诵，成为鼓舞人们树立远大理想、选择人生方向、确立生命意义的座右铭。

张载的弟子中，不少人的理学思想已不可查考，但蓝田"三吕"、苏昞、范育、李复等六人的思想仍有迹可寻，且大都承继了张载之学。如吕大临虽然在张载身后入程氏之门，然其"守横渠说甚固，每横渠无说处皆相从，有说了更不肯回"（冯从吾《关学编》卷一）。他学问渊博，尤通"六经"，其《横渠先生行状》除记述了张载的生平经历外，还指出张载思想的主旨是"穷神化，一天人，立大本，斥异学"，政治理想是"慨然有意三代之治"，社会教化思想是"以敦本善俗为先"，治学路径是依据儒家经典探求"义理",对张载学贵于用的学术风气做出了具体而生动的展示。吕大忠受张载学风的影响,亦"笃实而有光辉"。吕大钧始终秉持关学"躬行礼教""学贵于用"的学风,"率乡人"作乡约乡规并付诸实践,促关中风俗为之一变。苏昞"学于横渠最久",深得张载器重。张载逝世前,将自己一生言论精要集成《正蒙》一书,交付苏昞。苏昞仿效《论语》《孟子》体例编订为十七篇。范育应苏昞请求,为《正蒙》作序,指出《正蒙》之作,是为了"排邪说,归至理,使万世不惑",认为其"语上极乎高明,语下涉乎形器",对天地宇宙、社会人生、世界万象等做了系统的论证和说明,形成了"本末上下、贯乎一道"的思想体系。李复著有《潏水集》四十卷,关于科学及各门具体技术的讨论很多,且达到相当的深度。

值得注意的是,虽然元明后关中儒者没有专门祖述横渠,但承传张载学脉者不绝如缕。如声称学宗河东的吕柟,虽其学"归准于程朱",但他仍"执礼如横渠"(《关学编》卷四),冯从吾称其"集诸儒之大成而直接横渠之传,则宗伯(指吕柟)尤为独步者也"(《关学编序》)。三原学派的韩邦奇,其"论道体则独步张横渠"。而有明显心学倾向的冯从吾,亦谓"关中理学推重横渠,而横渠之学乃自晚年得之"(《学会公祭王经轩文》)。冯从吾早年得王阳明"人人心中有仲尼"之启迪渐入圣域,然仍承认其学晚年得之于张横渠,而他在弘扬张载躬行实践、崇尚气节的关学宗风方面,更堪称楷模。故明儒毕懋康在《冯少墟先生集序》中说:"关中数十季来道脉大畅,文简(吕柟)得舆,先生(冯从吾)超乘,俾横渠之绪迄今布濩流衍,而不韫韣炳炳麟麟,岂不懿哉!"

洛闽之学与关学之间发生的种种思想上的冲突与交融,既改变着洛闽自身,也改变着关学。所以,简单地欲保持关学的纯粹性而忽视关学与其他异地之学的交往互动,甚至提出关学既已"熄灭"的说法是不正确的。而那种重视关学在各个时期发展的特殊性而否认关学有前后相贯通的学脉和共同的学术特征的说法,也是值得商榷的。

二、关学的基本特征

言及张载学说,古人曾给予很高的评价。如程颢说:"横渠道尽高,言尽醇,自孟子后,儒者都无他见识。"(《张子语录·后录上》,见《张载集》)朱子将其与孟子做了比较,说"横渠严密,孟子宏阔"(《横渠学案下》,《宋元学案》卷一八)。这些是就思想特征而言。二程注意到张载关学既有深邃的理论又重于实用的特征。侯外庐曾提出"北宋关学的特色在于注重'学以致用'的精神"①,这些说法抓住了关学的根本特征。具体来说,其学派的特征表现在:

其一,躬行礼教。黄宗羲谓:"关学世有渊源,皆以躬行礼教为本。"张载笃志好礼、躬行礼教,集中表现在:效法圣人的"三代之治",以礼治国;主张社会治理当以敦本善俗为先,即以礼化俗;认为仁德的培养需要礼的约束,即礼以成德;主张在教育实践中贯彻以礼为教的原则和方法,主张"力行本于守礼",即以礼为教。故二程评论说:"子厚以礼立教,使学者有所守据也。"(《二程粹言·论学》)受张载的影响,其弟子都有遵礼的传统。

其二,笃实践履。承继孔子经世致用的传统,主张学贵有用,笃实践履,反对空知不行、学而不用。在张载的教导和影响之下,其弟子大都有笃实践履之风,如吕大钧"率乡人"作乡约乡规并付诸实践,促关中风俗为之一变。史称吕大临"不为空言以拂世骇俗"。明吕柟强调"学贵于力行"。总之,在这些学人的身上都体现着关学笃实践履的宗风。

其三,崇尚气节。关学学者大都具有敦善行而不怠、坚持真理、不畏权贵、不苟安合污的道德节操。张载及其弟张戬、吕柟、韩邦奇、马理、杨爵、冯从吾、李二曲等,都以成圣成贤为修学之目的,而不以为官为目的。即使为官,也能够坚持原则,敢于直言,决不苟且为官,表现出高尚的人格和清纯的节操。有些人还在强权面前表现出铮铮铁骨,如冯从吾、李二曲。他们都能恪守孟子"穷则独善其身,达则兼善天下"的人生信条和"富贵不能淫,贫贱不能移,威武不能屈"的"大丈夫"气节,清廉为官,刚正不阿,是张载以来关学学者的一贯操守。

其四,求自然之实的科学精神。张载是该时期善于吸收新的自然科学成果,以丰富自己儒学理论并求客观事物之实的颇富科学精神的哲学家之一。相对于同时出现却更多关注道德心性的洛学来说,富于科学精神是关学的一个重要特点。这一点也为后世关学学者所承继。

其五,开放包容精神。关学不是一个封闭的系统,而是随着时代的推

---

① 侯外庐:《中国思想通史》第4卷,人民出版社1959年版,第547页。

移不断吸收新的思想观念进行理论创新的开放体系。自张载之后，关学弟子顺应时代，吸收了二程洛学的某些思想；明初，关中学者又受到薛瑄河东之学的影响，接受并传承朱子学；明中叶后阳明心学在南方崛起，关中学人南大吉将王学引入关中，王之士、冯从吾、张舜典以及清代李二曲等都不同程度地受到心学的影响；清末的刘古愚一面研习经学，一面又能接受新学。坚守而又不墨守传统，善于因时应物接受新思想进行理论创造，说明关学具有鲜明的开放包容的特征。

关学的特征概括地说，即就学术思想上说，是"重性命""重礼教""重实学"等；而就文化精神上说，就是躬行礼教、崇真笃实、经世致用、崇尚气节。虽然关学的具体形态在不同时期有所变化，但这些特征基本上保持着。

三、张载关学的历史地位和现代意义

张载的思想虽已跨越近千年，但是其不仅在文化史上发挥着矫正人心、提升境界、正风易俗的作用，在当代也仍有着积极的意义和重要的价值。这突出表现在：

其一，张载首次提出的"天人合一"命题，从道德心性上说，揭示了"性与天道合一"的理学主题，这对于今天建立道德敬畏，提升人们的道德境界，加强社会主义精神文明建设，都有着重要的意义；从人与自然的关系上说，他主张人与自然的和谐相处，这对当代生态文明的建设，也有着极其重要的价值。

其二，张载提出的"民胞物与"的伦理思想，对于今天和谐社会的建构，对于良好的人际关系的形成，对于民风民俗的优化，仍有着重大的意义。张载"民胞物与"命题所体现的尊重人、爱人、爱万物的儒家仁爱精神，万物平等、天人一体的观念，对于当今和谐社会的建构、精神境界的提升、良好风气的形成以及自我身心的调整，都将继续发挥积极的作用。

其三，张载提出的"仇必和而解"的矛盾观，对今天和谐社会的建构也具有方法论的指导意义。张载在中国哲学史上第一次明确指出了矛盾斗争的基本趋势不是斗则"斗到底"，而是斗终"和而解"，这是很有见地的。"仇必和而解"的命题不仅是对传统矛盾观的修正，同时也为我们今天化解社会矛盾、建设和谐社会，确立了一个根本的方法论原则。

其四，由张载奠基而由其后学不断承传和弘扬的躬行礼教、笃行践履、经世致用、崇尚气节的关学品格，对于当代文明社会建构、对于人们道德修养和精神境界的提升有着重要的启示和激励作用。张载求自然之实的科学态度，求社会之真的理性精神，重视社会实践的务实作风，经世致用的传统，铸就了具有鲜明品格的关学文化精神。这些不仅对关中的民风民俗、精神风貌产生了积极的影响，而且为我们弘扬优秀传统文化，进行精神文明建设和和谐社会的构建，提供了重要的思想文化资源。

关学思想史·小识[①]

关学自张载立宗开派,迄清末殆八百余年。张载以千古造道之勇,"穷神化,一天人,立大本,斥异学",不惟建立《孟子》以迄宋世"未之有也"之宏大思想体系,且以"好古力行,笃志好礼",成为一代"关中士人宗师"。当时"关学之盛,不下洛学",蓝田诸吕,武功苏季明,三水范巽之、张芸叟,长安李湹水,武功游师雄等,并立张载门下,接续横渠遗风。然张载殁于临潼,哲人其萎,关学衰微。诸吕、范、苏等,转入程门,惟为传道受业,少有门户之见。虽有与叔守横渠说"甚固",然因其"再传何其寥寥",终不逮程朱之学显达。

而后关中沦于金、元,关学更显寂寥。时有许鲁斋衍朱子之绪,奉天杨奂、高陵杨天德,皆以朱子学交相呼应。关中学者,始由宗横渠而宗关闽濂洛,关学与程朱理学相融并立,复得振兴。元末奉元之学稍盛,萧氏维斗、同氏榘庵,"阐关、洛宗旨",既笃程朱主敬穷理,复尚张载礼教躬行。"元儒笃实,不甚近名",此体现于关学学人,尤为鲜明。

明初诸儒,皆朱子门人之支流余裔。其学多衍伊、洛之绪言,探性命之奥旨。明代关中之学,"大抵源出河东、三原"。河东薛瑄之学,经关陇段容思、周小泉而传薛敬之、吕泾野,其学恪守程朱,一时称盛。而泾野集诸儒之大成而直接横渠之传,尤为独步。王恕、王承裕父子开三原之学,宗程、朱以为阶梯,祖孔、颜以为标准,独擅心得,自成一家,故有关学"别派"之称。继有马溪田、韩苑洛、杨斛山、王秦关者,虽学归程朱,而亦尚横渠。溪田"得关、洛真传",虽"论学归准于程、朱",然执礼则诚"如横渠"。苑洛以《易》为宗,论道体乃"独取横渠"。斛山以苑洛、溪田为师,绎四子诸经百家,精研于《易》。秦关笃信好学,尚友千古,立乡约,为会讲,蓝田美俗为之复兴。嘉、隆而后,笃信程朱而不迁异说者,无复几人。明代学术分途,自献章、守仁而始。然江门之学,孤行独诣,

---

[①] 原文载《关学思想史》,西北大学出版社 2015 年版,第 521—522 页。

其传不远。姚江之学,别立宗旨,影响深远。渭南南元善为官绍兴,服膺文成,刊刻《传习录》,后持心学以归,与弟姜泉讲学酒西,不遗余力,是为关中有王学之始。心学大行之时,其流弊亦愈滋甚。关中"东冯西张",双峙并起,力戒浮虚。少墟讲学,既宗程朱,"使关闽学晦而复明";亦服膺"良知",与南皋、景逸鼎足相映。阐本体工夫合一之旨,严儒佛心性同异之辨,其思想"盖统程朱陆王而一之",遂集明季关学之大成。张舜典"明德""致曲","洞源达本",一改晚明重本体轻工夫之风。

明清鼎革,"天崩地解",学术为天下裂。朱、陆、薛、王之辨,纷然盈庭。时有被誉为"关学后镇"的周至李二曲,本于姚江"致良知"而不悖,会通朱陆薛王而不遗。以"悔过自新"为入德之门,以"明体适用"为学问依归。其嫡传王丰川"继横渠道统,承二曲心传",力排门户之见,合朱、王之学而一之。同时之王复斋,于二曲倡心学之时,却以"真隐高蹈"重开关学重程朱一路,"以主敬存诚为功,穷理守道为务",其学之醇细,或谓"在二曲之上"。又有太白雪木,寄情山林,卓然一家,既以生命体验孔、颜之乐,更游心于儒与释道之间,其特立独行,超然拔世。朝邑李桐阁,博大刚毅,心慕河东文清,学宗关闽濂洛。其嫡传贺清麓承继师风,以程朱为孔孟嫡传,故"惟程朱是守";以陆王背孔孟之旨,力加辟之;承横渠宗风,重躬行实践,不失关学本色。蓝田牛蓝川缵明师说,"远接紫阳之绪,近恢清麓之传",其学与桐阁、清麓一脉相承。惜时世巨变,虽知其不可而为之,恪守诸儒之说而不变,续道统于不绝,为传统关学最后之守护者。而通经致用者,有咸阳刘古愚、长安柏子俊。古愚之学"导源姚江,汇通闽洛",本于良知,归于经世,尤能穷经以致用,故"百日维新",有"南康北刘"之誉。子俊与古愚志同而道合,讲学于关中、泾干,弘道于味经、沣西。讲理学,接西学,通经史,办实业,设"求友斋",置"时务斋",联络同志,以济时艰,为关学转型之旗帜。其所重刻之《关学编》,一以少墟原编之例,整合补缀,终成关学之全编。其《前序》揭关学史之演变,《后序》显"关学编"之流衍,破除门户之见,揭櫫关学本源。阳明谓"关中自古多豪杰",诚哉斯言!

附录：

只因劳动成了他的习惯
——悼二弟

我不相信"命"。但是每当我想到为什么不幸总降临到二弟的身上，就不由得去追问人世间到底有没有"命"？

每年的冬天，我和妻子都要把二弟接到城里度过寒冬，直到开春气温回升停止供暖了才送他回家。今年像往常一样地接他来了。但是今春天气暖和些，他又是一点儿也闲不住的人，刚过正月二十五，他估摸着村里的工队要开工了，就闹着要回去，不让他干活就和我们急。无奈之下，2月18日儿子把他送回了家。谁知回家第三天他就下了工地。一直以来，妻子给工队多次交代过，同意他干活只是让他有个"做拿"而不至于闲得心慌，千万不要让他劳累，更不要让他上脚手架。那天事也很不凑巧，因大工人手少，工头没有多加思索就阴差阳错地让他上了架。到了下工时意外发生了，刚砌起的墙体倒塌了，他从1.5米高的脚手架上跌落下来……

当我见到二弟时，他已躺在西安高新区某医院里。医院对他做了常规处理，也按惯例做了CT等项检查，据说情况还好，尚不足以危及生命，这下我的心略微放下了点儿。但是我直觉中对这家医院不放心，曾产生转院的想法，但看到二弟头脑尚清醒，中午妻子还给他喂了一碗面条，想着无大碍，决定观察下再说。可是，谁也没有料到，第二天早上6点左右，他却再也没有醒来，永远离开了我们。噩耗传来的那一刻，我晕了，妻子竟昏厥过去……为什么昨天还那么清醒的一个大活人一夜之间就没了？！我们全家无法接受这样的结果。此时，我才真正体会到什么叫撕心裂肺！什么叫绝望！我向医生询问死因，医生竟然说"我们也不知道，我们也想弄清死因"。一个堂堂大医院的医生竟然无法解释患者的死因，难怪他们后来一会儿说是"痰堵"，一会儿说是"心梗"，一会儿说是"猝死"。最后经过医生们的"研究"，给我们的答复是"猝死"。原来他们的所谓"研究"，不是查找死者的真正病因，而是研究如何去对付患者家属！而"猝死"就是最能洗刷医院过失，又让无奈的患者家属无法继续追究的答复了！我过去有点儿讨厌"医闹"，也不想做"医闹"，不过经过这一遭，我还真有点儿同情那些所谓"医闹"的家属了。我把病历让一位从事法医的律师看了，他一下子看出了问题：一是CT没有持续去做，没有及时发现脑部可能出血的病变，治疗方向有误；二是对湿肺没有引起重视，对其导致的积液没有及时采取有效措施处理；三是插管耽误了7分钟，延误了极佳的治疗时间，医院负有不可推卸的责任。但是要真正追究其责任，需要尸体解剖，需要经历很长时间的医患官司。我想，一是我没有那么多时间去奉陪，二是即使打赢了官司又能怎么样呢？人死不能复生呵！最后只能无奈地放弃了尸检和起诉。

二弟1951年3月23日生，小我四岁。在他还没有学会说话的儿时，一次高烧竟改变了他整个的人生命运。那时新中国刚成立不久，我的家乡虽离古城西安仅三十里地，但仍缺医少药。二弟因服了附近乡间庸医开的一剂中药而导致终生聋哑，从此进入了无声的世界。虽然父母也曾在家乡附近遍寻医生，但都无法医治，二弟落下了终身残疾。

二弟在我们弟兄三人中最聪明，虽不会言语，但心地善良，心灵手巧，如果他有条件接受一定的教育，其人生之路也许会好些。但是父母没有文化，对聋哑学校之类的教育机构一无所知。20世纪60年代我上中学时，曾到西安的一所聋哑学校看过，在当时学费虽然并不算高昂，却仍然让我望而却步，加之他当时年龄已偏大，学校也不愿接收，所以也就没有再做这方面的努力。20世纪80年代初，我还曾带他到西安几所医院做检查，试图让他得到可能的治疗，但皆无济于事，以后也就彻底放弃了治疗，只希望他一生平平安安。

我父亲离世早，他去世时我11岁，二弟才7岁，另外还有三弟和最小的妹妹，妹妹当时仅4岁，都很年幼。母亲30岁出头，带着我们年幼的姊妹四人艰难度日，特别是在极其困难的"三年自然灾害"时期，一般家庭的日子都已难以为继，何况我们这样的家。记得有天家里已揭不开锅，二弟曾无奈地去外村乞讨。我至今不愿再回想当时的情景，真不知母亲是怎么熬过来的。记得全家大小五人，盖了一床极其破旧的棉絮，如果用食不饱腹、衣不遮体来形容，一点儿也不过分。为了把我姊妹几人拉扯成人，母亲受尽了磨难，尝够了人间的酸辛苦辣。为了维持一家人的生活，最年长的我和二弟，很早就开始帮母亲分担家庭生活的重担。在养育儿女们的同时，母亲还要克服更大的困难支撑着我上学。在我上学期间，其他弟妹还小，家里主要靠二弟帮助母亲。在我的印象中，二弟很"听"话，总是想着去帮母亲干些力所能及的活儿。他很有眼色，如果想让他做什么，稍做手势一暗示他就明白了，而且做得很到位，如烧火、打水、劈柴、磨面、喂猪……凡是他能干得动的都拼力去干，从不贪玩。到十三四岁，他已开始在生产队挣工分了。为帮助家里解决油盐酱醋柴之类的开销，二弟竟通过自学学会破竹条子，用它编筐子，用芦苇编席子。他在家里编，然后由我或三弟挑到斗门镇的供销社卖掉。记得一个筐子可以卖5毛钱，一次挑10个筐子，也可以卖5元钱，这对我家来说，算是有一点儿收入了！有几年生产队以拧麻绳作为副业，母亲白天在地里干活，晚上带着我们弟妹几人一起拧麻绳，二弟干活最卖力，从不撒懒。这样一月下来，我们也能挣上近10元钱。20世纪60年代末，村里为了解决田地肥料问题，把西安西大街几条街道的厕所包了下来。为了多挣点儿工分，二弟常帮我一起到城里去拉粪。每天早上5点多起床，拉上架子车，步行30多里到西大街淘粪。架子车上装着一个约2米长、直径80多厘米的圆柱形粪桶，我挑着担子挨家挨户去各家厕所淘粪，直到把桶装满，再跋涉30多里拉回村子。这个活虽然又脏又累，但是挣的工分稍多点儿，特别是每天还有5毛钱的补贴，这样不仅挣了工分，还可以给家里挣点儿小钱以补家用，所以我还是很乐意去做。其间也多次遇到如电影《人生》中高加林遇到的尴尬事，不过我们乡里人也不在乎这些，二弟他不知道发生的这些事背后的寓意，只是卖力地帮着我拉车子。

二弟终生未娶，无儿无女。但在兄弟姊妹们成长、成家的历程中，二弟做出了巨大的贡献！我们的每一间房子，都洒下他辛勤的汗水，每一寸土地，都留下他辛劳的身影！记得有一年他在西安东郊做工，利用下工的空闲时间到工地附近的菜地里拔猪草，然后将其晒干。他竟在不多的日子里积草整整一汽车，后来我找朋友用车拉回来，粉碎后作为猪的饲料。他的眼里总有活儿，很少见他闲着。他把自己全部的爱给了这个家，不仅爱我们，更爱着我们的孩子，把他们当自己的孩子一样地看待。记得我的儿子鹏鹏1岁多时，一天我母亲把睡着了的他安卧在炕上，就急着去忙手头的活儿，没想到儿子竟在睡梦中从80厘米高的炕上掉落下来，头上碰了一个大包，哭闹个不停。我二弟发现了地上的孩子，急切地抱了起来，很生气地与母亲嚷嚷，和母亲大"吵"了一架。每次从地里干活回来，他总是先去乐呵呵地抱起孩子。直到后来我们的孩子也都有了自己的孩子，他仍一如既往地爱着他们。每当看到我们的孙儿辈，他总是高兴得合不拢嘴，有时看着孙子辈，还乐呵呵地跷起大拇指，意思是"很好"！

我和三弟、妹妹常年在外，家里的一切重担几乎都落在二弟身上，他以一个残疾之躯，以自己的勤劳善良，撑起了这个艰难的家！不仅为母亲供给着粮食，还一直照料着老人家的生活起居，从而使我们能安心地在外工作。他的生活极其简朴，平时妻子回家给他身上装些零花钱，他也舍不得花。他死后，妻子在整理他的衣物时，发现他的衣袋里竟然有500多元的零钱（为了方便，妻子给他换成10元、5元的钞票）没有花出去。他多年前在我一位表哥的指导下学会了做泥瓦工，之后就经常随着工队干活。他干活非常舍力，所以工队都很喜欢他。他热爱生活，工余之时还把家里的院子开垦了，种上多种菜蔬瓜果，自己吃不完，还常送给亲友邻居。我在城里吃的新鲜蔬菜，如萝卜、南瓜、柿子等，都是二弟自己栽种的。在我的印象中，二弟除了劳动，好像再没有什么别的追求。有时到我这里来住，总是没住上几天就闹着要回，还嚷嚷着把他"歇"得"胳膊疼"。我感觉到，劳动不仅仅是他的生活习惯，甚至可以说是他的基本需要！他一生只顾耕耘，不问收获；只求奉献，不图回报。他勤劳节俭，只为他人；他为人善良，乐于助人，关爱所有的兄弟姊妹和儿女辈，唯独没有他自己！

母亲临终最放心不下的就是二弟，多次嘱托我们好好照顾他，我们姊妹们也曾向母亲承诺，只要有我们一口饭吃，就有二弟的一口饭吃，让母亲放心。二弟虽然没有儿女，但已深度地融入了我们这个家。弟弟妹妹和儿女们都非常喜爱他、照顾他，尽量使他快乐，使他高兴。我母亲去世后，我和妻子、儿女们常隔三岔五回家去，给他带些饺子、肉、蛋、奶之类，安排他的日常生活，还按时给他补充药物，比画着交代他按时服药（他的血压有点儿高）。我儿子儿媳为了让他二叔高兴，前年全家去青岛旅游，还特意带上他，让他也乘坐了飞机，住上星级酒店，看到了大海。他虽然也很高兴，但眼神里仍流露出某些"不满"，嫌孩子们太铺张、太浪费了。虽然我们尽力照顾他，但还是没能保护好他、照顾好他。在二弟走后，我内心的痛苦、内疚难以形容！我对不起二弟，也辜负了母亲的嘱托，让他在本该享受清福的时候，却离去了。如果说早年的庸医改变了他的人生命运，而今天的庸医则断送了他的性命。但是我又想，这一切本是不该发生的呀——如果春节后我们坚决阻止他回家，或回家后劝阻他上工地，或者在事发那天我们坚持转院，也许就不会有今天的结果！这或许就是"命"吧！正是这几个"一念之差"，导致了二弟的不幸离世，这将是我终生挥之不去的悔恨、痛苦和愧疚！

他去世后，村里乡亲们在《期单》上写道："一生不语，心中有数。勤劳节俭，与人为善。今遭不幸，突离人世，天地悲哀！"是的，他不会言语，只是用眼睛看世界，但人世间的善恶美丑，他心中是有数的。他虽然听不到人间的美言善辩，但懂得如何孝敬老人，友爱兄弟；他用善良对待人生，做到了爱护和帮助身边的每一个人，老幼皆然；他用勤劳的双手，换取自己的一衣一餐，不愿给别人添加一丝麻烦，无论寒暑；他用真诚面对生活，不惧艰难困苦，无怨无悔。他的身后走出的是一条最完美的人生轨迹。他的不幸离世，天地亦为之悲恸！

了解我家身世的一位学生刘莹博士，在看了我给二弟写的悼词后，发来一条情真意切的短信：

刘老师，您对二弟的疼爱怜惜流淌在字里行间，情至深，爱至极。其实，一个勤劳的人，与人为善、不求回报的人是有大爱的，他的精神世界一定极其丰富，他的日常生活一定清净自然，而清净的生活一定是快乐、有福报者才能享受的。他在劳作，劳作就是他的快乐，在他走的时候，田野里有他的气息，院子的空气里有他与这个世界最为和谐的交流；他的双手一点一滴地改变着这个世界，他所有的快乐已经无须我们再为他做点儿什么，他一定是安然地去了，去得安然，没有遗憾，没有愧疚，该做的他都已经做了。他有属于自己的快乐。原逝者安息！

我写不下去了，泪水已经模糊了我的视线。我茫然地望着苍穹，但愿世上有天堂，人间有灵魂，让二弟真正享到幸福，听到这些赞美和祝愿！

二弟，你劳累了一生，现在该好好休息了！

刘学智

2017年3月28日，写在二弟五期时（夏历三月初一）

后　记

　　记得牟宗三先生曾说过，他五十岁以前所写的东西就不必再读了。这实在是对孔子"五十而知天命"的绝妙注脚。同时，也告诉人们，一个人对中国哲学的了悟，有一个从初学、入门到深化并经过一定时间的磨砺方可了悟其真谛的过程，也说明学术是实实在在的东西，来不得半点儿虚假。但是，我这里呈现给读者的，有相当部分却是我五十岁以前写成的东西，况且，这前半生又有相当一段时间是在没有多少读书条件的情况下度过的，所以，这里呈现给读者的，或许更是"不必再读"的东西。不过，我想把自己多年的一点儿思考写出来，是为了和大家共同交流与探讨，以期得到同仁的批评与帮助。所以，尽管它可能很不成熟，抑或有不少错误，但是得到批评帮助无论对我个人的进步还是出于对学术发展的考虑，都将会是有益的。因为我毕竟还有一段学术之路要走，只是想走得更踏实、更明白些。

　　1993 年，陕西人民出版社曾为我出版了《中国哲学的历程》一书，印数不大，很快售罄。虽然当时一些学者和朋友给予了诸多鼓励，但我还是在后来发现有不该出现的纰缪。[①] 所以近些年来，写起文章来总是觉得胆怯。因为，走过一些山水的人，才可能领悟到山外有山，书也是越读越觉得自己无知。回想起来，当初写《中国哲学的历程》一书，还真有点儿"初生牛犊"的劲儿。所以这次在整理这本书稿时，就更谨慎了些。但错误还是不会少。诚挚地欢迎读者朋友的批评。

　　在整理书稿的过程中，得到很多朋友的鼓励、支持和帮助。清华大学、

[①] 该书已于 2011 年由广西师范大学出版社出了修订版。

西北大学教授张岂之先生，西北政法大学资深教授赵馥洁先生，陕西师范大学教授赵吉惠先生、王志武先生以及我的朋友林乐昌教授、石军先生，给了我巨大的精神动力和学术上的具体指点。陕西师范大学科研处李西建教授和研究生处李继凯教授等，也给我以热情的支持和帮助。石军先生还花费相当的精力审阅了全稿，提出了许多中肯的修改意见。张岂之先生在百忙中为本书撰写了序言。在此，我向这些支持、帮助过我的尊敬的前辈、先生和诚挚的朋友表示衷心的感谢！本书之所以能很快得以出版，要感谢陕西师范大学出版基金会的资助，还要特别感谢中华书局普及部陈虎主任的鼎力相助，没有他们的资助和帮助，该书的出版也许还有待时日。

刘学智

2001年12月于西安

修订版后记

十五年前，我把二十世纪九十年代以前发表的着重于儒、道哲学研究方面的论文加以整理，以《儒道哲学阐释》的书名，由中华书局出版。我一直有把该书重新校对和修改的想法，但是因手头教学和研究工作繁忙而没有腾出手来，也没有合适的条件允许我对之加以重订。前年，我把这本书当时的付印情况及欲加修订的事向西北大学出版社马来社长简要谈起过，事后因忙于《关学文库》也就把这桩事忘记了。但是马来社长和张萍总编却把这事记在心上，他们为我申报了省上的一个资助项目，拟将该书修订后再版，这可令我喜出望外！对如此诚挚而有心的人，我除了真诚地感激，还能说什么呢！

但是要认真校对和修订也非易事。一方面，这是十五年前写的文字，除了种种原因导致的错误外，时代在变，问题意识在转换，学界的研究也在深化，原书稿中的文章总会有某些过时的乃至错误的东西需要修改。不过，为了尊重历史，我还是尽可能地在保持该书原貌的情况下，去做一些修改和补充，尽管如此，也需要花费时间；另一方面，对二十一世纪初近十多年来发表的论文，我虽已收入《儒道释与中华人文精神》一书（该书由中国社会科学出版社于2011年出版），但我亦想借此机会把新近几年发表的几篇文章补入其中，这样，完成修订就一再延迟，直至丙申年年关才把书稿交与出版社。

这次修订，删去了个别篇章，也增补了部分内容，并在结构上做了一些调整。为避免重复，把原第四章中的《玄学合一儒道的社会历史根据》《隋唐时期儒道佛的纷争与交融》删去了，而补入《魏晋南北朝时期学术思想说要》《隋唐儒家学术思想之变迁》《儒道释交融与理学的形成及特点》等篇，补充的几篇有的发表过，有的则是首次刊出。在结构上，把原书第六章删去了，把章中的文字合并于第四章。同时把原附录的两篇关于佛教的文章移入此章。第四章题目改为"儒学与释、道的交融会通"。同时，借这次修订之机又对原书第五章的内容做了较大的增补，补入了新近发表的《张载及其关学研究的方法论与研究走向探析》《关学"洛学化"辨析》《朱熹"中和新说"与关学关系探微》《关学思想史要略》《关学思想史·小识》等有关关学研究的论文。这样，该书在总字数上就略有增加。

感谢西北大学出版社马来社长、张萍总编以及编辑郑迪女士，对他（她）们给予我的关照、支持和帮助，我将永存感恩，铭记于心！特别是郑迪女士严谨的审阅校对和一丝不苟的工作态度，给我留下了深刻的印象，在此我对她表示深深的敬意！

刘学智

丙申年腊月三十日

图书在版编目（CIP）数据

儒道哲学阐释／刘学智著．—修订本．—西安：
西北大学出版社，2018.5
　　ISBN 978-7-5604-3824-5

　　Ⅰ．①儒…　Ⅱ．①刘…　Ⅲ．①儒家—哲学思想—研究
②道家—哲学思想—研究　Ⅳ．①B22

　　中国版本图书馆 CIP 数据核字（2018）第 100285 号

儒道哲学阐释（修订版）

作　　者：刘学智

出版发行：西北大学出版社有限责任公司
地　　址：西安市太白北路 229 号
邮　　编：710069
电　　话：029-88303404
经　　销：全国新华书店
印　　刷：陕西博文印务有限责任公司
开　　本：787 毫米×1092 毫米　1/16
印　　张：27.5
字　　数：436 千字
版　　次：2018 年 5 月第 1 版　2018 年 5 月第 1 次印刷
书　　号：ISBN 978-7-5604-3824-5
定　　价：120.00 元

如有印装质量问题，请与本社联系调换，电话 029-88302966。